아동·청소년 상담에서의
영적 개입

Donald F. Walker · William L. Hathaway 공저

주영아 · 안현미 공역

학지사

역자 서문

　상담실에서 만나게 되는 내담자 중에는 종교적 배경을 가진 경우가 많다. 내담자의 종교적 배경이나 성향이 주 호소 문제의 발달, 상담 과정에 어떠한 영향을 미치는지 치료적 관심과 주의를 기울일 필요가 있음에도, 구체적으로 일반 상담 장면에서 어떻게 영적 개입이나 평가가 이뤄질 수 있는가에 대한 교육의 기회를 갖거나 실제적인 안내를 받기는 쉽지 않다.

　상담자의 길을 걸어가는 과정에서 종교적 · 영적 관심이 인간에 대한 이해와 세계관에 깊은 영향을 미치며 상담 관계에 지속적으로 영향을 주는 것을 경험해 왔다. 상담자 또는 내담자의 종교적 성향이나 영성이 상담 관계와 상담 과정에 지속적으로 영향을 미치게 되는데도, 일반 상담 교육이나 수련 과정에서 이에 대한 활발한 논의나 연구가 거의 이뤄지지 않고 있는 우리나라 상담 현실 속에서 깊은 갈증을 느껴 오던 차에, 미국심리학회(APA)에서 발간된 이 책을 마주하게 되어 반가웠다.

　아동과 청소년 상담에서의 영성 개입과 관련된 연구는 최근 들어 미국심리학회에서 꾸준하게 주목을 받고 있는 관심 분야로 소개되고 있다. 이 책에서 소개하는 상담에서의 영성 개입과 관련된 이론적 배경과 기법은 경험적 심리학 연구들을 비롯하여, 그동안 축적되어 온 임상 사례 경험을 바탕으로 기술되었다.

　이 책은 아동과 청소년 및 가족 상담에서 상담자가 실제 활용할 수 있는 영적 개입 전략을 소개하고 있다. 즉, 상담에서의 영성 개입 관련 윤리 문제, 평가, 개념의 틀로서 가족 및 발달적 맥락의 고려, 기도, 용서, 경건 서적의 활용 및 신에 대한 이미지 다루기 등과 같은 다양한 개입 방법이 함께 소개되고 있다. 이러한 개입은 종교적이거나 일반적인 상담 세팅 모두에서 다양한 종교적 배경을 가지고 있는 내담자들에게 활용 가능하도록 제시되고 있다. 그리고 각 장마다 주제별로 실제 상담장면에서 도움이 될 상담 사례와 상세한 안내를 담고 있다.

이 책은 크게 1부 '이론적 기초와 내용'과 2부 '상담 개입 전략'으로 나뉘어 있다. 1부에서는 1장에서 4장에 걸쳐 아동 및 청소년 상담에서의 영성 개입 관련 윤리적 · 종교적 문제, 부모와 아동에게 사전 동의 얻기, 치료적 변화를 촉진하는 자원으로서 종교와 영성의 역할 평가하기, 아동 상담에서 부모의 영성에 대한 개입 평가, 부적응적인 부모 영성과 완벽주의 다루기, 발달적 맥락을 고려한 영적 개입 등에 대하여 다루고 있다.

2부에서는 5장에서 10장에 걸쳐 다양한 이론적 · 영성적 관점에서의 실제적인 영적 개입 전략을 소개하고 있다. 즉, 상담 과정과 치료적 관계에서의 핵심요소인 수용, 상담자의 영적 민감성, 경건 서적과 기도와 같은 영적 개입에서 윤리적 원칙과 아동의 자기인식에 영향을 주는 신의 이미지 작업, 갈등 관계에서의 분노와 부정적 감정에 대한 용서의 개입 등에 대하여 설명하고 있다.

이 책은 아동 청소년 상담과 가족 상담에서의 영적 개입에 대한 관심을 갖고 있는 상담전문가들과 상담수련생 및 슈퍼바이저들에게 실제적인 도움이 되도록 구성되어 있다. 특히 종교적 · 일반적 상담 세팅에서 각각 고려할 사항들을 안내하고, 사례 중심의 구체적이고도 통합적인 영적 개입 전략을 제시함으로써 향후 이 분야에서의 지속적 연구가 이뤄지도록 촉진하고 있다는 점에서 의미가 깊다.

일반 상담 세팅에서 아동과 청소년을 상담하면서 마주하게 되는 영적 개입과 관련된 문제로 내적 갈등을 겪는 상담자에게 경험적 상담 연구에 기반을 둔 체계적인 안내서로서 도움이 되기를 바라는 마음에서 이 번역서가 나오게 되었다.

이 책이 나오기까지 많은 분의 도움과 격려가 있었음을 기억하며 감사의 마음을 전한다. 오랜 시간 상담자로서 영성 개입에 대한 진술한 고민을 나누면서 귀한 배움의 기회를 제공해 준 동료·선후배 상담전문가 선생님들에게 감사를 드린다. 특히 이 책이 발간되기까지 많은 인내와 노고를 아끼지 않고 도움을 주신 학지사와 편집부 여러분께 진심으로 감사드린다.

2017년 8월
역자 일동

개 관
– Donald F. Walker

아동과 청소년 상담에서의 영적 개입 관련 연구와 실제 적용에 대한 나의 관심은 오랜 기간 이어진 개인적인 경험에 근거한다. 처음 관심은 박사 과정에 있을 때 시작되었고, 이후 개인 상담 세팅에서 상담자로 일하면서, 최근에는 대학에서 슈퍼바이저로 일하면서까지 계속 이어져 왔다. 나는 내담자 문제를 해결하는 데 도움이 되거나, 반대로 문제를 야기하기도 하는 영성과 종교의 힘에 경험적으로 주목해 왔다.

나의 첫 실습은 남가주에 위치한 기독교 재단의 외래 내담자를 대상으로 하는 개인 상담 실습 기관에서였다. 첫 내담자는 아프리카계 미국인 아동이었는데 첫 상담 약속을 잡는 전화통화에서 내담자의 어머니는 상담실 스태프에게 아들이 악마에 씌어서 고통받고 있다고 호소했다. 나는 당시 중앙 부서에 소속되어 있지 않았기 때문에 결과적으로 전화로 의뢰된 사례를 맡게 되었는데, 내가 악령에 사로잡힌 사례를 다룰 수 있는지의 고려나 사전 정보가 거의 없는 상태에서 그 사례를 맡게 된 것이다. 실습 시간에 대한 부담감을 안고 있는 실습 첫 봄 학기에 아직은 초보상담자로서 어려운 내담자를 의뢰받은 것이다.

몇 회기에 걸친 내담자 평가 이후 나는 아동 내담자가 사실 악령에 사로잡힌 게 아니라, 폭력 비디오 게임(Diablo, 스페인어로 '악마'를 의미)에 빠져 있음을 알게 되었다. 이 내담자는 집과 학교에서 어머니의 통제적인 행동 개입에 대한 반응적 형태로 문제 행동을 보이고 있었다. 그 어머니는 싱글맘으로 힘들게 일하면서 내담자를 포함해서 자녀를 몇 명 더 기르고 있었다. 내담자의 어머니는 계속해서 그를 거칠게 대했고 과도하게 통제적이었다. 상담이 시작된 초기에 "자녀를 노엽게 하지 말라."는 에베소서 6장 4절을 인용하면서 섣불리 그녀의 양육 방식에서의 문제를 다루고자 시도하였다. 그녀는 즉각 다음 회기를 취소했고, 그다음 회기도 취소했다. 나는 어머니에게 전화를 하여 이야기를 듣고 내 실수에 대해 사과하면서 다행히 작업동맹을 회복할 수 있었고, 그녀는 다시 상담실에 왔다. 실습 기간 동안 그 아동 내담자 및 어머니와 계속 상담을 이어 갈 수 있었으며, 6개월 후 성공적으로 상담을 종결하게 되었다.

이 가족과 함께 작업하는 과정에서 상담에 영적 개입을 사용하는 것에 관한 몇 가지 가치 있는 교훈을 배웠다. 첫째는 3장에서 Mahoney와 동료들이 언급한 것과 같이 자신의 종교를 떠나 분리되어 사는 사람들은 대체로 심리적으로나 영적으로 건강하지 않다는 점이다. 앞에서 언급한 사례에서 내담자 아동의 어머니가 신앙을 떠나 살아가려고 할 때 아들은 비디오 게임에 중독되고 어머니는 이에 대하여 과도한 영적 해석을 하기에 이르렀다. 내담자 어머니는 아들이 비디오 게임에 빠진 상태에 대해 자신의 입장을 지지해 주는 성경 구절만을 선별적으로 사용하였다. 그러한 상황에 있는 부모를 대상으로 상담자가 상담 시작부터 성경 구절을 이용하여 돕고자 하는 시도는 이미 문제일 수 있다. 둘째, 비록 내담자 아동 어머니의 양육 방식에서의 비효율적인 부분에 대한 평가가 상담자로서 정확한 것이었을지라도, 내가 그것을 지지하기 위한 근거로 성경 구절을 가져와 지적할 때 그러한 시도가 얼마나 그녀를 불쾌하게 만들 수 있을지에 대해 사전에 충분히 고려해야 했다. 경건 서적의 구절을 인용하여 양육 방식에 대한 치료적 도전을 하게 될 때, 내담자에게 사용되는 언어의 무게가 어느 정도일지에 대한 인식이 필요했다.

매우 종교적인 부모들은 경건 서적에 중요하게 비중을 두기 때문에 그녀의 양육에 대해 직접적으로 도전하기 전에 성경이 갖는 무게감에 대한 인식과 더불어 먼저 그녀의 현재 양육 방식의 의미에 대해 좀 더 구체적으로 탐색하고 성경에서 양육과 관련해서 언급하는 다양한 문장에 대한 그녀의 이해를 먼저 탐색했어야 했다. 내가 이러한 방식으로 그녀의 양육 방법에 대해 대화를 시작했다면 상담 과정에서 보다 덜 저항적이었을 것이다. 즉, 그녀는 자신이 언급한 양육 목표인 아이를 성경적인 방식으로 믿음 안에서 기르는 것과 현재 자신의 양육 방식 간 불일치를 돌아보는 것에 대해 보다 수용적이 될 수 있었을 것이다. 그 이후 종교를 가진 부모를 대상으로 하는 상담에서 다시는 그러한 실수를 반복하지는 않았다. 실수에서 배운 이후에 결과적으로 나는 이 책의 7장에 소개된 보수적인 기독교인 부모 대상 부모 교육 프로그램에서 성경을 사용하는 것과 관련하여 경험적으로 뒷받침된 프로토콜을 쓰게 되었다.

몇 년간의 임상 수련 후에 나는 박사 인턴십으로 오하이오 주 캔턴에 있는 지역 아동 정신건강센터에서 일을 하게 되었다. 그 무렵 초기에는 주 호소 문제들과 관련되는 것으로 보이는 영적 주제를 갖는 내담자를 여럿 만나게 되었다. 예컨대, 행동 문제를 보이는 아동의 상당수 부모가 자녀가 종교적 양육 방식과는 다른 개방적인 행동을 하는 것에 대해 매우 낙담했다. 그 부모들은 종종 자신의 영적 전통과 가르침의 맥락에서 구체적으로 양육을 어떻게 해야 하는지에 대한 질문을 나누고 싶어 했다. 또한 부모들은 자녀를 기르면서 자녀의 행동 지도를 위해 성경 읽기나 기도 등과 같은 구체적인 영성 훈련을 참조하기도 했다. 부모들은 때때로 사회적 지지를 얻기 위해서 교회에 의존하기도 하였으며 교회 구성원들을 확장된 가족으로 간주하기도 했다.

게다가 품행장애로 진단받은 여러 명의 청소년은 비록 자신이 부모에게 용서를 구하고 있다는 점을 인식할 수 없었다 해도, 상담의 어느 지점에서는 항상 부모와 함께 용서의 문제를 다루고 나서야 상담을 끝맺었다. 자신에게 사랑을 쏟아준 대상들의 죽음 이후 깊은 슬픔을 경험한 일부 아동은 그들을 그리워하는 감정을 가지고 신과 함께 이야기한다고 하였다. 비록 그들이 나와의 상담 과정에서 신과의 대화를 주제로 상담할 생각을 하지 않았을지라도, 상담하러 올 때 기도와 관련된 주제를 다루고 싶어 했다. 몇 명의 아동을 폭행한 한 소년은 신으로부터 자신이 용서받을 수 있을지에 대해 괴로워하며 힘들어했다.

나는 슈퍼비전에서 주의 깊게 이러한 주제들을 제시하였다. 상담 과정에 더 민감해지길 원했으며 나의 종교적 가치가 내담자에게 은연 중에 주입되고 있는 것은 아닌지 점검이 필요하다고 느꼈기 때문이다. 놀랍게도 나의 슈퍼바이저는 내담자에 대한 나의 사례개념화를 지지하면서, 내담자의 다수가 자신의 삶에 대해 종교적인 영향을 받으며 갈등하거나, 영적인 문제를 상담에 가져오곤 한다고 말해 주었다. 인턴 수련 기간에 만난 슈퍼바이저 덕분에 당시 일하고 있던 지역 정신건강센터의 상담 환경을 고려하면서 나는 보다 효과적으로 영적 문제들을 다룰 수 있게 되었다. 인턴 과정을 마치고서 나는 슈퍼바이저가 유대인이었으며 슈퍼비전 과정에서 내담자의 종교와 영성을 고려하는 개입은 특정 종교와 영적 전통을 뛰어넘어 이루어질 수 있음을 알게 되었다.

아동과 청소년 상담에 적용될 수 있는 다양한 영성 개입 방법이 있으며, 이 책에서는 상담 과정에 이를 효과적으로 활용할 수 있도록 돕는 실제적인 지침들을 싣고 있다. 상담에서 영성을 다루는 것의 가치에 대한 인식이 최근 높아지게 되면서 증거 기반의 상담 개입과 효과적으로 통합하여 적용해 가도록 돕는 안내가 더욱 요구되고 있다.

그러한 안내 지침은 아동과 청소년 상담에서 특히 요구된다. 내 경험을 통해 볼 때, 영적 개입의 적용에 관심을 갖는 상담자는 아동 내담자와 부모의 역동에 민감하게 주의를 기울여야 한다. 아마도 이런 도전의 첫 번째는 부모의 동의와 아동 내담자의 사전 승락을 얻는 것과 같은 윤리적 주제와 관련될 것이다. 영적 개입 과정에서 아동과 청소년의 발달 맥락을 고려하는 것 또한 그러한 도전에 해당될 수 있다. 이 책에서 제시된 일부 사례에서는 아동 내담자나 부모의 영성이 자원이 되기보다는 문제를 일으키는 요인으로 작용하기도 함을 보여 준다. 사실 영성은 내담자 호소 문제와 사례개념화와 직접적으로 관련된 요인이 될 수도 있으며, 이미 언급된 고려사항과 더불어 주의 깊은 평가가 이루어져야 할 것이다.

이 책에서는 아동·청소년 내담자 및 부모 상담에서 주 호소 문제를 다루는 과정에 영적 개입을 어떻게 적용하는가에 대하여 설명한다. 상담자 윤리, 내담자 평가, 가족의 종교적 배경 및 발달적 맥락에 대한 고려는 사례개념화에 영향을 미치며, 기도, 용서, 경건 서적의 활용과 신의 이미지 작업 등과 같은 다양한 영적 개입으로 연결될 수 있다. 이러한 개입은 다양한 영적 배경을 갖는 내담자를 대상으로 하는 일반상담이나 종교상담에 모두 적용될 수 있을 것이다. 이 책에서는 우주를 이끌어 가는 힘과 같은 일반적 영성과 기독교, 유대교, 이슬람교 등의 구체적 종교 배경을 갖는 내담자를 대상으로 하는 상담에서 활용할 수 있도록 각 장에서 주제별 임상 사례를 제시하였다.

우리는 이 책에서 아동 상담 분야에서 발전되어 온 연구 결과뿐만 아니라 영성 및 종교심리학에서 이루어진 연구 결과를 통합적으로 담기 위해 노력했다. 아동과 청소년 상담 분야에서는 적대적 행동, 불안, 우울, 아동기 학대 등과 같은 다양한 호소 문제에 대한 증거 기반의 입증된 임상 개입 연구를 강조해 왔다(Cohen, Mannarino, & Deblinger, 2006; Weisz & Kazdin, 2010). 종교와 영성심리 분야의 연구자들은 불안, 분노, 우울과 같은 정신건강 문제에 대한 영적 개입으로 용서, 기도, 경건 서적 활용 등을 포함하는 경험적 연구를 발전시켜 왔다(Aten, McMinn, & Worthington, 2011). 이 책에서 제시된 아이디어는 임상 실제와 연구에서 그동안 다소 독립적으로 존재해 온 두 영역의 통합적 적용을 위한 시도로 볼 수 있다. 아동과 청소년 내담자를 대상으로 하는 영적 개입에 대해서는 앞으로도 꾸준히 경험적 연구들이 축적될 필요가 있으며, 저자들의 임상 경험을 통해 볼 때 이러한 의미 있는 연구들이 활발하게 이뤄지기를 바란다. 개관의 뒷부분은 영적 개입과 관련된 배경 지식과 이 책의 구성에 대해 안내하고 있다.

전문용어 정의

상담에서 전통적으로 영성은 보다 개인적이고 경험적이면서 정서적이고 초월적인 기능을 갖는 것으로, 종교의 개념과 구분하여 정의한다(Richards & Bergin, 2005). 종교는 교리, 제도, 조직적으로 행해지는 관습 등에 보다 초점이 맞춰진 개념이다(Pargament, 1999; Richards & Bergin, 2005). 나는 개인적으로 많은 사람이 자

신의 개인적 영성을 조직화된 종교적 맥락에서 구현한다는 점에서 종교와 영성
은 서로 연결되어 있으며 상호보완적 기능을 갖는 것으로 본다. 일부 사람들은
영성을 조직화된 종교와는 별도로 행해지는 것으로 보기도 한다. 이 책을 통해서
저자들은 상담장면에서 영성을 종교 또는 종교적인 의미보다 포괄적인 의미를
담는 용어로 사용하면서 내담자의 영성에 초점을 맞추고 있다. 뿐만 아니라 사례
개념화와 상담 과정에서 내담자의 영성 또한 주의 깊게 고려되고 탐색되어야 할
필요가 있다.

영적 개입 방법

Aten 등(2011)은 상담에서 영적 개입에 대한 접근들을 범주화하는 데 도움이 되
는 지침을 제공한다. Worthington(1986)에 의해 범주화 개념 정의가 이루어졌으
며, Post와 Wade(2009)는 검토된 범주들을 사용하였고, Aten 등은 영적 개입이 세
범주 가운데 하나에 속하는 것으로 분류될 수 있다고 제안했다. 첫 번째 범주의
영적 개입은 종교에 헌신하고 있는 내담자의 믿음을 강화하기 위한 목적으로 적
용될 수 있는 영적 개입을 포함한다. 이런 유형의 개입은 표면적으로 영성과 관련
된 내용을 담고 있지는 않지만, 그 개입을 통해서 영적인 목표를 이룰 수 있도록
돕는다. 예를 들어, 앞에서 언급한 아동 내담자의 어머니와의 작업에서 나는 부모
로 하여금 아동의 문제 행동을 수정해 가는 것을 돕기 위해 부모와 아동 간 상호
작용상담(PCIT; Eyberg & Bussing, 2010)을 사용하였다. PCIT는 부모에게 적용 가능
한 영적 목표를 달성하기 위한 개입(예: 부모의 믿음과 일치되는 방식으로 아동에게
행동을 가르치는 것)으로도 활용될 수 있다. 하지만 일반 상담에서 PCIT를 전혀 수
정하지 않은 형태로 영적 내용을 포함하여 사용한다면, 일반적인 상담 개입을 통
해 영적 목표를 달성하는 형태가 될 것이다.

두 번째 범주의 영적 개입에는 외현적으로 종교적이고 영적인 내용을 포함시키
면서 수정된 일반적 기법들이 포함된다. 이러한 영적 개입의 한 예로 내담자의 종

교적 · 영적인 배경을 고려해서 경건 서적에서 참조 글을 가져오는 것과 같은 영적인 내용을 포함시켜 수정된 PCIT가 적용된다. 7장은 이러한 종류의 영적 개입에 대해 제시하며, 그 예로는 부모의 신체적 체벌과는 대조적인 영적 개입의 하나로 선택적 주의집중 기법을 통해 경건 서적의 참조 글을 제시하는 것이다.

세 번째 범주의 영적 개입에는 오로지 종교적 · 영적인 관습으로부터 선택된 행동이나 방법만을 포함하는 것이다. 예를 들어, 8장에서 상담자가 아동에게 기도를 통해서 자신의 슬픔을 표현할 수 있도록 돕는 사례가 제시되고 있다.

나는 이러한 범주화가 종교적 · 영적인 개입에 대해 체계적 접근을 하는 데 도움이 된다고 생각한다. Aten 등(2011)과 같이 저자들은 Worthington(1986)이 설명한 두 번째, 세 번째 범주를 강조한다. 그럼에도 어떻게 활용되느냐에 따라서 일부 영적 개입은 한 범주에만 속하지 않을 수 있다는 것을 이해하는 것도 중요하다. 예를 들어, 기도를 활용함에 있어 Walker 등(8장)은 상담자가 불안에 대한 일반적 인지행동 상담의 맥락에서 내담자에게 기도를 사용하도록 요청하는 두 종류의 사례를 통해 이를 보여 준다.

Tan(1996)의 상담 사례에서 영적 · 종교적 문제를 다루는 사례개념화는 매우 의미 있는 접근으로 보인다. Tan은 모든 영적인 개입이 내적 혹은 외적 연속선상에서 이론적 범주에 따라 개념화될 수 있다는 점을 언급한다. Tan에 따르면, 상담에서 내담자의 종교적 · 영적인 신념과 가치에 대한 존중을 설명할 때, 극단의 내재적 개입에서는 상담에 영적 개입을 개방적으로 사용하지 않는 것이다. 극단의 외현적 개입에서는 개방적으로 기도와 경건 구절을 참조하여 상담에 영적 개입을 적용하는 것이다. 영적 개입의 활용과 관련해서 다양한 접근은 범주에 의한 분류보다는 이러한 연속선상에서 보다 적절하게 설명될 수도 있다.

Tan(1996)은 영적 개입의 활용에 대해서 상담자가 속해 있는 환경적 맥락, 내담자의 주 호소 문제에 대한 내담자 개인의 영성과 종교의 관련성, 내담자 또는 부모가 종교적 · 영적인 문제를 상담에서 나누기를 희망하는 정도, 영적 개입의 적용에 대한 상담자 자신의 숙련도에 따라서 결정하도록 해야 한다고 언급하였다. Tan의 범주화는 이 책에서 언급된 여러 영적 개입을 조직화하는 데 도움이 될 것이다.

내담자에 대한 상담적 민감성을 가지고 영적 개입이 활용될 때, 아동이나 성인 내담자 모두에게 적절하게 사용될 수 있을 것이다. 이 책에서 저자들은 다양한 영적 개입을 소개하는데, 나는 개인적으로 일반적 상담 프로토콜을 수정해서 영적인 주제를 포함시키는 통합적인 개입을 선호한다. 이러한 접근은 몇 가지 이유로 인해 매력적이다. 대부분의 아동과 청소년을 돕는 상담자에게 내담자의 영성과 종교를 존중해야 하는 윤리적 의무를 수행하는 것과 잘 조화되는, 매우 실제적인 접근으로 보인다. 아마도 대다수 아동 상담자에게 일반적 상담 방법과 배타적으로 구별된 접근 형태로 영적인 개입에 능숙해지도록 이끄는 것은 그다지 효율적이지 않다. 대부분의 상담자는 최소한 한 개 또는 그 이상의 일반적 상담 프로토콜, 즉 아동과 청소년 대상 상담에서 경험적으로 효과성이 입증된 일반적 상담 방법에 익숙하다. 내담자의 영성을 평가하도록 요청하는 것과 그들이 익숙한 일반적 상담 틀에 영적 개입을 통합적으로 적용하도록 돕는 것은 완전히 새롭게배타적인 영적 개입 관련 프로토콜을 익히도록 하는 것보다 훨씬 수월한 접근이 될 것이다.

일반 상담에서 소개되지 않아 왔던 영적 개입(예: 기도, 신의 이미지 작업, 용서)을 상담 세팅에서 상담자의 영적 신념과 가치에 대한 치우침 없이 내담자의 주 호소 문제에 민감하게 초점을 맞추면서 적용해 가도록 해야 한다. 이러한 영적 개입은 보편적 사례개념화와 임상 적용에 있어서 신중하게 접근할 것을 요구한다. 영적 개입은 내재적 접근보다는 외현적으로 보다 쉽게 전달될 수 있으며, 공공기관의 임상 장면에서 적용하기에는 주의가 필요하다. 이 주제와 관련해서 이어서 구체적으로 논하기로 한다.

다양한 임상 장면에서의 영적 개입

이 책에 제시된 상담 방법은 다양한 세팅에서 활용될 수 있을 것이다. 나는 임상 실습을 지역 정신건강센터나 아동병원과 같은 공공기관에서 실시하였는데, 당시에는 외현적 접근보다는 내재적 접근방식으로 영적 개입을 적용하려고 노력하였다. 박사인턴 경험에 대해 언급했던 것과 비슷하게 공공기관의 상담 세팅에서는 내담자와의 상담을 시작하기 전에 임상 디렉터들과 함께 내담자의 영성에 대한 임상 정책을 미리 숙지하도록 권고되고 있다. 내가 머물렀던 박사 인턴십 기관에서는 내담자의 영적인 문제를 고려하는 것에 대해 매우 개방적인 분위기였음에도, 그곳의 디렉터들은 한계를 그었다. 예를 들어, 기도에 대하여 내담자의 요청을 받은 경우에 회기 내에서 함께 기도하지 않도록 지도받았으며, 특히 기도로 상담을 함께 시작하지 않도록 권장되었다. 회기 내에서 몇 명의 아동 내담자가 자신의 문제에 관해 신에게 이야기 나누는 것을 들었지만 당시 그곳의 임상 디렉터는 상실 트라우마를 갖는 내담자의 주 호소 문제와 영적 주제들이 관련되지 않는 것으로 간주하려고 하였다. 만일 내담자의 호소 문제에 대하여 내담자 영성이 관련되는지 평가하지 않고 그 논의를 시작했다면, 심지어 회기를 내담자와 그 부모들과 함께 상실의 슬픔에 대한 기도로 시작했다면, 임상디렉터는 매우 염려했을 것이다. 나의 슈퍼바이저는 내담자의 영적 문제들을 적절한 때에 다룰 수 있도록 지지해 주었지만, 이전에 다른 상담자는 상담실에서는 외현적으로 종교적인 이미지를 드러내지 않도록 슈퍼바이저에게 지도받았다고 하였다.

반대로, 공유된 믿음에 대한 개방적 표현은 종교기관이나 영적인 개인상담 장면에서 허용되는 것들이다. 그런 기관에서 아동과 부모 내담자는 그곳의 상담자가 개방적으로 외현적으로 영적 개입을 적용하기를 기대하고, 만일 상담 과정에서 영적 개입이 이뤄지지 않는다면 실망을 표현할 수 있을 것이다.

학교 장면에서 일하는 상담자는 공립과 사립 여부와 소속 학교 특성에 따라서 요구되는 고려사항을 잠재적으로 마주하게 될 것이다. 학교 상황에 상관없이 영성은 어느 특정 아동의 호소 문제에 국한되는 것은 아니기 때문에 상담자는 항상 초기에 내담자의 영성과 관련한 평가와 사례개념화를 고려해야 한다. 공립학교에서 상담자는 전형적으로 영적 개입을 활용하는 것에 대해 달갑지 않게 인식해 왔다(Richards & Bergin, 2005). 공립학교에서 내담자와의 상담 작업에서 경건 서적의 구절을 참조하거나 기도하는 것과 같은 외현적 형태의 영적 개입을 사용하는 것은 부적절하다는 일반적인 생각에 동의한다. 그렇지만 또한 내담자의 개인적인 영성이 현재 호소하고 있는 문제의 한 부분이 되고 있는 경우가 있을 수 있다는 점을 이야기하고 싶다. 그런 경우에는 상담자가 공공기관이라는 세팅의 한계 내에서 적절하게 활용할 수 있는 영적인 개입을 다룰 준비가 필요하다.

예를 들어, 아동 내담자의 부모가 아동을 물건으로 반복적으로 때려 왔고 그 이유가 성경에서 부모가 자녀의 죄를 그렇게 다스리도록 말하고 있다고 호소하는 경우가 있다고 하자. 그와 같은 내용은 바로 아동학대 범주에 해당될 수 있다. 이 상황에서 학대와 관련된 영적인 속성을 다루지 않는 것은 또한 문제가 될 것이다. Tan(1996)의 외현적-내재적 범주의 연속선상에서 볼 때, 공립학교 세팅이라 하더라도 성경을 열어 대충 참조하기보다는 학대의 배경이 되는 것으로 보이는 도전에 대해서 구체적으로 꼼꼼하게 성경의 내용들을 검토하여 사람들에 대한 신의 사랑이 담겨 있음을 인식하게 돕는 것이 필요하다. 이런 경우 성경의 특정 구절들에 대해 개방적으로 언급하는 것은 외현적 영적 개입의 한 예가 될 것이다.

보다 내재적인 개입으로는 이 아동의 경우 성경이 사람들에 대한 신의 사랑에 관해 이야기하고 있다는 생각을 내담자에게 반영해 줄 수 있을 것이다. 이 가상 시나리오에서 상담자는 또한 아동을 체벌하는 것에 대해 지지하는 성경 구절이 있다는 것을 개인적으로 몰랐다고 내담자에게 이야기할 수 있을 것이다. 상담자는 아동 내담자가 속한 교회의 영적 리더나 신체적 처벌에 관련된 성경의 가르침에 대하여 확장된 교회 멤버들과 함께 자문을 받도록 할 수도 있을 것이다.

내담자 영성을 다루는 사례에서의 도전 가운데 하나는 상담자가 영적인 주제에 대한 문화적 민감성을 기르는 것이 그러한 주제들을 이야기하는 내담자를 만날 때에 반드시 필요하다는 점이다. 영성과 문화적 민감성에 대한 윤리적 의무를 적용하는 것은 내담자가 그러한 주제를 피하지 않으면서 상담장면에서 이야기하도록 돕는 것을 의미한다. 그와 동시에 상담자는 자신의 개인적인 영적인 신념에 대하여 내담자에게 강제하지 않도록 주의하는 것이 필요하다. 영적 개입을 민감하게 적용하는 것은 내담자의 호소 문제와 임상 세팅, 내담자 삶에서의 개인적인 영성의 역할 등을 고려하는 것을 의미한다. 이 책은 이러한 민감한 도전에 대하여 다룰 것이다.

이 책의 구성

이 책의 4장까지는 아동 및 청소년을 대상으로 하는 영적 개입의 기반이 되는 이론적 기초와 배경을 살펴볼 것이다. 1장에서 Hathaway는 아동과 청소년을 대상으로 하는 영적 개입의 활용과 관련된 윤리적 문제를 다루었다. 일부 상담자는 아동과 청소년을 대상으로 영적 개입을 적용하는 것이 적절한지, 그러한 경우 어떻게 부모의 사전 동의와 아동의 동의를 받을 수 있는지에 대하여 궁금해할 수 있다. Hathaway는 이러한 점들에 대하여 다루면서 상담에서 영적 개입 사용과 관련된 결정에 도움되는 실제적인 가이드라인과 윤리적 원칙을 제시하고 있다. 아동과 부모의 영성이나 상담자와 아동 간의 영성 관련 표현에 있어 차이점과 임상 세팅의 한계에도 주의를 기울여야 한다.

2장에서 Hathaway와 Childers는 상담 과정에서 변화를 위한 자원으로서의 종교와 영성의 잠재적 역할을 어떻게 평가해야 하는가, 또는 종교적·영적인 기능이 아동의 문제에 잠재적으로 어떻게 영향을 미치는가에 대해 평가하는 방법을 설명한다. 예를 들어, 제도화된 종교의 활동에 참여하는 아동의 능력은 아동기 주의력결핍 과잉행동장애(ADHD)와 관련된 과잉행동이나 부주의한 증상의 정도에 영향을 받는다. 하지만 부모의 영성은 아동기 ADHD에 대한 부모의 개입에 도움이 되는 하나의 자원으로 이해될 수도 있다. 또한 상담에서 종교적·영적인 영역의 평가에 사용될 수 있는 구체적인 측정 도구들이 제시된다. Hathaway와

Childers는 또한 다양한 아동과 청소년 내담자의 호소 문제에 대한 영적 개입을 적용하는 데 필요한 정보의 평가에 대하여 논의한다.

3장에서 Mahoney와 LeRoy, Kusner, Padgett, Grimes 등은 상담을 방해하거나 또는 도움이 될 수 있는 부모의 영성에 대해서 고찰하고 있다. 그들은 부적응적인 양육 방식과 종교적인 완벽주의처럼 문제의 소지가 있는 부모의 영성을 언급하였다. 예를 들어, 일부 종교적인 부모는 아동의 개인 행동에 대한 불합리한 기대를 갖거나 불필요하게 가혹한 방법이나 원칙을 사용하기도 한다. 또한 Mahoney 등은 상담에서 변화를 촉진하는 부모의 종교적ㆍ영적 자원에 대하여 언급하고 있다.

4장에서 Quaglians와 King, Quagliana, Wagener 등은 발달적 맥락에서 영적 개입의 적용을 논의하였다. 그들은 다양한 관점에서 발달 이론들을 검토하고 여러 발달단계에 적합한 다양한 영적 개입에 대하여 살펴보았다. 예를 들어, 신체적ㆍ성적 학대로 고통받아 온 아동과 청소년은 사랑하는 신의 이미지를 유지하는 영적 개입 시에 어려움을 겪는데, 그들의 연령에 따라 신에 대한 이해가 달라진다는 점을 고려해야 할 것이다.

5장부터 10장까지는 다양한 이론적ㆍ영적 접근에 기반하는 영적 개입의 활용을 다룬다. 5장에서 Rogers와 Steen, McGregor는 영적 개입 가운데 하나로 수용에 대하여 설명한다. 수용은 대인관계에 중요한 요소로 일부 상담 접근에서는 핵심 요소로 간주된다. 그들은 상담에서 아동의 깊은 내면에 있는 신념과 개인적이고도 영적인 성장을 향하여 노력하는 아동의 타고난 힘을 믿음으로써 이를 성장시켜 주는 상담의 영적 접근 중 하나로 수용을 설명한다. 또한 상담에서 수용의 상담 기능에 대한 논의와 수용 능력과 관련되는 상담자의 개인적 특성에 대하여도 언급하고 있다.

6장에서 Miller는 상담에서의 영성 자각에 대하여 다룬다. 영적 민감성은 내담자가 우주와 신성에 대해 보다 귀를 기울이게 되면서 영적인 경로를 따라 성장해 가는 한 과정으로 기술되었다. 이러한 접근은 내담자가 온전하고도 열린 마음으로, 우주 또는 창조주로부터의 안내에 귀를 기울이도록 돕는 것을 포함한다. 상담자는 이 여행에서 안내자 역할을 하며, 상담자 자신의 영적 항해 경험은 상담에서 중요한 자원이 된다. Jung과 Rogers에게서 이러한 접근을 지지하는 이론적 · 철학적 토대를 찾을 수 있다.

7장에서 Walker와 Ahmed, Milevsky, Quagliana, Bagasra는 영적 개입의 하나로 경건 서적을 활용하는 것에 대해 다루고 있다. 세계의 모든 종교는 경건 서적을 통하여 소통되는 일련의 삶의 방식을 갖는다. 종교적으로 관여된 아동과 가족을 대상으로 하는 상담에서는 해당 경건 서적에서 내용을 참조하는 것이 효과적일 수 있다. 예를 들어, 경험적으로 입증된 부모 교육 프로그램과 세계 주요 종교들은 특별한 양육 방식을 추천하고 있다. 일부 교육 프로그램은 신체적 · 성적 학대 트라우마를 해결하는 데 도움이 되도록, 경건 서적에서 언급된 내러티브를 활용한다.

8장에서 Walker와 Doverspike, Ahmed, Milevsky, Woolley는 상담의 한 개입으로 기도의 활용에 대하여 설명한다. 세계의 주요 종교들의 핵심 요소는 기도이지만, 아동과 청소년 상담의 맥락에서 기도를 고려하게 될 때 논쟁의 여지가 있을 수 있다. Walker 등은 아동과 청소년 상담에서 고려할 수 있는 하나의 개입으로 기도의 적합성에 대하여 논의한다. 아동과 청소년 내담자를 대상으로 기도를 활용하는 것과 관련된 이론적 · 경험적 연구뿐만 아니라 기도를 활용하기 전에 고려해야 할 윤리 원칙에 대하여도 검토한다. 다양한 이론적 맥락에서, 여러 연령대의, 그리고 다양한 호소 문제를 갖는 내담자들을 고려하면서 활용 가능한 기도의 적절한 사용에 대하여 설명한다.

9장에서 Olson과 Maclin, Moriarty, Bermudez는 아동상담에서 신의 이미지 작업에 대하여 설명한다. 자신과 타인에 대한 관점에 결정적인 영향을 주는 신에 대한 이미지가 갖는 의미를 검토하고 신에 대한 이미지 왜곡의 원인에 대해 논의한다. 또한 왜곡되거나 부정적인 신의 이미지를 교정해 주는 상담 방법에 대하여 설명한다. 여러 이론적 배경에 따른 신의 이미지 작업과 실제 적용을 검토한다.

10장에서 DiBlasio와 Worthington, Jennings는 아동과 청소년 내담자를 대상으로 하는 상담에서 용서 활용에 대하여 논의한다. 용서와 화해는 깨어진 관계를 회복하는 데 도움을 주는 내적 · 영적인 실제에 해당된다. 상담의 맥락에서 용서는 화와 같은 부정적인 정서를 감소시키고 화나게 만드는 대상과의 새로운 관계와 긍정적인 정서를 키워 가는 한 과정으로 설명되고 있다. 아동과 가족을 대상으로 용서의 활용을 촉진하는 상담 프로토콜을 경험적으로 지지하는 것과 관련된 타당성 검토 또한 이뤄진다.

그리고 나서 Walker와 Hathaway는 향후 아동과 청소년 상담에서의 영적 개입에 대한 논의로 이 책을 끝맺는다. 우리는 이 책에서 임상 실제와 훈련, 그리고 이 분야에서의 연구들을 검토하고 정리하는 것을 목적으로 하였다.

결 론

아동과 청소년 상담에서 종교와 영성 심리학의 적용과 관련한 연구는 아직 걸음마 단계이지만, 저자인 나는 마치 아기가 자신을 둘러싸고 있는 가족을 향해 발걸음을 내딛는 법을 배우는 것을 지켜보는 아버지의 뿌듯함과도 같은 긍지를 갖는다. 이 책에서 언급된 경험적 연구들 또한 아직은 시작 단계에 머물러 있다. 그럼에도 여러 임상적 시도를 통해서 상담의 실제 적용에 요구되는 증거 기반의 연구를 지지하는 경험적 증거로 채택되고 있다. 사실 최근 미국심리학회(2006)에서도 이러한 임상 사례가 계속 제시되면서 증거 기반의 실습을 위한 근거로서 유용한 자료로 사용될 수 있음을 인정했다. 이 책에서 제시된 임상 사례 예시들의 많은 경우, 이론적 배경을 충분히 살리면서 경험적 연구를 통해서 다양한 문제에 대한 상담적 접근을 시도한 것들로 효과성이 검증되었으며, 또한 그 외 여러 임상적 경험을 통해 지지되어 왔다. 그리하여 각 장의 저자들이 기술하고 있는 임상적 경험은 폭넓게 정의된 영적 개입의 효과성에 대한 증거 기반 자료로도 활용될 수 있을 것이다. 아동과 청소년 상담에서 영적 개입의 적용과 관련하여 무선표집된 임상 연구를 포함하여 추가적인 경험적 연구가 계속 발전적으로 이뤄지길 기대한다. 이 책이 종교적으로 관여된 아동과 청소년 그리고 부모를 대상으로 하는 상담과 평가 및 슈퍼비전을 하는 데 도움을 제공하여 이 분야의 지속적 발전에 기여하기를 바란다.

참고문헌

American Psychological Association. (2006). *APA presidential task force on evidence-based practice*. Washington, DC: Author.

Aten, J. D., McMinn, M. R., & Worthington, E. L., Jr. (2011). (Eds.). *Spiritually oriented interventions in counseling and psychotherapy*. Washington, DC: American Psychological Association.

Cohen, J. A., Mannarino, A. P., & Deblinger, E. (2006). *Treating trauma and traumatic grief in children and adolescents*. New York, NY: Guilford Press.

Eyberg, S., & Bussing, R. (2010). Parent-child interaction therapy for preschool children with conduct problems. In M. Murrihy, A. Kidman & T. Ollendick (Eds.), *Clinical handbook of assessing and treating conduct problems in youth* (pp. 139-162). New York, NY: Springer. doi:10.1007/978-1-4419-6297-6_6

Pargament, K. I. (1999). The psychology of religion and spirituality? Yes and no. *International Journal for the Psychology of Religion, 9,* 3-16. doi:10.1207/s15327582ijpr0901_2

Post, B. C., & Wade, N. G. (2009). Religion and spirituality in psychotherapy: A practice friendly review of research. *Journal of Clinical Psychology, 65,* 131-146. doi:10.1002/jclp.20563

Richards, P. S., & Bergin, A. E. (2005). *A spiritual strategy for counseling and psychotherapy* (2nd ed.). Washington, DC: American Psychological Association. doi:10.1037/11214-000

Tan, S. Y. (1996). Religion in clinical practice: Implicit and explicit integration. In E. P. Shafranske (Ed.), *Religion and the clinical practice of psychology* (pp. 365-387). Washington, DC: American Psychological Association. doi:10.1037/10199-013

Weisz, J. R., & Kazdin, A. E. (2010). (Eds.). *Evidence-based psychotherapies for children and adolescents* (2nd ed.). New York, NY: Guilford Press.

Worthington, E. L., Jr. (1986). Religious counseling: A review of published empirical research. *Journal of Counseling & Development, 64,* 421-431. doi:10.1002/j.1556-6676.1986tb01153.x

차 례

1부   이론적 기초와 내용

2부   상담 개입 전략

1부

이론적 기초와 내용

아동 상담에서의 윤리적 · 종교적 문제

– WILLIAM L. HATHAWAY

　14세의 러시아계 카트리나는 이혼을 고려하고 있는 부모에 의해 상담에 의뢰되었다. 그녀의 부모는 카트리나가 심리적으로 문제가 있는 것은 아닌지 확인하고 싶다고 했다. 부모는 카트리나가 자기들을 피하는 것 같다고 느끼고 있었다. 그녀는 당시 많은 시간을 교회나 종교 활동을 하는 데 할애하고 있었다. 과거에는 카트리나나 가족 모두 조직적인 종교 활동에는 소극적이었다. 카트리나의 종교 활동은 몇 달 전 학교에서 만난 친구의 소개로 Young Life 종교 동아리 활동을 시작한 후부터 활발해졌다. 부모는 카트리나의 믿음이 너무 깊어지고 있고, 그리고 이것 때문에 결국 카트리나가 본인들로부터 멀어지게 되지 않을까 걱정하고 있었다.

　카트리나의 가족은 아주 가끔 주교교회(Episcopal Church)에 출석하고 있었으며, 카트리나의 친구는 초교파적 복음주의 교회에 출석했다. 카트리나의 부모는 카트리나가 친구와 함께 교회에 나가는 것을 반대하진 않았지만 그 교회가 꽤 보수적이고, 최근에 카트리나가 교회에 너무 심취해 있다고 생각하면서 정말 어떤 문제가 있는 것은 아닌지 걱정했다. 카트리나의 행동은 정상인가? 그녀의 종교생활은 단지 부모와 거리를 두는 방법의 하나일 뿐인가? 카트리나는 개인적으로 매일 성경을 읽으며 기도를 하고, 교회의 청소년부 예배와 다른 모임에도 일주일에 두세 번 나가고 있었다. 카트리나는 부모를 피하는 것이 아니라 청소년부 모임에 많이 나가고 있는 것뿐이라고 설명했다. 그녀는 Young Life에서 얼마나 하나님이 그들의 삶에 관여하시는지에 대한 친구들의 이야기를 듣고 이전보다 종교에 관심이 더 많아졌다고 이야기했다. 그녀는 새로운 믿음생활로 인해 자신이 해야 할 여러 가지 일을 더 잘 처리하게 되었다고 하였다. 그녀는 부모에게 문제가 생긴 것을 슬퍼하고 있었고 그 일이 잘 해결되길 꾸준히 기도했다. 그녀는 가족에게 어떤 일이 일어날까 봐 매우 걱정하고 있었지만, 그럼에도 그 상황을 하나님께 맡김으로써 평안을 찾고 있었다.

카트리나가 자신의 새로운 신앙생활이 자신의 삶에 어떤 역할을 하고 있는지 설명한 후에 상담실 안은 조용해졌다. 부모와 그녀 모두 이 대화에서 이루어져야 할 다음 단계가 무엇인지 알고 싶어 상담자를 쳐다보았다. 상담자는 결정을 내려야 했다. 이 가족의 주된 문제를 무엇으로 봐야 할지, 상담을 해야 하는 문제인지, 아니면 단순한 종교적 문제인지 혹은 둘 다인지, 이 상담 과정에서 다음 단계로 가는 윤리적인 고려사항은 무엇인지, 만약 종교가 주된 문제라면 종교 전문가를 소개해 주어야 하는지, 상담자로서 답변할 때 종교적 문제에 대한 자신의 관점을 내려놓고 편파적이 되지 않도록 충분한 자기인식을 하고 있는지, 만약 상담 목표가 종교적 관점을 가시적으로 포괄해야 한다면 이 문제에 개입할 만한 능력을 갖추고 있는지 등에 대해서 말이다. 상담 초기에 이를 결정한다는 것은 단지 상담 전략의 문제일 뿐 아니라 윤리적인 문제이기도 하다.

1장에서는 APA의 '상담의 윤리 원칙과 행동강령(Ethical Principles of Psychologists and Code of Conduct, 이하 APA 윤리강령)'을 적용하여 아동이나 청소년, 가족들과 종교적인 문제로 상담을 진행한 사례에 대해 논의하고자 한다. 먼저 아동에 대한 상담 윤리와 관련하여 영적 문제를 다루어야 하는 근거를 제시하고

자 한다. 그 후에 아동과 청소년의 상담 과정에서 윤리의 적용에 대해 논의하려고
한다. 내담자의 영성과 관련하여 APA 윤리강령을 어떻게 적용해 갈 수 있는지 여
러 사례를 통해 알아보게 될 것이다. 특히, 아동과 청소년 상담에서 영적 문제와
관련된 윤리적 문제를 다루고자 한다.

아동과 청소년 대상 영성 개입 상담에서의 윤리적 문제와 관련된 이론적 근거

 종교적·영적 주제를 포함하는 아동의 상담 연구에 있어 윤리적 문제들을 다루
고 있는 연구는 찾아보기 힘들다. 아동을 다루는 윤리적 문제의 상세한 고찰은 직
업 윤리에서 거의 다뤄지지 않고 있다. 아동심리학 교재들을 개괄적으로 보면 윤
리에 대해 명시적으로 언급한 내용은 극히 드물다(Mash & Barkely, 2006).
Ollendick과 Shroeder가 집필한 『아동과 소아 심리학 전문사전(2003)』은 전체 748
페이지 중 매우 적은 부분만을 윤리적 부분에 할애하고 있다. 2011년 초를 기준으
로, PsycINFO에서 '직업 윤리' 키워드로 검색 가능한 문서는 22,999개이지만, '아
동' 키워드를 추가하면 그중 989개의 문서만 남는다. 이 얼마 안 되는 수의 내용
중 대다수가 포괄적인 주제에만 집중하고 있고 아동상담에 있어서의 윤리적 주제
에는 큰 관심을 두지 않고 있다.

 종교와 관련한 직업 윤리 문제에 초점을 둔 논의 역시 찾기가 쉽지 않으며, '직
업 윤리'와 '종교'가 함께 검색되는 문서는 오직 344개에 불과하다. 여기에 아동
이라는 단어를 추가하여 검색하면 9개의 문서가 나오는데, 검색된 문서 중 윤리
적 문제에 대해 구체적으로 다루고 있는 문서는 단 한 건도 없다. 종교와 영성을
다루는 임상심리학 문헌의 전체 건수는 조금씩 증가하고 있으나, 이 가운데 아동
심리 상담의 윤리적 측면에서 종교와 영성을 다루는 연구는 극히 소수이다. 이러
한 맥락에서 이 장의 주제는 다소 생소할 수 있다.

 한편으로는 잠재적으로 상당히 폭넓은 주제가 되며, 아동과 청소년을 대상으로

하는 종교적 문제의 심리학적인 탐구는 '새로운 심리학'의 꾸준한 연구 주제 중 하나이다. Starbuck의 저서 『종교의 심리학』(1899)에서는 아동과 청소년 심리학에서의 종교 관련 발달적 · 경험적인 연구들이 제시되고 있다. 발달심리학에서 종교를 다루는 것은 최근에서야 시작된 연구분야이다(Roehlkepartain, King, Wagner, & Benson, 2006). 2000년대로 접어들면서 북미 지역에 거주하는 부부와 부모의 경우, 5%를 제외하고는 모두 종교 단체에 소속되어 있는 것으로 조사되었다. 따라서 아동 상담 사례 연구에서 종교적 혹은 영성적 요인은 종교적 문화배경의 영향을 고려하는 것의 중요성과 더불어 점차 주목을 받게 되었다. 이 두 가지 요인에 대한 연구가 아직 부족한 현실에도 불구하고 아동 상담 사례에서 실제적으로 깊이 있게 다루어져야 하는 주제임을 가정할 수 있다.

아동 상담 사례에서 종교와 영성의 주제를 함께 다루고자 할 때 필요한 윤리적인 접근은 두 종류로 나뉠 수 있다. 하나는 상담 사례에서 일관되게 적용할 수 있는 동일한 윤리적 원리와 기준을 적용하는 것과 다른 하나는 특정 상담 내담자에 대해서 개별적으로 윤리적 관점을 적용하는 것이다. 종교와 영성 관련 상담 사례에 대한 APA 윤리강령에서 제시되고 있는 윤리기준 고려사항에 대해서는 다른 책에서도 다루어져 왔다(Hathaway, 2011; Hathaway & Ripley, 2009; Richard & Bergin, 2005). 이러한 논의는 편향된 시각이나 편견을 갖지 않기, 내담자의 자율성을 존중하기, 대립적인 이중 관계를 피하기, 해를 끼치지 않기, 능력 범위 안에서 상담을 시행하기 등을 포함하고 있다. 이 모든 윤리적 기준은 아동 상담 사례에도 역시 관련된다. 아동 상담 사례에서의 비밀 보장 문제와 관련해서는 상처받기 쉬운 아동의 성장 특성뿐만 아니라 미성년자의 법적 보호체계 등을 충분히 고려할 필요가 있다.

상담의 실제와 윤리적 고려사항

APA 윤리강령은 아동과 청소년 대상의 실제 상담에 지침이 되는 윤리 원칙과 구속력 있는 기준을 기술하고 있다. 이 원리와 기준은 모든 상담 사례에 포괄적으로 적용되지만, 반드시 주의 깊은 윤리적 의사결정 과정을 통하여 구체적인 상담 상황에 적절하게 연결하여 명확하게 적용되어야 한다. 아동과 청소년은 종종 법 적 관점에서 자기 결정력이 약하고, 본인의 이익을 보호하기엔 아직 어리기 때문 에 상담자가 아동의 복지를 특별하게 신경 쓰고 보호해야 한다. Rae(2003b)가 언 급했듯이, 아동 연령대가 갖는 고유한 취약성과 학교, 건강 보호 시설, 가족들과 협조해야 하는 복잡성 때문에 아동이나 청소년, 가족 상담은 예외적으로 높은 수 준의 윤리적 행동기준이 요구된다. APA 윤리강령은 상담자들이 그 기준을 다양 한 전문적 상황에서 폭넓게 적용할 수 있도록 작성되었다. 윤리적 지침은 주로 성 인 내담자를 염두에 두고 작성되었고, 그 결과로 아동의 특별한 필요에 부합하지 않는 경우가 많다. 여기에서 말하는 아동의 '특별한 필요'는 평가나 개입 그리고 조사 과정에서 단지 아동만을 포함하는 것이 아니라, 다른 가족 구성원도 포함되 어야 한다는 의미이다. 미성년자를 위한 법적 기준은 성인의 기준과 매우 다르다. 상담자는 아동이나 가족을 대상으로 다루게 될 때 법적 · 윤리적인 측면에서 민감 하게 접근하며 상담이 이뤄질 수 있도록 진행 과정에 보다 깊은 주의를 기울여야 한다(p. 214).

윤리 원칙에 입각한 행동강령

APA 윤리강령은 구체적인 기대와 요구를 반영한 원칙과 기준을 포함한다. APA 윤리강령의 원칙과 기준의 목록은 〈표 1-1〉에 명시되어 있다. 윤리강령은 상 담자의 윤리적 측면에서 상담 동기와 목표와 관련해서 규범적인 안내의 역할을 한다. 앞에서 제시된 카트리나 사례의 마지막 부분에서 상담자는 어떤 방향으로 상담을 진행할지 선택하게 될 것이다. 상담의 방향을 정하는 과정은 내담자에게 아무런 해도 끼치지 않아야 한다는 유의사항과 카트리나와 부모의 심리적 건강을 증진시키는 목적에 조화롭게 이뤄져야 한다. APA 윤리강령에서 내담자 복지 우 선과 해를 끼치지 않기의 첫 번째 원칙은 상담 과정에 영향을 주는 파괴적인 편견 이나 그 외 해가 되는 요소들을 배제한 상태에서 상담이 진행되어야 한다는 것을

| 표 1-1 | **미국심리학회 APA(2010a) 심리학자의 윤리 원칙과 행동강령**

일반 원칙

원칙 A: 내담자 복지 우선과 해를 끼치지 않기

원칙 B: 성실성과 책임감

원칙 C: 통합

원칙 D: 정의

원칙 E: 인간의 권리와 존엄성에 대한 존중

윤리적 기준

1. 윤리적 문제를 해결하기

2. 유능성

3. 인간관계

4. 내담자 사생활과 비밀 보호

5. 홍보와 기타 공식적인 진술서

6. 기록 보관과 사례비

7. 교육과 훈련

8. 연구와 출판

9. 평가

10. 상담

명시한다.

상담자가 종교적인 주제와 연관되는 문제에 어떻게 대처할 것인가에 대해 결정을 내리기 위해서는 가족들에 대한 더 많은 정보가 필요하다. 종교가 없는 상담자는 카트리나의 종교적 변화를 중요하지 않게 여길 수도 있다. 상담자는 그렇게 여김으로써 가족들이 상담자에게 가져 온 종교적으로 집중된 문제에서 너무 빨리 벗어나도록 만드는 반면에, 비종교적인 표면적인 문제들을 중요한 것으로 간주할 수 있다. 그러한 상담자는 청소년기의 영적 탐구와 참여가 불안정한 증상을 나타내는 지표나 기타 다른 비종교적인 문제에 비해 상대적으로 상담자의 개입이 필요하지 않으며 흥미롭지 않은 것이라 여길 수도 있다. 사실 우리는 청소년기가 그들의 삶에 평생 영향을 줄 수 있는 종교적 정체성이 형성되는 결정적인 시기라는 점을 자주 발견한다. 많은 청소년이 부모의 신앙 전통이나 정체성을 수용하지만 일부는 종교를 독자적으로 선택하게 되며, 어떤 경우에는 그들이 가족 내에서 영적인 지도자 역할을 하며 가족의 신앙 수준을 높이거나 새로운 신앙의 형태를 만들어 내기도 한다(Boyatzis, Dollahite, & Marks, 2006).

카트리나의 상담자가 상담의 목적으로 종교와 영성의 문제를 가장 중요한 주제로 가정하는 경우에도 역시 동일하게 문제가 야기될 수 있다. 미국심리학회(1989)는 상담자가 그들의 종교적인 입장을 내담자에게 강요하는 것을 주의시키는 지침서를 발행했다. 유사하게, APA 윤리강령 원칙 E의 '인간의 권리와 존엄성 존중'은 상담자들이 종교를 포함한 다양한 요소를 존중하며 편견을 없애기 위해 노력해야 한다고 요구하고 있다. 카트리나의 가족이 상담 초반에 제시한 종교적인 문제보다 다른 문제가 그들과 카트리나에게 더욱 중요한 핵심주제일 가능성도 있다. 초보 단계의 상담자들은 내담자가 처음 언급하는 문제가 상담을 받게 된 이유를 충분하게 포괄하지 못할 수도 있다는 것을 신속하게 배운다. 상담자가 적절한 평가를 내리는 데 실패했거나 상담자 본인의 종교적 가치 때문에 종교 영역으로만 집중하는 것을 고집하는 경우, 비종교적 문제의 영역을 무시하는 윤리적 실수를 저지를 수 있다.

원칙 B의 '신뢰성과 책임감'은 상담자가 내담자와 신뢰 관계를 만들어 가도록 요구한다. 전문가답게 행동하는 것이나 상담에 적절하게 참여하는 것, 내담자에게 더 도움이 되기 위해 다른 전문가들과 협력하는 것과 같이 다양한 요소가 원칙 B와 관련하여 언급될 수 있다. 카트리나의 상담자가 청소년의 종교성 발달이나 그녀가 참여하고 있는 종교단체에 익숙하지 않다면, 종교적 요소들이 내담자에게 차지하는 심리적 중요성을 평가하기 위해 다른 동료들과 협력하는 것이 도움이 될 것이다. 상담자가 관련 종교단체에 대해 잘 모르고, 종교와 관련된 문제를 다룰 만한 능력이 없거나 혹은 그러한 종교적 요소와 관련된 주제의 내담자를 상담하는 경우에는, 원칙 C(통합)와 원칙 D(정의)의 측면에서 상담자가 자신의 능력의 한계에 대해 먼저 돌아보고 정직해질 필요가 있다.

관련 기준

상담의 실제에 이러한 원칙들을 적용하는 것과 관련하여 이어지는 논의에는 카트리나의 사례에서 볼 수 있는 일부 구체적인 윤리강령의 패턴과 연관된다. APA 기준이 아동 상담에 모두 적용될 수 있으며, 특히 종교와 영적 문제에서 효율적 접근과 관련된 실제 사례의 적용 기준, 전문적 관계의 특성, 내담자의 사생활과 비밀 보장, 평가와 상담은 특히 아동 상담의 윤리와 실천의 측면에 공통적으로 연관되어 있다.

상담자 능력의 한계 내에서 실행하기

APA 윤리강령의 기준 2.01에서는 상담자가 '교육과 훈련 수준, 슈퍼비전 경험, 컨설팅, 학습 또는 전문적 경험을 기반으로' 하는 유능성의 한계 내에서 상담을 실시하도록 요구한다(APA, 2010a, p. 5). 카트리나의 상담자가 가족들이 상담받기 원했던 종교 문제를 도울 수 있는 능력이 없다면, 적절한 자문 혹은 필요한 다른 훈련을 받거나, 검증된 전문가에게 의뢰해야 한다. 이제 이 사례에서 어떤 형태의 훈련이나 자문이 적절한지 알아보겠다. 저자는 계속해서 종교와 영성에 관련된 상담에는 숙련도와 전문성이 어느 정도 충분히 갖춰져야 한다고 주장해 왔다(Hathaway, 2008). 그것이 형식화되고 공식적인 전문성이나 능숙함이 아니더라도, 특화된 지식과 세분화되고 있는 전문적인 개입이 사례에 적절하게 활용될 필요가 있다고 주장되고 있다. 현재로서는 종교적으로 문제가 있는 내담자를 대할 때 종교적이고 영적인 기법을 사용해야만 내담자를 능숙하게 다룰 수 있다는 것에 대한 확실한 증거는 없다(Aten, McMinn, & Worthington, 2011). 하지만 명백하게 종교적이고 영적인 상담 접근 방법에 더 가치를 두어 선호하는 내담자도 있다. 기존의 연구에서는 종교성을 가진 내담자에게 전통적 상담 접근과 더불어 종교적 · 영적 개입을 통합시키는 것이 상담의 동기를 높여 긍정적 상담 결과나 효과를 나타낼 수 있다고 주장해 왔다(Tan & Johnson, 2005; Worthington & Sandage, 2002).

이러한 통합적인 접근 방법이 지속적 상담의 가능성이 있는 내담자에게 더 나은 결과를 갖게 했다고 밝혀지지는 않았지만, 그럼에도 현재까지 입증된 결과는 그러한 통합적 접근 방법이 상담의 효과성을 저해하지 않는다는 것이다. 내담자들이 종종 기독교인이거나 혹은 종교적·영적인 조율자로서의 상담자를 찾기도 하므로 종교성을 띠는 내담자들은 상담 과정에서 양립 가능한 영적인 면이 배제될 때 상담을 시작하지 않거나 지속하지 않을 수도 있다. 이것은 분명히 상담 결과에 영향을 주며, 향후 연구에서 이러한 상담 거부자나 중도 포기자를 대상으로 하는 연구가 필요하다. 이런 문제들로 인해 일부 큰 종교 단체에서 심리 건강 전문가를 불신하는 경향이 나타나기도 한다. 따라서 종교적이거나 영적으로 적절하게 상담을 실행할 수 있는 능력을 개발하는 것은 전문가로서의 다문화적이고 관계적인 능력을 개발해 가는 데 중요한 문제가 된다(Bartoli, 2007; Moore-Thomas & Day-Vines, 2008).

그러한 능력은 어떻게 얻을 수 있는가? 심리전문가를 대상으로 하는 종교적·영적 개입에 대한 심화단계의 훈련들이 있다. 즉, 참여할 수 있는 훈련은 늘어나고 있으며 교육 워크숍, 훈련 비디오, 이 책과 같은 전문서적을 통해 배울 수 있거나 박사과정, 인턴십 혹은 박사후 과정과 같은 조직화된 훈련 프로그램에 참가할 수도 있다. 심리학 박사후 과정 인턴십센터협회(이하, APPIC)의 홈페이지(http://www.appic.org/Directory)에서는 온라인 인턴십과 박사후 과정 펠로우십 관련 페이지에서 종교나 영성을 강조하는 인턴십 훈련 홈페이지에 대한 정보를 명시하고 있다.

현재로서는 종교와 영적 상담 수행 능력에 대한 기준을 관리하는 학회나 단체가 존재하지 않지만, 모범 사례가 될 수 있는 연구 자료들이 많아지고 있다. 또한 영성과 종교심리학회(the Society for the Psychology of Religion and Spirituality)는 종교적이고 영적인 개입을 고려할 때 참고하도록 기본적인 실행 지침을 만들어 왔다(Hathaway, 2011). 심리학적 개입에 대한 일반적인 활용지침으로, 전문상담에서의 종교적·영적 개입의 적절한 활용이란 임상적으로 적합하고, 종교적 혹은 영적 개입이나 관계 초점을 상담의 실제에 통합시켜 상담 목표에 도달하도록 촉진하며, 내담자의 종교와 영적 가치 및 신념을 존중하는 방식으로 수행되는 것을 의미한다.

그러나 종교적 · 영적 상담을 유능하게 잘한다는 것은 기도의 상담적 활용과 같은 종교적 · 영적 개입을 활용하는 능력만을 의미하는 것은 아니다. 상담에서 종교적 내용이 갖는 임상적 의미에 대한 적절한 평가를 위해서는 상담자가 갖고 있는 제한적 지식을 내려놓고 내담자 삶에서의 종교나 영성의 역할에 대해 맥락적으로 좀 더 잘 이해하려는 노력 또한 필요하다. 일부 사례에서는 심리학에 대해 잘 알고 있는 종교 전문가나 종교나 영적 문제에 관해 적절하게 다룰 수 있는 능력을 지닌 정신건강 전문가와 협력하여 일하는 것을 제안한다(McMinn, Aikins, & Lish, 2003).

몇몇 사례에서는 공식적으로 전문성을 보완하기 위해 종교 전문가나 종교 단체의 일원과 협력하는 것이 바람직할 수 있다. McMinn 등(2003)은 저서에서 성직자와 협력해 가면서 이뤄지는 일반적이면서 개선된 형태의 종교적 · 영적 상담에 대해 설명한다. 카트리나의 사례는 대부분의 상담자들에게 특정의 자문이 필요하지 않을 수 있지만, 다른 사례들에서는 종교 단체 회원들과의 공식적인 협력이 필요할 수 있는, 보다 도전적인 상황이 제시될 수 있다. 종교적인 고정관념이 문제가 되는 내담자를 만나고 있는 상담자가 종교적 강박사고를 바꾸도록 내담자를 돕는 것은 어려울 수 있다. 그러한 사례에서는 내담자 스스로 신뢰할 수 있는 종교적 권위를 가진 종교 전문가와의 협력이 필요할 수도 있다. 다음 사례를 참고해 보자.

가톨릭 신자인 15세의 토니는 불안장애 상담을 전문으로 하는 유명한 병원을 찾았다. 토니는 지난 몇 년간 강박장애로 힘들었고 하나님을 모욕하는 불경한 생각이 자꾸 떠오르고, 그러한 생각을 떨쳐낼 수 없어 지옥에 갈 것이라는 생각이 자꾸 들어 매우 괴로워하고 있었다. 이런 패턴의 행동은 삶의 어떤 특정한 사건으로 촉발된 것이 아니다. 토니는 그를 괴롭히는 지옥에 대한 생각의 괴로움 때문에 숙제를 끝내기 어려워지고 다른 활동을 전혀 할 수 없을 때까지 성모송(아베 마리아)을 반복하는 등의 종교적 행동을 하고 있었다. 상담자는 토니와 부모에게 강박장애에 대해 설명했으나, 토니는 영적 처벌의 결과에 대한 두려움으로 강박적 종교 활동을 줄이는 것을 원하지 않았다. 상담자는 이러한 사례에 참여해 본 적이 있는 가톨릭 사제가 상담 시간에 몇 차례 함께할 수 있도록 동의를 구했고 가족도 동의했다. 사제는 강박적 행동이 영적으로 필요하다는 토니의 사고에 성공적으로 도전을 줄 수 있게 되었으며 토니는 강박 반응으로서의 행동에 대한 상담 과정에 협조하기로 동의하였고, 상담자는 상담을 계속할 수 있었다. 상담을 마칠 즈음에 토니는 강박적 종교 행동들을 멈추게 되었고 자신을 괴롭혀 온 강박적 생각과 두려움에서 벗어났다고 이야기했다. 그는 여전히 신앙 공동체에서 적극적으로 활동하고 있으며 신에 대해 긍정적 정서 경험을 갖게 되었다고 보고하였다. 토니의 부모는 그의 학교생활 성취도가 개선되었고 가정에서도 더 이상 문제 행동을 하지 않는다고 했다.

토니의 사례는 협력적 상담의 잠재적 중요성을 보여 준다. 내담자의 이익을 위해 다른 전문가들과 협력하는 것은 APA 윤리강령 기준 3.09에 잘 나타나 있지만 실제 사례에서 종교 전문가와 협력하는 것은 매우 드물다. 이러한 협력이 활성화되기 위해서는 여러 실제적인 윤리적 문제들이 다뤄져야 한다. 비밀 보장의 문제가 먼저 해결되어야 한다는 것이 한 예이다. 많은 종교 전문가가 비밀 보장을 가치 있게 여기지만, 그것이 곧 그들에게 구속력 있는 윤리적 의무를 갖게 하는 것은 아니다. 이런 경우에 마치 집단상담에서 상담에 참여한 내담자 정보에 대한 집단원 간의 비밀 보장 문제와 유사하게 특별한 상황이 발생하는 것이다. 내담자의 사생활 보호 문제 역시 고려해야 한다. 내담자가 속한 종교 집단의 구성원이 상담에 개입될 경우, 일정 부분의 사생활 보호 침해 문제가 발생한다. 내담자의 개인 사생활을 지켜 주면서, 내담자와 그의 부모가 비밀보호의 한계에 대해 확실히 알고 동의할 수 있는 일련의 적절한 준비 단계가 필요하다.

다중관계, 이해의 충돌 그리고 부당한 차별의 금지

APA 윤리강령 기준 3.01과 3.05, 3.06은 각각 상담자들이 부당한 차별이나 다중관계, 이해의 충돌을 피하여 상담을 수행하도록 안내한다. 이 기준들은 종교적 ·

영적인 문제를 가진 아동 심리 상담 사례에서 개별적으로 적용될 수 있지만, 이것이 아동 양육권의 문제와도 관련성을 가지기에 본문에서는 더 포괄적으로 다루고자 한다. APA가 최근에 개정한 "가족 법 소송에서의 아동 양육권 사정을 위한 가이드라인"(2010b)은 아동 양육권 평가의 세부 실행을 위해서 두 가지 윤리강령을 확대 적용하였다.

가이드라인 6은 "상담자들이 일반적이고 비차별적인 평가 업무를 하기 위해 노력한다."고 언급한다(APA, 2010b, p. 865). 또한 상담자들이 아동 양육권 사정에서 종교와 같이 평가에 영향을 미치는 다양한 요소들을 평가할 때 "그들 자신과 다른 이들의 편향된 시각을 주의하도록" 요구한다(p. 865). 가이드라인 7은 아동 양육권 사정에서 이해 충돌과 다중 관계를 피하기를 요구한다. 해당 가이드라인은 아동 양육권 사정에서의 부적절한 다중관계의 한 예로 내담자였던 아동을 대상으로 평가를 진행하는 것에 대해 언급하고 있다. 이 조항에서는 "첫째, 공정성, 능력 혹은 효과성이 저해될 수 있거나, 둘째, 사람 혹은 조직이 피해나 착취를 당할 수 있는, 전문적 관계에 노출되는 결과를 초래하는 모든 형태의 다중 관계"(p. 865)를 피하도록 요구한다.

Hathaway와 Riply(2009)는 종교적 편향과 이해의 충돌, 다중관계의 문제와 관련하여 직접 자문했던 실제 사례를 바탕으로 아동 양육권 평가의 한 예를 기술했다. 특별히 이 사례는 아동상담의 윤리와 종교와 영성이라는 주제에 적합하게 관련되어 있어 다시 소개한다.

시골 중서부 지역의 상담자 밥 박사는 스미스 씨의 8세 딸에 대한 양육권 평가에 대하여 요청받았다. 스미스 씨 가정이 2년 전 이 지역으로 이사온 이후로 스미스 씨는 보수적인 침례교회에 적극적으로 참여했고 딸도 청소년 그룹에서 활발하게 활동했다. 스미스 씨 부부는 이혼을 진행 중이고 두 사람 모두 아이의 양육권을 원했다. 그의 딸은 두 사람이 별거를 시작한 이후로 주기적으로 엄마를 만났다. 스미스 씨의 부인은 고향인 북동쪽으로 이사했다. 법원에 제출한 보고서에 따르면, 밥 박사는 부모 양쪽이 각자 뚜렷한 장점이 있지만 아버지가 양육권을 가지는 것이 더 나을 것이라고 평가했다. 그 근거로는 그의 딸은 종교를 갖고 있으나, 엄마는 무교이기 때문이었다. 그는 모든 조건이 동일할 때는 동일한 종교를 가진 가정에서 아이를 키우는 것이 낫다고 주장했다. 스미스 씨 부인은 법정이 그녀가 무교라는 사실에 반감을 가졌다고 느꼈다. 밥 박사와 가정법원 판사는 스미스 씨와 같은 교파의 교회에 출석하고 있었다(Hathaway & Ripley, 2009, p. 38).

이 사례에서 상담자인 밥은 본인의 평가서에 편향적일 수 있는 본인의 편견을 반영하여 아동 어머니의 무신론적 배경에 대해서 양육권 추천서의 적합한 고려 사항이라고 판단했다. 밥 박사가 무교인 부모가 종교가 있는 아이에 대해 부정적인 양육 결과를 초래한다는 적절하고 전문적인 증거를 제시할 수 없다면, 그의 이러한 판단은 윤리적으로 부적합한 결정이다. 우리가 알고 있는 바로는 그러한 주장에 대한 적절한 연구는 존재하지 않으며, 무신론자인 부모에 의해 길러져 건강하게 적응하고 있는 아이들에 대한 임상 사례는 얼마든지 존재한다. 그렇다면 밥 박사의 판단 근거는 무엇이었을까? 밥 박사와 가정법원 판사, 그리고 스미스 씨와 그의 딸 역시 같은 신앙 배경에, 같은 신앙 공동체에 속해 있음을 생각해 보자. 이 사례는 부당한 차별, 이해의 충돌 그리고 문제가 되는 다중 관계의 매우 강력한 예시가 된다.

상담자는 이러한 윤리적 실수를 하지 않기 위해 여러 전략을 구사할 수 있다. 가장 명료하고 직접적인 해결 방법은 양육권 평가를 거절하는 것이다(APA, 2010b). 교회 내 관계가 존재하지 않고 오직 신앙 배경만 공유한다고 가정하면 다중 관계를 피할 수 있다. 상담자는 비종교적인 시각을 가진 전문가와 협력할 수도 있었다. 혹은 종교적 관점을 아이와 공유하지 않은 부모의 자녀 양육 결과에 관한 문헌 연구를 통해 실증적 증거를 제시할 수도 있었다. 이러한 전략들이 부당한 차별을 방지하는 가장 중요하고 우선적인 노력일 것이다.

사전 동의와 승인

APA 윤리강령 기준 3.10과 9.03, 10.1은 상담자가 법적으로 동의가 필요하지 않은 서비스를 제외하고는 진단과 상담을 포함하는 전문적인 서비스에 대해 내담자에게 사전 동의를 받도록 안내한다. 그러나 아동 내담자는 법적으로 스스로 동의를 할 수 없다. 그래서 동의의 권한은 부모나 다른 법적 보호자가 갖게 된다. 아동대상 상담에서 APA 윤리강령은 아동 내담자에게도 여전히 동의를 구해야 한다고 명시한다.

> 상담자들은 내담자가 법적으로 사전 동의를 할 수 없는 사람인 경우에는 그럼에도 불구하고 (1) 적절한 설명을 제공하고, (2) 개인의 동의를 구하고, (3) 내담자가 가장 선호하는 것과 가장 큰 이익을 고려하고, (4) 대체 동의가 법적으로 허가되거나 필요한 경우 법적 보호자로부터 적절한 동의를 구해야 한다. 법적 보호자의 동의가 법적으로 허가되거나 요구되지 않는 경우, 상담자는 내담자 개인의 권리와 행복을 보호하기 위한 타당한 절차를 거쳐야 한다(APA, 2010a, p. 6).

제공해야 하는 구체적인 설명의 양과 사전 동의의 범위를 결정하는 것은 아동의 발달 단계에 따라 달라진다. 진단과 상담, 다른 전문적인 서비스에 대한 설명은 발달단계에 적절한 방법으로 이루어져야 한다. 아동에 대한 일반적 상담 계획에서 상담자는 아동의 부모나 다른 법적 보호자를 대상으로 앞으로 아동에게 제공될 상담에 대해서 설명한 뒤 그들에게 사전 동의를 얻도록 한다. Richard와 Bergin(2005)은 "아동과 청소년을 대상으로 상담할 때 상담자는 영적 개입 전에 부모에게 서면 동의를 받아야 한다."고 권장한다(p. 204). 상담자는 또한 아동이나 청소년에게 어떤 서비스가 제공될 것인지 설명해야 할 것이다. 이러한 설명은 반드시 아동이나 청소년 내담자의 인지 수준에 맞게 이루어져야 한다. 미성년 내담자에게 적절한 설명을 제공하고 명백하게 이해시킨 후 상담자는 상담에 대한 내담자의 동의를 구해야 한다.

아동의 발달 상태에 적절하고 민감하게 내담자의 동의를 얻는 방법은 어떤 형태로 이뤄질 수 있는가? 불안 증상을 갖고 온 아동 내담자에게 경건 서적의 문장들을 상담에 통합시켜 인지행동 상담 개입을 한 사례를 보자. 8세 아동에게 상담자는 이렇게 말할 수 있다.

　너를 괴롭히는 걱정이 많아 보이는구나. 나는 너를 돕고 싶어. 걱정을 어떻게 다루어야 하는지 배운다면 너에게 큰 도움이 될 거야. 엄마도 그렇게 원해서. 우리가 같이 할 수 있는 몇 가지 일이 있어. 첫째, 네가 평온해지도록 몸의 긴장을 푸는 것을 연습하고, 둘째, 평온하게 느끼는 데 도움이 되는, 깊게 호흡하는 방법을 연습하고, 셋째, 걱정이 될 때 네가 가지고 있는 생각을 들여다보고 네가 스스로에게 하는 말을 생각해 보는 거야. 그리고 나는 네가 스스로에게 하는 말을 바꿀 수 있도록 너를 도와서 네가 편안하고 걱정하지 않도록 도울 거야. 긴장을 푸는 것을 연습할 때 너의 걱정들에 대해 기도하는 것도 도움이 될 거고, 하나님이 너를 돕고 계신 것을 느끼게 될 거야. 이 계획에 대해서 어떻게 생각하니?

　아동과 청소년을 대상으로 상담할 때는 단어를 보다 명확하게 바꾸어 '걱정'이라는 단어보다는 '불안'이라고 직접 표현하고, '편안해지도록 연습한다'보다는 '이완 훈련'이라고 단어를 바꿀 수 있다. APA 윤리강령 기준 10.01b는 다음과 같이 서술한다.

　대체로 잘 알려진 상담 기법이나 절차가 정해지지 않은 상담에 대해 사전 동의를 구하고자 할 때, 상담자는 내담자에게 상담의 이후 진행 과정에 대해 설명하고 상담자를 바꿀 수도 있고, 그들은 자발적으로 참여 여부를 선택할 수 있다는 것에 대해 알려 주어야 한다(APA, 2010a, p. 13).

　일부 경험적인 자료에 따르면 종교적으로 통합된 상담의 효과가 의미 있게 보고되고 있지만, 종교적이거나 영적인 특성만을 강조하는 상담에 대해서는 표준화되거나 효과성이 구체적으로 검증되지 않았다. 종교적·영적 기법과 절충하여 진행하는 상담의 경우에는 특히 상담의 절차에 대한 주의 깊은 설명이 필요하다.
　Stark 등(2006)은 "아동 내담자가 선택할 수 있는 정도에 대해서, 그리고 제한적

이나마 갖는 법적 권리에 대해서 이해할 수 있도록 도우면서 상담에 대한 사전 동
의를 얻는 것은 중요하다."고 언급하였다(p. 391). 종종 14세 이상의 아동에게는
부모에게 제공되는 정보와 비슷한 수준의 안내를 제공하는 것이 적절하다. 인지
발달의 수준이 낮을수록 설명은 간단해야 한다.

사생활 보호와 비밀 보장

APA 윤리강령 기준 4는 내담자에 대한 비밀 보장과 사생활 보호와 관련한 문제
를 다룬다. Rae(2003a)는 내담자에 대한 법적 권리가 부모나 법적 보호자에게 있
기 때문에 아동 상담에서는 비밀 보장 문제가 복잡하다고 지적한다. 따라서 사법
권에 따라 다양한 예외 상황이 있을 수 있지만, 부모와 법적 보호자는 상담에서
공유된 정보를 요청하고 얻을 권리가 있다. 제3자에게 정보를 공유하기 위해서
동의를 얻어야 할 법적 보호자 역시 부모이고, 내담자 아동 본인이 아니다.

APA 윤리강령 기준 4.02는 상담자들이 내담자에게 "비밀 보장이 실현 가능한
범위, 법적으로 사전동의가 어려운 사람들을 포함하는" 비밀 보장의 한계에 대해
설명하도록 요구한다(APA, 2010a, p. 7). 상담 관계가 지속될 경우 내담자가 상담
단계에서 공유하는 정보가 어느 정도의 수준까지 비밀로 지켜지는지에 대해 이해
하는 것이 중요하다. Rae(2003a)는 어린아이의 경우 대개 부모가 자신의 일상에
대해 매우 잘 알고 있기 때문에 사생활 보호에 대해 크게 신경쓰지 않는다고 말한
다. 하지만 아이들이 십 대로 넘어 갈수록 사생활 보호에 대한 기대가 커진다. 이
러한 기대는 십 대들이 부모에게 자신의 개인적인 부분을 모르게 할 수 있고, 십
대 자녀의 사생활을 보장해 주는 가족 규범이 있을 때 더욱 커지게 된다. 하지만
어떤 경우에도 비밀 보장의 법적 권리는 그들의 부모에게 요구될 수 있다는 사실
을 변화시키지 않으며, 따라서 그들의 부모는 상담 과정에서 공유된 모든 정보에
대해 접근을 요청할 수 있다.

그래서 아이들에게 의무적으로 보고해야 하는 상황부터 부모의 법적인 권한에
대한 것까지 다양한 비밀 보장의 제한점을 설명하는 것이 중요하다. 실제 사례에
서, 아동이 자신의 이야기로 상담에 참여할 때 부모가 상담 정보에 대해 알 권리

를 가지는 것에 관한 부정적인 영향은 부모와 사전에 어떤 정보를 이야기할 것이고, 비밀로 유지할 것인지 아동과 합의함으로써 최소화할 수 있다. 이런 상황에서는 지키지 못할 약속은 하지 않는 것이 매우 중요하다. 부모가 그들의 마음을 바꾸지 않는다는 보장은 없다. 그러나 아동이 스스로 사생활을 보호받지 못한다고 느낀다면 상담에 열심히 참여하지 않거나 상담으로 효과를 보지 못할 수도 있다는 사실을 상담자는 부모에게 강력히 주장할 수 있다. 따라서 부모가 아동의 개인 상담회기의 사적인 특성을 존중하도록 힘으로써 상담의 효과를 최대화하는 것이 중요할 것이다. 다음 사례를 살펴보자.

12세 소년 저스틴은 또래에 비해 키가 크고 일찍 사춘기에 접어들었다. 그의 부모는 그를 불량한 친구들의 영향에서 보호하기 위해 남부의 사립 미션스쿨에 보냈다. 그는 초등학교 시절에 원래 똑똑한 모범생이었으나 6학년 때 급격히 성적이 떨어졌고 부모는 그해 중반쯤 저스틴을 사립학교에 보내기로 결정했다. 그가 7학년을 마치고 돌아왔을 때 그는 옷과 외모가 바뀌어 있었다. 그는 매일 검정 옷만 입었고 손톱에 검은 매니큐어를 칠했다. 그는 자신을 고스(Goth: 고트족)로 비유했고 점점 더 내향적으로 변해 갔다. 그의 부모는 다양한 방법으로 저스틴의 행동을 바꾸어 보려 했으나 아무것도 소용이 없었고, 그에게 어떤 일이 벌어지고 있는지 전혀 모르겠다고 이야기했다. 첫 회기에서, 상담자는 내담자와 부모를 만났다. 비밀 보장의 한계점에 대해 이야기를 나누었고, 그의 부모는 아들이나 타인의 안전을 위협하는 일들을 언급하는 것을 제외하고 모든 상담 회기에서의 사생활을 존중하는 데 동의했다. 몇 번의 개인 상담 회기가 지난 후, 저스틴은 신에 대해 고민하고 의심하는 것들을 말하기 시작했다. 그는 가족이 다니고 있는 교회에 대해 질문이 많다고 이야기했다. 그는 5학년이 끝날 때쯤 이런 고민이 들기 시작했지만 누구와도 이를 공유하려 하지 않았다고 말했다. 그는 자해와 관련한 생각은 하지 않는다고 했다. 그러나 자신의 영적인 문제를 교회나 가족에게 이야기할 때 그들이 그것을 이해하지 못할 거라고 생각해서 위축되고 의기소침해졌다고 말했다. 반면 학교 친구들은 그러한 의심을 하지 않는 것 같고 스스로 그들과는 맞지 않다고 느껴 옷을 다르게 입었다고 설명했다. 상담자는 저스틴에게 이런 문제들을 편안하게 이야기할 수 있도록 해 주었다. 몇 달이 지나, 저스틴은 학교에서 덜 내성적이 되었고 가정 일에 좀 더 참여했으며, 학교 성적도 좋아졌다. 상담이 끝날 즈음 저스틴은 자신의 영적 의심에 대해 교회 목사님과 부모님에게 이야기하고자 하는 의지를 가졌다. 상담이 끝나고서 얼마 지나지 않아 그는 좌절감이 사라졌고, 호기심은 여전히 남아 있지만 더 이상 그런 질문을 숨겨야 할 필요성을 느끼지 않는다고 이야기했다.

저스틴의 문제는 개인적인 의심이 생겼지만 그것을 표현하는 것이 안전하지 않다고 느꼈던 것으로부터 시작되었다. 상담자는 그의 부모와 신뢰 관계를 형성하여 저스틴이 개인적인 문제들을 이야기하기에 충분한 개인적인 공간을 만들어 냈다. 안전하고 나를 받아준다고 느끼는 관계를 제공해 줌으로써 개인적인 문제들을 돌아보고, 그것을 부모와 신앙 공동체에 다시 결합될 수 있도록 도왔다. 이때에도 상담자는 지키지 못할 약속은 하지 않도록 주의했다. 저스틴은 부모가 상담에서 어떤 일이 일어나고 있는지 물어볼 권한이 있다는 것을 이해했다. 상담 초반의 한 회기에서 저스틴이 이 문제에 대해 얘기했다. 상담자는 저스틴의 걱정을 알고 있으며 부모가 상담의 사적인 면을 존중하는 원칙을 바꿀 때 그에게 이야기를 해 주겠지만 부모가 그 마음을 바꾸지는 않을 것이라고 말하며 그를 안심시켰다. 비밀 보장과 사생활 보호 문제에 대한 법적 권리가 없는 내담자의 경우 이에 대한 윤리적 관리는 부모가 상담에 대해 가지는 신뢰에 달려 있다. 그것이 상담을 효과적으로 진행되게 하고 그들이 원하는 변화를 만들어 낼 것이다.

저스틴은 자신의 개인적인 의심을 누구도 이해할 수 없을 것이라고 생각했다. 이런 문제가 그가 일상에 적응하는 데 부정적으로 영향을 주는 영적인 문제가 되었다. 영적인 의심은 대학생들의 스트레스와 우울감에 영향을 미친다고 알려져 왔다(Hood, Hill, & Spilka, 2009). 일반적으로 대학 재학 시절이 영적인 의심을 가지는 절정의 시간이라고 생각한다. 그러나 기독교 전통의 학교 학생의 영적인 의심에 대한 연구에서 Kooistra와 Pargament(1999)는 많은 청소년들이 사춘기 이전에 그러한 의심을 처음 갖게 되고 대학 시절에는 영적인 의심을 개인적인 것으로 남겨 둘 가능성이 많다고 밝혔다. 또한 많은 아동이 이런 의심을 청소년기 직전에 경험하지만, 이때에는 그 의심을 비밀로 할 가능성이 많다는 결과도 나타났다.

종교에 순응적인 아동 상담에서의 고려사항

무신론자들과 종교론자들 간의 문화 충돌에 관한 최근의 논쟁은 구 소련 문화에서 아동에 대한 종교적 가르침이 아동학대의 한 유형이라는 주장으로 빚어졌던 소동을 재현하는 듯했다(Dawkins, 2006). 이 논쟁의 바탕에는 종교적 가르침이 세상에 관해 잘못된 견해를 주입하고, 마음에서 이성을 없애는 수련을 하게 한다는 생각이 깔려 있다(Dennett, 2006; Harris, 2006). 그래서 일부에서는 연약한 아동들에게 그러한 종교적 가르침은 학대의 일종이라고 주장해 온 것이다(Hitches, 2007). 예를 들어, 가톨릭 신부의 성적 학대 논란에 관한 질문에 대해서 Dawkins(2006)는 "성적 학대처럼 무서운 것도 아동을 가톨릭 신자로 키우는 과정에서 그들이 느낀 정신적 피해보다 덜 할 수도 있다."라고 썼다. 심리학 논쟁에서 신이 존재하는가 혹은 신이 믿을 만한 충분하고 이성적인 근거가 있는가와 같은 신학적 주장의 타당성이나 무신론적 반증을 논하는 것은 분명 부적절할 수 있다. 그러나 Dawkins가 특히 가톨릭과 관련하여 아동을 종교적 신자로 키우는 훈육 과정에 대해서 이야기했지만, 그의 주장은 모든 종교에서 동일하게 아동의 종교적 수련 과정은 심리학적으로 유해한 것임을 암시하는 것이다.

그러한 주장은 일부 심리학 문헌에서도 발견된다. 1970년 멘사(Mensa)에 실린 논문 중에서 Albert Ellis가 비이성적인 믿음을 촉진하는 특성 때문에 종교가 정신질환에 대해 원초적인 책임을 갖는다고 묘사한 것은 유명하다. 또한 이러한 주장은 종교 문제에 대해 거론할 때 APA 이메일 수신 목록을 봐도 나타난다. Ellis와 Dawkins의 주장이 옳다면, APA 윤리강령의 '해를 끼치지 않는다.'는 기준에 따라 상담자는 아동을 대할 때 어떠한 종류의 종교적이거나 영적인 협의도 하지 말

것을 의무화해야 한다(이는 성인 내담자를 대할 때도 마찬가지이다).

종교적 가르침을 반대하는 또 다른 주장은 아동 대상의 종교적 수련과정은 세뇌시키는 것과 같다고 보는 것이다. 종교적 사회화 과정을 아동 스스로의 자율성을 무시하고 부모의 종교와 믿음을 아이들에게 심어 주는 것으로 보는 것이다. 이 주장에 따르면, 이런 상황에서 종교가 심리학적으로 해롭지 않다고 할지라도 종교의 주입은 아동의 자기결정 권리에 여전히 적대적이며, 내담자의 자율성을 존중해야 하는 APA 윤리강령 기준과 규칙을 위반하는 것으로 간주해야 한다.

이러한 주장이 가지는 문제는 실증적인 근거가 뒷받침되지 않는다는 것이다. 발달상담자 Boyatizs와 동료들(Boyatizs et al., 2006)의 연구에서는 "가족 영성과 종교성은 아동 · 청소년에게 바람직한 영향을 미치고, 부정적인 결과를 초래하지 않는다(Boyatzis et al., 2006, p. 297)고 제시되어 있다. 종교적 가르침이 해롭다는 주장과 같이, 종교적 가르침이 자율성을 위반한다는 주장도 역시 연구 근거가 없다. 종교적 · 영적 발달에 관한 연구는 부모로부터 아동에게 종교가 전달되는 기본적인 모델조차 보여 준 적이 없다. 부모가 자녀에게 신앙을 성공적으로 전달해 주는 사례는 자주 등장하지만, 이것은 원천적으로 내재된 종교적 틀에 의한 것이며 아이들은 독자적으로 부모와는 다른 종교적 궤도를 개발해 나간다(Boyatzis, 2005; Boyatzis et al., 2006). 유사하게, 부모가 세계관을 전달하고 아이들은 독립적 성향을 가지는 동일한 패턴은 종교적 관점을 부인하는 일반 가정에서도 나타난다(Boyatzis, 2005). 결과적으로, 후자의 주장은 종교적이고 영적인 활동에 대한 자기결정 권리가 부모가 아니라 아이에게 있다는 것에 대해 더 깊은 의문을 갖게 한다. 이러한 관점에서 보면 부모의 종교적 기대에 대해 국가가 개입할 수 있는 권리가 있는지에 대해 서양국가들과 국제법이 서로 견해를 달리하고 있다(Witte & Nichols, 2011). 부모의 권리가 강하게 인정되어야 한다고 가정할지라도, 그러한 권리는 아동에게만 국한된다. 아동이 청소년기에 접어들면 아무리 종교적 자유에 대한 부모의 권리적 해석이 강할지라도, 청소년은 스스로 자신의 종교적이고 영적인 의견을 직접 정할 수 있을 것이다. 이런 관점에서, 아동이 실질적으로 이러한 자율성을 가지고 있지 않다는 가정하에 부모의 요청으로 종교적이고 영적인 문제를 해결하는 것은 아동의 자율성을 훼손하는 것이 아니다.

또한 우리가 이전에 다룬 사전 동의와 사전 승인에 대한 논쟁에 관련해서도 유사한 논의가 있을 수 있다. 아동은 법적 권한으로 자율성을 가질 수 없지만, 청소년기로 접어들수록 심리학적으로 자기 결정 능력이 더 발달할 가능성이 많다. 종교적이고 영적인 문제에서도 자율성에 따른 아동의 책임감 있는 행동을 부모가 지지하도록 상담에서 도와주는 것이 바람직하다.

McCullough와 Willoughby(2009)는 종교적 신실함이 미치는 긍정적인 영향에 대해 많은 데이터를 검토했고 그것이 종교의 촉진적 자기 통제 과정의 결과라고 가정했다. 이들의 가정처럼 종교를 자기 통제 촉진의 한 방법으로 보는 것이 맞다면, 종교적 가르침을 아동학대라고 주장하는 두 가지 주장 모두가 정당화될 수 없을 것이다. 관찰된 사례들에서 나타난 긍정적 효과가 종교성과 어떤 관련이 있는지는 제외하고라도, 아동의 종교적 양육 과정에 대한 부정적 결과가 여전히 확실하지 않다는 사실만으로도 Dawkins의 주장(2006)을 반박하기에 충분하다.

아동에 대한 종교적인 가르침이 일반적으로 강압적이지 않거나 적어도 해롭지는 않더라도 종교적인 악영향은 명백히 존재한다. Wagener와 Malony가 주장하듯이 어린아이들, 특별히 정신병리학적으로 취약하거나 가족이나 문화적 분리, 트라우마에 취약한 아동에게 종교적이고 영적인 측면은 병리적이 되거나 자신 또는 타인에게 해를 끼칠 수 있다(p. 140). 상담자는 해를 끼쳐서는 안된다는 기본 원칙을 고려하여 상담 과정에서 종교적·영적으로 해로운 형태를 받아들이도록 해서는 안 된다. 상담자는 종교적·영적으로 해롭거나 혹은 도움이 되는 경우를 명료하게 구별할 수 있어야 한다. 이 책의 2장에서 저자와 Joshua Childers는 상담자들이 그러한 구별을 할 수 있어야 하고, 그러한 경우에 더 나은 안내를 할 수 있다고 주장한다. 3장에서 Mahoney와 LeRoy, Kusner, Padgett, Grimes에 의해 영성의 해악과 건강한 영성을 구별하는 여러 방법이 제시될 것이다. 그는 또한 종교의 부적응적인 형태를 보이는 내담자들이 소외되지 않도록 하면서, 믿음의 해로운 영향으로부터 벗어나 상담의 효과를 경험하는 변화로 나아가게 된 사례들을 제시한다.

일부 종교나 영성은 심리적으로 해로울 수 있다고 해서, 상담자가 아동 상담에서 종교적 · 영적 개입을 해서는 안 된다는 것은 아니다. 같은 종류의 기본적인 문제가 삶의 모든 영역에서 관찰될 수 있다. 예를 들어, 사회적 영향과 직업 경험은 긍정적일 수도 있고 유해할 수도 있다. 그렇다고 상담자가 건강한 사회성 개발과 직업적 적응을 상담에서 향상시키는 것을 피해야 한다는 의미는 아니다(Hathaway, 2003).

일부 상담자는 내담자의 삶에서 종교적이고 영적인 분야를 무시할 수도 있다. 단순히 그들이 종교적이지 않거나 무신론적이라 종교를 통해 뭘 어떻게 해야 할지 모르기 때문일 수 있다. 그들은 기껏해야 종교를 도움이 되는 소설이나 보호적인 환상이라고 여길 것이다. 결과적으로, 이렇게 종교를 도외시하는 상담자는 그 분야를 무시하는 것이 내담자의 희망사항을 고려하지 않는 것뿐이라고 생각할 것이다. 대조적으로 종교적이고 영적인 고민을 들어주는 것이 내담자의 환상적인 신념을 키우는 것이라고 느낄 것이다. 상담 상황에서 이처럼 동기화된 패턴이나 종교와 영적 문제를 간과하는 것의 공통적 결과는, 가장 핵심은 아닐지라도 내담자의 삶에서 많은 부분을 설명하는 중요한 것을 무시하는 것이다. 그러한 상담의 진행은 내담자에게 있는 중요한 다양성에 대해 고려하지 않음으로써, 명백하게 APA 윤리강령과 불일치한다.

종교적 · 영적 아동 상담에서의 윤리 문제

윤리적인 아동 상담자들은 상담에서 종교나 영적 문제를 다룰 때 적절하고 유능하게 수용의 자세를 견지할 것이다. 이것은 내담자가 가치 있게 생각하는 종교나 영적 문제에 상담자가 솔직한 태도로 참여할 수 있다는 것을 의미한다. 그렇다고 해서 내담자의 세계관을 존중하지 않으면서 상담자의 주도적인 영적 개입을 지지하는 것은 아니다. APA 36분과(영성과 종교심리학회)의 상담윤리위원회는 종교와 영적 문제에 관한 상담 접근에 대한 기본지침을 공식화하기 위한 5개의 중요한 윤리 원칙을 확인했다(Hathaway, 2011). 〈표 1-2〉는 종교와 영적 문제를 다루는 아동 상담에 관련된 적절한 적용의 예를 요약하여 설명한다. 이 원칙들은 주로

영성과 종교심리학의 영역에서 APA 윤리강령을 상담에 적용한 것이다. 이 장에
서는 아동 상담에 직접 적용될 수 있는 윤리강령에 대하여 전반적으로 설명하고
있다.

　36분과(영성과 종교심리학회)의 실행 원칙과 APA 윤리강령에서 동시에 언급되
고 있는 것처럼 이러한 상담은 반드시 상담자의 능력 범위 안에서 실행되어야 한
다. 현재 증가하고 있는 추세이지만, APA에서 승인된 인턴십(Russell & Yarhouse,
2006)과 박사과정 프로그램(Brawer, Handal, Fabricatore, Roberts, & Wajda-Johnston,
2002)에서 종교임상심리학의 훈련 기회는 상대적으로 드물었다. 최근 들어, 훈련
기회는 급격히 늘고 있지만 여전히 활동 중인 대부분의 아동 상담자는 이 분야에
대해 공식적으로 체계화된 어떤 훈련도 받지 않고 있다. APA 윤리강령 기준 2.01
은 상담자의 능력 범위 안에서만 상담을 하도록 권한다. 그러나 이것이 상담자가
내담자에게 핵심적인 문제 분야의 상담적 개입 훈련을 받지 않아도 된다는 뜻은
아니다. APA 윤리강령 2.03은 "상담자들은 자신의 능력을 발전시키고 유지하기
위해 지속적으로 노력해야 한다."고 언급한다(APA, 2010a, p. 5). 아동 상담에서 아

| 표 1-2 |　APA 36분과(영성과 종교심리학회)의 상담 원칙들

원칙	아동상담에서의 개입 지침 예시
자각	상담자 자신의 종교와 영성 발달에 관련한 자기성찰을 하라. 그리고 종교 및 영성이 같거나 혹은 배경이 다른 아동 그리고/또는 가족들과 작업할 때 어떻게 영향을 미칠 수 있는가에 대해서 민감하게 깨어 있어야 한다.
존중	아동과 그의 가족의 생활방식과 종교적 문제들을 적절하게 파악하고 존중하라.
일반적인 평가의 초점	전반적인 질문들로 시작해서 보다 구체적인 평가로 발전시키는 과정에서 필요하다면 상담에 관련된 종교 및 영성 평가를 상담 평가의 한 부분으로 만들라.
상담자 역할의 일관성	상담에 있어 모든 종교 및 영성에 대한 개입은 상담적으로 적합한 이유가 있을 때 시행해야 하고, 상담자로서의 전문적인 역할과 조화롭게 행해져야 한다.
숙련도	종교적 · 영적인 상담을 아동 상담에 통합적으로 사용할 때 상담자가 능력의 한계 내에서만 활용하라. 보다 많은 종교적 · 영적 문제를 상담에 사용하려면 충분히 숙련되기까지 필요한 추가 훈련을 받아야 한다.

주: J. D. Aten, M. R. McMinn, & E. L. Worthington Jr.(Eds.)의 2011년 APA 발간도서, *Spritually Oriented
　　Interventions for Counseling and Psychotherapy*(p. 74) 참조.

동과 청소년의 종교적 · 영적인 문제를 다룰 때 숙련도를 위해 노력하는 것은 상대적으로 익숙하지 않은 새로운 분야의 선구자가 되는 것을 의미한다. 다음에 소개하는 사례는 상담자가 왜 그러한 능력을 개발해야 하는지 잘 보여 준다.

사무엘은 친절한 9세 유대인 남자아이다. 그는 아동 전문 상담기관에 ADHD로 재평가받고 상담을 받도록 의뢰되어 왔다. 그는 이전에 중증 이상의 주의력결핍 과잉행동장애로 진단을 받았다. 가족은 그를 위해 행동 관리 기술을 배웠고, 사무엘은 메칠페니데이트를 처방받고 있었다. 그는 가정과 학교에서 생활하는 데 어려움이 많았는데, 대부분 과목의 과제를 다하지 못해 한 학년이 유급된 상태였고, 무엇보다 충동적 행동 때문에 또래나 교사들 관계에서 힘들어했다. 이런 어려움 속에서, 가족은 하나의 일상 의식처럼 재평가 상담을 받고 있었다. 평가의 끝 무렵에 간단한 질문이 주어졌다. "종교나 영성이 가족의 삶에 어떤 방식으로라도 영향을 미칩니까?" 질문을 듣고 부모는 잠시 말을 잇지 못했고, 다소 놀란 모습을 보였다. 그리고 그들은 평가 회기 전체를 통틀어 처음으로 눈에 띄는 감정적 반응을 드러냈다. 사무엘의 아버지는 간단하게 말했다. "지금은 아니지만, 우리는 유대교 교회에 다녔었어요." 상담자는 말을 이어갔다. "그것에 대해 좀 더 말씀해 주실래요? 그리고 왜 지금은 참여하지 않고 있는지에 대해서도요." 부모는 몸을 일으켜 앞으로 조금 숙이고는 그들은 유대인이고 종교가 아주 중요하지만, 사무엘이 예배 드리는 것을 너무 방해하기 때문에 교회에 가는 것을 멈추었다고 설명했다. 그리고 눈물을 글썽이며, 사무엘의 상태가 아주 심했던 날에 아들이 나이가 들어 따로 교회를 갈 수 있을 때까지 기다리기로 결정했다고 설명했다. 상담자는 다시 물었다. "상담 시간에 교회에서 발생하는 행동 문제를 다루려고 시도한 적이 있습니까?" 부모는 또다시 놀란 듯 보였고, 그런 적이 없다고 말했다. 그들은 "우리는 상담자와 그런 문제에 대해 이야기할 수 있는지 몰랐어요."라고 말하며, 그들의 종교적이거나 영적인 문제에 대해 질문을 받은 적도 없었고 그럴 생각도 안했다고 했다.

사무엘의 사례는 저자가 내담자들과 작업하면서 경험한 많은 비슷한 종류의 이야기 중 하나일 뿐이다. 상담자들이 스스로를 종교와 영적 영역에 대해 대체로 도외시하고 거리를 두기 때문에, 때로 그러한 영역이 내담자에게 가장 심각하고 중요한 문제임에도 내담자는 상담자가 먼저 묻지 않으면 이런 이야기를 꺼내지 않아야 한다고 추측한다. 이것은 안타까운 상황이지만, 상담자들이 아동, 청소년 그리고 그들의 가족과 관련된 종교적이고 영적인 문제들을 이해하기 위해 노력하며 APA 윤리강령의 원칙과 기준을 보다 적극적으로 받아들인다면 충분히 상황은 바뀔 수 있다.

참고문헌

American Psychiatric Association. (1989). *Guidelines regarding possible conflict between psychiatrists' religious commitments and psychiatric practice.* Washington, DC: Author.

American Psychological Association. (2010a). *Ethical principles of psychologists and code of conduct* (2002, amended June 1, 2010). Retrieved from http://www.apa.org/ethics/code/index.aspx

American Psychological Association. (2010b). Guidelines for child custody evaluations in family law proceedings. *American Psychologist, 65,* 863–867. doi:10.1037/a0021250

Aten, J. D., McMinn, M. R., & Worthington, E. L., Jr. (Eds.). (2011). *Spirituality oriented interventions for counseling and psychotherapy.* Washington, DC: American Psychological Association. doi:10.1037/12313–003

Bartoli, E. (2007). Religious and spiritual issues in psychotherapy practice: Training the trainer. *Psychotherapy: Theory, Research, Practice, Training, 44,* 54–65. doi:10.1037/0033–3204.44.1.54

Boyatzis, C. J. (2005). Religious and spiritual development in children. In R. F. Paloutzian & C. L. Park (Eds.), *Handbook of the psychology of religion & spirituality* (pp. 123–143). New York, Ny: Guilford Press.

Boyatzis, C. J., Dollahite, D. C., & Marks, L. D. (2006). The family as a context for religious and spiritual development in children and youth. In E. C. Roehlkepartain, P. E. King, L. Wagener, & P. Benson (Eds.), *The handbook of spiritual development in childhood and adolescence* (pp. 297–309). Thousand Oaks, CA: Sage.

Brawer, P. A., Handal, P. J., Fabricatore, A. N., Roberts, R., & Wajda-Johnston, V. A. (2002). Training and education in religion/spirituality within APA–accredited clinical psychology programs. *Professional Psychology: Research and Practice, 33,* 203–206. doi:10.1037/0735–7028.33.2.203

Dawkins, R. (2006). *The God delusion.* Boston, MA: Houghton Mifflin.

Dennett, D. C. (2006). *Breaking the spell: Religion as a natural phenomenon.* New York, NY: Viking.

Ellis, A. (1970). The case against religion. *Mensa Bulletin, 38,* 5–6.

Harris, S. (2006). *Letter to a Christian nation.* New York, NY: Knopf.

Hathaway, W. L. (2003). Clinically significant religious impairment. *Mental Health, Religion & Culture, 6,* 113-129.

Hathaway, W. L. (2008). Clinical practice with religious/spiritual issues: Niche, proficiency or specialty. *Journal of Psychology and Theology, 36,* 16-25.

Hathaway, W. L. (2011). Ethical guidelines for using spiritually oriented interventions. In J. D. Aten, M. R. McMinn, & E. L. Worthington, Jr. (Eds.), *Spirituality oriented interventions for counseling and psychotherapy* (pp. 65-81). Washington, DC: American Psychological Association. doi:10.1037/12313-003

Hathaway, W. L., & Ripley, J. S. (2009). Ethical concerns around spirituality and religion in clinical practice. In J. D. Aten & M. M. Leach (Eds.), *Spirituality and the therapeutic process: A comprehensive resource from intake to termination* (pp. 25-52). Washington, DC: American Psychological Association. doi:10.1037/11853-002

Hitchens, C. (2007). *God is not great: How religion poisons everything.* Lebanon, IN: Hatchette.

Hood, R. W., Hill, P. C., & Spilka, B. (Eds.). (2009). *The psychology of religion: An empirical approach* (4th ed.). London, England: Guilford Press.

Kooistra, W., & Pargament, K. (1999). Religious doubting in parochial school adolescents. *Journal of Psychology and Theology, 27,* 33-42.

Mahoney, A., Pargament, K. I., Swank, A., & Tarakeshwar, N. (2001). Religion in the home in the 1980s and 1990s: A meta-analytic review and conceptual analysis of religion. *Journal of Family Psychology, 15,* 559-596. doi:10.1037/0893-3200.15.4.559

Mash, E. J., & Barkley, R. A. (Eds.). (2006). *Treatment of childhood disorders* (3rd ed.). New York, NY: Guilford Press.

McCullough, M. E., & Willoughby, B. L. B. (2009). Religion, self-regulation, and self-control: Associations, explanations, and implications. *Psychological Bulletin, 135,* 69-93. doi:10.1037/a0014213

McMinn, M. R., Aikins, D. C., & Lish, R. A. (2003). Basic and advanced competence in collaborating with clergy. *Professional Psychology: Research and Practice, 34,* 197-202. doi:10.1037/0735-7028.34.2.197

Moore-Thomas, C., & Day-Vines, N. L. (2008). Culturally competent counseling for religious and spiritual African American adolescents. *Professional School Counseling, 11*, 159–165. doi:10.5330/PSC.n.2010–11.159

Ollendick, T. H., & Schroeder, C. S. (Eds.). (2003). *Encyclopedia of clinical child and pediatric psychology.* New York, NY: Kluwer Academic. doi:10.1007/978–1–4615–0107–7

Rae, W. (2003a). Confidentiality and privilege. In T. H. Ollendick & C. S. Schroeder (Eds.), *Encyclopedia of clinical child and pediatric psychology* (pp. 132–134). New York, NY: Kluwer Academic.

Rae, W. (2003b). Ethical issues. In T. H. Ollendick & C. S. Schroeder (Eds.), *Encyclopedia of clinical child and pediatric psychology* (pp. 213–215). New York, NY: Kluwer Academic.

Richards, P. S., & Bergin, A. E. (2005). *A spiritual strategy for counseling and psychotherapy* (2nd ed.). Washington, DC: American Psychological Association. doi:10.1037/11214–000

Roehlkepartain, E. C., King, P. E., Wagener, L., & Benson, P. (Eds.). (2006). *The handbook of spiritual development in childhood and adolescence.* Thousand Oaks, CA: Sage.

Russell, S. R., & Yarhouse, M. A. (2006). Religion/spirituality within APA–accredited psychology predoctoral internships. *Professional Psychology: Research and Practice, 37*, 430–436. doi:10.1037/0735–7028.37.4.430

Sattler, J. M. (1998). *Clinical and forensic interviewing of children and families: Guidelines for the mental health, education, pediatric, and child maltreatment fields.* San Deigo, CA: Jerome M. Sattler.

Starbuck, E. D. (1899). *The psychology of religion.* New York, NY: Scribner.

Stark, K. D., Sander, J., Hauser, M., Simpson, J., Schnoebelen, S., Glenn, R., & Molnar, J. (2006). Depressive disorders during childhood and adolescence. In E. J. Mash & R. A. Barkley (Eds.), *Treatment of childhood disorders* (3rd ed., pp. 336–407). New York, NY: Guilford Press.

Tan, S.-Y., & Johnson, W. B. (2005). Spiritually oriented cognitive behavioral therapy. In L. Sperry & E. Shafranske (Eds.), *Spiritually oriented psychotherapy* (pp. 77–103). Washington, DC: American Psychological Association. doi:10.1037/10886–004

Wagener, L., & Malony, H. N. (2006). Spiritual and religious pathology in children and adolescence. In E. C. Roehlkepartain, P. E. King, L. Wagener, & P. Benson (Eds.),

The handbook of spiritual development in childhood and adolescence (pp. 137–149). Thousand Oaks, CA: Sage.

Witte, J., Jr., & Nichols, J. A. (2011). *Religion and the constitutional experiment* (3rd ed.). Boulder, CO: Westview Press.

Worthington, E., Jr., & Sandage, S. (2002). Religion and spirituality. In J. C. Norcross (Ed.), *Psychotherapy relationships that work: Therapist contributions and responsiveness to patients* (pp. 383–399). New York, NY: Oxford University.

2장 아동 상담에서 종교적 · 영적 문제에 대한 평가

– WILLIAM L. HATHAWAY AND JOSHUA CHILDERS

20세기 중반 종교 심리학은 측정 평가 패러다임의 수용과 더불어 눈에 띄게 발전해 갈 수 있었다(Gorsuch, 1984). Allport(1950)의 종교적 개입 관련 연구로 인해 모호한 영성 개념을 측정하는 것에서부터 종교적 · 영적 기능의 다양성을 정교하게 측정하는 것까지 자기보고식의 지필검사 도구 개발 또한 눈부시게 발전해 왔다(Hill & Hood, 1999). 종교 사회학 연구에서의 평가와 개념화 관련 노력이 활발해지면서 종교성 개념을 일차원적으로 정의할 수 있는지 또는 다차원적으로 개념화해야 하는지에 대한 논쟁이 있어 왔다.

측정 평가 패러다임이 종교 심리학에 많은 자극을 주었음에도 그동안에 이 분야에서 평가 도구의 체계적인 사용을 통한 연구가 충분히 이뤄지지 않고 있다. 그 이유로는 일부 연구자들이 연구 질문들을 다루기 위해 이미 개발된 척도들을 사용해서 연구를 이어가기보다는 새로운 도구들을 개발하려는 경향이 많아서이다. 종교와 영성의 심리학적 평가 연구는 물론이고, 임상 적용 연구도 드물게 이루어졌다(Richards & Bergin, 2005). 우울증이나 약물 사용과 같은 임상적 요인과 종교성의 관계를 연구할 때, 연구자들은 두 요인 각각에 해당하는 단순한 척도를 사용하는 경향이 있었다. 이러한 연구를 통해서 종교와 정신건강 분야의 연결고리에 대한 흥미로운 데이터가 추출되기는 했지만, 이것이 임상 평가 과정의 실제에 끼친 영향은 매우 적었다(Hathaway, Scott & Garver, 2004).

그럼에도 종교적이고 영적인 문제에 대한 임상적 평가를 언급하고 있는 문헌은 꾸준히 늘고 있으며, APA의 영성과 종교 심리학회(36분과)는 임상 실습에서 종교와 영성의 문제를 평가할 수 있는 기본 지침서를 발표했다(Hathaway & Ripley, 2009). 이 평가 지침은 〈표 2-1〉에 정리되어 있다. 그 내용을 살펴보면 1장에서 자세히 언급된 전문가로서의 윤리 원칙과 다문화적 고려사항에 대한 실제적인 적용을 포함하고 있다. 예를 들어, 가이드라인 A-3은 "내담자가 임상적으로 현저한 종교적 · 영적인 문제를 가지고 있을 경우에 이에 대한 평가 질문을 일관되게 포함할 것"을 요구한다. 가이드라인 A-4와 A-5는 어떤 경우에 종교적 · 영적인 기능에 대하여 보다 구체적인 평가가 필요한지, 그리고 그 평가가 어떠한 목적으로 이루어져야 하는지를 안내한다. 이 가이드라인에는 포괄적 평가가 어떤 형태로 이루어져야 하는지 세분화되어 제시되지는 않지만, 고정관념에 의한 성급한 판단이나 다양성에 대한 둔감함, 그리고 내담자가 속한 종교 혹은 영성 문화의 개념에 비추어 관련 기능을 이해하기 등에 실패하지 않도록 그러한 평가가 필요하다는 것을 상당히 강조하고 있다.

이 장에서는 아동 내담자의 주 호소 문제에 관련된 영성 영역의 평가 방법을 논의한다. 먼저 내담자의 영성과 종교성을 평가하기 위한 일반적인 가이드라인을 검토한 뒤, 아동과 청소년 영성 평가에 적용할 때 발달단계의 특성에 따라 보다 민감하게 고려할 필요가 있는 탐색 내용에 대하여 논의할 것이다. 이어서, 내담자 영성에 대한 심층 평가와 주 호소 문제에 대한 사례개념화 전략을 제시할 것이다. 주의력결핍 과잉행동장애(ADHD) 진단을 받은 아동을 대상으로 하는 종교와 영성 기능의 손상 여부를 알아보는 평가지의 한 예로 신앙상태 질문지(Faith Situations Questionnaire: FSQ)에 대해 소개하고, 아동 대상으로 영성 기능의 손상 정도를 평

| 표 2-1 | 종교적·영적 문제에 대한 평가 관련 지침(APA, 36분과)

A-1 상담자들은 내담자의 삶에서 많은 경우, 종교·영성이 핵심적인 중요한 의미를 갖는다는 점을 고려해야 한다.

A-2 상담자들은 내담자들이 종교적·영적 문제를 보이는 단서에 민감할 필요가 있으며, 만나고 있는 내담자가 그러한 관심사를 갖는다면 그에 대한 내용을 표현하는 것이 편안하도록 배려해야 한다.

A-3 임상적으로 현저해 보이는 종교적·영적 내담자 문제를 평가하기 위해서 관련된 짧은 평가 질문을 통합적으로 적용해서 내담자 평가가 이뤄지도록 해야 할 것이다.

A-4 내담자 주 호소 문제에 영적·종교적 문제가 개인적으로나 임상적으로 분명하게 관련되어 있을 경우에는 추가로 영성 관련 심층 평가가 이루어져야 할 것이다.

A-5 영성 평가는 내담자의 종교적·영적 삶에서 임상적으로 관련된 요인들에 대한 이해를 얻기 위한 목적으로 실시될 때 가장 도움이 된다. 구체적인 영성 평가 목적은 다음과 같다.

　a) 내담자의 평상시 종교적·영적 삶이 내담자가 속한 종교적 그룹에 얼마나 조화를 이루는지를 탐색하기

　b) 현재 호소하는 임상적 문제들이 내담자의 종교적·영적 삶의 기능에 어떤 해로운 영향을 미치고 있는지를 확인하기

　c) 치료적 개입에서 내담자의 종교·영성과 관련해서 제약이 되거나 또는 생산적인 자원으로 활용될 수 있는 요인들에 대하여 확인하기

A-6 상담자들은 내담자들이 심리평가를 완성해 가는 방식에서 영적·종교적 요인들로부터 발생하는 편견에 대해 주의 깊게 관찰할 필요가 있다.

A-7 상담자들은 내담자의 태도나 행동에 관한 평가를 할 때 충분히 내담자가 속해 있는 영적·종교적 전통과 다양성을 고려해야 하며, 평가자의 편견이나 고정관념이 미칠수 있는 영향에 대하여 민감할 필요가 있다.

A-8 상담자들은 내담자에 따른 종교·영성에서의 개인적 차이에 주의를 기울이고 내담자의 종교적 전통과 관련한 고정관념적 추론을 피하도록 한다.

주: J. D. Aten과 M. M. Leach(Eds)의 2009년도 APA 발간 도서, *Spirituality and the Therapeutic Process: A Comprehensive Resource From Intake to Termination* (pp. 46-49) 참조.

가하는 과정을 보여 주는 사례를 제시하며 마무리하고자 한다.

일반적인 지침

먼저 종교와 영성에 대한 임상 평가와 관련한 일반적 지침들을 간략하게 개관하고 나서, 아동 상담에서 그와 같은 평가가 어떻게 유용하게 사용될 수 있는지에 대하여 살펴보기로 한다. 종교 임상심리학자들 가운데 일부는 내담자 평가에서 일반적인 평가 질문들을 사용하는 것을 추천해 왔다(Hathaway et al., 2004; Richards & Bergin, 2005). 예를 들어, Richards와 Bergin(2005)은 "종교적 · 영적 문제는 다양한 수준에서 다차원적으로 평가되어야 한다."라고 언급한다(p. 234). 그리고 두 단계에 걸친 평가가 이뤄질 필요가 있다고 설명한다. 첫 번째 단계는 내담자가 신을 믿는지, 삶에서 신앙이 중요하다고 여기는지와 같은 일반적인 평가 질문이 하나의 질문 영역으로 다른 표준 영역의 질문(예: 사회적, 직업적, 행동적, 신체적 영역 등)과 함께 주어진다. 포괄적 의미에서 던져지는 이러한 일반적인 평가 질문에 그렇다고 응답한다면, 내담자의 종교와 영성의 기능에 관련하여 더욱 세부적인 임상 평가가 이루어져야 할 것이다.

상담자와 정신건강 전문가들이 내담자의 종교적 기능과 관련해서 이러한 평가 질문과 평가를 하는 근거는 무엇인가? Richards와 Bergin(2005)은 그 이유를 다음과 같이 설명한다.

- 내담자의 세계관을 보다 잘 이해하게 되어 상담 관계에서 치료적 공감이 잘 이루어진다.
- 내담자의 종교적 · 영적 기능이 현재의 문제에 방어적이거나 부적응적 영향을 주는 가능성 여부를 평가한다.
- 내담자의 종교성이나 영성이 호소 문제에 대해 '보다 나은 대처와 상담 및 성장'에 도움이 되는 건설적인 자원이 될 수 있는지에 대하여 확인한다.
- 영적 개입이 상담에 적절하게 통합되어 다뤄져야 할지 여부를 결정한다.
- 치료적 개입이 필요한 영적 갈등이 있는지를 확인한다.

Pargament와 Krumrei(2009)는 '영성에 대한 평가는 영성에 대한 명확한 이해가 바탕이 되어야 하며, 영성이 어떻게 영향을 미치는지, 어떻게 내담자 문제의 일부가 될 수 있는지 그리고 어떻게 해결책의 일부가 될 수 있는지에 대하여 파악하는 것을 포함한다.'고 언급하였다(p. 93). 그들은 내담자에게서 영성의 역할, 내담자의 영적 여정에서 현재 어느 과정에 있는지, 내담자의 영성이 의미하는 내용에 대한 파악(즉, 내담자가 무엇을 신성하게 여기는지, 어떻게 내담자가 그/그녀의 영성을 표현하는지), 내담자 영성의 맥락 이해하기, 내담자 기능에 미치는 영성의 영향을 평가하기, 상담에서 영성 개입의 적절한 비중을 결정하기 등에 초점을 맞추어 영성 평가의 틀을 활용하도록 추천한다.

『정신장애 진단과 통계편람』(4판, 이하 DSM-IV; 미국정신의학회, 1994)은 상담의 초점이 될 수 있는 종교적이거나 영적인 문제를 설명하는 개념인 V코드를 설명했다. 이 개념은 정신질환 분류에서 영성의 측면을 어느 정도 고려하면서 상담의 초점이 될 수 있도록 허용하기도 하지만, 이 V코드 분류는 적어도 두 가지 이유로 대부분의 상담자가 영성 영역을 간과하게끔 허용한다. 첫 번째 이유는 V코드 진단에 의한 상담은 일반적으로 보험 처리 대상이 되지 않는다. 두 번째 이유는 V코드가 종교적·영성 문제를 상담의 중심에서 분리하여 정의하고 있기 때문에 상담자가 치료적으로 종교적 고려를 포함시키는 관점을 갖고 있지 않은 경우에는 종교적이고 영적인 문제는 간단하게 무시되게 되어 있다.

반면, Hathaway(2003)는 종교적이고 영적인 기능이 사회적·직업적 기능과 유사하게 모든 내담자를 대상으로 하는 전반적인 평가의 한 부분으로서 일반적으로 평가되어야 하는 중요한 영역이라고 주장했다. DSM-IV 진단의 절반가량은 장애 진단이 나오기 전에 증상의 임계 수준이 반드시 임상적으로 중요한 장애의 증거를 나타내야 한다고 요구한다. DSM-IV는 무엇이 그러한 장애를 구성하는지 정확히 설명하고 있지 않지만, 손상된 사회적, 직업적, 기타 적응 기능에 대한 사례를 제공하고 있다. Hathaway는 정신병리에 의해 부정적 영향을 받을 수 있는 중요한 삶의 영역 가운데 한 예로 포함될 수 있는 종교적·영적 기능의 적응적 기능의 손상에 대한 자료를 제시하고 있다. 종교적이고 영적인 기능은 북미를 포함하여 세계 거의 모든 문화에서 공통적으로 발견되거나 언급되는 보편적인 영역으로, 상담자는 심리학적 문제들이 이 영역에 어떻게 부정적 영향을 미치는지 여부를 일반적 평가 시스템에 포함시켜 평가할 필요가 있다.

종교적이고 영적인 기능은 내담자의 호소 문제에 부정적으로 연결될 수도 있고 또는 문제를 극복하는 데 도움이 되는 긍정적 자원이 될 수도 있다. 하지만 우울증이나 외현적으로 드러난 장애가 임상적으로도 중요한 종교적 영역의 손상을 야기할 수도 있다. 예를 들어, 우울한 내담자는 신으로부터 멀어진 것처럼 느껴진다고 이야기하고 기도나 성경 읽기 같은 개인의 영적인 활동에 대하여 덜 동기부여될 수 있다. 종교성이 매우 강한 내담자의 경우, 심리적 문제가 자신의 영적기능에 부정적인 영향을 미친다는 것이 중요한 핵심 문제가 될 수도 있다. Hathaway는 내담자가 이전의 상담 회기나 평가에서 다뤄지지 않았던 문제들을 평가 과정에서 확인하는 동시에, 종종 내담자가 언급하였음에도 상담자가 간과하거나 무시하기 쉬웠던 종교적 · 영적 영역에 관련해서 내담자들과 함께 다루는 것이 필요하다고 본다.

발달단계별 진단 평가와 도구

상담의 실제에서 종교적 · 영적 기능을 평가할 때, 가장 일반적인 평가 방법은 면접 평가이다. Richards와 Bergin(2005)의 1단계 평가 내용과 동일하게 상담자는 상담 영역을 확인하기 위해 "당신은 신을 믿습니까?" "신앙이 당신에게 중요합니까?"와 같은 일반적인 종교적 개념을 사용하는 탐색 질문을 할 것이다. Pargament 와 Krumrei(2009)는 아동과 청소년 대상으로 종교적 · 영적 기능을 평가할 때, 영성에 대해 상담자가 명확하게 이해를 갖는 것이 중요하다고 본다. 성인 대상으로 종교성을 평가하기 위해 사용된 질문지는 아동 대상으로 그들의 영적 기능을 탐색하기 위한 질문들로 사용되기에는 적합하지 않을 수 있다.

종교성에 관한 부모-자녀 간 대화를 분석한 질적 연구는 부모와 십 대 모두 부모보다는 자녀가 대화를 시작해서 진행된 대화에 대해 보다 긍정적으로 평가하는 것을 발견했다(Dollahite & Thatcher, 2008).

> 부모와 청소년의 종교적 대화가 청소년과 아이의 필요에 초점이 맞춰질 때, 청소년은 종교에 대한 논의에 보다 잘 참여하고 관심을 가지며 그것을 즐겼다고 보고했다. 반면 종교적 대화의 내용이 부모의 바람과 필요에 초점 맞춰지는 경우, 청소년은 대화에 참여하지 않고 관심을 가지지도 않았다(p. 625).

연구자들이 부모 중심의 종교적 대화라고 부르는 예들은 종교에 대해 지나치게 많이 이야기하는 부모의 경우, 탐색질문을 던지지도 않았는데 종교적인 대화를 계속하는 경우, 설명도 없이 자녀에게 종교적인 요구를 하는 경우 등을 포함한다. 상담의 맥락에서도 청소년 내담자의 종교적·영적 기능에 대한 탐색이 상담자에 의해서 이와 비슷한 방식으로 이뤄질 때 비효율적이 될 수 있다. 상담을 위해 찾아오는 내담자는 부모 중심의 종교적 대화에 문제를 갖는 경우가 많으며, 상담자들이 부모-자녀 간의 종교적 대화가 상호적이거나 아동 중심으로 이뤄지는 경우를 만나는 것은 아마 운이 좋은 경우일 것이다(Boyatzis & Janicki, 2003; Dollahite & Thatcher, 2008).

다른 영역에서의 임상 평가처럼 아동 내담자의 영성에 대한 이상적인 평가 개입은 아동이 자발적으로 언급한 주제나 내용이 명확하게 탐색되는 것이다. 여러 사례에서 이러한 이상적 개입이 가능하다. 예를 들어, 종교적 평가 개입에 대해 승락한 초등학생 내담자의 경우, 사망한 친척이 천국으로 설명되는 구름 위에서 가족을 지켜보고 있는 그림을 그리거나, 신이나 천사 혹은 악마를 형상화하는 그림을 그릴 수 있다. 면접 평가에서 아이들은 종교적 맥락에서 중요한 경험이나 문제의 예시로, 여름 캠프에서의 영적 경험이나 영적 어려움에 대해서 이야기하려 들 것이다.

행동 문제를 지닌 16세의 청소년이 Hathaway에게 다음과 같은 이야기를 꺼냈다. 그는 중학생이 되면서 교회에 나가지 않았지만 삶에서 힘겨운 경험을 한 후에 신앙을 회복하려고 가까운 교회를 방문했다. 하지만 그 경험은 그의 기대와는 달리 좋은 결과로 이어지지 않았다. 그 교회의 목사가 자신의 긴 머리카락을 강제로 자르려 했기 때문이다. 그 내담자는 목사의 그런 행동을 방어할 수 있을 만큼 성장한 상태였지만 그 경험 자체가 그를 매우 혼란스럽게 했다. 그는 여전히 어린 시절의 신앙을 되찾고 싶었지만 어떻게 그것을 할 수 있을지 확신하기 어려웠다. 이 사례는 임상적인 문제보다는 목회적인 돌봄이 필요한 사례가 될 것이다. 종교 활동에 다시 참여하고자 하는 시도는 내담자가 자신의 삶을 보다 적응적인 방향으로 바꾸고자 하는 열망을 나타내는 것이었다. 건강한 종교 환경이 그의 행동 문제를 해결하는 데 잠재적 자원이 될 것으로 보였다. 내담자가 종교적 경험과 영적인 여행에 대해서 이야기를 시작했기 때문에 상담자가 그러한 대화를 격려하면서 상담의 초점으로 연결시키는 노력을 기울인다면 이 과정은 영적으로 민감하게 상담 전략을 구사하는 촉진제가 될 것이다.

아동이나 청소년 내담자가 상담 회기에서 수동적이거나 저항하는 것은 매우 일반적이고, 특히 초기 평가 회기에서 더욱 두드러진다. 그러한 사례들에서 상담자는 내담자의 종교적·영적인 문제뿐 아니라 어떤 영역이든지 실제적인 정보를 얻기 위해 그들과 친해지는 것이 필수적임을 깨닫게 될 것이다. Barry와 Pickard (2008)는 아동의 임상 기능에 대한 평가가 성인에 대한 임상 평가와 비슷하게 임상적 전문용어에 의해 복잡하게 이뤄지는 진단 경향성 때문에 불필요하게 복잡하다고 지적한다. 아동과 청소년을 대상으로 하는 평가 방법이 점차 정교화되고 있지만, 앞으로 더 발전될 필요가 있다. 가끔 심리적으로 조숙한 아동과 청소년은 자신에 대한 이야기를 상당히 잘 풀어내기도 하지만, 그럼에도 대체로 아동 내담자에 대한 치료적으로 중요한 진단적 정보는 부모나 보호자에게서 협력적으로 얻는 것이 중요하다.

부모나 보호자로부터 얻은 정보만으로 아동의 종교적·영적 기능을 평가하기에는 여전히 어려움이 따른다. 그러한 정보에는 대체로 아동의 교회 출석 횟수, 식사 기도 여부, 예배에 집중하고 있는지와 같은 공적인 종교 행동이 해당된다. 그러나 이런 내용은 특히 사춘기 이전의 아동이 직면하고 있는 개인적인 종교적 어려움을 판단하는 데에는 그다지 도움이 되지 않을 수 있다. Kooistra와 Pargament(1999)는 종교적 의심이 처음 나타나는 시기는 주로 사춘기 이전이지만 이 시기에는 그러한 의심을 남들에게 드러내지 않는다고 기술하였다. 종교적 회의에 대한 30년간의 연구 데이터를 분석한 Puffer 등(2008)의 연구에서는 그러한 종교적 의심이 우울, 스트레스, 불안이나 기타 문제가 되는 결과로 이어진다는 것에 주목했다. 이는 종종 부모의 가혹한 훈육, 낮은 종교적 헌신과 응집력이 없는 해체된 가정환경에서 예측된다. 정체감 형성 모델을 사용하여 Puffer 등(2008)은 종교적 의심이 아동의 종교 정체성 형성 과정에 미치는 건강한 기능과 부정적인 기능을 구분하였다. 문제가 많은 가정환경은 아동이 고민하는 영적 갈등에 걸림돌로 작용하고 건설적인 문제해결에 필요한 자원은 결핍되어 있다. 결과적으로 아동과 청소년의 종교적 기능에 대한 임상 평가가 효과적으로 이뤄지기 위해서는 아동과 보호자 등 여러 경로를 통해서 정보가 수집될 필요가 있으며, 내담자의 적응 패턴에 관련될 수 있으면서도 언급되지 않은 주제까지도 주의깊게 파악할 수 있는 민감성이 필요하다.

〈표 2-2〉는 아동과 청소년을 대상으로 임상적으로 관련된 종교적·영적 문제들을 탐색하기 위해 Hathaway가 사용한 면접 평가 질문지 내용이다. 이 도구는 발달단계에 맞추어 민감하게 종교적·영적 영역에 개입하는 방법으로, 아브라함의 신앙 전통(예: 기독교, 유대교, 이슬람교 등)에서 양육된 아이들에게 가장 적절하게 사용될 수 있을 것이다. 대부분의 질문이 폐쇄형 질문으로, 간결한 대답(예나 아니요 같은)으로 분위기를 편안하게 이끌고, 종교적이고 영적인 주제가 논의될 필요가 있는지를 명확하게 하는 기능을 한다. 내담자에게 두드러진 종교적·영적 문제에 대한 자발적인 후속 답변을 이끌어 내는 작용을 할 수도 있다. 여러 사례를 통해 볼 때, 내담자들은 초기에 주 호소 문제를 설명하며 드러낸 정도보다 종교적·영적인 문제로 더 많은 영향을 받는 것으로 드러났다. 오랜 상담을 받아 온 일부 내담자는 종교적 고민을 드러내는 것을 어색해하는데, 그 이유는 영적·종교적 고민이 임상적 문제의 직접적인 결과임에도 그것을 정신건강 전문가와 나눌 수 있는 주제라고 생각하지 못하기 때문이다. 예를 들어, 자녀의 행동장애나

ADHD로 인한 파괴적인 행동 때문에 공식 예배에서 소외되는 부모들은 그에 대한 심한 고통을 토로한다.

이 면담 평가 질문의 목록들이 그다지 포괄적인 것은 아니지만, 상담자가 내담자와 대화 중에 혹은 내담자의 자기개방 이야기 중에 자주 등장하는 구절이나 개념을 통하여 특정 내담자에 따라 적절히 수정해서 이 질문들을 사용할 수 있다. 상담자는 대체로 아동 내담자에 대한 대부분의 배경지식을 아동 면담 전의 부모나 보호자와의 인터뷰를 통해서 얻는다. 부모와의 면담에서 종교가 호소 문제의 중요한 변수로 확인된다면, 구체적으로 종교 정체성, 특징적인 사항들, 아동과 함께 참여하는 일상적 종교 활동의 횟수와 같은 추가 정보를 모으고 호소 문제와 종교성이 어떻게 연관되어 있는지 탐색해야 한다. 종교나 영성이 내담자 가족에게 그다지 중요한 부분이 아니라면, 일반적으로 아동 대상 상담에서 이 부분에 초점을 맞추지 않는다. 하지만 그러한 경우에도 여전히 상담자들은 아동이 자발적으로 종교나 영적 문제를 꺼낼 수 있는 여지를 남겨 둘 필요가 있다.

대개 아동 스스로 조직적인 종교 활동에 참여할지 여부를 결정하지 못하기 때문에 유아기에 대한 탐색 질문들은 이러한 활동과 관련된 참여 경험에 대해 묻는다. "그것이 그들에게 긍정적인 것인가?" "그것에 대해 그들이 좋아하거나 싫어하는 것은 무엇인가?" 이러한 질문들을 통해서 종종 아동의 사회 적응이나 가족 역동에 대한 추가 정보를 얻게 된다. 갈등이 많은 가족은 종교적 맥락과 관련된 행동 문제가 많이 나타난다. 부모는 그러한 상황에서 가장 올바른 행동을 해야 한다는 압박을 느끼고, 아동의 잘못된 품행에 대해 과도하게 걱정하면서 종교적 맥락에 속한 상황을 가족 내 긴장을 고조시키는 화약고처럼 불안하게 바라본다. 아동기 중기에 이르면, 교회에서의 사회적 개입이 계속 아동에게 중요한 문제로 이어진다. 어떤 가정은 어린 자녀와 같은 나이의 아이들이 거의 없는 종교 조직의 활동에 참여한다. 반면, 어떤 가정은 팀 스포츠, 컵 스카우트나 학교처럼 다른 맥락에서 아이들의 삶의 한 부분이 될 수 있는 대규모 조직에 활동적으로 참여할 수도 있다. 아동이 종교 조직 내에서 하나의 분리된 또래 그룹을 갖는 경우도 있다. 복잡한 사회적 관계는 또래 영향력에 대한 경쟁을 유발할 수도 있고, 아동을 위한

| 표 2-2 | 부모를 대상으로 하는 종교적·영적 기능에 대한 면접 평가

일반적인 가족의 종교성 탐색

• 당신의 가족에게 신앙이나 영성이 중요한가요?
• 당신은 신앙 공동체에서 활동 중입니까?
• 당신 가족의 삶에서 종교의 역할이 있습니까?
• 당신 가족 안에서 종교적 문제에 대해 의견 차이가 있습니까?

초기 아동기 관련 탐색

• 당신의 주일 학교 경험에 대해 말해 줄 수 있나요?
• 만일 가능하다면 신에게 묻고 싶은 질문이 있나요?
• 당신이 가장 좋아하면서 다니는 곳이 있습니까?(교회, 절 등)
• 당신이 가고 싶어 하지 않는 곳이 있습니까?(교회, 절 등)

아동기 중기 관련 탐색

• 당신의 (교회, 절 등에) 친구가 많습니까?
• 거기에 당신에게 문제가 되는 것들이 있나요?(교회, 절 등)
• 신이 당신에게 가르쳐 주려고 하는 것으로 생각되는 것이 있다면 기술할 수 있나요?

청소년기 탐색

• 신은 당신에게 얼마나 중요한가요?
• 과거에 가졌던 느낌과 비슷하게 지금도 신과 가깝게 느낍니까?
• 당신과 관련된 종교적 믿음에 대해 조금이라도 의심을 갖고 있나요?
• 당신의 개인적 삶에서 신에 대하여 어떠한 결정이라도 한 적이 있나요?

추가적인 사회적 자원을 제공하기도 한다.

초기 아동기에는 주일학교처럼 아동을 위해 특별하게 만들어진 모임에 참석하는 것이 일반적이다. 하지만 아동기 중기에 이르면 부모나 형제자매와 함께 성인을 위한 예배에 참석하도록 기대되며, 그 가운데 종교적 갈등이 발생할 가능성이 높아진다. ADHD 장애를 가진 한 성인 내담자는 그의 신앙과 관련한 문제를 다시 이야기했고 그가 자랄 때 다녔던 교회가 어떠했는지 묘사했다. 그가 어릴 때는 교회에 가는 것을 즐겼으나, 부모와 함께 어른 예배에 참석해야 한다는 이야기를 들었을 때, 문제가 시작되었다. 그는 예배 시간 중에 가만히 앉아 있지 않고, 자리를 옮겨 다니거나 매우 시끄럽게 찬송가와 성경책을 들춰 보곤 했다. 그의 부모는 아이를 그들 사이에 앉혀 놓고 아버지가 팔을 아이의 머리 뒤쪽에 두어 그를 통제하려고 노력했다. 그가 들썩거리기 시작하면 그의 아버지는 소리는 작지만 매우 아프게 그의 머리 뒤쪽을 엄지로 두드렸다. 그는 예배가 지루한 시간일 뿐만 아니라 고통스러운 시간임을 빠르게 깨달았다.

아동기 중기는 아동이 개인적인 종교 경험에 대해 이야기하는 시기이기도 하다. 그들은 일반적으로 가족의 신앙 분위기에 비추어 자신의 신앙을 생각하지만, 개인적 신앙의 경험이 생기기 시작하는 나이가 되면서부터 가정의 신앙 전통으로부터 독립적인 자기 신앙의 여정을 시작한다. 사춘기가 다가오면서 영적 회의감을 갖게 되는 현상은 흔하다(Kooistra & Pargament, 1999). 이러한 회의감은 신앙이 약해지거나 상실되는 신호가 아니라 익숙한 믿음의 습관에서 종교적 · 영적 신앙의 형태로 옮겨 가는 과정이 될 수 있다.

종교 심리학의 초기 연구 중 하나는 회심 경험에 대하여 탐색하는 것이었다. Starbuck(1899)은 종교적 성숙에 대해 연구하였는데, 청소년기야말로 종교적 회심이 가장 많이 이뤄지는 시기임을 밝혀냈다. 모든 종교적 전통이 종교적 회심에 대해 의미 있게 간주하는 것은 아니지만, 그의 이러한 발견은 지금까지도 영향력을 미치고 있다. 청소년기의 젊은이들이 다양한 종류의 종교적 결정을 내리는 것은 흔한 일이다. 청소년기는 다른 영역에서와 마찬가지로 영성과 종교에 있어서도 정체성을 형성해 가는 시기가 된다(Puffer et al., 2008). 청소년 후기에 이르면, 임상적 면담 평가에서 "신이 과거처럼 가까이 있다고 느껴지는가?"와 같은 보다 추상적인 종교 개념과 관련된 질문이 적절하게 사용될 수 있을 것이다.

아동 대상 종교적 · 영적 문제에 대한 심층 평가

아동의 종교적 · 영적인 기능에 대한 표면적인 평가가 아닌 심화된 평가를 할수 있는 평가 도구들은 아직 개발되지 못하고 있다. 종교 심리학에서 개발된 종교적 · 영적 평가 도구들을 사용한 연구는 다양하게 이뤄져 왔지만, 대부분 성인을 대상으로 하는 영적 · 종교적 기능의 평가와 관련된 연구들이기 때문이다(Plante, 2009; Richards & Bergin, 2005). Plante(2009)는 종교성 · 영성의 다차원적 평가(Fetzer Institute, 1999), 종교적 신앙심에 대한 산타클라라 평가 질문지(Plante & Boccaccini, 1997), 듀크 대학의 종교성 평가(Koenig, Meador, & Parkerson, 1997), 종교적 헌신 척도-10(Worthington et al., 2003), 종교적 대처 척도(Pargament, Koenig, & Peretz, 2000) 등의 임상적 적용을 위한 잠재적 적합성에 대하여 제시하였다. 하지만 이런 척도가 아동 내담자를 염두에 두고 개발된 것은 아니며, 임상적 관련 연구의 유용성에도 불구하고 심지어 성인을 대상으로 이러한 측정 도구를 활용한 연구조차 충분히 이뤄지지 못하고 있다. 따라서 상담 현장에서 아동과 청소년을 대상으로 종교 심리학 연구 평가 도구들을 효율적으로 활용하고 싶다면, 다음 두 가지 사항을 고려할 필요가 있다. 청소년기 이전의 내담자를 주요 대상으로 하여 발달적 특성을 고려해서 개발된 도구는 거의 없다는 점이다. 또한 평가 도구들이 아직은 임상적 사용을 위해 충분히 타당성 검토가 이뤄지지 못하고 있다는 점이다. Richards와 Bergin(2005)은 다음과 같이 이야기하고 있다.

"대부분의 종교적 · 영적 척도가 상담장면에서 사용할 수 있도록 적절하게 타당화되지 않았기 때문에 상담에서는 그러한 도구들에 대하여 주의 깊게 살펴보고 개별적으로 내담자에게 적절한지를 검토한 후에 사용해야 할 것이다. 평가 결과 해석에 대해서도 주의가 필요하다. 표준화되지 않은 평가 도구들의 경우 제한적으로 내담자에 대한 잠정적인 통찰을 얻거나, 내담자가 자신에 대해 탐색하도록 돕는 목적으로 사용될 수 있을 것이다."(p. 241)

일반적 평가 과정에서 어떻게 아동 대상 종교적 · 영적인 문제의 평가를 포함하여 연결되도록 활용할 것인가? 그러한 연결은 진단 평가, 사례개념화, 상담 계획, 결과 평가에 도움이 될 수 있다. 평가 목적에 맞게 정교화되고 표준화된 평가 도구가 개발되도록 많은 연구가 필요하다. 그렇게 개발된 도구들은 구체적 상담 문제 영역에서의 관련 변인, 파악, 표준화 평가 도구 또는 방법들과 관련해서 주요 상담 실습 맥락에서 보다 보편적으로 사용될 수 있을 것이다.

진단적 평가

임상적으로 의미 있는 종교적 손상 문제가 그러한 손상들로 인한 장애에 대한 진단 기준을 충족시킬 수 있다면, 경험된 종교적 손상이 장애 진단의 확인적 증거로 사용될 수 있다(Hathaway, 2003). 유사하게, 일부 장애는 종교적인 행동, 인지, 종교 체험 등으로 드러나는 증상이 있을 수 있다. 종교적 내용 가운데 망상 과정을 나타내는 것은 무엇인지 혹은 사고 과정을 왜곡시키지 않는 비관습적이거나 하위 문화적인 종교적 관점을 나타내는 것은 무엇인지 구별하는 것이 필요할 것이다. Koenig(2011)는 종교적 망상이 정신증(psychosis) 진단을 받은 사람에게서 흔하게 발견되며, 문제가 되는 임상 결과와도 관련성이 높다고 하였다. 그는 정상적 · 망상적 · 환각적 종교 내용을 구분하는 것과 관련된 Pierre(2001)의 제안을 요약하여 제시했다. 그 내용은 다음과 같다. 망상적 믿음 구조를 전체적으로 포용하는 하위 문화에 대한 순응적 반영은 망상적인 신앙인가? 만약 그렇다면 그것은 정신증적 과정을 반영하는 것이 아니라 순응적 역동을 반영하는 것이다. 망상적인 믿음이 측두엽 손상과 같은 신경학적 장애와 함께 발생한다는 명백한 증거가 있는가? 종교 전문가들은 특히 아동 내담자의 신앙 배경에 익숙한 관념에 대해 어떻게 바라볼 것인가? 스스로의 신앙 관습에 대한 믿음은 얼마나 규범적인가? 종교적 믿음이 일반적인 삶의 영역, 즉 사회적으로 또는 직업적으로 기능하는 개인의 능력을 손상시키는가?

상담자는 내담자의 신앙 관습에 대해 잘 이해하는 것이 필요하며, 내담자의 종교적 관념이나 실제에 익숙하지 않은 경우에는 그에 대해 잘 알고 있는 정보제공자와 협력하는 것이 중요하다. 예를 들어, 정신건강 전문가들은 방언으로 이야기하는 것(신앙 전통 중에서 오순절 교회의 배경에서 자주 보고되는 영적 실제)이 심리적 장애의 한 증거라고 자주 가정해 왔다. 하지만 여러 전문가에게 퍼져 있는 이러한 믿음에도 불구하고 아직은 이를 뒷받침하는 연구결과는 없다.

사례개념화

진단을 내리는 것은 사례개념화를 발전시키는 한 부분이지만, 개념화를 해가는 것은 단순히 진단을 내리는 것보다 훨씬 더 포괄적인 부분이다. 사례개념화는 가정된 인과 관계를 설명하고, 문제 요인을 유지하거나 완화시키는 것 그리고 예상되는 예후 등을 포함하는 것과 같은 보다 광범위한 고려사항을 포함한다(Eells, 2010). Mabe와 Dell, Josephson(2011)은 DSM-V 제작을 위한 연구 문제의 하나로, 종교와 아동 정신건강에 대한 연구 조사 리뷰에 기초하여 특수한 임상적 고려사항에 종교와 영성을 포함시킬 것을 제안하였다. 그들은 아동과 청소년에게 해당되는 장애를 다루는 부분에서 이러한 고려사항을 포함시키기 위해 아동기장애, 행동장애, 물질 관련 장애, 정서장애, 문화 관련 장애 등을 다루는 DSM-IV(APA, 2000)의 해당 본문을 적절하게 수정하여 바꿀 것을 제안했다. 추가된 단어들은 〈표 2-3〉에 제시하였다.

이 자료는 개인, 부모, 가족의 종교가 아동에게서 드러날 수 있는 장애의 지속 요인과 중요한 보호 요인, 대처 자원, 문제나 한계점이 될 수 있는 요인들을 제시한다. Mabe 등의 연구에서 제시된 바와 같이 아동의 배경에 종교와 영성 관련 요인이 존재할 때 종교와 영적 고려사항을 상담의 사례개념화 부분에 일관되게 포함시켜야 할 것이다.

| 표 2-3 | Mabe와 Dell, Josephson(2011)이 제안한 DSM(4수정본) 아동의 영성
관련 추가 내용

도입부에 인종적 · 문화적 고려를 언급한 부분
"어린 시절과 청소년기의 행동 기대는 부모가 속한 영적 신앙 전통과 가족관계 내 의사소통을
통해 전달된다."(p. 138)

유아, 아동 혹은 청소년기의 첫 진단 장애—특수한 문화, 연령, 성별 특징
"이 부분에서는 아동을 비정상적인 위험 상황에 처하게 하거나, 그와 같은 위협에서 보호하는
등의 가족 전통적인 문화적(예: 종교적 · 영적) 배경의 영향을 포함할 수 있다."(p. 138)

행동장애—특수한 문화, 연령, 성별 특징
"어린 나이에 위험 행동(성적인 행동, 음주, 불법 약물 사용 등)을 시작하는지의 여부는 가족의
종교적 가르침에 영향을 받는다."(p. 138)

약물 관련 장애—특수한 문화, 연령, 성별 특징
"부모와 가족은 청소년 초기 약물 남용에 어느 정도 영향을 미치고 이런 영향은 광범위하게 걸
쳐 있다(예: 영적 믿음)."(p. 138)

정서 장애—특수한 문화, 연령, 성별 특징
"우울증의 성향은 특수한 문화, 즉 종교적이고 영적인 배경의 영향을 받을 수 있다."(p. 139)

문화 기반 증후군의 어휘 풀이
"아동 양육과 관련된 부모의 행동과 결정은 종교와 영성에 직접적으로 영향을 받는다."(p. 139)

상담 계획 수립과 성과 평가

Maruish(2002)는 적절한 상담 목적의 확립과 상담 과정에서 평가의 역할과 중요
성에 대하여 함축적으로 설명하고 있다. 내담자가 임상적으로 중요한 손상에 대
해 이야기할 때, 그에 대한 평가와 더불어 임상적으로 관련된 영적인 회복의 목표
를 수립하고 상담 과정을 검토하는 것은 타당하다. 불행하게도, 종교와 영성의 기
능을 평가할 수 있는 임상적 도구의 상대적 부족으로, 간략하게라도 내담자가 신
과 가깝다고 느끼는지 0에서 10까지 점수로 평가하게 하거나(고통의 주관적 평가와
유사한), 특정 종교 활동의 빈도수(교회 출석, 매일 성경 읽기, 기도 등)를 탐색하는

방법 등이 사용될 수 있다. 아동을 대상으로 하는 종교성 평가 도구는 상담 계획 수립과 성과 평가를 위해 개발되어 왔다. 다음 절에서는 이러한 평가 도구를 소개하고 평가 관련 다른 도구들의 사용 가능성을 보여 주는 상담 사례를 제시하고자한다.

신앙 상태 질문지

신앙 상태 질문지(FSQ)는 유대–기독교적 배경의 영적 맥락에서 아동이 가정에서 그리고 기타 여러 상황에서 보이는 잠재적 문제 상황 19종류의 문항에 부모나 보호자가 답하도록 하는 방식의 평가지다. Hathaway와 Douglas, Grabowski (2003)는 종교적 · 영적 상황에서 드러나는 아동의 행동 문제에 대한 평가 도구를 위한 임상적 개념을 제시했다. FSQ는 [그림 2-1]에 제시되며, 임상적 세팅에 따라 재구성하여 사용할 수도 있다. FSQ는 Barkley(2005; Barkley & Edelbrock, 1987)가 개발한 가정과 학교에서의 상황 질문지(HSQ-SSQ)의 구조와 평가 방식을 적용해서 만들어졌다.

HSQ와 SSQ는 아동의 자기통제 능력에 부정적으로 영향을 주는 ADHD 같은 외현적 장애에서 발생하는 공통적 행동 문제의 강도와 빈도를 측정하기 위해 고안되었다. FSQ 평가지는 대개 아동의 부모나 보호자를 대상으로 실시되며, 각 상황에 대해서 아동에게 문제가 되는 상황인지 여부를 평가하도록 한다. 문제 상황인 경우에 1(약한)부터 9(매우 심각한)점까지 리커트 평가 척도를 사용하여 심각도를 평가하도록 한다. 검사 결과는 묘사된 상황에 대해 '예'라고 응답한 문항들에 대한 합계 점수와 문제 상황에 따른 심각도 점수를 합한 것을 나눈 평균점수 두 가지로 산출된다. 또한 각 문항별 응답된 심각도를 고려해서 상담 계획에 전략적으로 그와 관련된 문제 상황을 다루도록 결과를 참조하거나 활용할 수 있다.

FSQ는 5세에서 12세에 이르는 249명의 아동을 표집 대상으로 하여 표준화된 질문지이다. 표집 대상 아동은 미국의 로마 가톨릭교, 영국식 국교회 또는 성공회 교회 개신교도, 오순절 교회 및 다른 종교인들의 상대적 확률을 반영하기 위해 계

FSQ

자녀 이름: _____   실시일: _____

성별: 남 (   ) 여 (   )   생년월일: _____

응답자: 아버지 (   ) 어머니 (   ) 계모 (   ) 계부 (   ) 기타(구체적으로:)

종교 예배는 어디에서 참석하는가? _____

자녀가 얼마나 자주 종교 예배에 참석하고 있는가?

    자주 (   )   1주에 한 번 (   )   1개월에 2~3회 (   )   1개월마다 1회 (   )

    1년에 1~2회 (   )   참석하지 않는다 (   )

답하는 방법: 다음 상황에서 자녀가 안내사항, 명령이나 규칙 등에 잘 따르지 않는 것과 관련된 문제가 있습니까? 만일 그렇다면 '예' 라고 표시해 주시고, 그 옆에 문제가 되는 상황의 심각도를 체크해 주시기 바랍니다. 자녀가 해당되지 않는 문항에는 '아니요' 라고 표시하고, 다음 문항으로 넘어가면 됩니다.

문제 상황	예 / 아니요	심각성 정도 약한 심각한								
가정 예배 시간에 FSQ1	예 아니요	1	2	3	4	5	6	7	8	9
식사 시간에 축복기도 할 때 FSQ2	예 아니요	1	2	3	4	5	6	7	8	9
기도할 때 FSQ3	예 아니요	1	2	3	4	5	6	7	8	9
개인 경건의 시간, 성경 읽기나 학습 시간 동안에 FSQ4	예 아니요	1	2	3	4	5	6	7	8	9
종교 예배에 가려고 준비할 때 FSQ5	예 아니요	1	2	3	4	5	6	7	8	9
예배하러 가는 동안에 FSQ6	예 아니요	1	2	3	4	5	6	7	8	9
예배당에 들어가면서 FSQ7	예 아니요	1	2	3	4	5	6	7	8	9
예배 시간 자리에 앉아 있을 때 FSQ8	예 아니요	1	2	3	4	5	6	7	8	9
예배 동안 예배 자료를 다룰 때(순서지, 찬송가, 기도문 등) FSQ9	예 아니요	1	2	3	4	5	6	7	8	9
예배 중 묵상 시간에 FSQ10	예 아니요	1	2	3	4	5	6	7	8	9
헌금이나 성찬식 시간에 FSQ11	예 아니요	1	2	3	4	5	6	7	8	9
성경교독이나 회중 찬양 시간에 FSQ12	예 아니요	1	2	3	4	5	6	7	8	9
설교 시간에 FSQ13	예 아니요	1	2	3	4	5	6	7	8	9
다른 활동을 위해 예배당을 떠날 때 FSQ14	예 아니요	1	2	3	4	5	6	7	8	9
아동이 예배당을 나서면서 FSQ15	예 아니요	1	2	3	4	5	6	7	8	9
주일 학교 설교 시간에 FSQ16	예 아니요	1	2	3	4	5	6	7	8	9
주일학교, 교리문답, 히브리어 공부 등의 종교적 교육 시간에 FSQ17	예 아니요	1	2	3	4	5	6	7	8	9

청년부 프로그램 레크레이션 활동에 참여하는 동안에 FSQ18	예 아니요	1 2 3 4 5 6 7 8 9
윤리 교육 시간에 FSQ19	예 아니요	1 2 3 4 5 6 7 8 9
기타(해당 내용을 적어 주세요.) _____	예 아니요	1 2 3 4 5 6 7 8 9
_____	예 아니요	1 2 3 4 5 6 7 8 9

※ 당신의 자녀와 함께 문제를 겪고 있는 신앙 활동이나 상황에 관해 다루고 싶은 내용이 있다면
  적어 주세요.

A: _____ FSQ + ('예' 반응 숫자, FSQ1-FSQ19)
B: _____ FSQT (심각도 합계 점수, FSQ1-FSQ19)

[그림 2-1] 신앙 상태 질문지

주: 이 도구는 임상적 사용을 위해 복사하여 사용할 수 있음. W. L. Hathaway, D. Douglas, and K. Grabowski
   (2003), "3 Faith Situations Questionnaire: Childhood Normative Data," *Journal of Psychology & Christianity*,
   22, pp. 153-154.

층화 표집되었다. 2000년도의 미국 인구 조사에서는 상대적 성별과 인종 비율을
대략적으로 계산하기 위해 노력했다. FSQ 개발 과정은 표준화 연구에서 표집되
는 방식을 따라 아동 피험자들을 구성하였는데, 여성 51.8%, 백인 62.2%, 아프리
카계 미국인 29.7%, 히스패닉 라틴계 3.6%, 미국 원주민 0.4%, 기타 2.0%, 그리고
인종적 정체성을 갖지 않는 2.0%를 포함하였다. 따라서 히스패닉이나 미국 원주
민은 이 표집에서 대표성이 상대적으로 미약하다. 종교 소속으로 구분하면,
31.3%의 아동이 로마 가톨릭교, 6.4%가 영국식 국교회, 34.9%가 성공회 교회,
18.1%가 오순절 교회 소속이었고, 8.8%가 기타 종교이며, 무교가 0.5%로 나타났
다. 전체의 75%에 이르는 응답이 아동의 어머니에 의해 이루어졌고, 거의 같은 비
율의 아동이 부모가 혼인 상태를 유지하는 가정에 속해 있었다.
  FSQ의 평균 심각도 점수는 표준화 샘플에서 신뢰도 점수(Cronbach's alpha) .92
를 나타냈다. FSQ의 평균 심각도와 전체 문항 점수는 파괴적인 행동 점수 척도의

주의산만, 과잉 행동, 적대적 반항 행동 등과 유의미하게 상관 관계를 나타냈고, 이 척도에서 ADHD와 적대적 반항장애(ODD)에 반응하는 증상 척도들과도 상관 관계를 갖는 것으로 나타났다. 계층적 회귀분석에 따르면, HSQ와 FSQ의 전체 문항 점수는 DSM-IV의 파괴적 행동장애 증상 집단의 예측 변수로 확인되었다. FSQ는 전반적인 ADHD, 주의력결핍, 과잉 행동, 적대적 반항 행동의 심각도 측정에서 HSQ만으로도 설명되는 단순하지만 중요한 독특한 변수를 설명한다. 표본 중 18명의 아동이 ADHD의 주의력결핍과 과잉행동 증상의 6가지 이상의 기준에서 자주 혹은 그 이상의 빈도치를 나타냈다. 그러한 ADHD 양성 답변의 사례와 나머지 임계 수준을 넘지 못한 사례 점수와의 비교는 ADHD 양성 반응 그룹을 대상으로 하는 FSQ의 문제 상황 합계 점수와 평균 심각도와의 높은 상관관계를 의미 있게 보여 주었다. 그 가운데 14명의 아동이 ADHD 약물치료를 받는 것으로 보고되었다. 이 아동들은 FSQ에서 평균 심각도 점수가 높게 나타난 반면, 문제상황 합계 점수는 높지 않은 것으로 밝혀졌다. 공통적으로 언급되는 연령 단계에 따른 문제 상황은 다음과 같다.

> 가장 자주 언급되는 신앙 문제 상황의 네 가지는 차례로 '예배 시간 자리에 앉아 있을 때'(40.2%), '예배에 가려고 준비할 때'(34.1%), '설교 시간에'(33.3%), '예배 중 묵상 시간에'(30.5%)로 나타났다. 가장 적게 인식되는 문제 상황은 '주일학교 설교 시간에'(6.4%)였다. (Hathaway et al., 2003, p. 146)

결과적으로 FSQ척도의 타당화 자료는 전통적인 유대교, 기독교 종교 맥락에서 행동 문제에 대한 평가 도구로서의 신뢰도과 타당도를 지지한다. 예를 들어, 반항성 행동 장애와 관련해서 FSQ는 ADHD나 ODD 증상에서 유발되는 임상적으로 유의미한 손상 영역 부분을 확인하는 데 유용할 수 있다. 보편적 임상 적용과 관련해서는 전체 표본에서의 평균보다 높은 1.5 표준편차를 갖는 임상적 의미를 드러내기 위해서 5점 척도를 활용하기를 추천한다. 이러한 준거점수는 특정한 상담 주제가 되는 문제를 발견하는 데 사용될 수 있다. 이러한 준거점수는 Jacobson과

Truax(1991)가 제안한 성과 평가의 한 접근법으로 고려되는 대표적인 방법이다. 아직까지는 FSQ의 검사-재검사 신뢰도 자료가 보완될 필요가 있다. 검사-재검사 신뢰도 자료는 측정 시 신뢰할 수 있는 변화 지표를 제공할 것이며, 상담 전 평가와 상담 과정에서의 결과를 평가하기 위한 자료 및 상담 과정 평가 점수를 확인할 수 있게 한다(Jacobson & Truax, 1991; Wise 2004). 신뢰할 만한 변화 지표의 도출은 오차 범위 0.05% 한도 내에서 상담 과정 평가를 통해 변화를 확인하도록 돕는다. 여전히 성과 평가 도구로 활용되기에는 자료 보완이 필요한 한계를 가짐에도 불구하고, Childers(2005)의 다음 사례에서는 FSQ의 향후 활용 가능성을 보여 준다.

팀의 사례

Childers(2005)는 학위논문 연구의 한 부분으로, 한 가정을 대상으로 종교적 개입을 포함하는 형태의 부모 교육에 대한 평가와 성과를 알아보는 도구로 FSQ를 사용하였다. 9세의 백인 소년 팀은 가정, 학교, 교회에서의 행동 문제로 부모에 의해 대학부설 학습 클리닉에 오게 되었다. 팀의 부모는 그가 어디에 가든 쉴 새 없이 말을 하고 충동적인 행동을 하는 등 파괴적인 행동을 보인다고 이야기하였다. 취학 전 시기에는 그러한 팀의 행동 때문에 '날아다니는 폭탄 토끼(Ricochet Rabbit)'라는 별명을 붙여 주었다. 그의 부모는 팀이 매우 어린 시절부터 미리 생각하는 능력이 결핍된 것처럼 충동적인 행동을 했다고 진술했다. 그들은 미취학 시기에 팀이 침실 창문의 스크린을 떼어내고 충동적으로 장난감을 내던질 때와 같은 상황을 설명했다.

반구조화된 면담을 진행하며 평가 점수를 매기는 과정에서, 팀의 부모는 부주의함을 드러내는 9개 문항과 ADHD 과잉행동 장애와 연관되는 9개의 모든 문항에 대해 팀이 그러한 행동 문제를 자주 보인다고 언급하였다. 또한 팀이 자주 화를 내는 증상을 제외하고 ODD의 여덟 가지 증상 중 일곱 가지를 보인다고 이야기했다. 팀의 과잉 반응 행동, 주의산만, 충동적인 행동은 유아기부터 현재까지 문제가 되는 수준에서 반복적으로 나타나고 있었다. 그가 의미 단어들을 말할 수 있기 전의 유아기 상태에서도 그는 쉴 틈 없이 재잘거리면서 말하였다.

평가를 위해 클리닉을 방문한 시기에 팀은 친모와 양부와 함께 살고 있었다. 그의 친모와 친부 관계는 그가 태어나기 전에 짧게 끝났기에 팀과 친부는 아무런 접촉도 없었다. 팀의 친모와 그녀의 현재 남편은 팀이 두 살 무렵 결혼하였고, 8세의 다른 아들이 있었다. 그 형은 어떤 문제도 일으킨 적이 없다고 기술되어 있었다. 이 평가 이전에 팀은 양부에 의해 입양되었고, 그는 가족 내에서 단순히 팀의 아버지로 지칭되었다. 팀은 친구를 빨리 사귀었지만, 미숙함과 충동성 때문에 관계 유지에 어려움을 겪는 외향적인 아이로 묘사되었다. 팀은 운동하는 것을 좋아했지만, 부적절한 행동 때문에 자주 운동장에서 추가로 뛰는 벌을 받거나 추가 훈육을 받아야 했다.

팀은 유치원에 들어가기 전 몇 달 동안 사립 어린이집에 다녔는데 친구들을 밀치거나 물어뜯는 등의 공격 성향을 보였다. 초등학교에서는 담임교사가 그를 반항적이고 다루기 어렵다고 묘사했다. 팀은 수업 시간에 조용히 앉아 있지 못하고 공격적인 행동을 보여서 그의 어머니는 한 주에도 여러 번 학교에 불려가야 했다. 그의 부모는 유치원 시기가 끝날 무렵, 팀에게 심리 평가를 실시해 보았고, ADHD 진단을 받았다. 하지만 팀의 부모는 팀이 성장하면서 스스로 그것을 극복하는 것을 보고자 했기 때문에 심리 상담이나 약물치료를 받지 않기로 결정했다. 하지만 팀의 3학년 담임선생님이 자주 문제를 지적했고, 결국 부모는 그가 4학년에 올라가기 전에 콘서타(Concerta: 집중력 향상을 돕는 암페타민계 각성제) 약물 치료를 시작했다. 평가를 위해 방문할 무렵 팀은 4학년이었고, 부모는 최근 그의 행동 문제로 학교에서 연락받은 적은 없다고 이야기했다. 팀의 성적은 A에서 C까지였지만, 독해에 문제가 있어 읽기 보충 수업을 받고 있었다.

팀이 약물치료를 시작한 후에 학교에서의 행동은 개선되었지만, 가족들은 여전히 가정과 교회에서 그의 행동을 다루는 데 문제가 있었다. 반항적이고 충동적인 행동으로 인해 싸움이 끊이지 않았고, 그의 부모는 가정에서 활용하려고 노력했던 보상체계가 도움이 안되고 있음을 느꼈다. 이 가족은 루터파 교회에 나가고 있었다. 그의 어머니는 팀이 다른 사람에게 상처를 주어도 자신의 행동을 뉘우치거나 잘못했다고 느끼지 않는 것 때문에 약물치료를 받기 전의 팀을 '양심 없음'이라고 기술했다. 그것은 약물치료 후에 어느 정도 개선되었다. 하지만 여전히 교회에서 또래 아이들과 비교했을 때 팀은 가끔씩 영적 성장에서도 뒤떨어지는 것처럼 보였고, 종교적이거나 도덕적인 개념들을 배우거나 신앙 공동체에서 배우고 있는 가치들을 받아들일 때도 친구들에 비해 뒤처진 것처럼 보였다. 팀은 주일학교와 교회 내 다양한 예배에서 퇴출되었다. 팀이 약물치료를 시작하기 전에 남편이 일하러 가서 팀을 보살피지 못할 경우 팀의 어머니는 팀을 교회에 데려가지 않고 집에 같이 있었다.

팀의 가족은 치료를 위해 재검사를 받기를 원했고, 특히 집과 교회에서 어떻게 하면 그의 행동을 더 잘 다룰 수 있을지 배우고자 했다. 평가를 통해 ADHD, ODD의 경계선 장애로 확인되었다. 유치원 시기 이후로 팀에게는 ADHD와 ODD 증상의 경계선 상태가 분명히 존재하고 있었으며, 다른 증상들로 설명되기는 어려웠다. 약물치료를 통해서 약간의 개선을 보였지만 그의 ADHD와 ODD 증상은 중간 정도의 심각도를 가진 상태로 지속되었다.

팀의 어머니는 팀이 FSQ에서 여섯 가지 문제 행동을 갖는 것으로 답했고, 평균 심각도는 9점 척도에서 5점으로 매겨졌다. 이러한 문제 상황의 빈도수는 FSQ를 통해 종교적 상황에서 임상적으로 유의미한 많은 문제를 보이고 있음을 보여 주는 임계치를 초과하는 수치였다. 〈표 2-4〉에서는 팀의 문제로 평가된 상황을 제시하고 있다. 또한 팀은 HSQ상에서 심각한 수준의 문제를 나타냈다. HSQ와 FSQ의 평가 점수 모두 상담의 목표를 세우는 데 사용되었다.

팀의 치료는 Barkley(1997)가 개발한 반항적인 아동을 위한 9주간의 부모 훈련 프로그램으로 구성되었다. 이 프로그램은 ADHD와 ODD의 원인에 대한 심리 교육, 발달 연령에 맞는 행동 조절 방법, 적대 행동을 지속하게 하는 저항적 순환주기를 직면하고 극복할 수 있도록 돕는 실제적인 방법들을 제공한다. 상담의 주된 목적은 부모가 상담이 끝난 후에도 배운 기법들을 효과적으로 적용하고 아동을 양육하는 데 꾸준히 원칙을 적용하도록 하는 것이다.

상담 회기마다 Barkley(1997) 모델을 적용하였는데, 표준 구성요소들은 접수평가에서 가정과 교회 활동 맥락에서 확인된 문제 시나리오들을 중심으로 개입하였다. 1회기, 4회기, 마지막 회기에서 팀의 어머니는 팀의 문제 상황의 빈도와 심각도의 변화에 초점을 맞춰 응답한 FSQ와 HSQ를 제출하였다. 치료를 마친 한 달 후에 다시 한 번 평가가 진행되었다. 〈표 2-4〉를 보면 치료 초반부터 후반까지 진행된 변화가 나타난다. 첫 회기에서 팀의 신앙 상태의 문제가 증가하지만, 심각도 수준은 훨씬 낮게 평가되었다. 치료가 끝날 즈음에 문제 상황의 수는 극적으로 줄어들었고, 심각도 평균도 감소하였다.

팀이 나타내는 문제들을 다루기 위해 매주 진행된 회기에 부모 훈련 프로그램에서 제시하는 원칙들을 적용하였다. 예를 들어, 7회기에서 부모 대상으로 실시된 교육 개입은 잘못된 문제 행동을 예측하고 줄이기 위한 '혼잣말하기—앞서 생각하기' 방법의 실제를 소개하는 것이었다. 이 단계의 상담 과정에서 팀에게 포

| 표 2-4 | **팀의 신앙 상태 질문지 결과**

문제 상황	접수 평가	1회기	종결회기
가정 예배 시간에			2
종교 예배에 가려고 준비할 때		3	2
예배하러 가는 동안에		2	
예배당에 들어가면서	3	4	
예배시간 자리에 앉아 있을 때	6	4	
예배 중의 묵상 시간에	6	4	
성경교독이나 회중 찬양 시간에		3	
설교 시간에		2	
다른 활동을 위해 예배당을 떠날 때	5	2	
아동이 예배당을 나서면서	5	2	
주일 학교 설교 시간에		2	
주일학교 시간에	5	3	
문제 상황 빈도	6	11	2
심각도 평균	5	2.82	2

주: 평가는 9점 척도(1: 약한, 9: 매우 심각한)로 이뤄짐. Preliminary Exploration of the Faith Situations Questionnaire as an Assenssment Instruction, J. B. Childers(2005). Regent 대학교 박사학위논문.

인트 점수를 부여하였다. 상담회기에서 부모에게는 교회에서의 팀의 산만한 행동에 대해 가르치는 것에 초점을 맞추었다. 이는 부모-자녀의 상호작용을 통해 팀에게 교회에서 적용 가능한 개입 방법에 대해 제시하는 것을 포함하였다. 그의 부모는 교회에 들어가기 전에 눈에 띄지 않게 그를 한 옆으로 불러 세워 교회에서의 바람직한 기대 행동을 분명히 표현해 주었다. 그들은 또한 팀이 올바른 행동을 보여 줄 경우 상을 주었고 그렇게 하지 못할 경우 대가를 치르게 했다. 문제해결적 방식으로 이뤄진 부모의 적절한 개입은 팀이 이전에 보여 온 파괴적 문제 행동 증상을 감소시켰으며, 결과적으로 팀은 예배 시간에 의자에 앉아서 예배에 참석할 수 있게 되었다. FSQ와 HSQ의 평가 점수를 통해 가정과 신앙 배경에서 문제가 되는 증상에 초점을 맞추어 개입할 수 있게 부모를 돕는 교육 프로그램을 구체적으로 적용하려는 노력은 상담 내내 지속되었다.

결 론

아동 상담에서 임상적으로 관련된 종교적 · 영적 문제를 일관되게 평가하는 것은 매우 중요하다. 평가 관련 피상적인 수준의 접근을 넘어 상담 계획의 사례 개념화 단계부터 결과 평가에 이르기까지 보다 정교하게 과학적 평가가 이뤄질 수 있도록 돕는 연구가 많이 필요하다. 현재로서는 발달단계를 고려한 임상적 인터뷰가 아동 내담자의 종교적 · 영적 문제에 대한 평가의 주요한 도구가 될 것이다. FSQ와 같은 도구는 아동 내담자를 대상으로 종교적 · 영적 영역에서 임상적으로 관련된 측면에 대한 보다 발전된 평가 접근을 가능하게 한다. 그 도구들을 사용하여 종교 심리학의 유능성 개념과 아동 상담 장면에서의 성과 평가를 통합하여 적용하는 사례 연구를 축적해 가야 할 필요가 있다.

팀의 사례는 평가와 상담 계획 과정에서 종교적 · 영적 영역의 임상적 평가가 갖는 잠재적 중요성을 보여 준다. FSQ 자료는 팀의 ADHD와 ODD 증상에서 야기되는 중요한 손상에 대한 결과들과 진단을 확정하기 위해 필요한 정보를 제공하였다. 또한 FSQ는 상담 목적에 맞는 상담 계획이 세워지도록 기여하며, 경험적으로 지지되고 있는 상담 접근법을 활용하여 종교적이고 영적인 맥락을 고려한 상담이 진행되게 돕는다. 마지막으로 FSQ 자료는 근거에 기반한 상담의 형태를 유지하면서 종교적 · 영적인 지표들을 과정에 포함시키는 성과 평가가 가능하도록 한다. 팀의 사례는 구체적인 상담장면에서 종교적 · 영적 맥락을 고려한 표준화된 평가와 개입을 적용하고자 시도한 사례이며, 상담에서 종교와 영성의 평가를 위한 다양한 측정 도구가 개발되어야 함을 시사한다.

참고문헌

Allport, G. W. (1950). *The individual and his religion.* New York, NY: Macmillan.

American Psychiatric Association. (1994). *Diagnostic and statistical manual of mental disorders* (4th ed.). Washington, DC: Author.

American Psychiatric Association. (2000). *Diagnostic and statistical manual of mental disorders* (4th ed., text rev.). Washington, DC: Author.

Barkley, R. A. (1997). *Defiant children: A clinician's manual for assessment and parent training* (2nd ed.). New York, NY: Guilford Press.

Barkley, R. A. (Ed.). (2005). *Attention-deficit hyperactivity disorder: A handbook for diagnosis and treatment* (3rd ed.). New York, NY: Guilford Press.

Barkley, R. A., & Edelbrock, C. (1987). Assessing situational variation in children's behavior problems: The Home and School Situations Questionnaire. In R. Prinz (Ed.), *Advances in behavioral assessment of children and families* (Vol. 3, pp. 157-175). Greenwich, CT: JAI Press.

Barry, C. T., & Pickard, J. D. (2008). Developmental issues. In M. Hersen & D. Reitman (Eds.), *Handbook of psychological assessment, case conceptualization, and treatment: Vol. 2. Children and adolescents* (pp. 76-101). Hoboken, NJ: Wiley.

Boyatzis, C. J. (2005). Religious and spiritual development in children. In R. F. Paloutzian & C. L. Park (Eds.), *Handbook of the psychology of religion & spirituality* (pp. 123-143). New York, NY: Guilford Press.

Boyatzis, C. J., Dollahite, D. C., & Marks, L. D. (2006). The family as a context for religious and spiritual development in children and youth. In E. C. Roehlkepartain, P. E. King, L. Wagener, & P. Benson (Eds.), *The handbook of spiritual development in childhood and adolescence* (pp. 297-309). Thousand Oaks, CA: Sage.

Boyatzis, C. J., & Janicki, D. L. (2003). Parent-adolescent communication about religion: Survey and diary data on unilateral transmission and bidirectional reciprocity styles. *Review of Religious Research, 44,* 252-270. doi:10.2307/3512386

Childers, J. B. (2005). *Preliminary exploration of the Faith Situations Questionnaire as an assessment instrument.* Unpublished doctoral dissertation, Regent University.

Dollahite, D. C., & Thatcher, J. Y. (2008). Talking about religion: How highly religious youth and parents discuss their faith. *Journal of Adolescent Research, 23,* 611-641.

doi:10.1177/0743558408322141

Eells, T. D. (Ed.). (2010). *Handbook of psychotherapy case formulation* (2nd ed.). New York, NY: Guilford Press.

Fetzer Institute. (1999). *Multidimensional measure of religiousness/spirituality for use in health research: A report of the Fetzer Institute/National Institute on Aging Working Group.* Kalamazoo, MI: Author.

Gorsuch, R. L. (1984). Measurement: The boon and bane of investigating religion. *American Psychologist, 39,* 228–236. doi:10.1037/0003-066X.39.3.228

Hathaway, W. L. (2003). Clinically significant religious impairment. *Mental Health, Religion & Culture, 6,* 113–129.

Hathaway, W. L., Douglas, D., & Grabowski, K. (2003). Faith Situations Questionnaire: Childhood normative data. *Journal of Psychology and Christianity, 22,* 141–154.

Hathaway, W. L., & Ripley, J. S. (2009). Ethical concerns around spirituality and religion in clinical practice. In J. D. Aten & M. M. Leach (Eds.), *Spirituality and the therapeutic process: A comprehensive resource from intake to termination* (pp. 25–52). Washington, DC: American Psychological Association. doi:10.1037/11853-002

Hathaway, W. L., Scott, S. Y., & Garver, S. A. (2004). Assessing religious/spiritual functioning: A neglected domain in clinical practice? *Professional Psychology: Research and Practice, 35,* 97–104. doi:10.1037/0735-7028.35.1.97

Hill, P. C., & Hood, R. W. (1999). *Measure of religiosity.* Birmingham, AL: Religious Education Press.

Jacobson, N. S., & Truax, P. (1991). Clinical significance: A statistical approach to defining meaningful change in psychotherapy research. *Journal of Consulting and Clinical Psychology, 59,* 12–19. doi:10.1037/0022-006X.59.1.12

Koenig, H. G. (2011). Schizophrenia and other psychotic disorders. In J. R. Peteet, F. G. Lu, & W. E. Narrow (Eds.), *Religious and spiritual issues in psychiatric diagnosis: A research agenda for DSM-V* (pp. 31–51). Washington, DC: American Psychiatric Association.

Koenig, H. G., Meador, K., & Parkerson, G. (1997). Religion Index for Psychiatric Research: A 5-item measure for use in health outcome studies [Letter to the editor]. *American Journal of Psychiatry, 154,* 885–886.

Kooistra, W. P., & Pargament, K. I. (1999). Religious doubting in parochial school adolescents. *Journal of Psychology and Theology, 27*, 33-42.

Mabe, P. A., Dell, M. L., & Josephson, A. M. (2011). Spiritual and religious perspectives on child and adolescent psychopathology. In J. R. Peteet, F. G. Lu, & W. E. Narrow (Eds.), *Religious and spiritual issues in psychiatric diagnosis: A research agenda for DSM-5* (pp. 123-142). Washington, DC: American Psychiatric Association.

Maruish, M. E. (2002). *Essentials of treatment planning.* New York, NY: Wiley.

Pargament, K. I., Koenig, H. G., & Perez, L. (2000). The many methods of religious coping: Initial development and validation of the RCOPE. *Journal of Clinical Psychology, 56*, 519-543. doi:10.1002/(SICI)1097-4679(200004)56:4〈519::AIDJCLP6〉3.0.CO;2-1

Pargament, K. I., & Krumrei, E. J. (2009). Clinical assessment of client's spirituality. In J. D. Aten & M. M. Leach (Eds.), *Spirituality and the therapeutic process: A comprehensive resource from intake to termination* (pp. 93-120). Washington, DC: American Psychological Association. doi:10.1037/11853-005

Pierre, J. M. (2001). Faith or delusion: At the crossroads of religion and psychosis. *Journal of Psychiatric Practice, 7*, 163-172. doi:10.1097/00131746-200105000-00004

Plante, T. G. (2009). *Spiritual practices in psychotherapy.* Washington, DC: American Psychological Association. doi:10.1037/11872-000

Plante, T. G., & Boccaccini, B. F. (1997). The Santa Clara Strength of Religious Faith Questionnaire. *Pastoral Psychology, 45*, 375-387. doi:10.1007/BF02230993

Puffer, K. A., Pence, K. G., Graverson, T. M., Wolfe, M., Pate, E., & Clegg, S. (2008). Religious doubt and identity formation: Salient predictors of adolescent religious doubt. *Journal of Psychology and Theology, 36*, 270-284.

Richards, P. S., & Bergin, A. E. (2005). *A spiritual strategy for counseling and psychotherapy* (2nd ed.). Washington, DC: American Psychological Association. doi:10.1037/11214-000

Starbuck, E. D. (1899). *The psychology of religion.* New York, NY: Scribner.

Wise, E. A. (2004). Methods for analyzing psychotherapy outcomes: A review of clinical significance, reliable change, and recommendations for future directions. *Journal of Personality Assessment, 82*, 50-59. doi:10.1207/s15327752jpa8201_10

Worthington, E. L., Jr., Wade, N. G., Hight, T. L., Ripley, J. S., McCullough, M. E., Berry, J. W., ⋯ O'Connor, L. (2003). The Religious Commitment Inventory-10: Development, refinement, and validation of a brief scale for research and counseling. *Journal of Counseling Psychology, 50*, 84-96. doi:10.1037/0022-0167.50.1.84

 **3장** 가족상담에서 부모의 영성이 갖는
의미

– ANNETTE MAHONEY, MICHELLE LEROY, KATHERINE KUSNER,
EMILY PADGETT, AND LISA GRIMES

> 아이의 마음에는 미련한 것이 얽혔으나 징계하는 채찍이 이를 멀리 쫓아내리라.
>
> – 잠언 22:15(개역개정)

> 아이를 훈계하기를 주저하지 말라. 채찍으로 그를 때릴지라도 그가 죽지 아니
> 하리라. 네가 그를 채찍으로 때리면 그의 영혼을 스올에서 구원하리라.
>
> – 잠언 23:13-14(개역개정)

신체적 체벌에 대하여 부모가 위와 같은 성경 구절들을 근거로, 혹독하고 신체
적으로 모욕적인 양육을 정당화하려 한다는 비판이 오랫동안 있어 왔다(Dyslin &
Thomsen, 2005). 그러나 부모의 영성이 갖는 영향력은 성경 구절에 대한 편협한
해석으로 인한 치우친 믿음이나 행위 이상으로 크다. 상담으로 의뢰된 가족 사례

가운데 역기능적 양육 배경을 갖는 경우, 부모의 영성은 문제가 될 수도 있으며, 또는 해결을 위한 자원이 될 수도 있다. 치료를 받지 않고 있는 일반 부부 및 한 부모 가정을 대상으로 하는 지역사회 연구에서 부모의 영성이 건강할수록 보다 효과적인 육아로 이어지는 경향성이 있음을 지지하는 많은 연구 결과가 제시되어 왔다(Mahoney, 2010; Mahoney, Pargament, Swank, & Tarakeshwar, 2001). 예를 들어, 한부모나 미혼모 집단을 대상으로 한 연구에서는 개인의 삶에서 종교와 영성에 가치를 두고 종교 활동에 참여하는 경우, 양육 효능감이 높고 긍정적 양육 방법을 선택하며, 저소득층과 소수 민족 가정에서의 아동학대 가능성을 낮추는 것과 상관관계가 있음이 밝혀졌다(Carothers, Borkowski, Lefever, & Whitman, 2005). 또한 부모가 종교 활동에 많이 참여하고 종교가 개인적으로 중요한 의미를 가질 때, 그 자녀들은 행동의 문제나 정서적 문제를 보일 위험이 낮은 것으로 나타났다(Smith, 2005). 하지만 반대로 영적 문제와 관련된 부부간의 큰 갈등은 아동기 자녀가 적응 문제를 가질 위험성을 증가시키고(Bartkowski, Xu, & Levin, 2008), 부모와 청소년의 종교적인 대립은 부모-자녀 관계에서 거리감과 불만족의 요인으로 연결된다(Stokes & Regnerus, 2009). 그러나 가족 내에서 종교에 관한 심각한 논쟁은 예외적인 경우들에 해당하며 보편적인 문제는 아니다. 종합해 보면, 대부분의 연구에서 종교와 관련된 개인적이고 공식적인 참여가 많을수록 양육 관련 심리적 문제를 예방하는 데 도움이 됨을 보여 준다. 그러므로 일부 미디어에서 보여 주는 것과 같이 영적 믿음이 아동의 신체적인 학대를 일으킨다고 하는 선정적인 이야기는 종교 활동이 많을수록 보통 가정에서 발생할 수 있는 미숙한 육아와 가족 문제의 위험을 전반적으로 줄일 수 있다는 과학적인 증거를 잘 모르고 하는 이야기이다(Mahoney, 2010). 그럼에도 상담자들은 스트레스 상태에 있는 가족을 대상으로 일하기 때문에 부모의 영성이 문제를 일으킨다고 이야기할 가능성이 높다.

3장의 목표는 상담자로 하여금 부모의 영성이 어떻게 역기능적 양육 방식을 강화하거나 또는 적응적 변화를 촉진하는 요인이 되는지를 확인할 수 있는 이해의 틀을 제시하는 것이다. 관계적인 영성에 대한 이론과 연구에 기초하여 우리는 부모가 갖는 신과의 관계, 가족 구성원과의 관계, 그리고 신앙 공동체와의 관계에 연결되는 영성이 역기능적이거나 적응적인 양육의 목적과 양육 방식에 어떻게 영향을 주는지 살펴보고, 이러한 개념 이해를 통해서 임상 사례에 이를 적용하는 것에 대해 논의할 것이다. 특히 부모의 완벽주의와 완고함, 종교적 기반에 뿌리를 둔 신체적 아동 학대, 그리고 자녀의 성과 정체성의 개별화 갈등 등 이 세 주제에 관련된 사례와 논의를 다룬다. 그리고 아동의 정신병리에 대한 부모의 이해와 정신건강 문제에 세속적으로 개입하는 것에 대한 저항에 대해 언급하면서 이 장을 마치고자 한다.

한편, 상담이 필요한 가족들의 삶에서 부모의 영성이 기능하는 긍정적이거나 부정적인 역할에 대해 출간된 자료나 동료 학자 간 검증된 연구 자료를 아쉽게도 찾을 수 없었다는 점을 미리 밝혀 둔다. 가족상담에서의 영성 개입(Onedera, 2008; Walsh, 1999; Weaver, Revilla, & Koenig, 2002), 부모 교육 워크숍(Howard et al., 2007), 가족 치료 훈련 프로그램(Patterson, Hayworth, Turner, & Raskin, 2000), 만성적인 신체적 질병을 가진 아동 대상 심리사회적 치료(Cotton, Yi, & Weekes, 미출간) 등에서 영성을 다루는 데 도움을 주는 여러 자료를 찾았지만, 관련 성과 연구로 부모 훈련 프로그램에 영성을 통합해 다루거나 가족상담에 부모의 영성을 통합시키는 접근법에 따라 효과성 검증이 이뤄진 자료는 찾을 수 없었다. 그러므로 이 장의 대부분은 이론에 기반한 내용과 임상적인 호소 문제를 갖는 가족을 대상으로 하여 향후 검증될 필요가 있는 예시적 사례가 제시됨을 밝혀 둔다.

또 하나의 중요한 사실은 지난 30년간 이뤄진 연구 가운데 신앙과 가족 문제를 주제로 검증된 연구의 90% 이상이 미국 가정을 대상으로 하고 있다는 것이다. 그러므로 연구 결과는 다양한 종교를 포함하기보다는 여러 교파의 기독교인들을 중심으로 이뤄진 것이다. 상대적으로 미국 내 가정들이 기독교 외의 다른 종교적 전통에 속하는 비율은 소수에 속하기 때문이다. 예를 들어, 미국 내 청소년의 종교 선호도를 살펴보면, 75%가 기독교(52% 개신교, 23% 가톨릭), 16%가 무교, 7%는 미국 내의 다양한 소수 종교 중 하나에 속한다. 특히 몰몬교(2.5%), 유대교(1.5%), 그리고 2%는 잘 모르거나 밝히기 꺼림으로 나타났다. 우리의 탐색 모델은 다른 종교적 전통을 가진 가정에도 적용할 수 있게 만들어졌지만, 여기에서 제시되는 사레들은 대체로 다양한 배경의 기독교 부모들에 대한 개입을 다루고 있다. 왜냐하면 미국 상담자들이 만나는 대부분의 내담자가 기독교 배경에 있기 때문이다. 부적절한 양육에 대한 영적 개입 상담이 다양한 종교적인 배경의 가정을 대상으로 더 많이 적용될 수 있도록 향후 연구가 많이 이뤄지기를 희망한다.

관계적 영성의 개념과 부모 영성에 대한 이해

관계적 영성 개념화와 관련된 주요 요소들

출생에서 죽음에 이르기까지 가족의 중요한 사건들에 영향을 미치는 다양한 종교의 교리를 발전시켜 온 신앙과 가족발달 관련 연구(Onedera, 2008)는 출산, 배우자 선택, 양육 기법, 그리고 가정폭력과 같은 넓은 범위의 가족사들을 다뤄 왔다. Mahoney(2010)는 이런 다양한 주제를 일반적인 가족발달의 세 단계로 정리하여 관계적 영성(relational spirituality)이라는 개념을 발전시켰다.

- 발견 – 가족 관계의 형성과 구조화
- 유지 – 가족 관계를 유지하기 위한 단계들에 참여함
- 변화 – 가족 관계의 구조나 단계에 있어 변화를 가져오는 가족 문제를 경험

이 구조 안에서 영성은 '성스러운 것을 찾기'라고 정의되며, 이 정의는 개인의 한계를 뛰어넘어 성스러운 대상과의 관계를 통한 발견, 유지, 변화를 아우른다. 이 관계적 영성 구조에 의하면 사람들의 친밀한 관계를 향한 탐색과 성스러운 것에 대한 추구가 종종 함께 연결되고, 둘 모두가 종교 단체나 사회적 맥락 안에서 발생한다. 실제로 종교를 제외한 다른 사회적 맥락에서는 영성을 중심 목표로 삼는 경우는 드물다. Mahoney의 관계적 영성 구조는 전통적이거나 그렇지 않은 가족들 모두에게 관계를 약화시키거나 강화시킬 수 있는 독특하고 구체적인 심리영

성 주제들을 강조함으로써 영성과 가족발달의 세 가지 주요 단계 간 다양한 측면에서의 연결점을 보여 준다.

이 장에서 Mahoney(2010)의 관계적 영성 구조를 바탕으로 하여 상담에서 다뤄질 수 있는 세 가지 주제를 제시한다. 첫째, 종교적 그룹 안과 밖에서 친자녀들을 가진 양성애의 부부로 이루어진 핵가족이나 대가족은 한결같이 영적으로 바람직한 목표를 가지고 유지되는 반면, 이와는 다른 가족 구조의 윤리문제에 대해서는 상반되는 종교적 관점이 존재할 수 있다. 예를 들어, 부모와 자식 간에 동성 결혼과 입양 또는 한부모의 출산 또는 다른 성적 기호의 커플의 동거 생활에 대해 영적으로 용인될 수 있는지에 대해 의견이 다를 수 있다.

둘째, 비전통적인 가족 관계를 받아들여야 하는지 아닌지에 대한 영적인 갈등으로 인해 다양한 종교 단체들이 대개 전통적인 혹은 비전통적인 가족관계를 유지하고 있음을 간과하기 쉽다. 예를 들어, 가족 구성원 사이에서 사랑을 주고받는 것, 헌신, 희생, 정직, 평등, 그리고 용서의 영적인 목표에 대해 포괄적인 신학적인 합의가 존재한다. 이상적으로 영성은 부모에게 이런 덕목을 실천할 수 있게 영감을 줄 수 있다. 비록 어떤 믿음 형태는 부적응적인 양육 방법을 강화시킬 수 있을지라도 말이다. 셋째, 가족 문제는 가족 관계를 유지하는 구조나 단계의 변화를 요구할 수 있다. 그러나 상담자가 보기에 영성이 부모에게 양육 목표와 방법의 기본적인 변화만을 필요로 하는 가족에게까지 영향을 미치는 요인이 되는지에 대해서는 연구가 극히 미미하다. 우리는 이 부분의 주제를 검토해 가기로 한다.

또한 Mahoney(2010)의 관계 영성 구조는 상담자가 영성이 양육에 긍정적이고 부정적인 역할을 할 수도 있는 관계적인 세 가지 내용을 기술한다. 즉, 하나님과의 관계, 가족 구성원, 그리고 믿음에 기초한 공동체가 그것이다. 영성을 가족상담의 한 부분으로 보는 모델에서, 우리는 각 주제별 내용을 다루면서 부적응적인 양육을 강화시키거나, 반대로 부모가 더 나은 방향으로 변화될 수 있도록 동기를 부여하는 구체적인 영적 믿음의 연습을 강조할 것이다.

문제 있는 부모가 갖는 양육 목적과 방법의 변화에 초점 두기

가족상담에서 양육 문제에 대한 접근으로 구체적인 영적 믿음과 사례들에 관한 연구가 미흡한 상황이지만, 가족 갈등을 다루기 위한 우리의 경험적 모델들은 미해결 문제의 대처와 개인의 영적인 변화를 다룬 연구들을 참고하였다. 구체적으로 Pargament(1997, 2007)는 개인마다 주도적으로 자신이 중요하다고 생각하는 삶의 목적을 구별하고 추구한다는 것을 밝혔다. 예를 들어, 부모는 자녀를 순종하게 하고 정서적으로 부모와 가깝게 되도록 양육하기 위해 노력할 수 있다. Pargament는 또한 개인이 원하는 목적을 달성하기 위해 다양한 방법을 사용한다는 것을 강조했다. 예를 들어, 부모는 자식이 복종하도록 하기 위해 긍정적이거나 처벌적인 방법으로 훈계할 수도 있다. 마지막으로 가족을 대상으로 Pargament 모델, 즉 영성을 개인의 상담으로 통합시키는 모델은 영성이 내담자가 추구하는 방법이나 목적과 부합하지 않게 작용할 때 하나의 문제가 될 수 있고, 또한 반대로 변화가 필요할 때 해결책이 될 수도 있다는 것을 강조했다. 비슷하게, 가족상담에서 활용될 수 있도록 여기에서 제시되는 모델은 상담자로 하여금 긍정적이거나 부정적으로 영향을 미치는 부모가 믿고 있는 양육 목적과 목표를 이루기 위한 방법을 영성과 함께 고려하도록 한다. 또한, 부모와 자녀 간의 갈등은 양육의 목적이나 진로에 있어 영적인 지침에 관련해 동의하거나 동의하지 않는 것에 의해 야기될 수 있다는 것을 보여 준다. 다음으로, 부모의 영성 개입을 통해 문제가 있는 양육의 목적과 방법을 교정하거나 변화를 꾀할 수 있는 방법을 제시하고 있다. Mahoney(2005)의 관계적 영성 구조와 같은 맥락에서, 하나님과의 관계, 가족 관계의 영적인 본질, 그리고 그들의 양육 목적과 방법을 형성하는 종교 집단과의 관계로 나누어 논의하였다.

문제가 될 수 있는 부모 영성의 교정

이제부터 상담을 의뢰하는 부모의 영성이 문제가 있는지 평가하는 가이드라인을 제시할 것이다. 그 후 영적 개입의 단계별로 간략한 개요를 설명하고 실제적 접근법을 구체적으로 보여 주는 세 가지 사례를 제시할 것이다.

부모 영성의 적합성 평가

Richards와 Bergin(2005)이 언급한 바와 같이 상담자가 일상적으로 내담자의 종교와 영성의 적합성을 평가하고, 필요하다면 그에 대하여 더욱 구체적인 질문을 해야 한다는 주장처럼, 우리는 가족 상담에 있어서 보편적으로 부모 대상 상담 초기에 영적 주제에 개방적일 필요가 있다고 주장한다. Hodge(미출간)는 종교와 영성의 심리학 분야에서 이뤄진 선구자적 연구 문헌들을 검토한 결과로 4개의 평가 문항을 통합적으로 제시하였다. 이 문항들은 상대적으로 영성의 중요성, 소속, 자원 그리고 문제적인 역할을 평가한다.

1. 종교 또는 영성이 당신에게 얼마나 중요하다고 봅니까?
2. 당신은 교회나 다른 종류의 종교적 · 영적 집단의 예배에 참여합니까?
3. 당신이 어려운 상황을 다룰 때 도움을 주는 특별한 영적 · 종교적인 믿음이 있습니까?
4. 당신의 현재 문제에 영적 · 종교적인 영향이 있다고 봅니까?

내담자 부모가 답변을 통해 영성이 그들의 삶에 중요하다고 표현할 때, 상담자는 영성이 양육 문제의 일부분 혹은 해결책의 일부분이 될 수 있는 구체적인 방법에 대해 평가할 수 있다.

관계적 영성의 세 가지 맥락을 통해 양육의 문제 평가하기

부모와 신성한 존재와의 관계 문제들

내담자 부모가 맺고 있는 신에 대한 관계는 그들의 양육 목적과 방법에 영향을 미치는 영적인 내용에 해당된다. Baumrind(1967)가 주도한 양육 방식의 모델 연구는 그의 연구를 더 확장한 Maccoby와 Martin(1983)의 연구와 함께 상담자가 탐색해야 하는 두 가지 중요한 양육 목적을 강조했다. 첫째, 통제와 온정이고, 둘째, 친밀감이다. 부모의 통제에 관하여 부모는 자녀가 복종하거나 사회적 명령에 순응하는 것을 신이 원한다고 믿을 수 있다. 따뜻함에 대해서는 부모로서 신이 그들의 아동을 조건 없이 사랑하고, 자녀의 고유한 개성 발달에 도움을 주기 위해 친밀하고 다정한 관계를 형성하길 원한다고 믿을 수도 있다. 명백하게 이 두 가지 목적은 서로 배제될 수 있는 것이 아니다. 특히 충분한 통제와 따뜻함을 포함하는 권위적인 양육은 적어도 유럽계 미국인 가족에서는 가장 효과적인 양육 방식으로 보인다. 게다가 보수적인 기독교인은 아동의 순응에 가치를 두는 다른 집단과 연결될 가능성이 많지만, 이 양육 목적에 대해서는 종교적 그룹 안이나 밖에서 다양하게 영향받을 수 있다. 따라서 상담자는 부모가 아동을 통제하는 권한과 친밀감을 얻는 것에 대해 갖는 가치를 직접적으로 물어볼 필요가 있다. 상담자가 두 번째로 탐색해야 할 문제는 부모가 신과의 관계와 양육 목적을 달성하기 위해 특별한 방법을 고수해야 한다고 믿는지 아닌지에 관한 것이다. 부모는 단기간과 장기간에서 효과성이 다를 수 있는 그들의 목적을 달성하기 위해서 특별한 양육 방법을 폭넓게 받아들일 수 있다.

만약 부모가 영성 부분에 있어 다음과 같이 믿고 있다면 문제가 될 수도 있다. 즉, 양육 목적에 대해서 만약 부모가 자녀들을 사회적 명령에 순응하게 만들지 못한다면 그것은 신의 의도를 거스르는 것으로 믿을 수 있다. 이런 경우는 부모가 과도하게 강직하거나 높은 기대를 붙잡고 있는 것일 수 있다. 반대로, 어떤 부모들은 신이 가장 중요하게 생각하는 것에 대해 자녀들을 어떤 조건 없이 수용하는 것이라고 믿을 수도 있다. 그래서 부모는 자녀의 집 안팎에서의 활동에 대해 어떤 기대도 하지 않거나 서로 모순된 감정을 느낄 수 있다. 양육 방법과 관련해서 부모가 신을 실망시키는 것에 두려움을 느끼는 경우, 부모는 효율적이지 않은 양육 방법을 사용할 수도 있다. 예를 들어, 8세 아동의 어머니는 "자녀를 더 자주 때려야 한다는 것을 알고 있어요."라고 이야기하면서 마치 자신의 약한 징계가 신을 실망시키는 것 같다고 말했다. 간단히 말하면, 이것은 부모가 암묵적으로나 표현적으로 신이 특정한 양육 방식만을 승인한다고 믿는 것이다. 그들의 양육 목적이나 방법을 변화시키기 위해서 부모는 신의 뜻을 거스름으로써 신으로부터 멀어지고, 버려지고, 부정적으로 판단되고, 거절된다고 느끼는 위험을 감수해야 할 수도 있다.

부모-자녀 관계에서의 영성 문제

우리 모델의 두번째 주제는 가족 구성원의 믿음이나 행동 영역에서 영적인 특징을 가지는 가족 관계를 다루고 있다. 인식론적으로, 사람들은 종종 결혼과 양육을 더 큰 힘에 의해 이루어지는 것 또는 신성한 것으로 생각하고 받아들인다. 행동적으로, 가족 구성원은 공유되는 영적 의식이나 신성한 의미를 가지고 있다고 생각하고 그들의 개인적인 영적 감각을 성숙시키는 신성한 문제들에 대한 진지한 대화에 참여할 수도 있다. 신과 특별히 관계가 강하지 않거나 조직된 종교 활동에 그다지 참여하지 않는 부모도 그들이 보기에 신성한 것으로 분류되는 더 높은 힘의 존재가 영향을 미치는 가족 관계를 만들기 위해 노력할 수도 있다. 따라서 양육의 가장 중요한 목표는 영적인 부분을 포함하는 부모-자녀 관계를 만드는 것일 수 있다. 또한 부모-자녀 관계의 영적인 본성을 보존하기 위해 다양한 방법을 찾을 수도 있다. 예를 들어, 한 연구 결과 양육을 신성한 행동으로 보는 부모가 자녀와 시간을 보내고, 양육을 다른 일상의 일들보다 더 중요시하고, 효과적인 처벌 방법과 애착 활동에 필요한 에너지를 내는 데 더 많이 동기부여를 받는다고 밝혀졌다(Mahoney, 2010).

상담자들은 부모가 가족의 문제를 부모-자녀 관계의 영적인 본성을 위협하는 것으로 지각하고 있는지 탐색한다. 신성의 상실과 신성 모독에 대한 많은 연구에서 사람들이 부정적인 삶의 사건들을 삶의 신성한 부분의 상실과 관련된다고 보는 경우가 많다는 것을 나타냈다(Abu-Raiya, Pargament, Mahoney, & Trevino, 2011). 또한 이 연구는 개인이 삶의 스트레스가 신성한 목적이 훼손되어 나타난다고 지각할 때, 삶에 대해 더 많은 정서적 스트레스를 겪는다는 것도 보여 준다. 사람들은 삶의 신성한 부분에 피해를 주는 것에 책임이 있는 사람이나 상황에 대해 더 많은 분노를 느끼는 경향이 있다. 부모 역시 부모-자녀 간 만성적인 대립이나 아동의 잘못된 행동과 같은 가족 문제를 신성한 부모-자녀의 관계에 해를 끼치거나 위협적인 것으로 해석할 수 있고, 부모는 자녀의 삶에 그들의 영적인 감독이 위협받는다고 느끼는 사건들에 대해 강하게 반응할 수 있다. 한 예로, 유치원에 다니는 아동의 거짓말이 아동에 대한 부모의 신뢰를 훼손한다고 믿는 부모들은 거짓말하는 행동이 결과적으로 부모-아동의 신성한 관계에 대한 부모의 믿음을 깨뜨리는 것으로 본다. 역설적으로 부모가 부모-자녀와의 신성한 관계를 위협한다고 보는 문제 때문에 심한 분노나 두려움을 갖게 되면 자녀와의 관계를 더 심각하게 만드는 비합리적이고 감정적인 방법을 사용하게 된다. 특히 부모는 신이나 영적인 영역을 부모-자녀 갈등에 접목시키려 하기에 갈등을 더 악화시키거나 거리감이 들게 할 수 있다.

만약 자녀에게 부모가 가치 있게 생각하는 영적인 영향력에 대한 부모의 관점을 무시하거나 약화시키지 않고 상담에서 민감하게 인식하고 다룬다면, 부모는 가족 문제와 아동의 성장에 대해 교정적인 개입을 더욱 수용하게 될 것이다. 즉, 상담자는 부모가 그들이 원하는 목표에 도달할 수 있는 대안적인 방향을 찾도록 탐색하는 데 저항을 적게 받게 된다. 예를 들어, 한 아버지가 십 대 아들이 이성 관계에서 사생활보호를 원하는 것에 대해 과하게 반응할 수 있다. 이 아버지의 문제에 대한 영적 갈등을 탐색할 때, 상담자는 아버지가 아들로 하여금 아버지됨의 영적 중요성을 깨닫게 만들고 싶어 한다는 것을 발견할 수 있다. 이 목적을 정확히 인식하는 것은 상담관계를 촉진적으로 형성할 수 있게 해 주어 아버지가 성에 대해 아들과 이야기할 때 상담자의 건설적인 개입을 더 잘 받아들일 수 있게 한다.

부모가 소속된 종교적 · 영적 공동체와의 관계 문제

우리 모델의 세 번째 내용은 부모의 신앙 공동체와의 관계에 대해 다룬다. 종교 단체의 적극적인 참여가 긍정적인 양육 방법과 관련되어 있다 할지라도 일부 특정한 영향을 받는 영적인 관계는 부모 영성의 부정적인 면을 악화시킬 수 있다. 영적 공동체는 믿음의 문제를 야기시키고 신의 명령을 지키기 위해 추구하는 목표나 아동과 신성한 관계를 유지하기 위해 사용하는 방법들에 대한 문제 행동을 심화시킬 수 있다. 예를 들어, 어떤 부모는 자녀를 복종시키기 위해 필요 이상의 통제적 양육을 하면서 신이 요구하는 것이라고 합리화하기 위해 신앙 공동체를 이용할 수 있다. 또한 부모가 영적 공동체가 추구하는 양육 방법이나 목적에 반하는 것을 선택하여 그 공동체에 의해 거절당하는 것을 두려워할 때 영적 공동체는 오히려 더욱 심각한 스트레스를 부모에게 야기할 수 있다. 이런 영적 공동체와의 문제는 일상적인 것에 의지하는 것에 대한 혼란이나 모순된 감정을 유발할 수 있다. 예를 들어, 자녀가 동성애자라고 커밍아웃을 하여 갈등을 겪고 있는 보수적 기독교인 부모는 교회에서 부끄러움을 살까 봐 두려워하면서 동시에 성에 대한 다른 관점을 받아들여야 할지, 그리고 아들의 성적 지향을 받아들여야 할지 등의 복잡한 문제들을 생각해야 한다.

부모의 영성이 문제가 되거나 자원이 되는 경우의 개입

상담자의 역할을 명확히 하기

APA(2010)의 "상담자의 윤리적 원칙과 행동강령(이하, APA 윤리강령)"은 상담자가 내담자에 대한 치료 개입에서 영적 정체성을 포함한 문화 차이와 자원에 주의를 기울여야만 한다고 말한다. 우리는 여기서 상담자가 내담자의 영성에 개입할 때 투명한 자세로 접근해야 하는 의무에 대해 강조한다. 우리는 상담자가 부모의 영적인 가치를 존중하는 동시에 부모와 자녀가 부적절하게 기능할 때 어떻게 다른 형태로 반응하여야 하는지를 다루면서 전문가로서의 역할을 할 수 있다고 생각한다. 다시 말해, 상담자는 부모가 자신의 영성이 양육에 대한 생각과 행동에 미치는 영향에 대하여 솔직하게 나누게 하고 그들이 양육 목표나 방법에 대해 선택할 때 부딪힐 수 있는 영적 딜레마에 대해 공감적으로 이해하며 협력적인 대화를 할 수 있어야 한다. 또한 상담자는 부모에게 가족 갈등을 다루는 효과적인 방법에 대해 과학적으로 검증된 지식을 제공하고, 부모와 함께 변화를 방해하거나 변화를 촉진시키는 영성 요인에 대해 탐색할 수 있다. 같은 방식으로, 부모가 상담을 받는 자녀와 부모의 권위를 존중하면서 또 나이에 맞게 성숙한 자세로 영적인 대화를 하는 방법을 배울 수 있다. 이상적으로는 상담자가 가족 구성원 간에 영적이거나 그렇지 않은 대화를 잘할 수 있는 효과적인 방법을 소개할 수 있다. 마지막 사례가 이를 보여 준다.

상담자는 또한 문화적 맥락 안에서 부모의 입장에 대해 구체적으로 탐색하는 것이 필요하다. APA 윤리강령에 입각해 상담자가 가족 구성원의 구체적인 영적 믿음, 활동과 가치에 대해 질문하되, 특정 교파의 회원이라고 하여 진부한 추측을 하는 것은 피하기를 촉구한다. 부모는 그들이 속해 있는 영적 공동체의 가치에 맞는 변화가 이루어지기를 요구한다. 따라서 신앙 공동체에 대한 부모의 충성은 더 나은 방향으로의 변화 동기가 될 수 있다. 그러나 상담자는 만약 부모가 적용해야 하는 변화와 부모가 속해 있는 종교적 전통이나 집단에 의해 중시되는 가치들이 충돌하게 될 때, 그들이 어떻게 반응할지에 대해 생각할 필요가 있다. 사례에서는 이런 차이점을 보일 때 부모에게 좀 더 직접적인 방법으로 개입하는 방법이 나타나 있다. 상담자는 부모의 자존감을 존중하며 전문적인 의견과 관찰을 효과적으로 표현하는 좋은 대화 기술을 훈련해야 할 것이다. 가족상담에서 이런 훈련은 양육 목표와 방법에 동의하지 않는 가족 구성원에게 서로 어떻게 효과적인 합의를 이끌어 낼 것인지에 도움을 준다.

부모의 통찰력과 행동에 대한 개입

상담자가 부모의 양육 목적이나 방법을 형성하는 데 영성이 중요한 역할을 한다는 것을 파악했다면, 첫 번째 개입에서 할 일은 모든 참여자가 이 문제에 대해 더 깊은 성찰을 할 수 있도록 도와주는 것이다. 실제 모델에서는 개입의 단계와 평가의 절차를 구별했지만, 상담자가 부모의 성찰을 깊게 하는 이상적인 순간은 상담의 어떤 단계에서나 탐색적 질문을 통해 이루어진다. 첫 번째 개입의 목적은 부모가 원하는 양육의 목표와 방식 사이의 차이점을 발견하고 분석하는 것이다. 다음 단계는 부모가 말한 목표와 방법이 부모의 신과의 관계에서 어느 정도 조화를 이루는지 분석하고, 공동 양육이나 부모-자녀 관계의 영적인 본성에 대한 의견을 반영하고, 그들의 영적 공동체로부터 의견을 수렴하는 것이다. 부모가 문제적인 양육 목적과 방법에 대해 깊이 생각할 수 있도록 상담자는 아동 발달, 양육, 그리고 가정 문제에 관한 연구를 토대로 한 교육을 제공할 수 있다. 상담자는 동기부여적인 인터뷰 형식을 통해 부모가 현재 양육 목적과 방법을 고수하거나 바꾸게 될 때 갖게 되는 단기간·장기간의 손해와 유익을 정확히 구별하도록 도울 수 있다.

두 번째 개입의 요구사항은 상담의 최종 목적을 확실히 하는 것이다. 치료 단계는 치료 계획의 확실한 목적을 밝히고 그 과정에서 부모가 능동적인 참여자로 행하는 것을 돕는다고 서술한 바 있다. 우리의 모델은 상담자가 치료의 목적을 합의할 때 고려해야 할 세 가지 중요한 행동강령을 보여 준다.

1. 양육에 있어 부모가 바라는 일부분 혹은 전부를 수용하고, 부모의 양육 방법에서 변화가 필요한 문제라는 것에 집중하라.
2. 부모가 선호하는 양육 방법의 일부분 혹은 전부를 수용하고, 부모의 양육 목적을 변화시킬 필요가 있음에 집중하라.
3. 양육 목적과 방법 두 가지 모두 바꿔 가야 함을 부모에게 도전하라.

우리는 상담자가 영성에 기반한 치료 목적을 밝히고 부모가 그것을 달성하기 위한 효과적인 방법을 인식하도록 도울 때, 그들은 선택한 목적과 방법의 발달적·심리적 적합성을 개방함과 동시에 좀 더 변화에 수용적이 될 수도 있다고 생각한다. 두 명이나 그 이상의 부모가 상담에 참여할 때는, 이러한 대화를 통해 문제 상황에서 아동을 돌보는 사람들 사이의 갈등을 밝혀내는 데 촉진적이 될 수 있다. 만약 적절한 상담 목적에 대해 상담자나 부모의 의견 사이에 해결될 수 없는 차이점이 발생한다면, APA 윤리강령에 명시된 대로 상담자가 가족에게 이런 문제에 더 적합한 다른 정신건강 전문가를 소개해 주라는 원칙을 따르기를 권한다. 의뢰를 하기 전에 상담자는 동료들과의 협력 평가와 치료적 판단을 사용해서, 예를 들어 부모의 양육이 악마의 힘에 지배당한다는 것을 설명함으로써 그 부모에게서 아동을 감정적으로 거리를 두게 만드는 것과 같은, 보편적인 윤리규범을 위반하는 부모의 행동에 대해 얼마나 직면을 시켜야 할지 정해야 한다. 물론 당면한 문제가 학대나 자살, 살해 등의 치명적인 피해로부터 한 명 또는 더 많은 가족 구성원을 보호하는 것을 포함한다면, 상담자는 법적 권위자들을 포함시킬 의무가 있다.

상담자와 부모가 상호 간에 변화에 대한 목표를 세웠다고 생각된다면, 상담자는 부모와 신과의 관계, 부모-자녀 관계의 신성한 본성, 그리고 신앙 공동체들로 인해 일어나는 비생산적인 부분을 수정할 수 있다. 그리고 부모에게 새로운 변화를 위한 방법을 찾을 때 이 세 가지 내용들을 참고할 수 있도록 한다. 어떤 사례에서는 영성이 부적합한 양육 목적이나 방법에 큰 역할을 하지 않지만, 여전히 변화를 위한 도구로 제시될 수 있다. 그러나 이 장에서는 영성이 문제가 되면서도 해결책이 되기도 하는 사례를 살펴보고자 한다.

세 개의 사례를 통한 개입의 예

상담자가 가족상담 지침을 좀 더 구체적으로 적용하고자 할 때 경험할 수 있는 세 가지 문제에 집중해 보자. 발달적인 측면을 고려하기 위해서 처음의 두 가지 문제는 어린 아동을 대상으로 하고, 다음 문제는 청소년이 대상이다. 구조의 모든 측면이 각각의 문제에 적용될 수 있지만, 지면의 제약으로 각 주제마다 한두 가지의 중점사항을 강조할 것이다. 각 부분에서 사례를 먼저 제시하고 기본 탐색을 통해 얻은 사실과 관계를 요약하였다.

부모의 완벽주의와 엄격함

30세인 메리는 아들 맷(6세)과 동생인 샘(4세)에 대한 문제로 가족상담을 의뢰했다. 그녀는 2년 전, 약사였던 남편 존이 암시장에 처방전이 필요한 약들을 판 대가로 3년 징역을 선고받은 뒤, 8년간의 결혼생활을 끝냈다. 이 커플은 중서부의 기독교 대학교에서 만났고, 결혼생활 동안 초교파적 교회에 활동적으로 참여했다. 메리는 맷이 아주 착하고 모범적인 아동이었고, 얼마 전까지만 해도 가족의 위기를 꽤 잘 받아들였다고 설명했다. 그러나 1학년이 된 후, 맷은 흐트러지기 시작했다. 메리는 선생님으로부터 맷이 가끔 숙제에 짜증을 내거나 동급생들이 장난을 쳐 울었다고 들었다. 메리는 동생 샘이 맷의 허락 없이 그의 장난감을 가져갔을 때와 항상 해 오던 방과 후에 즉시 숙제를 하는 것에도 짜증을 내는 것에 놀랐다고 했다. 첫 번째 상담에서, 메리는 맷이 다리를 떠는 것과 질문에 빨리 대답하는 것에 대해 자주 꾸짖었다. 그녀는 또한 상담실에 비치된 공이나 작은 장난감들을 맷이 만지는 것을 허락하지 않았다. 맷의 선생님이 아동 행동 체크리스트에 따라 그의 문제에 대해 평가한 것은 정상 수준 안에 있었지만, 메리는 그의 문제를 좀 더 심각하게 평가했다. 상담을 진행하면서, 상담자는 메리가 자녀의 잘못된 행동에 대한 참을성이 아주 적다는 것을 알게 되었다. 메리는 또한 자녀들이 아버지처럼 기만적이고 반사회적으로 되지 않게 자녀를 기르려고 애쓰면서도 걱정된다고 했다. 따라서 그녀는 아주 엄격한 규칙을 가지고 있었고 그것을 강하게 집행했다. 그녀는 자신의 기대에 대해 맷이 화가 났고 그래서 자신을 거부한다고 느꼈다.

전체적으로, 평가의 결과는 메리가 심한 완벽주의와 엄격함을 가지고 있는 것이 문제가 됨을 보여 주었다. 부모의 완벽주의와 영성간 관계를 직접적으로 다룬 연구를 찾을 수는 없었다. 그러나 종교생활을 열심히 하는 부모를 둔 종교를 갖고 있는 청소년들이 더 사회적이고, 성적으로 위험하거나 반사회적인 행동에 덜 한다는 연구(Smith, 2005) 결과를 통해, 종교생활을 하는 부모가 아동의 출생부터 완벽함에 대한 더 많은 기대를 가지고 있다는 것을 보여 준다. 게다가 기독교에서 대부분의 많은 부모가 성경, 삶에서 신의 역할, 그리고 종교 집단의 권위에 대해 정통의 기독교적 믿음을 가지고 있을수록, 아동의 복종을 더욱 가치 있게 여긴다(Starks & Robinson, 2007). 그러나 아이러니하게도 아동의 행동에 대한 과도한 영적 기준은 부모로 하여금 적절한 수준의 기대를 갖지 못하도록 방해가 될 수도 있다.

기본적인 질문을 통해 메리의 영적인 생활과 공동체는 그녀의 삶을 지원하는 근원지였고, 그녀는 가족의 위기를 다루기 위해 기도 생활에 깊이 의지하고 있음을 밝혀냈다. 그래서 상담자는 먼저 메리가 자신의 양육 목표와 방법에 미치는 영성의 역할에 대한 인식을 갖도록 도왔다. 신이 그녀에게 어떤 부모의 역할을 기대하는가 하는 질문을 받았을 때, 그녀는 "저는 그들이 어떻게 잘 행동하는지 알아야 하고 존처럼 되지 않도록 책임져야 해요."라고 대답했다. 그녀는 높은 윤리적 규범에 자식들이 복종하는 것이 엄마로서의 중요한 목표라고 생각했다. 이 목표를 달성하기 위해 어떤 방법으로 신에게 의지하느냐는 질문을 했을 때, 메리는 신이 그녀에게 맷이 무책임한 행동을 할 때 싹을 잘라 버리는 것을 원한다고 했고, 이런 엄격한 원칙을 잘 따를 수 있도록 도와 주기를, 또한 맷이 징징대는 것을 참을 수 있게 해 달라고 기도한다고 했다. 그리고 신이 그녀가 어떤 약점을 극복하기 원하는 것 같냐고 질문했을 때, 그녀는 전 남편의 압력에 굴복하여 종교생활을 열심히 하지 않는 것이라고 초조한 표정으로 이야기했다. 그녀의 결혼에 있어서의 신의 관점에 대한 이어지는 질문에서, 메리는 그녀가 존과 혼전 성관계를 하여 신을 실망시켰고 그와 결혼까지 했기 때문에 신과 이 문제에 대해 화해하는 것이 필요하다고 느낀다고 했다. 존의 여유를 즐기는 능력이 특히 메리에게 유혹적으로 다가왔고, 그는 그녀가 좀 더 재미를 느끼도록 도와주었다고 했다. 그러나 이제 그녀는 이전의 잘못된 선택에 대한 결과로 자신과 자녀들이 벌을 받는 것처럼 생각한다고 말했다. 요약하면, 메리는 양육에 대한 두가지 큰 문제가 있는 영적 믿음을 가지고 있었다. 첫째, 그녀에 대해 신이 원하는 목표는 그녀가 과거를 보상하기 위해 완벽한 자녀를 만드는 것이라고 믿는 것, 둘째, 신이 아동의 복종을 위해서 비생산적인 양육 방식을 지지한다고 믿는 것이다.

확실한 치료 목표에 도달하기 위해 상담자는 메리의 양육 목적과 방법에 대한 그녀의 이해 정도를 검토했다. 특히 상담자는 높은 윤리 기준을 자녀에게 심어 주길 바라는 메리의 양육 목표를 합리화했지만, 메리의 기준이 비현실적인지 아닌지 그리고 그녀의 목표가 그녀의 믿음에 적절하고도 필요한 것인지 아닌지에 대해서 질문을 했다. 또한 상담자는 메리의 양육 방법이 맷의 복종을 짧은 시간에 이끌어 낼 수 있을지라도, 장시간 그 가치들을 자녀가 수용하는 데 실패할 위험성이 있다는 것을 교육했다. 상담자는 메리에게 맷과 가까운 감정적 관계를 유지하는 것과 복종시키는 목표를 같은 수준으로 조정하는 것이 어떠냐고 물었다. 상담자는 따뜻함과 통제의 균형이 어떻게 이득이 될 수도 있는지 설명했다. 메리는 신이 그녀가 자녀와 가까워지길 원한다고 느낀다면서 이 제안에 대해 긍정적으로 반응했다.

상담의 목표를 다뤄 가는 과정에서 상담자는 메리가 스스로 양육 목적과 방법에 대한 신의 뜻을 이해하고 있다는 그 부분을 제고하도록 도왔다. 상담의 주된 초점은 그녀와 자녀가 완벽해짐으로써 그녀와 존의 과거의 죄를 보상하려는 메리의 목표를 다루는 것이었다. 상담자는 메리가 신이 그녀에게 과거를 되돌리는 것을 원한다고 믿는지 아닌지 확인했다. 메리는 울면서 과거를 고치려는 그녀의 행동은 신의 뜻보다는 자기 자신의 목적이라고 대답했다. 메리는 결국 신에게 용서를 구할 수 있었고, 덜 불안해했으며, 자녀들과 그녀의 전형적인 인간적 실수에 대해 수용적이 되었다. 아동의 발달과 가족 체계의 문제에 대해 더 많은 교육을 받고, 메리는 자신의 완고함에 대한 맷의 저항에 대해 더 많이 이해했다. 그녀는 스스로 자신을 수용한 것과 같은 맥락으로 맷에게 좀 더 융통성있게 대하게 되었다. 그녀는 또한 맷의 저항으로 지치거나, 스트레스를 받거나, 슬프거나, 또는 압도될 때에 맷에 대해 반응적으로 보듬어 주는 것과 항복하는 것의 차이를 알게 되었다. 상담자의 노력으로, 메리는 자녀들과 더 가까워지기 위한 목표를 달성하기 위해 보다 재밌는 활동에 더 많은 에너지를 쏟고 요령을 키워 자녀들이 그녀를 즐겁게 하고 그녀의 가치들을 수용하도록 동기를 부여할 수 있었다. 모순적으로, 메리는 신이 그녀의 양육 방법에 대해 좀 더 여유롭고 융통적이라는 것을 믿을수록 자녀들을 더 순종하게 만들고, 감정적으로 친밀감을 갖게 되었다.

종교 관련 아동 학대: 신체 학대

55세의 잭과 53세인 에일린은 아동 보호 단체에서 가족상담을 받으라고 통보를 받았는데, 이는 잭이 8세 손자를 신체적으로 학대한다는 신고가 접수된 이유에서였다. 뜨거운 날씨의 텍사스 주 한복판에 있는 부부의 집 뒷뜰에 있는 나무에 일종의 벌로 손자가 묶여 있는 것을 한 이웃이 목격하고는 경찰에 신고했다. 조사 동안 잭이 손자와 7세 손녀를 주걱으로 여러 차례 때린 것으로 밝혀졌다. 3년 전, 이 부부의 막내딸(현재 26세)은 양육권을 이들에게 넘겼고 수많은 동거자 중 한 명과 다른 주로 이사를 갔다. 잭과 에일린은 과거에는 종교를 가진 적이 거의 없었지만, 40대가 되어 정통적인 기독교인이 되었다. 이 부부는 자신들의 영적 의무는 손주들이 마약을 하거나 엄마가 그랬던 것처럼 성적으로 문제행동을 하지 않도록 기르는 것이라고 주장했다. 잭은 손주들에게 엄마는 영혼을 잃었고, 만약 그들이 똑같은 잘못을 저지르면 신이 벌을 줄 것이라고 말해 왔다. 부부 모두 엄격한 육체적 처벌이 손자들의 악한 본성을 누르는 데 필요하다고 믿었다.

행동의 의도는 좋을지라도 잭과 에일린은 Bottoms와 Nielsen, Murray, Filipas (2003)가 언급한 종교 관련 아동 학대(religion-related child abuse) 현상을 보여 주고 있다. Bottoms 등은 중서부 큰 도시의 대학교 학생들을 대상으로 체벌을 당해서 부상을 입었던 적이나 벨트나 끈, 딱딱한 물건으로 처벌을 당하는 것과 같은 심한 아동학대를 당한 경험이 있는지에 대한 회고형의 설문 조사를 실시했다. 126명의 응답자 중 21%가 종교 관련 신체적 학대를 보고했고, 36%는 비종교적 학대를 보고했다. 종교 관련 학대 사건들은 다음과 같은 특징이 있다. 종교적 배경에서 일어난다(35%). 가해자는 종교적인 권위가 있거나 리더의 위치에 있다(31%). 피해자는 신이 벌을 줄 것이라고 얘기를 들어 왔다(20%). 가해자는 종교적인 텍스트(예: 성경-역자 주)로 폭력을 정당화한다(31%). 가해자는 피해자가 악령이나 악마에게 잡혀 있다고 말한다(8%). 가해자는 신이나 다른 영적 존재, 또는 종교적 텍스트가 행동의 이유가 된다고 생각한다(12%). 그 이전의 다른 조사에서는 27%의 미국 중서부 지역의 학생들이 적어도 부모 중 한 명이 신이 그들이 잘못하면 벌을 줄 것이라고 말했다고 보고했다. 이런 조사들은 부모가 자녀의 육체적 체벌이나 신으로부터 벌을 받는다는 협박을 정당화하기 위해 성경이나 영적 권위에 의존한다는 것을 보여 준다. 상담자의 역할은 이런 오류를 밝히고 탐색 질문을 던지는 것이다.

그러나 상담자 역시 보수적인 종교 단체에 속한 부모에 대한 고정관념적 판단 오류를 범하는 것을 피해야 한다. 예를 들어, 헌신적이고 보수적인 기독교인 부모가 다른 부모보다 종교적 배경에 입각해 아동의 신체 학대를 정당화시킨다는 추측에 대한 조사연구가 실제 진행된 적은 거의 없기 때문이다. 우리가 아는 가장 근접한 조사 연구는 아동학대 가능성 질문지를 통해 대학생들을 대상으로 가상의 아동에 대해 학대적인지를 파악하는 연구로 부모의 종교적 전통이나 참여도, 정통성, 또는 일상 생활에서의 종교의 중요도 등이 설문 결과에 거의 영향을 주지 않았다는 것이다(Dyslin & Thomsen, 2005). 종교를 외적이거나 자기중심적 목적으로 사용하는 경우 학대적으로 될 수 있는 위험이 크다. 한편 전통적으로 부모의 활발한 종교 참여도는 그들의 자녀가 신체적으로 학대당하는 위험을 상당히 줄인다는 것이 밝혀졌다(Mahoney, 2010). 따라서 보수적인 개신교 그룹이나 성경을 문자 그대로 해석하는 미국의 부모가 그렇지 않은 부모보다 아동을 체벌할 가능성이 많다는 사실에도 불구하고(Mahoney, 2010; Mahoney et al., 2001), 부모의 믿음이 진지하게 자리잡은 경우에는 그렇지 않은 부모보다 자녀에게 신체적인 학대를 가할 가능성은 작다고 볼 수 있다.

앞 사례에서 상담자는 잭과 에일린이 건강한 성인으로 기능하고 싶어 하는 부분과 어린 손자를 다룰 때 이 부분이 실패하는 것으로 인해 느끼는 감정을 탐색하는 것부터 시작했다. 이 목표를 현실화시키기 위해 먼저 실패한 감정에 대해 더 많은 정보를 얻어야 했다. 양육에서 영성의 역할을 평가하는 과정에서 이 부부는 딸의 비행에 대해 신에게 죄책감을 느낀다는 것을 드러냈다. 잭은 개종 경험이 자신의 죄스러운 과거를 깨닫게 했다고 말했다. 에일린은 개종으로 인해 잭이 다혈질 성격을 더 잘 다스리고 직업에 적응할 수 있었기에 전보다 잭을 덜 두려워했다. 잭은 성경을 이해해 가면서 손주들이 '좁고 협착한 길'에 머물게 하기 위해서는 신체적 체벌에 많이 의존해야 한다는 책임감을 가졌다. 상담자는 또한 이 부부가 딸을 기르는 데 이용한 방법들을 평가했다. 잭과 에일린은 잭이 딸을 기를 때에도 같은 종류의 엄한 신체적 체벌을 사용했는데도 딸이 잘 성장하지 못한 것이 다소 혼란스럽다고 보고했다. 또한, 딸을 키울 때보다 에일린의 압박감 때문에 손주를 기를 때 더 많은 체벌을 하게 된다는 것이다.

치료의 목적을 확실히 하기 위해 상담자는 이 부부의 양육 목적과 양육 방식을 구별했다. 상담자는 손주들이 냉철하고 직업적으로 잘 적응하도록 자라는 것에 대한 부부의 양육 의지를 탐색했고, 어떻게 이런 목표들에 이 부부의 영적 가치를 반영할 수 있는지 요약했다. 상담자가 부부의 양육 목적의 영적 중요성에 대한 탐색이 이뤄진 후에, 이 부부는 덜 방어적이 되었다. 상담자는 그 후 이 부부에게 그들의 양육 목적을 성취하기 위해 딸에게도 같은 방법을 썼음을 지적하며 질문을 던졌다. 상담자는 왜 그들이 전에도 실패한 방법을 똑같이 쓰는지에 대해 물었고, 신체적 체벌이 역효과가 날 수도 있는 것에 대해 설명했다. 그리고 그들의 희망을 위해 다른 방법을 쓸 생각이 있는지에 대해 물었다. 이 과정에서, 에일린은 부부가 신에 대한 의무감으로 손주들에 대해 책임감을 가져야 한다고 하였고, 잭은 그들의 결정에 혼란스러운 감정이 있었다고 밝혔다. 따라서 그녀는 종종 잭의 분노로부터 아이들을 지켜야만 한다고 느꼈다. 잭은 이 문제를 영적 회개의 한 종류로 인식하면서, 손주들에 대해서 책임을 지는 것에 양가감정을 느낀다고 인정했다. 그러나 그는 에일린에게도 역시 악감정이 있었다. 왜냐하면 그녀가 그에게 손주들을 기르거나 아니면 이혼을 하거나 둘 중 하나를 택하라는 통보를 했고, 영생 동안 벌을 받는 위험을 피하기 위해 결혼을 절대 깨트리지 않아야 할 신성한 서약이라고 보는 그로서는 후자를 도저히 선택할 수 없었다. 잭이 퇴직하기 전까지 수 개월 동안 하루종일 부모 역할을 하게 되는 것에 대해 압도당한 경험이 있었고, 이러한 억압이 아내와 손주들에 대한 적개심을 불러일으킨다는 것이 드러났다. 상담자의 도움으로, 부부는 딸의 부적응을 초래한 가족 관계나 구조를 그들 스스로 다시 만들고 있다는 것을 깨달았다. 그럼에도 잭은 불확실한 감정을 느끼며 양육 방식의 큰 변화를 주지 못했으며 에일린은 이혼 협박을 그치지 않았다.

이에 대한 해결 방법으로 결국 부부는 아동 보호 시스템을 통해 손주를 교회의 다른 부모에게 입양시키고, 가끔 그들을 방문하는 권리를 받는 것을 선택했다. 이러한 해결은 부부가 손주의 양부모로서 영적으로 안정적이고 좋은 양육환경을 제공해야 하는 책임을 느낀다는 것을 배우면서 이루어졌다. 손주들을 입양한 양부모는 신이 육체적으로 가혹한 양육을 원한다는 것에 반대했고, 이는 잭과 에일린 부부가 성경에 바탕을 둔 양육 방식에 대해 다시 이해하는 데 도움을 주었다. 같은 맥락으로, 종교 관련 학대에 연관된 부부들은 성직자에게 종교적 가르침을 위해 도움을 받을 수 있고, 학대적인 태도와 방식에 변화를 가하기 위해 종교 집단으로부터 도움을 받을 수도 있다. 분명하게 서양의 대부분 종교는 신체적으로 학대적인 양육을 용납하지 않는다(Onedera, 2008).

청소년 자녀의 정체성 개별화: 성 문제 다루기

57세의 밥과 52세의 조안은 16세 딸 소피아가 사용한 경구 피임약 처방전을 발견한 뒤 상담자를 찾았다. 소피아는 엄마가 3개월 동안 사귄 18세 남자 친구 댄과의 전화 통화를 엿듣고 자신의 가방을 뒤진 것에 매우 화가 나 있었다. 소피아는 댄과 성관계를 가지는 것을 생각하고는 있었지만 부모에게 자신은 아직은 처녀라고 말했다. 소피아는 사립 가톨릭 고등학교에 다니면서 토론대회 우수학생으로 전 과목 A를 받는 학생이었다. 그녀는 임신하는 것을 꺼렸는데, 이유는 산부인과 전문의가 되고자 하는 자신의 계획을 복잡하게 만들기 싫어서였다. 밥과 조안은 장기간 불임기를 겪으며 얻은 귀한 외동딸을 위해 모든 것을 바칠 수 있는 독실한 가톨릭 신자였다. 초기 단계의 상담접근에서, 상담자는 부모와 소피아를 따로 만나기로 했다. 소피아는 부모는 모르지만 어렸을 적 친구 중 한 명이 지난 겨울 자신에게 레즈비언이라고 털어 놓았다고 했다. 자신의 강한 영적 감성과 이 내용을 조화시키기 위해 소피아는 종교와 동성 결혼 그리고 성에 대해 인터넷을 통해 찾아보기 시작했다. 이 과정에서 소피아는 결혼하지 않은 동성 간의 성관계에 대한 자유주의 기독교인의 글을 보게 되었고, 혼전 성관계를 정당화할 수 있다고 생각했다. 그러나 개인 회기에서, 소피아는 여름 전에 한 파티에서 취한 상태로 12학년 남자아이와 합의하에 충동적으로 성관계를 가진 것에 대해 죄책감을 느끼고 영적으로 혼란스럽다고 밝혔다. 그녀는 부모에게 이 사건을 비밀로 했지만, 부모가 성에 대한 질문을 할 때마다 과잉반응을 하는 경향을 보였다. 부모인 밥과 조안은 둘다 십 대 후반과 이십대 초반의 성적 행동을 후회하고 있다고 조심스럽게 말했다. 조안은 자신을 거부한 세 명의 파트너에게 성관계를 통해서 애정을 구했었다고 느꼈다. 밥은 첫 번째 여자 친구가 임신했었지만 유산했다고 말했다. 이 커플이 공감대를 형성하는 중요한 사실은 대학을 졸업한 후에 가톨릭교도로서의 정체성을 새롭게 정립하고 신앙을 깊게 한 것이 성에 대한 죄책감을 해결하는 데 도움이 되었다는 확신이었다. 그러나 그들은 둘 다 젊은 시절 성적인 행동에 대한 신으로부터의 처벌적 결과가 그들이 겪은 불임 기간이 아닌가 하고 생각했다. 결과적으로, 소피아를 기르는 동안 계속 그들은 처녀성을 덕목으로 강조했고, 그들의 성적인 경험은 절대 밝히지 않았다. 만약 그 사실이 밝혀진다면 소피아에게 잘못된 생각이 전달될 수 있다는 것을 두려워했기 때문이다. 양육에서의 다른 문제가 전혀 없던 부부는 그들에 대한 소피아의 분노 때문에 당황했다. 특히 그들은 소피아가 자신에게는 혼전 성관계를 금지하는 가톨릭의 가르침을 따르라고 하면서도, 그들은 임신을 위해 임신촉진제를 사용하면서 가톨릭의 가르침을 어긴 것에 대해 위선적이라고 반박할 때 어떻게 해야 할지를 몰랐다.

이 사례는 청소년이 성에 대해 복잡한 영적·윤리적인 결정을 내리기 시작할 때 가족 구성원이 마주할 수 있는, 정직하게 다루기 어려운 내용을 보여 준다. 상담자는 소피아의 성 문제를 객관적으로 보기 위해서 비록 종교적으로 매우 활동적인 미국의 청소년이라고 할지라도 그들 대부분이 부모의 희망에 반대되는 성적 행동에 관여한다는 것을 알아야 한다. 예를 들어, 1995년에 시행된 조사에서 13~17세에 해당하는 청소년들 가운데 매주 교회에 출석하는 53%의 청소년과 그리고 월 1회 교회를 나가는 68%의 청소년이 성관계를 가졌다고 말했다(Regnerus, 2007). 비슷하게, 종교가 매우 중요하다고 응답한 청소년의 56%, 종교가 꽤 중요하다고 응답한 청소년의 73%가 성관계를 가진 경험이 있다고 말했다(평균적으로 66%). 소피아의 레즈비언 친구 문제와 관련해서 살펴보면, 종교가 매우 중요하다고 응답한 십 대 소녀들의 6.3%, 그리고 종교가 다소 중요하다고 응답한 십 대 소녀들의 10.4%가 여성 파트너와 성적 관계를 가졌다고 말했다. 십 대 소년들의 경우, 종교가 매우 중요하다고 응답한 소년의 3.1% 그리고 종교가 다소 중요하다고 응답한 4.2%가 동성 성관계를 가졌다고 말했다(Regnerus, 2007). 여러 가지 종교 그룹에서 각각 십 대 청소년이 동성 관계를 가진 비율은 다음과 같다. 복음주의 개신교 십 대 소녀의 10.6%와 십 대 소년의 0.8%, 보수 개신교 십 대 소녀의 6.5%와 십 대 소년 0.7%, 흑인 개신교 십 대 소녀의 12.1%와 십 대 소년의 4.2%, 가톨릭 십 대 소녀의 5%와 십 대 소년 5%, 그 외 다른 종교들의 십 대 소녀 10.8%와 십 대 소년 11.6%, 그리고 무교인 십 대 소녀 24%와 십 대 소년 4.7%가 동성 성관계를 가진 것으로 나타났다(Regnerus, 2007). 따라서 많은 종교적 참여가 십 대의 성적 행동을 줄이기는 하지만, 종교가 있는 많은 십 대는 부모가 영적인 기준으로 반대하는 동성이나 이성과의 혼전 성관계에 참여한다. 그러나 Regnerus(2007)는 극히 소수의 종교적인 십 대가 종파에 의해 가르침 받은 성적 윤리를 받아들인다고 설득적으로 주장한다. "결혼할 때까지 성관계를 갖지 말라."는 것이 전달되는 유일한 내용이다. 게다가 젊은이들은 나이 든 사람과는 다른 영적 기준으로 혼전 관계를 볼 수 있다. 예를 들어, 중서부의 대학 학생들은 현재 사랑하는 관계에서 성관계는 신성한 가치를 가지고 있다고 본다(Murray-Swank, Pargament, & Mahoney, 2005). 또한 학생들이 이런 생각을 강하게 가질수록 더 자주 더 많은 파트너들과 관계를 가진다. 통상적으로, 남성의 90%와 여성의 85%가 혼전 성관계를 가지는 현대의 부모와 자식은 혼전 성관계에 대해 "그냥 안 돼."라는 전통적인 종교적 관점에 대해 합의하는 데 어려움을 겪는다(Chandra, Martinez, Mosher, Abma, & Jones, 2005). 많은 종교적 가정이 전형적인 혼전 성관계에 대해 "물어보지도 않고, 말하지도 않는" 태도를 취하는 경향이 있으며(Regnerus, 2007), 이런 방법은 십 대에게 영적 그리고 성적 정체성을 스스로 형성하게 내버려 둠으로써 열린 부모-자녀 간의 의사소통을 약화시킨다.

앞에서 언급된 사례 연구와 개념화 모델로 돌아가 보면, 상담자는 처음에 어떻게 부모의 영성이 문제가 될 수 있고 자원이 될 수도 있는지에 대한 이해를 얻고자 했다. 이 사례에서 밥과 조안은 양육 목적에 따라 딸에게 개입하는 데 어려움을 겪었다. 그들은 딸이 결혼 관계 안에서 성의 신성함을 배우길 원했고 신과 그들의 종교 그룹이 갖는 기대에 어긋나는 성적 행동에 참여하는 것을 피하길 원했다. 그들은 또한 딸과 같이 종교적 활동을 유지하기를 원했다. 이런 목적들을 성취하기 위해서 부모로서 그들은 종교와 성에 대해 높은 수준의 지적인 토론을 하곤 했다. 이런 토론에서 그들의 목적은 소피아를 어른인 것처럼 대하는 것이었지만, 이런 논쟁은 단순히 그들과 딸 사이의 대립을 악화시키고 오히려 거리감을 갖게 했다. 그리고 의도했던 부분에 대한 생각이나 느낌을 이해시키는 데 실패했다.

이 사례에서 우리는 부모가 종교적 전통으로 생겨난 성에 대한 영적 가치관과 현대 사회의 청소년에게 정당하다고 고려될 수 있는 선택 사이의 갈등을 발견하게 된다. 상담자는 혼전 성관계의 일반적인 비율에 대한 구체적인 정보를 제공할 수도 있었지만, 누구의 입장이 윤리적으로 맞는지를 판단하는 게 자신의 역할이라고 보지 않았다. 상담자는 부모의 압력과 통제가 소피아의 성적인 행동에 대해 스스로 결정하는 것을 막을 수 없다고 언급했다. 오히려 상담자는 자신의 역할을 내담자들로 하여금 하나님과 그들의 영적 공동체와의 관계의 질을 유지하도록 보호하는 방식으로 그들이 서로 대화하도록 돕는 것으로 보았다. 상담자로서 자신의 입장을 설명했고, 가족 구성원이 사랑과 인내의 영적 가치에 부합하는 대화 방법을 사용하여 각자가 느끼는 영적 갈등이 잘 표현되도록 성에 대해 토론할 수 있는 다른 방법이 필요했다. 상담자가 제시하는 설명에 대해 검토하고 부모가 이를 받아들인 후에, 상담자는 가족 구성원에게 더 나은 대화 방법을 모델링하여 가르쳐 주었다. 상담자는 부모와 자녀인 소피아의 관계에서 지향하는 목적에 대한 대화를 하도록 도와주었다. 부모는 왜 그들이 소피아의 영적 · 심리적 · 신체적 안녕을 보호해야 하는지에 대해 이야기하였다. '나'로 시작하는 문장을 쓰면서, 소피아가 부모의 입장을 이해하는 데 도움이 되는 방법으로 그들의 감정을 더 깊이 개방하였다. 그에 대한 답변으로 소피아는 자립적이고 책임감 있는 사람으로 자신이 대우받기를 원하는 희망사항을 정확히 전달할 수 있었다. 또한 그녀는 과거 성적 행동과 로마 가톨릭계의 성에 대한 가르침에 대한 불만에 대해 솔직하게 이야기할 수 있었다. 이 과정에서 부모는 소피아가 남자 친구와 성관계를 한 후 감수해야 할 위험에 대해 감정적으로 준비가 되어 있는지, 그리고 안전한 성관계를 위해 어떻게 해야 하는지를 다시 한 번 생각하게 도와주면서 더욱 영향력을 가질 수 있었다.

이 사례는 상담자가 청소년과 부모가 성에 대해 진술한 대화를 하도록 이끌어서 내담자 가족 구성원 간에 복잡한 감정을 나누는 데 도움을 줄 수 있다는 것을 보여 준다. 상담자는 가족에게 사람마다 성에 대한 다양한 관점이 존재한다는 사실을 말해 줄 수도 있다. 어떤 부모와 청소년은 커플이 임신 문제를 잘 다룰 수 있는 결혼 이후에 성관계를 갖도록 제한해야 한다고 보는 보수적인 종교적 주장을 수용하면서 안전감을 찾을 수도 있다(Zink, 2008). 일부 가족은 진보적인 신학적 관점에 의해 성관계가 상호 간의 사랑, 존경이 있는 공평한 관계, 그리고 성병 감염이나 원치 않는 임신을 피하기 위한 의도적인 노력을 기울이는 사랑하는 관계에서도 이루어질 수 있다고 생각한다(Cook, 2008). 양쪽의 사례에서 상담자는 부모와 자녀가 어쩌면 피하고 싶은 어려운 논의를 하게 촉진할 수 있고, 그러면서 자녀가 성에 대한 지식을 더 갖게 되고 성적 행동에 대해 신중한 결정을 하도록 도와줄 수 있다.

폭넓게 보면, 이 사례는 어떻게 우리의 모델이 상담자로 하여금 청소년 자녀가 가족 전통의 영적 목표와 상반되는 정체성을 키워 가거나 탐색하게 되면서 일어나는 다양한 범위의 갈등 사례에 영성을 접목시킬 수 있는지 보여 준다. 예를 들어, 상당히 보수적인 사회적 가치를 가진 종교 그룹에 속한 부모는 청소년 자녀들이

성에 대해 개방적인 태도나 미디어, 알코올, 자유롭고 진보적인 그룹과 소통하게 되는 것에 대해 불편해할 수 있다. 반대로, 자유주의 사회적 가치를 가진 종교 그룹에 속한 부모나 종교 자체를 아예 부인하는 부모 또한 청소년 자녀가 보수적인 종교 그룹에 과도하게 관여하여 지나치게 금욕적이 되거나 배타적이 되는 것을 두려워하며 불편해할 수도 있다. 또한 부모들은 자녀가 지향하는 방향과 반대되는 보수적 또는 진보적 종교 이념을 주입하기 위해 노력하지만 반대로 청소년 자녀가 자신의 믿음의 궤도에서 더 많이 벗어난 방향으로 정체성을 형성하게 만들 수도 있다. 상담자는 부모와 자녀가 이런 극단적 과정으로 치닫지 않도록 대화를 촉진해야 한다. 상담자는 부모-자녀 간에 합의하는 목표를 정확히 확인하고, 그들의 목적과 방법 간의 갈등을 조절하는 데 도움을 주어야 한다. 상담자는 부모와 청소년 자녀가 열린 대화를 하게 하는 목적은 청소년 자녀들이 어떤 종류의 정체성을 만들어 갈 것인지에 대해 논쟁하는 것과는 다른 목적으로 다루게 된다. 상담자는 논쟁을 하거나 대화를 피하는 것보다 열린 대화에 참여하는 자체가 어떤 장점과 단점이 있는지 이야기할 수 있다. 상담자는 가족 구성원 간의 유대를 지속하는 것이 자녀의 정체성 형성 과정에 부모가 보다 영향을 미치게 한다는 것에 대해 탐색할 수 있다. 또한 상담자는 부모가 목적을 달성하기 위해 의존하는 영적 자원을 탐색할 수 있다. 그 예로 종교적으로 보수적인 부모는 자녀와 효과적으로 대화하기 위해 신과의 관계에 의존하고, 청소년 자녀의 자아정체성을 탐색하는 과정에 인내와 존중, 사랑의 덕목을 몸소 보여 줌으로써 자녀 스스로 믿음 생활로 보다 수월하게 돌아오게 할 수 있다. 비슷하게, 종교적으로 진보적인 부모는 청소년 자녀와 열린 마음으로 인내하면서 자신의 영성에 의지하며 버텨 갈 수 있다.

결 론

의학계 연구들 가운데 극단적 근본주의에 입각한 보수적인 종교 그룹에 속하는 가족의 경우 의학적인 치료적 개입에 반대하는 것과 관련된 많은 연구가 있다. 그럼에도 우리는 부모의 영성이 가족이나 자녀의 문제를 다루기 위해 정신건강센터를 찾지 못하도록 방해한다는 내용의 연구를 찾기 어려웠다. 예를 들어, 아동기 자녀의 문제로 약물치료와 가족상담을 찾는 것의 두려움을 지속시킬 수도 있는 영적 믿음에 대한 연구가 필요하다. 우리의 임상 경험과 다른 상담자들의 사례를 바탕으로, 우리는 부모가 가끔 아동의 정신건강 문제를 아동의 '죄'로 인식하고 양육의 목적이나 방법을 바꾸려는 개입에 저항하는 것에 대해 회의적이다. 왜냐하면 이러한 접근은 아동이 자신의 잘못된 행동에 대한 영적 책임에서 벗어나게 하는 것처럼 보이기 때문이다. 게다가 정신건강 진단을 받아들이는 것은 믿음이 신실한 가족이라면 부모가 자녀를 감정적으로나 행동적으로 잘 적응된 아동으로 양육한다는 생각에 위협이 될 수 있다. 정신건강 개입에 대한 부모의 영적인 걱정을 탐색하고자 하는 상담자는 아동의 정신건강과 발달장애의 원인 연구에 대한 교육을 부모에게 제공하고 양육 방식을 바꾸도록 치료적 도움을 받아들이는 것의 장단점을 부모와 함께 나누기를 추천한다. 우리는 가족상담의 맥락에서 부모의 영성을 다루는 것과 관련된 유익한 점과 문제점에 대해 경험적인 연구가 많이 나오길 기대한다.

이 장에서는 가족상담자가 역기능적인 양육을 하는 가정을 만났을 때 영성이 문제가 되기도 하고 자원으로 활용할 수도 있는 개입모델을 제시했다. 내담자 부모가 맺는 신과의 관계, 가족 구성원, 그리고 신앙 공동체와 같은 세 가지 관계적 맥락에서 영성이 부적절한 양육의 목적이나 방법을 강화시킬 수 있다는 것을 언급하였다. 상담자는 내담자들이 이런 관계를 개방적으로 다루면서 새롭게 평가하고 그리고 잠재적으로는 부모가 그들의 역기능적 양육 목적과 방법을 변화시키도록 도울 수 있을 것이다. 마지막으로, 부모의 양육 목적이나 방식에 영향을 미치는 영성에 대하여 개입하는 것은 상담에 대한 저항을 줄이면서 역설적으로 부모로 하여금 변화를 갖도록 도울 수 있다는 점에 대해 강조하였다.

참고문헌

Abu-Raiya, H., Pargament, K. I., Mahoney, A., & Trevino, K. (2011). On the links between perceptions of desecration and prejudice toward religious and social groups: A review of an emerging line of inquiry. *Implicit Religion, 14*, 455-482.

Achenbach, T. M., & Rescorla, L. A. (2001). *Manual for the ASEBA School-Age Forms & Profiles.* Burlington: University of Vermont, Research Center for Chicago, Youth, & Families.

American Psychological Association. (2010). *Ethical principles of psychologists and code of conduct (2002, Amended June 1, 2010).* Retrieved from http://www.apa.org/ ethics/code/index.aspx

Bartkowski, J. P., Xu, X. H., & Levin, M. L. (2008). Religion and child development: Evidence from the early childhood longitudinal study. *Social Science Research, 37,* 18-36. doi:10.1016/j.ssresearch.2007.02.001

Baumrind, D. (1967). Child care practices anteceding three patterns of preschool behavior. *Genetic Psychology Monographs, 75,* 43-88.

Bottoms, B. L., Nielsen, M., Murray, R., & Filipas, H. (2003). Religion-related child physical abuse: Characteristics and psychological outcomes. *Journal of Aggression, Maltreatment & Trauma, 8,* 87-114. doi:10.1300/J146v08n01_04

Carothers, S. S., Borkowski, J. G., Lefever, J. B., & Whitman, T. L. (2005). Religiosity and the socioemotional adjustment of adolescent mothers and their children. *Journal of Family Psychology, 19,* 263-275. doi:10.1037/0893-3200.19.2.263

Chandra, A., Martinez, G. M., Mosher, W. D., Abma, J. C., & Jones, J. (2005). Fertility, family planning, and reproductive health of U.S. women: Data from the 2002 National Survey of Family Growt. *Vital and Health Statistics, 23*(25).

Cook, C. J. (2008). The practice of marriage and family counseling and liberal Protestant Christianity. In J. Duba (Ed.), *The role of religion in marriage and family counseling* (pp. 73-87). New York, NY: Routledge.

Cotton, S., Yi, M. S., & Weekes, J. (in press). The interface among spirituality, religion, and illness in families of children with special health care needs. In K. I. Pargament (Ed.), *APA handbook of psychology, religion, and spirituality: Vol. 2. An applied psychology of religion and spirituality* (pp. 405-420). Washington, DC: American

Psychological Association.

Demo, D. H., & Cox, M. J. (2000). Families with young children: A review of research in the 1990s. *Journal of Marriage and the Family, 62,* 876–895. doi:10.1111/j.1741-3737.2000.00876.x

Dyslin, C. W., & Thomsen, C. J. (2005). Religiosity and risk of perpetrating child physical abuse: An empirical investigation. *Journal of Psychology and Theology, 33,* 291–298.

Hodge, D. R. (in press). Assessing spirituality and religion in the context of counseling and psychotherapy. In K. I. Pargament (Ed.), *APA handbook of psychology, religion, and spirituality: Vol. 2. An applied psychology of religion and spirituality* (pp. 93–124). Washington, DC: American Psychological Association.

Howard, C. S., Westefeld, J. S., Olds, V. S., Ansley, T., Laird, N., & Olds, G. R. (2007). Spiritually based parenting workshop: An outcome study. *Mental Health, Religion & Culture, 10,* 417–434. doi:10.1080/13674670600913857

Maccoby, E. E., & Martin, J. A. (1983). Socialization in the context of the family: Parent-child interaction. In P. Mussen & E. M. Hetherington (Eds.), *Handbook of child psychology: Volume 4. Socialization, personality, and social development* (4th ed., pp. 1–101). New York, NY: Wiley.

Mahoney, A. (2005). Religion and conflict in family relationships. *Journal of Social Issues, 61,* 689–706. doi:10.1111/j.1540-4560.2005.00427.x

Mahoney, A. (2010). Religion in families 1999–2009: A relational spirituality framework. *Journal of Marriage and the Family, 72,* 805–827. doi:10.1111/j.1741-3737.2010.00732.x

Mahoney, A., & Krumrei, E. J. (in press). Questions left unaddressed by religious familism: Is spirituality relevant to non-traditional families? In L. Miller (Ed.), *The Oxford handbook of psychology of spirituality and consciousness.* New York, NY: Oxford University Press.

Mahoney, A., Pargament, K. I., & Hernandez, K. M. (in press). Heaven on Earth: Beneficial effects of sanctification for individual and interpersonal well-being. In J. Herny (Ed.), *Oxford book of happiness.* Oxford, England, Oxford University Press.

Mahoney, A., Pargament, K. I., Swank, A., & Tarakeshwar, N. (2001). Religion in the home in the 1980s and 1990s: A meta-analytic review and conceptual analysis of religion, marriage, and parenting. *Journal of Family Psychology, 15,* 559–596. doi:10.1037/0893-3200.15.4.559

Miller, W. R., & Rollnick, S. R. (2002). *Motivational interviewing: Preparing people for change* (2nd ed.). New York, NY: Guilford Press.

Murray-Swank, N. A., Pargament, K. I., & Mahoney, A. (2005). At the crossroads of sexuality and spirituality: The sanctification of sex by college students. *International Journal for the Psychology of Religion, 15*, 199–219. doi:10.1207/s15327582ijpr1503_2

Nelsen, H. M., & Kroliczak, A. (1984). Parental use of the threat "God will punish": Replication and extension. *Journal for the Scientific Study of Religion, 23*, 267–277. doi:10.2307/1386041

Onedera, J. D. (2008). *The role of religion in marriage and family counseling.* New York, NY: Routledge.

Pargament, K. I. (1997). *The psychology of religion and coping: Theory, research, practice.* New York, NY: Guilford Press.

Pargament, K. I. (2007). *Spiritually integrated psychotherapy: Understanding and addressing the sacred.* New York, NY: Guilford Press.

Pargament, K. I., & Mahoney, A. (2009). Spirituality: The search for the sacred. In S. J. Lopez & C. R. Snyder (Eds.), *Oxford handbook of positive psychology* (2nd ed., pp. 611–620). New York: Oxford University Press.

Patterson, J., Hayworth, M., Turner, C., & Raskin, M. (2000). Spiritual issues in family therapy: A graduate-level course. *Journal of Marital and Family Therapy, 26*, 199–210. doi:10.1111/j.1752-0606.2000.tb00289.x

Regnerus, M. (2007). *Forbidden fruit: Sex and religion in the lives of American teenagers.* New York, NY: Oxford University Press.

Richards, P. S., & Bergin, A. E. (2005). *A spiritual strategy for counseling and psychotherapy* (2nd ed.). Washington, DC: American Psychological Association. doi:10.1037/11214-000

Smith, C. (with Denton, M. I.). (2005). *Soul searching: The religious and spiritual lives of American teenagers.* New York, NY: Oxford University Press.

Starks, B., & Robinson, R. V. (2007). Moral cosmology, religion, and adult values for children. *Journal for the Scientific Study of Religion, 46*, 17–35. doi:10.1111/j.1468-5906.2007.00338.x

Stokes, C. E., & Regnerus, M. (2009). When faith divides family: Religious discord and adolescent reports of parent-child relations. *Social Science Research, 38*, 155–167.

doi:10.1016/j.ssresearch.2008.05.002

Walsh, F. (1999). *Spiritual resources in family therapy.* New York, NY: Guilford Press.

Weaver, A. J., Revilla, L. A., & Koenig, H. G. (2002). *Counseling families across the stages of life: A handbook for pastors and other helping professionals.* Nashville, TN: Abingdon Press.

Zink, D. W. (2008). The practice of marriage and family counseling and conservative Christianity. In J. Duba (Ed.), *The role of religion in marriage and family counseling* (pp. 55-71). New York, NY: Routledge.

4장 발달단계를 고려한 영적 개입

– HEATHER LEWIS QUAGLIANA, PAMELA EBSTYNE KING, DAVID
PETER QUAGLIANA, AND LINDA MANS WAGENER

다음의 사례를 상상해 보자.

　5세 아동 조셉은 어머니와 떨어지는 것에 대한 극심한 분리불안 문제로 상담에
의뢰되었다. 그는 어머니와 헤어지는 것에 대한 극심한 불안으로 유치원에 가는
것도 무서워했다. 조셉은 기독교 배경의 한국계 미국인 가정에서 자랐다. 조셉은
자신이 신을 사랑하고 있으며, 신이 자신과 어머니를 지켜보고 있다는 것을 안다
고 말했다. 기도, 성경 읽기 그리고 종교적 대화는 가족 안에서 일상적인 것이었
다. 하지만 조셉의 종교적 믿음은 그의 분리불안과도 연결되어 있었다. 예를 들어,
신이 그를 지켜보고 있다는 것을 믿고 있었지만, 또한 자신이 어머니에게 복종하
지 않을 경우 신이 어머니를 데려가 버리는 벌을 내릴 것이라고 믿고 있었다.

　조셉이 말하는 신앙의 중요성과 그의 현재 문제에 종교가 관련되어 있다는 점
에서 상담자는 영적 개입을 하는 것이 적절할 수 있고 조셉과 그의 가족에게 받아

들여지기 쉬울 것으로 평가했다. 조셉이 가진 신에 대한 이미지를 살펴보고 평가하면서(9장 참조), 상담자는 조셉이 신에 대해 더 말할 수 있도록 격려했다. 상담자는 신이 언제나 그의 곁에 있다는 점을 강조했다. 이러한 영적 개입 이후에 조셉의 두려움은 더욱 커졌다. 슈퍼바이저로부터 자문을 받은 후, 상담자는 조셉이 인지적 · 도덕적 발달단계에 맞게, 현재적이며 모든 것을 알고 있는 신이 자신의 나쁜 생각과 행동을 벌주기 위해 그를 살펴보고 있다고 믿고 있음을 알게 되었다. 신이 언제나 그를 지켜보면서 그가 복종하지 않을 때를 기다렸다가 자신에게 엄마를 빼앗아 가려 하는 거라고 믿고 있었기 때문에, 당연히 조셉의 불안은 커졌던 것이다. 조셉이 가진 신에 대한 개념은 제한적이었다. 상담자는 신이 언제나 존재하고 있다는 것을 설명하여 조셉을 안정시키려고 노력했지만, 이는 오히려 조셉을 겁주는 일이었다. 조셉은 다섯 살이고 신이 자신과 함께 있는 것을 눈으로 볼 수 없었기 때문에, 그는 신이 어디에 숨어 있고 어떻게 자신을 지켜보고 있을지 궁금해하며 두려워했던 것이다.

상담자는 슈퍼바이저의 도움으로 개입에서의 오류를 수정하고, 조셉의 가족들이 기도하고 성경을 읽고 삶 속에서 사랑하고 용서하는 신의 모습을 묘사하는 이야기들을 말하는 방법으로 조셉이 가지고 있는 신에 대한 이미지를 바꾸도록 격려함으로써 아동의 발달단계를 고려한 민감한 개입이 이뤄지게 되었다. 가족들은 그들의 기독교적 전통과 일치하는 『나니아 연대기』라는 아동 도서를 읽기 시작했다. 상담 회기들에서 상담자는 조셉을 대상으로 협력적으로 구조화된 스토리텔링 기법으로 개입했고, 신은 아이들에게 사랑과 평안을 주는 대상이라는 사실에 대하여 이야기를 나누었다.

개 요

발달 이론은 심리사회적 · 인지적 · 영적인 각 영역에 제한되지 않으면서 포괄적으로 아동과 청소년의 발달 기능을 이해하도록 돕는 맥락을 제공한다. 이 장에서는 발달 이론들에 대한 이해를 통해서 상담에서의 영적 개입을 포함한 치료 방법이 적절하게 사용될 수 있도록 도울 것이다. 또한 효과적인 상담 작업은 내담자의 발달 잠재력에 대한 이해를 바탕으로 이뤄진다고 본다.

따라서 이 장에서는 상담에서의 영적 개입과 관련하여 발달 이론을 개관한다. 이 장의 목표는 상담자가 아동과 청소년 대상으로 그들의 영적인 문제들을 효과적으로 다루도록 아동기 단계별 특성과 청소년기의 영성 발달이 어떤 형태로 이뤄지는지에 대해 폭넓은 개요를 제공하는 것이다. 이를 위해 영성 발달을 고려한 개념화 모델을 제시한 후에, 아동과 청소년 대상 영적 개입과 관련하여 발달단계 특성을 민감하게 고려하는 접근 방식을 보여 주는 일련의 상담 사례들이 제시될 것이다. 제시된 통합적 사례에서 내담자 보호를 위해 개인 정보는 변경되었다.

당연하게 청소년 내담자도 다른 연령대의 내담자만큼이나 영적 관심사가 다양하다. 이런 관심사들은 그들이 성스럽게 고수하는 것, 궁극적 실존에 대한 믿음, 선과 악에 대한 이해, 핵심 가치의 탐구, 의미와 목적의 추구, 종교적 신앙과 실천 등에서 살펴볼 수 있다. 비록 14세 아동과 4세 아동 간에는 다르게 표현될 수는 있지만, 그러한 주제들은 아동 상담 세팅에서 발견되기 쉽고 상담자는 이러한 주제에 개방적인 자세로 탐색할 필요가 있다. 하나의 예를 들면, 선천적으로 아주 쉽게 부러지는 뼈를 가지고 태어난 4세 아동이 "왜 신은 나를 이렇게 만들었나요?"라고 질문할 수 있다. 상담자가 이 아동에게 줄 수 있는 답을 갖고 있지 않다 하더라도, 이 질문에 담겨 있는 영적인 관심 주제를 인식하고 탐색할 수 있다. 기본적으로 이 아동은 "왜 나는 다른가요? 내가 이런 벌을 받을 만한 죄를 가지고 있나요? 신이 나에게 화가 난 건가요? 나는 사랑받고 있나요?"라고 묻고 있는 것이다.

아동 내담자가 이런 질문을 할 때의 적절한 영적 개입에 대해 이해할 수 있도록 돕기 위해 우리는 이 장에서 발달단계이론에 기반한 영성 발달의 개념화 틀을 제공하고자 한다. 먼저 관계적 영성(relational spirituality)에 대한 개념을 살펴보겠다.

관계적 영성의 개념 정의

이 장에서 특히 중요하게 다루고자 하는 것은 상담자가 상담에서 영적 개입을 도입하기로 선택하는 방식에 영향을 미칠 수 있는 여러 가지 관련 주제들이다. 예를 들어, 아동은 어떻게 성스러운 것을 추구하고 경험하는가? 어떻게 종교적 믿음을 통합하는가? 아동에게 종교적·영적 의식이 의미하는 것은 무엇인가? 그것들은 청소년에게는 어떤 의미를 갖는가? 이 장에서는 발달 체계에 따른 접근으로 영적 발달에 관련된 개입의 문제들을 논의하고자 한다.

지난 수년간 발달 이론은 보편적 단계들을 기술하는 것에서 더 광범위한 맥락적 접근 방식으로 진화했다. 개인의 발달단계에 대한 폭넓고 다양한 정의로 보면 아동·청소년 간 공통점도 있지만, 발달 과정은 어린 아동들이 자신과 상호작용하는 다양한 맥락과 체계에 영향을 받는다(Bronfenbrenner, 1979). 발달은 또한 관계적이며 고립적으로 일어나지 않는다. 맥락이나 관계 모두는 발달하고 있는 아동이나 청소년에게 일방적으로 영향을 미치는 수단이 아니고, 상호적인 것이다(Lerner, 2002). 즉, 아동은 그가 속해 있는 맥락에 영향을 미치며 또 맥락은 아동에게 영향을 미친다. 관계에서의 상호성을 중요하게 고려하면서, 이 장에서 우리는 관계적 영성(relational spirituality)으로 언급되는 아동의 영적 발달을 이해하기 위한 포괄적인 접근 방식을 지지한다(King, Ramos, & Clardy, 미출간).

발달심리학 내에서의 보다 광범위한 맥락적 접근 방식으로의 움직임과 최근 흐름에 맞추어, King 등의 관계적 영성 모델에 의하면 영적 발달이 아동이 접하고 있는 여러 체계와의 상호작용을 통해서 이뤄진다고 보았다. 청소년은 자신의 한계를 넘어 유의미한 어떤 것을 경험하고 초월의 존재를 체험하는 상호작용 혹은 관계성을 통해서 영적 발달을 이뤄 간다. 이런 상호관계는 신성한 타자(즉, 신)에 대한 관계일 수 있다. 이는 인간성의 모든 의미를 포함하거나 혹은 특수한 종교적 커뮤니티, 또래들 혹은 심지어는 자연에 속하는 것일 수 있다. 그런 경험은 우리가 속한 세계에 대한 본연의 속성을 이해하고 물질주의적 또는 편협한 사고를 벗어나게 돕는 의미가 부여될 때의 영적인 경험들이다(Reich, 1998). 영적 초월은 청소년에게 의미를 제공하는데, 자신을 넘어 개개인의 안녕에 대한 관심과 기여에 동기를 부여한다. 이런 관점에서 영적 발달은 개개인의 안녕에 대한 관심과 기여할 방향을 안내하고 더욱 넓은 의미에서 상호관계의 맥락에서 자신의 삶을 충만하게 살아가는 방식으로 자신과 다른 특정한 대상과의 상호작용으로 촉진된다.

King 등(미출간)이 제안한 영적 발달의 관계적 영성 모델 역시 초월로 이끄는 관계의 의미를 강조한다. 어린 아동들의 신, 더 높은 힘, 절대적 진리, 자연, 인간됨으로의 연결, 혹은 관념화된 믿음의 경험은 모두 초월적 관계 경험들에 해당될 수 있다. 더욱이 Lerner와 Roeser, Phelps(2008)에 의하면 영적 발달은 어린 아동이 자기에 대한 인지적이고 정서적인 초점을 초월하여 타자에 대한 자각을 얻고 자기와 타자 모두에 대한 책임감 있는 삶의 방식으로 동기를 부여받는 고귀한 목적과 의미를 갖는다. 이에 대해 생각해 볼 수 있는 또 다른 방식은 내러티브 관점이다(McAdams, 2006). 어린 아동들은 인간 본성, 창조의 이야기, 실존의 문제로부터 궁극적 목적까지 아우르는 전체적인 이해에서 의미를 끌어낸다. 그들은 자신의 개인적인 이야기가 어떻게 보다 큰 내러티브 속에서 의미를 갖게 되는지 이해하게 되면서 삶의 목적을 찾을 수 있게 된다. 아동 개인의 경험, 가족, 또래, 이웃, 학교, 교회, 사회, 문화를 포함하는 맥락과 고유한 관계들의 상호작용을 통해서 삶의 의미와 목적을 발견하게 된다.

상담자는 아동과 청소년이 보이는 이러한 관계적 영성의 발달 특성이 다른 연령대와 발달단계에서의 특성과 어떠한 차이가 있는지에 대하여 궁금해할 수 있다. 상담자는 추가 질문을 통해서 가족의 믿음과 실천, 또래들의 믿음과 실천 그리고 어떠한 종교적인 교육을 받았는지, 종교 활동에 참여하는지 여부 등 아동이 속해 있는 환경의 영적인 자원들에 대해 탐색할 수 있다. King 등의 관계적 영성 모델은 상담에서 영적 발달에 대한 이론적 개념화에 도움이 된다.

상담에서 영적 개입을 적용할 때의 또 다른 고려사항은 단순히 발달단계가 갖는 한계에만 초점을 맞추기보다는 아동이 갖는 힘과 잠재력에 초점을 두는 것이다. 아동과 청소년 상담에서 긍정적 자원에 대한 초점은 정신병리에 대한 탐색과 비슷하게 균형을 이룰 필요가 있다. 이러한 접근은 청소년의 긍정 발달(positive youth development: PYD) 개념에서 설명하는 것과 같이 아동기의 여러 발달단계를 거치면서 기본적으로 보다 많은 인지적 · 사회적인 능력을 키워 가게 된다고 본다 (Catalano, Berglund, Lyan, Lonczak, & Hawkins, 2002). 더욱이 PYD는 도덕적 유능감 발달의 중요성을 강조하고(Catalano et al., 2002), 다른 사람들에 대한 봉사, 종교적 공동체 참여, 정직, 사회적 정의 같은 정신적인 가치에 의미를 부여한다(Benson, 2003). 아동이 갖는 특정한 개념들, 감정과 충동을 통제하는 능력, 세련된 관계 유지와 관련한 인지적 이해 등에 한계가 있는 것은 사실이다. 하지만 가장 어린 나이의 아동 내담자조차도 초월적 관심사를 이야기한다. 상담자는 개입 과정에서 발달이란 측면에 대해 적절하게 인식하고 있어야 하며, 영적 발달의 주제는 어린 내담자에게 너무 복잡한 것이라는 두려움에서 걸어나올 필요가 있다.

이 책 후반부에서는 수용, 영성 자각, 경건 서적들의 활용, 기도, 신의 이미지, 용서 등의 영적 개입에 대하여 다룬다. 이를 통하여 상담자가 아동과 청소년의 발달 특성에 맞추어 영적 개입을 적절하게 사용할 수 있도록 돕고자 한다. 이 장에서 영적 개입 각각에 대하여 깊이 살펴볼 수는 없지만, 영적 개입을 적절하게 사용할 수 있도록 돕는 포괄적인 발달적 이해의 기본 틀을 제공하고자 한다. 상담자는 내담자가 맺고 있는 관계와 문화적 · 종교적인 맥락을 탐색하면서 내담자의 발달적 잠재 능력 및 한계를 상담 과정에서 함께 고려할 수 있어야 한다.

아동과 청소년기 발달 특성을 고려한 영적 개입

이 장에서 발달의 맥락적 관점이나 체계를 중요하게 다루겠지만, 상호작용하는 방식에서의 아동 연령에 따른 차이를 고려하는 것은 중요하다. 아동과 청소년기의 인지적, 사회적, 영적인 발달은 발달 연령과 외부 환경 맥락에 따라 상호작용하며 발달해 가는 것으로 이해될 수 있다. 상담 관계 또한 아동 발달의 환경적 맥락에서 영향을 미치는 관계의 하나로 이해될 수 있으며, PYD에 기여하는 아동 주변의 환경적 자원을 탐색하는 것이 필요하다. 전통적 발달단계 이론은 일반적인 가이드라인을 제공하는데, 발달 차이에 따른 표현이 맥락에 따라 다양할 수 있다는 점을 중요하게 기억할 필요가 있다.

　각 발달단계에 따른 여러 영역에서의 발달은 서로 밀접한 영향을 주고받으며 이루어진다. 주요 영역에는 인지적, 심리사회적, 영적 기능의 발달 영역이 포함되며, 이러한 영역들에서의 많은 연구와 이론은 그동안 아동과 청소년기 발달 이해에 기여해 왔다. 우리는 영적 개입에서 고려해야 할 아동과 청소년기의 발달적 잠재 능력에 대해 논의하기로 한다. 예를 들어, 발달단계 특성과 잠재 능력이 상담 작업에서 특히 기도, 신 이미지, 경건 서적의 활용, 용서 등의 영적 개입에 어떻게 영향을 미치는가? 관계적 영성(King et al., 미출간)의 관점을 취하는 것은 아동과

| 표 4-1 |　아동과 청소년기의 발달 특성

발달 과제	연령대		
	미취학 아동기 (4~6세)	아동기 중기 (7~12세)	청소년기 (13~18세)
사회적 발달 사건들	사회적 성 역할들: 사회적 가치와 신념들	사회적 집단 형성: 또래와 집단 정체성	정체성 형성: 데이트하기
유능감	사회화: 역할 학습, 정서 통제, 상상력	자존감: 생산성, 집단 소속감	개인적 신화: 복잡한 문제해결, 자기반성
놀이: 심리사회적 단계들 (Erikson, 1968)	상상력: 주도성 대 죄책감	게임들: 근면성 대 열등감	어울려 다니기: 자아정체성 대 역할 혼미
인지적 단계들 (Piaget, 1929/1967)	직관적	구체적 조작기	형식적 조작기
신앙 단계들: 영성 관련 정신병리 (Fowler, 1981)	직관적-투사적: 두려움, 분리, 불안	문자적 신앙: 완벽주의, 이분법적 사고	혼합된: 공허함으로 인 한 절망, 자율성 상실
적절한 개입들	놀이 치료: 정서적 자각	내러티브들: 일관된 의미를 갖는 이야기	개인적 가치, 정체성과 신앙의 결합

청소년기의 맥락적·인지적·심리사회적·영적 경험을 통합해 가는 발달 특성을 폭넓게 이해하도록 돕는다. 다양한 연령대의 발달단계별 발달 과제는 〈표 4-1〉에 요약되어 있다. 관계적 영성과 PYD(Benson, 2003; Catalano et al., 2002) 모델들은 발달적 이해에 대한 통합적 관점을 제공하는 설명으로 〈표 4-1〉에는 기술되어 있지 않다. 우리는 발달의 다양한 영역이 겹치기도 하고 서로 배타적이지 않음을 주목해야 한다. 예를 들어, 아동과 청소년기 발달 시기에 인지 영역의 많은 발달은 사회심리적 영역이라는 다른 영역의 발달에 영향을 받게 되며, 이러한 현상은 유아기에 특히 분명하게 드러난다.

아동기 초기의 발달적 고려사항

초기 아동기 내담자의 상담 과정에 인지적·심리사회적·영적인 영역에서의 발달단계에 따른 영향을 고려하는 것은 중요하다. 영적 개입의 활용은 초기 아동기 발달 특성과 한계를 함께 고려하면서 아동 발달 수준에 맞는 적절한 것이어야 한다.

인지적 발달

초기 아동기의 아동은 다양한 영역에 걸쳐 눈에 띄게 많은 성장을 한다. 인지 영역에서 신의 이미지와 성찰 그리고 기도 같은 영성과 관련한 이해는 아동기 발달에 영향을 미친다(Gorsuch & Walker, 2006). 예를 들어, 종교적인 배경의 미취학 아동이 학대를 경험한 특수한 경우에는 '착한 사람에게도 나쁜 일이 일어나며, 신이 그들을 처벌한 결과인 것은 아니다.'는 것을 이해하는 것이 도움이 될 것이다. 하지만 내담자는 학대를 자신의 행동에 대한 신의 처벌이라고 생각할 수 있다. 실제로 내담자는 학대 가해자에게 그런 말을 들었을 수도 있다. Kohlberg와 Hersh(1977)에 따르면, 이처럼 복종과 처벌적 지향을 갖는 아동은 행동의 물리적 결과물에 대해 여타의 다른 의미를 부여하기보다 자신의 선이나 악의 결과물이라고 보는 경향이 있다.

이러한 경우, 상담자의 개입은 아동으로 하여금 단지 착한 사람에게도 나쁜 일이 일어날 수 있음을 믿게 하는 것에 머물러서는 안 된다. 보다 생산적인 개입은 자신의 행동과 관련하여 상과 벌에 대한 아동의 이해를 다루는 것이 될 것이다 (Kohlberg & Hersh, 1977). 상담 과정에서 아동의 언어를 사용하여 아동의 패러다임 안에서 작업할 수 있는데, 때때로 아동이 아무런 잘못된 행동을 하지 않았는데도 벌을 받는다고 느끼는 것을 인식하게 돕는다.

아동의 영적 믿음을 이해하는 것은 이러한 종류의 사례를 깊이 있게 접근하도록 한다. 아동의 신에 대한 이해는 종종 부모와 보호자와의 관계 경험과 밀접하게 연결되어 있다(dickie et al., 1997; Herterl & Donahue, 1995). 권위 관계에 대한 아동의 사회적 인지 도식은 매우 제한적이고 부모 경험에 따라 많은 영향을 받는다. 이러한 과정은 인지뿐 아니라 정서 영역에도 함께 영향을 준다. 권위 있는 인물과의 관계 경험이 넓어질수록 관계에 대한 아동의 인지 도식은 보다 개별화된다. 부모뿐 아니라 조부모, 교사, 코치, 목사, 랍비 등을 포함하는 더 풍성한 관계적 맥락에서 아동의 신에 대한 인지 도식도 더 풍부해질 수 있고, 부모 경험의 영향에서 보다 자유로워진다. 신에 대한 이미지와 개념을 포함한 개입을 사용하는 상담자는 아동이 부모나 보살피는 대상들과의 관계를 어떻게 이해하는지를 잘 탐색해야 하는데, 이는 아동이 신이나 높은 존재를 경험하는 방식에 대한 통찰을 제공해 준다.

영적 개입의 또 다른 예로서 기도를 고려하는 경우도 있다. 상담자는 미취학 아동이 내담자인 경우 그 연령대가 갖는 인지 능력을 고려하면서 기도를 효과적으로 활용할 수 있다. 예를 들어, 초기 아동기의 내담자 아동은 유아기나 걸음마 단계의 유아보다는 좀 더 상징적 놀이와 사고 기능이 발달한다(Piaget, 1929/1967). 하지만 초기 아동기 내담자는 여전히 사고 기능이 발달해 가는 과정에 있다(Piaget, 1929/1967; Piaet & Inhelder, 1967). 아동의 기도 개입에서 발달 가능성과 한계는 분명히 존재할 것이다. 상담자는 아동의 기도 내용을 바꾸려 하지 않으면서 기도 개입에서 분명히 성장해 가는 측면이 있음을 이해해야 한다. 예를 들어, 아동은 사랑하는 사람들을 위한 기도가 삶에 안식과 힘을 얻게 함을 발견할 수 있다. 하지만 기도 내용은 대부분 아동 자신의 관점에서 나온다(예를 들어, 이 장의 마지막 사례 연구를 참조할 것). 기도의 개입은 발달 맥락에서 고려되어야 한다.

Bamford와 Lagattuta(2010)는 무엇이 기도의 동기를 제공하는가를 살펴봄으로써 발달단계에 따른 차이를 보여 준다. 4세부터 6세 아동은 긍정적인 감정을 느낄 때 사람들이 기도해야 한다고 믿는다. 8세 아동과 성인의 기도 동기와 비교가 되는데, 성인들의 1차적 기도 동기는 부정적 정서에 기인한다. 더욱이 Bamford와 Lagattuta(2010)는 아동의 기도는 보다 목적지향적인 경향이 있으며, 초기에서 중기 아동기로 넘어가면서 점점 더 현저한 목적성을 갖는다는 점을 발견하였다. 이러한 연구 결과를 고려해서 상담에서 영적 개입을 사용할 때에는 아동 내담자의 기도 내용이 대체로 긍정적이라는 사실을 기억할 필요가 있으며, 기도의 개입은 아동의 긍정적인 경험과 정서와 연결될 필요가 있다. 즉, 부정적인 생각과 감정을 다루기 위해서 기도하라고 아동을 격려하는 것은 비효율적인 개입이 될 수 있다.

심리사회적 발달

미취학 아동은 Erikson(1950)에 의해 언급된 '주도성 대 죄책감'이라는 심리사회적 발달단계에 있다. 이 단계에서 아동은 자신이 주도권을 갖고 스스로 일을 하고자 한다. 주변의 사회적 환경에서 주어지는 반응을 통해 이런 자발성이 강화되거나 죄책감이 경험된다. 이것은 같은 발달 시기 동안 성취되는 여타의 사회적 능력과 맥락을 같이 한다. 상담자가 내담자에 대한 영적 개입을 적용하기에 앞서 초기 아동기에 보이는 심리사회적 발달의 특성을 이해하는 것은 다음의 여러 가지 이유로 매우 중요하다.

첫째, 상담자는 초기 아동기의 심리사회적 특성인 주도성을 장려하며 충분히 안전하다고 느끼는 치료적 환경을 조성할 필요가 있다. 아동기의 주도성은 또한 아동이 상담의 회기에 가져오는 영적 내용에서도 드러난다. 아동은 경건 서적의 구절들을 이해하고 기도와 같은 영적 영역에서의 실천에서 스스로 주도해 가는 법을 배우게 된다. 상담의 맥락에서 아동의 자발성이 수용될 때 내면의 가치와 힘을 인정받게 되고 PYD의 심리내적 자산이 키워진다고 본다(Benson, 2003).

둘째, 상담의 맥락은 관계적이며, 아동의 초월적 경험을 포함해 자아 외부와의 관계성, 믿음, 가치의 적용을 허용하는 사회적 맥락이다(King et al., 미출간). 발달에 대한 King 등의 관계적 영성의 접근 방식은 영적 개입의 중요성을 이해하기 위한 이론적인 틀을 제공한다. 신의 이미지, 종교적 텍스트, 기도 그리고 용서는 모두 아동이 갖는 자기 세계 바깥의 무언가에 대한 연결과 초월성을 고려하는 개입이 된다. 상담자는 아동이 가져오는 영적 주제를 탐색할 수 있으며, 영적 믿음들, 가치, 그리고 아동의 발달 맥락에서 영향을 미치는 가족과 사회적 영향으로부터의 갈등을 다뤄 갈 수 있다. 이것은 기도와 미술 치료처럼 아동에게 수월한 접근 방식으로 성취될 수 있다.

아동의 영성은 놀이 주제에서도 분명하게 드러난다. 영적으로 관련된 이슈를 가지고 오는 아동과 영성을 자원으로 사용하는 아이에게서 특히 그러하다. 상담자는 어린 내담자의 삶에서 영성이 차지하는 역할을 민감하게 인식할 필요가 있다. 예를 들어, 만일 영성이 아동의 대처 자원이라면, 상담자는 아동으로 하여금 경건 서적으로부터의 문구나 기도처럼 아동을 편안하게 하는 영성과 신앙 체계로부터 주제를 끌어 올 수 있다. 역으로 상담자는 아동의 영성이 아동의 불안이나 걱정의 원천이 될 수도 있음을 자각할 필요가 있다. 이 장의 앞부분에서 언급했듯이 아동은 화를 내는 매몰찬 부모와의 관계 경험을 바탕으로 신에 대하여 두려운 태도를 가질 수도 있다. 상담자는 아동의 표현 영역을 가지고 구조화된 개입이나 구조화되지 않은 개입을 사용할 수 있다. 하나의 예로서, 아동에게 신이나 '선함'에 대한 그림을 그려 보도록 하여 아동의 영적 특성을 보다 잘 이해할 수 있는 자료를 얻을 수 있다.

사례 연구: 초기 아동기의 발달적 특성을 고려한 영적 개입

백인 아동 내담자인 존은 세 살 때 엄마를 잃었고 그로 인한 우울과 불안의 증상 때문에 상담을 받아 왔다. 처음 상담을 시작하던 시기에 존은 다섯 살이었고 엄마에 대한 기억을 이야기하기 시작했고 엄마의 부재에 대해 슬픔을 표현했다. 존의 아버지는 존이 학교 교사, 친구 그리고 다른 부모들에게 엄마의 부재에 대한 슬픔을 표현했기 때문에 걱정이 더욱 컸다. 존은 다른 엄마들이 학교에 애들을 데리러 왔을 때 "나는 엄마가 없어요. 엄마는 죽었고, 천국에 있어요."라고 말하면서 눈물을 흘렸다. 그럼에도 존은 죽음의 영원성이나 천국의 추상적인 종교 개념을 잘 이해하고 있지는 못했다.

존 아버지와의 첫 방문 상담에서 존과 가족이 기독교인, 특히 오순절 교회 전통을 가지고 있는 배경이 탐색되었다. 그들은 교회와 주일 학교에 매주 참석했고 대처 자원으로 신앙에 의존하고 있었다. 사실 존과 아버지는 무덤을 찾아가는 것과 마찬가지로 천국에서 그들을 지켜보고 있는 엄마에게 풍선을 날리는 것을 포함해 엄마의 죽음을 기념하며 매년 추도의식을 행했다고 기술했다. 이런 초월의 경험에 대해서는 상담 과정에서 King 등의 관계적 영성 모델을 적용하여 도움을 줄 수 있다. 존과 아버지는 자기 세계 외부로 영적 세계와 연결되어 있었다. 천국과 사후에 대한 그들의 믿음과 사고방식은 그들의 대처 방식에 영향을 주었다.

상담에서는 여러 전략과 기법이 사용될 수 있으며, 존에게 적용된 대부분의 기법은 존의 발달단계를 고려하며 상담 과정에서 놀이와 예술 치료에 초점을 맞추었다. 존의 아버지 또한 아동기에 갖는 상실에서 경험하는 영원한 세계에 대한 이해의 어려움과 죽음에 대한 아이의 반응과 관련하여 심리 교육을 제공받았다. 특히 존의 아버지는 2년이 넘게 '천국에 있는 엄마를 돌봐 줄' 것을 신에게 기도하는 것을 포함해서 존과 함께 기도해 왔다. 존의 아버지는 특히 존의 기도 내용에 마음이 쓰였다. 존은 엄마가 돌아오길 빌었다. 상담자는 존이 죽음과 그것의 영원성과 갈등하는 과정에 있고 발달적으로 적절한 것이라고 존의 아버지에게 설명했다.

존과 아버지가 엄마가 하늘에 있다고 믿고 있었기 때문에 존은 엄마가 죽기 전과 후의 자화상 그리고 중요한 상실의 결과로 일어나는 정체성의 변화 과정을 겪게 만든 엄마의 그림을 그려 보라는 요구를 받았다. 존의 자화상은 전형적으로 슬퍼하는 아이 그림이었다. 그는 엄마가 죽기 전에는 행복한 얼굴, 죽은 후에는 슬픈 얼굴로 자기를 그렸다. 엄마가 죽기 전의 모습을 그린 존의 그림은 둘이 공유했던 특별한 사건을 포함하고 있었고, 엄마가 죽은 후의 그림은 천국의 모습을 담고 있었다. 천국이란 개념은 존에게 위안을 주지만 존이 사후의 추상성과 죽음의 영원성을 이해할 수 없었기 때문에 좌절감을 주는 것이기도 했다.

핵심 주제는 존이 자신의 걱정과 관련된 인형을 만들라는 요청을 받았을 때 드러났다. 이 예술치료 기법은 상담에서 배운 대처 요령을 실제 생활하면서 기억하도록 돕기 위해서 불안을 경험하는 아동에게 사용된다. 여러 회기를 거치면서 불안 인형은 불안 천사가 되었다. 여러 주 동안 존은 인형에게 옷을 입히고 정성 들여 꾸몄다. 인형이 거의 다 완성되어 가자 존은 말했다. "이 천사가 엄마일 수 있을까?" 존이 엄마를 구체적으로 구현하면서 천사의 옷을 입은 천국의 천사로 표현할 때, 드디어 엄마는 날개를 달고 천국으로 올라가서 존과 가족을 품고 있었다. 존의 작품은 엄마의 죽음을 받아들이는 과정을 의미하는 것이었다. 인지적으로 존은 여전히 죽음의 마지막에 붙잡혀 있었지만 천국의 영적 이미지에서 평온을 추구했다. 사회적으로 존은 엄마의 부재로 인해 자신이 친구들과 다르다고 생각했지만 여전히 엄마가 하늘에서 내려다보고 있는 것으로 엄마와의 영적 관련성을 느끼고 있었다. 또한 존은 상담 과정에서 상담자와의 관계 경험을 반복함으로 인해 학교에서 부모의 상실을 경험했던 다른 아이들과 유대감을 발견했다.

아동기 중기의 발달적 고려사항

아동기 중기는 인지적 · 심리사회적 · 영적 영역에서 고유한 성장을 이루는 발달단계이다. 상담자는 다양한 영역에서의 이러한 발달이 학령기 아동의 상담에서 영적 개입의 사용에 어떻게 영향을 미치는지 고려해야 한다.

인지적 발달

중기 아동기 아동은 보다 논리적인 사고를 발달시키기 시작한다. 사고 패턴은 여전히 구체적이지만, 이것이 더 복잡한 생각과 추상적 사고를 할 수 없다는 것을 의미하는 것은 아니다(Piaget, 1929/1967). 인지 영역에서 아동의 발달은 상담자의 영적 개입의 사용에 영향을 미칠 것이다. 초기와 중기 아동기 자녀들은 부모와 보호자 경험이 그들의 신에 대한 이해로 연결된다는 점에서 놀라운 유사성을 보인다. Dickie 등(1997)은 학령기 아동은 신의 이해에 모성적 관계 특성을 부여하기 쉽고, 초기 아동기 아동은 신 이해에 부성적인 관계 특성을 부여하기 쉽다는 점에서 두 시기에 차이가 있다는 점을 언급하였다. 그러므로 아동이 신을 이해하고 부모의 속성을 연결해 가는 방식에 발달적 전개 과정이 있는 것으로 보인다(Dickie et al., 1997). 영적인 개입에 대한 이런 발달 특성을 고려하는 것은 어머니와 부모의 관계 경험에 대한 아이의 개념을 탐색하는 것, 그리고 부모와의 관계 경험이 아동의 신에 대한 관계로 어떻게 연결되는지를 탐색해 가도록 아동을 돕는 것을 의미한다. 예를 들어, 상담자는 긍정적이거나 부정적인 성향을 보이는 중기 아동기의 내담자가 맺는 신과의 관계 스펙트럼을 이해하도록 돕기 위하여 어머니에 대한 이미지에서 연상되는 특성들의 스펙트럼을 탐색하는 것이 도움이 된다.

아동기 중기의 내담자의 사회적 맥락에서 특히 중요하게 고려할 것은 또래들의 영향 증가이다. 중기 아동기가 시작되기 이전까지는 대개 부모와 보호자들이 일차적인 영향을 발휘하는 시기이다. 체계이론적 설명으로, Bronfenbrenner(1979)는 중기 아동기의 아동은 또래 영향의 증가로 사회적 체계의 확장을 경험한다고 제시하였다. 예를 들어, Benson(2003)의 PYD의 발달적 자원 모델은 가족 환경의 중요성뿐만 아니라 분명한 경계와 규칙, 결과에 대한 책임을 갖는 돌봄적인 학교 분위기도 중요하며, 긍정적인 발달을 위한 환경을 조성하기 위해 교사와 친구들과의 관계를 잘 맺어 갖도록 격려할 필요가 있다고 본다. 이런 경향의 임상적 함의는 회기의 내용 그리고 영적 개입의 적용에서 아동기 중기 내담자에게는 사회적 관계 맥락에서의 또래 영향 증가로 인한 친구들과 학교생활의 관심사들을 치료 작업에 포함시킬 수 있다는 것이다. 중기 아동기 내담자에게 적용되는 기도 개입의 예를 생각해 보자. 중기 아동기 아동은 미취학 아동보다 기도에 대해 더 복잡한 이해를 보인다. 예를 들어, 그들은 기도를 하는 일차적 동기로 작용하는 부정적 감정을 탐색할 수 있다. 또한 그러한 부정적 감정은 신이나 더 높은 힘에 의지하여 합리적으로 기도하며 의존하는 방식으로 조절될 수 있다(Bamford & Lagattuta, 2010). 이러한 발달특성은 중기 아동기 발달 특성에 따른 사회적 경험 세계의 확장에 의한 초점의 변화에 영향을 받게 된다고 보여진다.

심리사회적 발달

Erikson(1950)에 따르면 중기 아동기는 근면성 대 열등감의 갈등을 갖는 심리사회적 발달단계로 설명된다. 아동은 이제 자신을 타자와 비교한다. 아동의 학교 맥락은 그들의 발달에 중요한 영향을 미치며, 또래와 비교하면서 생산성과 근면성의 의미를 발견해 간다. 또 주변 사회적 환경으로부터의 피드백은 근면성을 강화하거나 열등감을 야기할 수 있다. 이 시기의 근면성은 아이가 선호하는 놀이와 자존감 평가에서 분명하게 드러나며, 상담장면에서 치료의 초점이 되는 경향이 있다.

영적 발달

사회적 능력에서의 발달적 변화는 관계적 영성과 관련된 주제에도 영향을 미친다. 아동이 또래들과의 관계를 확장해 가면서, 초월적 관계 개입의 기회는 다양해진다. 관계적 영성과 관련된 구체적인 영적 개입의 예로 용서 개입이 있다. 여러 연구자들(Enright & Fitzgibbons, 2003; Worthington, Jennings, & DiBlasio, 2010)은 용서의 발달 과정에 주의를 기울이고, 추론 능력의 발달이 아동과 청소년의 용서 이해에 영향을 준다는 것을 언급하였다. 사회적 영역에서의 초점의 증가와 더불어 아동은 용서를 논의하거나 생각해 볼 기회가 더 많아질 수 있다.

친구에 의해 상처 입고 화가 난 9세 아동을 생각해 보자. 상담 과정에서 아동이 가질 수 있는 다양한 반응을 탐색해 볼 기회를 상담자에게 제공할 수 있을 것이다. Enright와 Fitzgibbons(2000)는 아동이 분노를 다루는 데 대체로 사용하는 두 가지 방법에는 분노를 억압하기와 표출하기가 있음을 확인했다. Enright와 Fitzgibbons는 더 나아가 용서가 자신이 선택할 수 있는 세 번째 선택이 될 수 있음을 이해하는 아동이 많지 않다고 주장했다. 상담의 관계적 맥락은 더 깊은 수준의 사회적ㆍ관계적인 유대 관계를 경험하는 기회를 제공하며, 아동의 신앙 체계와 조화롭게 적용해 가도록 돕는 기회가 될 수 있다.

중기 아동기의 아동은 여전히 표현적인 치료에 적합하다. 하지만 초기 아동기의 아동과 비교하여 볼 때 언어 능력이 보다 발달되는 시기로, 이야기 치료에 참여하는 것도 적절할 수 있다. 중기 아동기의 내담자 아동은 서사적인 관점에서 스토리를 말하고 구성할 수 있기 때문에 상담자는 언어적ㆍ비언어적 방법 모두를 기꺼이 통합할 수도 있을 것이다. 예를 들어, 상담자는 여전히 상담에서 놀이와 미술치료를 표현적 치료 방법으로 고려하는 한편 그런 개입에서 언어적 내용을 함께 고려한다. 이는 아동이 다양한 방법으로 자기 스토리를 말할 수 있게 돕는 것이다.

사례 연구: 중기 아동기의 발달적 특성을 고려한 영적 개입

10세인 라이오넬은 다재다능한 5학년 흑인 내담자로 매우 불안한 증상을 보이는 아프리카계 미국인이었다. 그의 가족은 고학력자들로 종교가 없었고, 세속적 인본주의자들로 보였다. 그는 여러 좋은 친구들을 가지고 있으며 육상 선수이면서 우수한 학생들과도 사회적으로 좋은 관계를 맺고 있었다. 그럼에도 그는 엄마가 죽을 것이라는 끈질긴 두려움에 사로잡혀 있었다. 전통적인 인지행동치료 개입으로 자신의 인지를 바꾸려 부지런히 노력하고 깊은 심호흡을 연습하면서 일반적인 불안 수준으로 낮추도록 조절함으로써 안도감을 갖도록 도움을 받았지만, 그럼에도 엄마의 죽음과 죽음 후에 무슨 일이 일어날지에 대한 반복적인 의문과 관련한 특별한 두려움을 완전히 떨쳐내지 못했다. 어떻게 보면 그의 두려움은 합리적인 것이었다. 그는 죽음으로부터 살아 있는 모든 이들이 벗어날 수 없는 것이라는 점을 강렬하게 의식하고 있었다.

라이오넬은 높은 지능에도 불구하고, 이런 모호함을 안고 살아가는 능력에 있어서 인지적으로 그리고 정서적으로 한계를 가졌다. 삶의 끝으로서 죽음이 갖는 역설이 한 예이다. 그가 어머니를 사랑하고 어머니가 어린 동생을 좋아하는 데 대해 분노한다는 사실은 별개였다. 그의 인지 능력은 삶에 대해 실존적 물음을 던지도록 충분히 발전된 것이었지만, 그 질문에 대한 답을 얻지 못하면서 불안이 지속되고 있었다.

상담자는 라이오넬이 자신을 괴롭히는 실존적 문제를 해결하기 위해 추상적 사고를 사용하기 어렵다는 것을 알아차렸고, 상담에서의 대화를 관찰 가능하고 구체적이고 실용적인 것이 되도록 유지하였다. 한 가지 예로, 라이오넬은 사람들이 여러 감정을 느낀다는 점을 일관되게 관찰하게 되었으며, 사랑과 분노의 감정이 한 사람 안에서 함께 존재함을 알게 되었다. 또한 상담자는 치료 회기에서 라이오넬이 자신의 모순된 감정을 인식하고 표현하는 능력을 키워 가도록 도움을 주었다. 용서 개입과 관련해서는 부모와 자녀들을 함께 지도했다. 그들은 분노를 다루는 의사소통을 통해서 편안함을 늘려갈 수 있게 되었다. 처음에는 치료 회기 동안에, 나중에는 집에서, 역할 놀이로, 그들은 잘못된 것을 경험했을 때 용서를 주고받기 모두를 실천했다. 이런 실천 노력은 라이오넬에게 그가 화났을 때 구체적으로 표현할 수 있도록 도왔고, 어머니와 동생에 대한 만성적인 분노를 크게 감소시켰다. 라이오넬은 이런 방법을 실천하면서 혼란된 감정 상태로 인해 느끼는 긴장을 줄일 수 있었다.

또 다른 개입의 예로 상담 과정에서 신비의 개념으로, 답을 알지 못하는 일상적인 경험을 다루었다. 라이오넬은 추리 도서를 읽는 것을 좋아했다. 상담자는 미스터리 소설은 답이 드러나길 기다려야 하는 것이라고 이야기해 줄 수 있다. 결국 그들은 또한 인간이 죽음 후에 무슨 일이 일어날지의 문제를 다루는 다양한 방식을 조사했다. 라이오넬은 신화를 담은 책을 읽었고 학교 도서관에서 다양한 배경의 종교 경전들과 관련된 책들을 읽었다. 결국 그는 이런 궁극적 질문들에 대해 다양한 종교 문화적 답에 대한 보고서를 쓰는 데 학습 기술을 사용할 수 있었다. 비록 라이오넬은 계속 불안에 민감했지만 복잡한 문제들과 감정 상태를 인식하고 다룰 수 있는 일련의 방법을 익히게 되었다.

청소년기의 발달적 고려사항

Lerner 등(2008)은 청소년기에 직면하는 신체적·심리적·사회적 관계에서의 두드러진 변화 때문에 많은 젊은이들이 자신이 누구이고 자신의 존재가치를 정의함으로써 이 세계 안에서 자신의 자리를 열심히 찾고자 한다고 주장했다. 청소년에게서 인지적·사회심리적·영적인 발달 변화는 보다 복잡한 자아의 세계로, 즉 성인 수준의 개념화된 이해를 향해 나아가도록 이끈다. 비록 청소년기가 전형적으로 18세까지의 사춘기 특성들에 매여 있기는 하지만, 청소년기에 시작되는 과제는 사춘기 이전의 사회적 맥락 내에서 얻어진 것으로 오늘날 문화에서는 대학생 연령으로 확장되고 그 이후까지도 계속 이어지는 것으로 점차 확대되는 것으로 보인다(Lerner & Steinberg, 2009).

인지적 발달

청소년기의 인지적 발달은 가설적 추론, 추상적 사고 능력, 복잡한 문제해결 능력의 발달을 포함한다. 이런 발달 특성은 상담자로 하여금 청소년 내담자의 정서를 다룰 때에 아동 내담자를 대상으로 하는 놀이와 구체적인 심리 교육 형태에서 나아가 대체로 성인 내담자에게 적용되는 언어를 매개로 하는 상담 개입을 적용하도록 이끈다. 하지만 청소년기 내담자를 대상으로 이러한 접근은 주의 깊게 고려되어야 하는데, 왜냐하면 그들의 복잡한 추론적 사고 능력의 발달은 아직 시작 단계이기 때문이다. 따라서 경건 서적의 참조 구절들을 사용할 때, 상담자는 내담자마다 다르게 텍스트를 해석할 수도 있다는 것을 인식하면서 특수한 내용에 대하여 갖는 여러 해석과 내담자의 이해를 구별하는 방식을 돕는 것이 필요할 수 있다. 상담 회기에서 용서를 사용할 때도 청소년 내담자에게는 용서가 분노와 상처의 해결이나 수용의 단순한 행동 개입에 그치지 않고 관계 속에서 복합적인 용서의 의미를 깨닫도록 도움을 주는 내용을 포함해야 한다.

심리사회적 발달

청소년기의 추상적 사고 능력의 발달과 복잡한 문제의 해결 능력, 사회적 영향을 주고 받는 맥락의 확장 등은 자신의 위치를 고려한 자기 반성과 자기 인식의 깊이에 영향을 준다. 따라서 청소년기의 심리사회적 발달은 스스로 지각하게 되는 자아정체성과 사회적 상호작용의 확장과 더불어 많은 변화를 갖게 된다. 청소년기는 신체적 변화들로 인해 한 개인으로서의 자아에 집중하게 되고, 사회적·정서적인 변화가 증가하며, 정체성 발달에서 가족의 영향력은 감소하게 된다. 이러한 두 요인은 개별화된 정체성 발달의 사회적 참조 과정에 함께 작용한다. Marcia(1966)는 청소년기 정체성 확립 과정에서 가족 전통의 믿음 체계에 대한 도전과 갈등을 경험하게 되며, 스스로 가치들을 의식적으로 선택하고, 선택된 가치들에 대한 자기 반성을 요구한다는 점을 가정한다. 이 시기의 청소년은 안정된 자아 개념과 소속감 그리고 친구, 가족, 그리고 사회적 맥락에서 가치 있는 사람이 될 수 있는 정체성을 추구한다(Erikson, 1959, 1968; Harter, 2006).

최근의 미국 문화는 청소년들로 하여금 정체성 형성 과정에서 남들에게 어떻게 보이는지, 신체 이미지, 의상과 장신구들, 피어싱과 밖으로 보이는 것들에 관심이 쏠리도록 많은 영향을 주고 있다(Sweetman, 2000). 정체성과 관련해서 현대 문화의 이러한 접근과 영향은 개인마다의 대처 방식, 믿음 그리고 인격적 특성 등 존재론적 요소들에 근거하는 정체성의 발달과 대조적이다(Becker, 2004). 유사하게, 페이스북이나 트위터 등의 사회적 네트워크를 통한 상호작용의 증가는 개인의 자아정체성이 스스로 인식해 가는 자아의 내적 특징과 총체적인 인격의 순전한 재현으로 형성되기보다는 타인으로부터 보여지기 위해 구축된 이미지에 매달리도록 이끌고 있다. 상담자는 이처럼 겉으로 보여지는 정체성의 측면이 또래 집단에서 자리매김하고 수용되는 방식으로 중요해지는 현상을 잘 인식해야 한다. 정체성 형성 과정에서 청소년들로 하여금 자기주도적으로 힘을 갖도록 격려하는 것은 부모의 영향력에서 벗어나 스스로 정체성을 확립해 가도록 돕는 것이다. 상담자는 청소년이 부모로부터 영향받은 자기 인식과 또래의 압박에 수동적으로 의존하기보다는 자신의 정체성 발달에 스스로 힘과 책임을 갖는 방식에 대해 상담회기에서 논의할 수 있다. 이 과정에서 청소년들이 사회적 비교를 통한 정체성의 참조틀을 탐색하고 자신의 능력과 내면의 영적 혹은 다른 가치들을 보다 잘 인식하도록 도울 수 있다. 청소년기 정체감 발달에서 사회적 참조에 대한 이러한 개입은 자아 발달에 있어 인지적이고 감정적 차원을 초월하여 가치를 인식할 수 있게 하며, 자신이 속한 세계에 대해 의미 있고 잠재적으로 긍정적 방식으로 기여하도록 동기를 부여한다(Lerner, Warren, & Phelps, 2011). 이런 초월의 경험을 통해 청소년은 의미를 발견하게 되고, 이는 그들의 믿음, 가치, 세계관에 영향을 준다. 이러한 풍부하고 의미 있는 상호작용은 정체성 발달을 돕고, 자신이 속해 있는 세계 속에서 충만감을 경험하도록 이끈다.

영적 발달

청소년기에는 새롭게 발견하게 되는 초월적 잠재성들로 청소년기 이전에 그들이 이해했던 수준 이상으로 깊이 있게 영성의 측면을 조망하게 된다. 청소년은 종교적 실천과 도덕적 행동 규범이 '무엇'인가에 대한 정의 수준에서 출발하여 즉각적인 상호작용의 수준을 넘어 복합적인 세계에서 왜 가치와 행동이 중요한 것인지의 질문들에 보다 적응적이 된다. 상담자는 청소년들이 세계에 대한 영적 정체성의 잠재적 갈등을 다뤄갈 수 있도록 가설적 추론, 추상적 사고, 그리고 더 복잡한 문제해결 능력의 발달 요소를 초월적인 사회적 인식 요소와 통합해 가도록 도울 수 있다. 상담자는 청소년들이 어떻게 용서를 내담자의 또래 친구와의 단순한 화해 행동 그 이상으로 바라볼 수 있는지를 이해하도록 돕기 위해 청소년의 초월적 경험의 확장에 개입할 수 있다. 예를 들어, 인종차별정책 이후의 남아프리카에서 용서 개입은 인종적 · 법적 · 정치적 환경에서 중요한 기초를 닦는 역할을 했다 (Tutu, 1999). 상담자는 청소년기의 정체성 형성에서 그들이 가족 관계, 영적 · 사회적 문화의 영향 등에 대해 스스로 인식하고 가치감을 갖도록 돕기 위한 차원에서 초월성과 의미 만들기 등의 개입을 시도할 수 있다.

생물학적인 또는 발달 체계 모델과 조화를 이루면서, 상담자는 청소년 내담자에게뿐만 아니라 그가 속한 체계에도 영향을 미칠 기회를 갖는다. 종종 상담자는 청소년 내담자와 작업할 뿐 아니라 청소년이 속한 생활 세계의 교육자들, 형제 자매들, 부모와 직접 상호작용할 수 있다.

부모와의 상호작용은 종종 사회적 영향이 자녀의 삶에서 발휘하는 영향력이 커져 가는 것을 받아들이는 데 따르는 어려움을 다루게 된다. '헬리콥터 부모의 자녀 양육'이라는 문화 현상은 성공적인 삶으로 나아가도록 돕기 위해서 넘지도록 많은 보조와 지원을 제공하는데, 아이들이 출생에서 청소년기 그리고 그 이후 시기에 이르기까지 스스로 관계를 탐색하고 가치를 선택해 가는 독립 과정을 배우기 어렵게 만들었다(Arnett, 2004). 이는 역으로, 청소년 자녀의 정체성 형성 과정에서 부모와 주변 환경에 대한 의존성을 증가시켰다. 일부 보수적인 종교 문화에 익숙한 부모들은 자녀들이 부모의 가치, 믿음, 그리고 정체성의 여러 특성을 그대로 선택할 것을 분명한 메시지로 표현한다. 이런 메시지는 자녀의 가치와 정체성 발달 과정에서 부모 이외의 다른 영향을 탐색하는 과정에서 자녀가 경험할 수도 있는 위험 요소에 대한 부모의 두려움과 맞닿아 있다. 상담자들은 사회적 맥락에서의 정체성 형성에 대한 청소년기 발달 과제를 부모가 수용하도록 도움으로써, 청소년 자녀 스스로 정체성 형성에 관련되는 자원을 검토하고 평가하여 발달 과제를 성취해 가도록 돕는 촉진적 부모-자녀 관계를 도울 수 있다(Marcia, 1966).

영적 개입을 고려할 때 PYD 개념은 상담자와 부모에게 도움이 되는데, 이는 십대 임신, 폭력, 마약, 그리고 여러 결핍으로 생겨나는 결과에 대한 회피적 자세에서 벗어나 청소년들이 보다 성숙한 관점으로 나아가도록 격려한다. PYD 모델은 부모들이 선호하는 친사회적 참여, 영성과 도덕적 능력의 배양, 그리고 통합과 사회적 정의, 책임감 등의 긍정적인 가치를 통해 성격 발달을 돕는다(Benson, 2003; Bundick, Yeager, King, & Damon, 2010; Catalano et al., 2002). 더욱이 PYD의 목적은 기본적으로 청소년기 정체성 발달과 사회에 기여하는 방식으로 삶의 목적을 찾게 돕는 초월적 대상과의 연결을 촉진하고, 사회 정의, 문화적 유능감, 목적의식 등과 같은 개인적 역량을 키워 가도록 격려하며 돕는 것에 있다.

상담자는 청소년 내담자에게 직접 상호작용을 통해 아마 생애 처음으로 그리고 지금까지의 경험 가운데 가장 분명한 방식으로 자기 결정 능력을 키워 주는 어른과의 관계 모델을 경험하는 기회가 될 수도 있다. 또한, 청소년 내담자로 하여금 규칙과 경계 안에서 가치를 다루는 과정에서 부모와의 의미 있는 대상 관계 경험을 통해 자기 정체성과 관련해서 스스로 돌아보는 기회를 갖고, 자신에 대한 통찰을 얻는 안전한 공간을 제공해 주게 된다. 사회적 참조에 포함된 기회와 위험 요소들에 대한 해석 작업을 통해서 청소년 내담자는 초기와 중기 아동기 경험에서의 어른-아이 상호작용 방식에서 벗어나 자유와 독립의 새로운 세계를 향해 나아가는 과정에서 성숙한 어른 대상과의 의미 있는 상호작용의 기회를 가질 수 있게 된다. 청소년 내담자와의 상담에서 내담자의 관계적·맥락적 경험에 대한 개념화는 중요하다. 또한 내담자와 상담자 간의 치료적 관계는 상호작용을 통해서 정체성 형성 과정에 의미 있게 영향을 미치는 협력적 기회를 제공한다는 점에서 중요하다.

특히 청소년 내담자와 신뢰 관계를 맺게 될 때, 상담자는 자아개념 발달 과정에 영향을 미치는 부모의 가치와 새롭게 탐색된 대안적인 믿음체계들을 적절히 통합해 가도록 도울 수 있게 된다. 앞서 언급했듯이 현대사회의 미국 청소년들은 점차 사회적 수용을 중요시하여 타자에게 보이기 위한 이미지 형성에 집중하면서 정체성을 정립하려고 한다(Becker, 2004). 그러므로 상담자는 청소년 내담자의 사회적 상호작용에서 개인적 가치와 의미를 찾아가는 건강한 상호작용을 추구하도록 지원하면서 정체성 형성의 바람직한 모델을 구체화해 갈 수 있도록 도와야 한다. 즉, 청소년 내담자가 자아를 초월한 사회적 맥락에서 영향을 받는 정체성 요인을 발견하고 구체화시키도록 도울 수 있다. 청소년은 자신의 존재가 수용되는 것뿐 아니라, 세계에 기여하는 자기 가치를 추구하게 됨으로써 자신이 속한 사회에 대한 새로운 사회적 관점을 확대해 가도록 격려받는다. 자아와 사회 간의 상호보완적 상호작용에 대한 강조는 지나치게 외형에 치중하는 흐름에서 벗어나 청소년 스스로 자신의 정체성을 합목적적인 방식으로 형성해 가도록 돕고 초월적 연결을 생산적으로 돕는다.

이러한 접근 방식은 상담에서 청소년 내담자가 가족의 영적인 믿음에 대한 탐색에 대해 저항하지 않으면서 개방적으로 대화할 수 있게 한다. 그런 탐색을 통해서 가족의 믿음과 반대되는 관점을 통합적으로 다루게 되고 영적 정체성의 발달을 돕게 된다. 궁극적으로는 청소년들로 하여금 다른 가치나 철학 혹은 종교적 이데올로기에 대하여 반응적으로 실존적 무력감에 빠지거나 정체성 발달에 저해되지 않도록 대처하는 유연성을 새롭게 키워 가도록 돕는다. 이러한 개입 과정은 경건 서적의 텍스트와 관련된 해설서의 사용, 기도와 같은 행동 개입이나 내담자가 속한 여러 공동체 활동 등에 대한 참여 관련 논의 등을 포함할 수 있다. 이러한 개입들은 청소년기 발달의 이전 단계에서도 활용될 수 있지만, 정체성 발달에서 자신의 힘을 키워 가게 되는 청소년기 내담자에게 보다 효과적으로 작용한다.

상담자는 청소년기 내담자와의 관계에서 주 호소 문제와 관련해 경험이 많고 협력적인 안내자로서 중요한 역할을 하며 친구 관계, 가족 그리고 여러 사회문화적 맥락 안에서 자아 찾기의 열망을 격려하면서 영향을 줄 수 있다. 자아정체성 발달 과정은 외현적인 종교 모델을 탐색하고 사회적 상호관계의 영향과 개인적 믿음과 가치들의 상호작용을 돌아보면서 이를 통합해 가는 과정이다. 청소년은 친구와 타자들과의 관계에서 연결되고 수용되기를 추구하면서도, 또한 그들의 삶에서 의미와 정체성을 추구한다. 이러한 초월적이고도 실존적인 성찰은 청소년기 이전에는 생각할 수 없는 영적 정체성의 발달단계로 나아가게 한다. 특히 임상적 관점에서 중요한 것은 청소년기의 초월적 자각과 성찰은 청소년에게 자기 자신보다 더 큰 존재, 신, 믿음 체계, 더 높은 힘, 사회적 영향, 목적, 일상생활 너머의 것을 추구할 수 있게 한다는 점이다. 청소년들은 이전보다 폭넓은 관점을 갖고 영적 의미를 스스로 탐색하고 선택하는 것을 통해 자기 자신보다 큰 존재와 연결되는 정체성을 형성해 갈 수 있게 된다.

사례 연구: 청소년기 발달적 특성을 고려한 영적 개입

조시는 고등학교 3학년이 되어 집에서 멀리 떨어진 대학에 입학하려는 결심을 하면서부터 분리불안과 우울증 증세가 나타나 상담을 받으러 왔다. 그녀는 조직화된 종교를 무시하는 무신론자이다. 비록 그녀가 믿었던 것은 거의 없지만, 그녀가 믿지 않는 것에 대해서는 매우 분명했다. 그녀는 미국 북동쪽의 유대교와 기독교적 종교 전통을 지닌 백인 부모 밑에서 자유롭게 자랐났으며, 부모의 종교를 거부했다.

조시의 우울증은 학교 친구 중 하나가 집에서 혼자 있는 동안 바이러스 감염으로 갑작스럽게 죽은 10세 무렵에 시작되었다. 어떤 면에서 조시는 어린아이들이 보이는 행동 증상과 비슷한 행동 특성을 보였으며, 자주 악몽에 시달렸다. 그녀는 엄마와 떨어져 산다는 것을 생각만 해도 견딜 수 없어 했다. 그녀는 의미와 목적을 추구하며 미래를 향해 나아갈 수가 없었다. 성인기에 진입하면서 마주하게 되는 문제들에 대해 답을 찾아 가며 헤쳐 나갈 수 있는 자원들을 별로 갖지 못했다. 그녀는 '어떤 사람이 되어야 할까?' '무엇을 하며 살아야 할까?' 혼란스러워했다.

조시의 영적 발달은 멈추었는데, 이는 실존에 대한 근본적인 질문을 다룰 수 있는 환경적 맥락이 부재했기 때문이다. 삶의 만족을 얻기 위해 추구하는 다양한 방식에 노출되는 경험의 결핍으로, 그녀는 분리불안과 슬픔에서 안정을 찾는 데 필요한 자원들을 키워갈 수 없었다. 그녀는 고통과 씨름하기 위한 언어나 개념이 결핍되어 있었다. 더 큰 위기는 그녀의 아버지가 죽었을 때 찾아왔다. 이 사건으로 그녀는 인간의 삶이 갖는 공허함과 마주하게 되었고, 결국 영적인 질문들에 대해 탐색을 시작하게 되었다. 답을 찾아가는 과정에서 그녀는 비교종교학과 철학 과목들을 수강하였다. 이 시기 동안에 그녀는 다양한 영적 전통의 종교 서적을 읽었다. 이런 노력은 상담에서 그녀가 하였던 작업에 유용한 자원이 되었고, 그녀는 가족의 역사, 북미의 중산층 문화, 개인적인 재능, 가치, 도덕성의 큰 맥락 안에서 자신의 삶의 내러티브를 구축하기 시작했다. 그녀는 영적 세계나 사후 세계를 믿지 않는 무신론자이자 유물론자로 남았지만, 철학적 사유 과정을 통해 자신의 삶에서의 선택과 성인으로의 발달을 이끄는 영적이고 도덕적인 가치 체계를 정립하게 되었다.

결 론

청소년기 내담자에 내한 영적 개입은 인지적, 심리사회적, 영적 기능 영역을 통합적으로 접근하는 발달적 맥락에서 고려되어야 한다. King 등에 의한 관계적 영성은 치료적 관계와 개입에서 아동과 청소년기 발달 특성과 그 관련성을 이해하는 접근으로 통합적인 관점을 제공한다. 영적 개입의 다양성은 아동 혹은 청소년의 발달단계 특성을 고려해서 조화롭게 선택될 필요가 있다. 기도, 종교적 경건 서적의 사용, 신의 이미지, 용서 등의 개입은 아동기와 청소년기의 발달단계에 있는 내담자에게 폭넓게 사용되는 개입이지만, 내담자의 발달단계에 따른 고려사항으로 인해 실제 개입 방식이나 기법에 차이가 있다. 상담실에서 아동이나 청소년 내담자를 대상으로 하는 영적 개입은 내담자 발달단계 특성들을 민감하게 인식하고 고려하면서 책임감 있게 다뤄져야 할 것이다.

참고문헌

Arnett, J. J. (2004). *Emerging adulthood: The winding road from late teens through the twenties.* New York, NY: Oxford University Press.

Bamford, C., & Lagattuta, H. (2010). A new look at children's understanding of mind and emotion: The case of prayer. *Developmental Psychology, 46,* 78–92. doi:10.1037/a0016694

Becker, A. E. (2004). Television, disordered eating, and young women in Fiji: Negotiating body image and identity during rapid social change. *Culture, Medicine, and Psychiatry, 28,* 533–559. doi:10.1007/s11013-004-1067-5

Benson, P. L. (2003). Developmental assets and asset-building community: Conceptual and empirical foundations. In R. M. Lerner & P. L. Benson (Eds.), *Developmental assets and asset-building communities: Implications for research, policy, and practice* (pp. 19–43). New York, NY: Kluwer Academic.

BRatton, S. C., Ray, D., & Rhine, T. (2005). The efficacy of play therapy with children: A meta-analytic review of treatment outcomes. *Professional Psychology: Research and Practice, 36,* 376–390. doi:10.1037/0735-7028.36.4.376

Bronfenbrenner, U. (1979). *The ecology of human development: Experiments by nature and design.* Cambridge, MA: Harvard University Press.

Bundick, M. J., Yeager, D. S., King, P. E., & Damon, W. (2010). Thriving across the life span. In W. F. Overton (Eds.), *Handbook of life span development: Vol. 1. Methods, biology, neuroscience, and cognitive development* (3rd ed., pp. 882–923). Hoboken, NJ: Wiley.

Catalano, R. F., Berglund, L. M., Ryan, J. A. M., Lonczak, H. S., & Hawkins, D. J. (2002). Positive youth development in the United States: Research findings on evaluations of positive youth development programs. *Prevention and Treatment, 5,* Article 15.

Dickie, J. R., Eshleman, A. K., Merasco, D. M., Shepard, A. S., Vander Wilt, M., & Johnson, M. (1997). Parental child relationships and children's images of God. *Journal for the Scientific Study of Religion, 36,* 25–43. doi:10.2307/1387880

Enright, R. D., & Fitzgibbons, R. P. (2000). *Helping clients forgive: An empirical guide for resolving anger and restoring hope.* Washington, DC: American Psychological Association. doi:10.1037/10381-000

Erikson, E. H. (1950). *Childhood and society*. New York, NY: W. W. Norton.

Erikson, E. H. (1959). Identity and the life cycle: Selected papers [Monograph]. *Psychological Issues, 1*, 1-171.

Erikson, E. H. (1968). *Identity: Youth and crisis*. New York, NY: Norton.

Fowler, J. W. (1981). *Stages of faith: The psychology of human development and the quest for meaning*. New York, NY: HarperCollins.

Gorsuch, R. L., & Walker, D. F. (2006). Measurement and research design in studying spiritual development. In E. C. Roehlkepartain, P. E. King, L. Wagener, & P. L. Benson (Eds.), *The handbook of spiritual development in childhood and adolescence* (pp. 92-103). Thousand Oaks, CA: Sage.

Harter, S. (2006). The self. In W. Damon & R. M. Lerner (Series Eds.) & N. Eisenberg (Vol. Ed.), *Handbook of child psychology: Vol. 3. Social, emotional, and personality development* (6th ed., pp. 505-570). Hoboken, NJ: Wiley.

Hertel, B. R., & Donahue, M. J. (1995). Parental influences of God images among children: Testing Durkheim's metaphoric parallelism. *Journal for the Scientific Study of Religion, 34*, 186-199. doi:10.2307/1386764

King, P. E., Ramos, J. S., & Clardy, C. E. (in press). Searching for the sacred: Religion, spirituality, and adolescent development. In K. I. Pargament (Ed.), *APA handbook of psychology, religion, and spirituality: Vol. 1. Context, theory, and research* (pp. 513-528). Washington, DC: American Psychological Association.

Kohlberg, L., & Hersh, R. H. (1977). Moral development: A review of the theory. *Theory Into Practice, 16*, 53-59. doi:10.1080/00405847709542675

Lerner, R. M. (2002). *Concepts and theories of human development* (3rd ed.). Mahwah, NJ: Erlbaum.

Lerner, R. M., Roeser, R. W., & Phelps, E. (2008). Positive development, spirituality, and generosity in youth. In R. M. Lerner, R. W. Roeser, & E. Phelps (Eds.), *Positive youth development and spirituality: From theory to research* (pp. 3-22). West Conshohocken, PA: Templeton Foundation Press.

Lerner, R. M., & Steinberg, L. (Eds.). (2009). *Handbook of adolescent psychology: Vol. 1. Development, relationships and research methods* (3rd ed.). Hoboken, NJ: Wiley.

Lerner, R. M., Warren, A., & Phelps, E. (Eds.). (2011). *Thriving and spirituality among youth: Research perspectives and future possibilities*. Hoboken, NJ: Wiley.

Marcia, J. E. (1966). Development and validation of ego identity status. *Journal of*

Personality and Social Psychology, 3, 551-558. doi:10.1037/h0023281

McAdams, D. P. (2006). *The redemptive self: Stories Americans live by.* New York, NY: Oxford University Press.

Piaget, J. (1967). *The child's conception of the world* (J. Tomlinson & A. Tomlinson, Trans.). London, England: Routledge & Kegan Paul. (Original work published 1929)

Piaget, J., & Inhelder, B. (1967). *The child's conception of space* (F. J. Langdon & J. L. Lunzer, Trans.). New York, NY: Norton.

Reich, K. H. (1998). Psychology of religion: What one needs to know. *Zygon: Journal of Religion and Science, 33*, 113-120. doi:10.1111/0591-2385.1301998130

Sweetman, P. (2000). Anchoring the (postmodern) self? Body modification, fashion, and identity. In M. Featherstone (Ed.), *Body modification* (pp. 51-76). London, England: Sage.

Tutu, D. M. (1999). *No future without forgiveness.* New York, NY: Doubleday.

Worthington, E. L., Jennings, D. J., & DiBlasio, F. A. (2010). Interventions to promote forgiveness in couple and family context: Conceptualization, review, and analysis. *Journal of Psychology and Theology, 38*, 231-245.

2부

상담 개입 전략

5장   수용

- STEVEN A. ROGERS, LEANNE STEEN, AND KERRY McGREGOR

네 이웃을 네 몸과 같이 사랑하라.

- 누가복음 10:27

대부분의 심리학 이론에서 수용의 개념이나 적용과 관련하여 구체적인 영적 훈련이나 신앙 경험에 대한 내용은 거의 다루어지지 않고 있다. 영적이거나 종교적 가르침이 대부분 수용의 역할에 대한 내재적 또는 외현적 가정들을 가지고 있음에도 한편으로는 일부 영적이거나 종교적 배경에서는 완벽의 추구라는 명목하에 수용에 대하여 호의적이지 않다.

그러나 수용은 대인관계에서 핵심 요소가 되며, 일부 상담이론 접근에서 상담의 치료적 핵심 요인으로 간주된다. 이 장에서 수용은 개인적인 영적 성장을 추구하는 아동의 타고난 잠재적 성향에 대한 믿음을 바탕으로 하는 상담의 영적 개입 방식의 하나로 설명된다. 상담에서 수용이 어떻게 치료적으로 기능하는가와 관련해서는 다양한 이론적 접근에서 논의된다. 이 장에서는 상담에서 수용 능력을 키우고자 하는 상담자의 개인적 특성에 대하여도 언급할 것이다. 먼저 대상관계 이론에서 언급하는 수용의 상담적 기능에 대하여 살펴본 후에, 아동 중심 상담에서 수용의 기능에 대하여 설명하기로 한다. 수용의 이해를 돕기 위하여 여러 실제 사례가 제시되고 있다.

대상관계 이론에서의 수용

대상관계 이론에서 영적 개입을 시도하는 상담자에게 중요한 개입 기법 가운데 하나가 수용이다. 이 장에서는 대상관계 이론을 개관하고서 상담적 개입으로서 수용이 어떻게 기능하는가를 설명하고자 한다. 그리고 대상관계 이론을 기반으로 하는 영적 개입의 하나로 수용을 상담에 적용한 두 사례가 제시될 것이다.

수용의 구체적 개념은 영성과 정신분석 이론에서 변증법적으로 접근할 수 있다. 먼저 수용은 종종 개선을 위한 노력과 반대되는 것으로 인식되기도 하는데, 영성적 관점에서는 영적 성장이나 깨우침에 도달하기 위한 하나의 필수적인 과정으로 현실에서의 불만족과 그 연속선상의 끝에서 마주하게 되는 고요함 속에서의 기도와 함께 수용에 이르게 된다고 본다. 정신분석 학파에서는 개인의 방어나 관계 패턴들의 파괴나 혼란스러운 상태에서 벗어나서 이르게 되는 치료 목표 가운데 필수 요소의 하나로 수용을 설명한다. 치료적 개입으로서의 수용에 대한 잘못된 이해로는 변화에 상반되는 개념으로 보거나, 또는 수용 그 자체가 치료적 개입의 하나로 이해되기보다는 단지 불안으로 인한 갈등의 해결과 관련된 요소로 설명하는 것 등이 이에 해당한다. 정신분석적 접근에 뿌리를 둔 학파 가운데 하나인 대상관계 이론에서는 수용에 대하여 통합적으로 내담자 성장과 변화를 위해 꼭 필요한 요소가 될 뿐만 아니라, 영적인 개입의 하나로 설명한다. 즉, 대상관계 이론에서는 수용을 영적 개입 가운데 중요한 한 요소로 간주한다. 수용 그 자체만으로도 어떻게 하나의 강력한 영적 개입이 이뤄질 수 있는지 대상관계 이론을 중심으로 살펴보고자 한다.

대상관계 이론과 상담

대상관계 이론에서의 수용과 영성의 이해를 돕기 위해서 대상관계 이론의 개념들을 전체적으로 간략히 살펴보는 것이 필요하다. 대상관계 이론의 발달에 중추석 기여를 한 인물에는 Melanie Klein과 Ronald Fairbairn, Donald Winnicott 등이 있다. 이들 각각은 개별적으로 대상관계 학파들을 형성해 왔으며, 고전적 프로이트 정신분석 이론의 지나치게 기계적인, 본능을 강조하는 주장에 대하여 문제시하는 공통적 입장을 취하고 있다. 신경생물학적 측면의 중요성에 대하여 무시하지 않으면서도 그들은 또한 인간 발달과 심리적 안녕에 중요한 영향을 미치는 초기 관계의 중요성을 강조했다. 그들은 상호관계성이 인간 행동의 중요한 동기로 작용하며, 결과적으로 심리적 건강은 과거와 현재의 의미 있는 대상과 맺는 관계의 질과 유형에 따라 영향을 받는다고 보았다(McDargh, 1983; Wenar & Kerig, 2000).

이러한 대상관계는 뚜렷한 발달단계들을 통해 드러나기도 한다. Fairbairn (1946)의 유아적 의존, 과도기, 성숙한 의존의 단계를 기초로 하여 Mahler와 Pine, Bergman(1985)은 공생, 분리 개별화, 개별화-화해 단계로 설명하였다. 두 이론에 따르면 발달 과정은 아동의 출생과 더불어 자신의 기본욕구를 만족시켜 주는 대상으로서 완전하게 의존하게 되는 양육자와의 공생 관계에서 시작된다. 유아의 관점에서 유아와 양육자 간에 분리나 경계는 없다. 유아의 행동은 바로 양육자에게 영향을 미쳐 일방향적 우주의 자폐적 중심에 놓이게 되고 이 시기의 부모는 본래적으로 선하고 해를 끼치지 않는 대상으로 인식된다(McDargh, 1983).

그러나 6개월의 시간이 지나면 유아는 양육자와 현실적으로 분리되고 한계가 있을 수 밖에 없음을 인식하게 된다. 이 시기는 분리 개별화 시기로 양육자가 아동의 모든 욕구를 완벽하게 충족시키는 데 실패하면서 자연스럽게 시작된다. 양육자가 분리되어 있으므로 좌절이 시작되며, 다른 가족 구성원들의 관심을 요구하게 된다. 대상관계 이론에 따르면 이 좌절과 배신은 피하기 어려울 뿐 아니라 아동이 독립된 부모의 선함과 나쁨의 양극단의 면들을 억지로라도 받아들일 수밖에 없기 때문에 반드시 지나가야 하는 과정 경험으로 이야기된다. 이러한 새로운 인식에 대한 아동의 반응으로는 소외, 버려짐으로 인식하거나 양육자에 대한 분노로 연결되거나, 붙잡기를 계속하거나 독립을 주장하거나 간의 양가 감정을 경험하는 것이다. 이러한 반응은 자연스럽게 분리, 버려짐, 공생적이고 흠이 없는 것으로 여겨졌던 오래된 부모와의 대상 관계로부터 양육자와의 분리와 양극성을 통합하게 돕는, 보다 정확한 내적 표상으로 특징지어지는 새로운 부모 관계의 수용으로 나아가게 촉진한다.

이러한 분리 개별화의 결과로 자기(self)의 분화가 이뤄지고, 부모의 고유한 차원과 정체성을 수용할 수 있게 되고 자신의 요구와 분리해서 부모를 자신과 독립된 대상으로 인정하게 되는 화해의 단계로 나아가게 된다(Mahler et al., 1975). 이러한 성숙과 더불어 자기표상과 타인표상은 선과 악의 특성을 통합하고 수용할 수 있게 된다. 이는 완벽한 동일시가 아닌 보다 진전된 상호작용을 통해 타인의 한계와 힘을 경험하고 받아들이게 되는 대상과 자기와의 성숙하고 건강한 관계로 발전해 가게 된다. 심리적 문제들은 이러한 분리와 개별화 단계에서의 실패적 성취로부터 영향을 받는다. 이상적으로 자기와 부모의 긍정적인 면과 부정적인 면을 함께 수용하는 것처럼 아동은 현실적이고 건강한 부모와 자신의 정신적 표상을 내면화하게 되고 수용할 수 있게 된다. 이러한 발달은 부모가 안전하고 안정적인 양육 환경을 충분히 제공해 주고 지지적인 자기 개별화 과정으로 나아가게 허용해 줄 때 이뤄진다. 이러한 안정적 양육 환경을 Winnicott(1988)은 아동이 자기와 양육자, 대상 간의 차이를 배우는 제3의 공간으로 설명했다.

만약 아동이 주 양육자와 결핍된 관계를 경험할 경우 자신에 대한 부정적 표상과 타인에 대한 부정적 표상을 형성하게 되고, 결핍된 내적 자아 형성에 영향을 준다(Fairbairn, 1958). 학대 부모를 둔 아동은 화가 난 타인표상과 무기력하고 무가치한 자기표상을 발전시킨다. 부모가 너무 뒤로 물러나 있거나 분리에 어려움을 겪는 경우, 아동은 종종 타인들을 과잉보호적으로 지각하게 되거나, 자신을 미숙하고 좌절을 견딜 수 없는 대상으로 인식한다(Burns-Smith, 1999). 결과적으로 이러한 병리적 각본을 가지고 다른 대상들에게 비슷한 역할을 수행함으로써 역기능적인 관계 드라마를 반복하며 인생을 보내게 되기도 한다.

대상관계 이론의 상담 개입으로서 수용

역기능적 관계 드라마에 대한 상담 개입으로서 대상관계 이론에서는 중요한 태도와 중심 기법으로 수용에 대하여 중요하게 언급한다. 자연스럽게 대상관계 이론에서 수용의 개념은 충돌되는 개념이 아니다. 수용의 개념은 대체로 많은 전통적 상담이론에서 상담 목표나 상담자의 태도에 관련된 요소로 다루어진다. 그러나 각 이론별 전통에 따라 수용의 의미와 개념 정의는 차이가 있다. 대상관계에서의 수용은 상담의 방법이 되고 내담자가 자신의 실제 모습과 타인의 실제를 수용하도록 돕는 중요한 태도로 설명된다. 구체적으로 상담의 목표는 내담자들로 하여금 초기 형성된 대상관계 표상으로부터 영향받은 자기 관점과 타인 관점을 구분하도록 도와주고, 이를 통해 자신과 타인에 대하여 과거 초기 형성된 표상으로부터 최소한으로 영향을 적게 받으면서 현실적이고 통합적 방식으로 볼 수 있게 돕는 것이다. 대상관계 이론에 따르면, 수용은 상담자와 내담자 사이 관계에 강력한 영향을 준다. 대상관계 상담자들은 내담자로 하여금 과거의 반복적인 부정적 역할 경험을 중단하고, 자신의 대인 환경에 대하여 보다 정확하고 건강한 이해단계로 나아가도록 교정적인 정서적 관계 경험을 제공하려고 시도한다.

대상관계 이론 상담의 핵심 목표에는 내담자의 감정, 생각, 행동, 감각 모두를 수용하는 것이 포함된다. 내담자의 이전 깨어진 관계에서의 좌절된 수용과는 반대 방향으로 의도적으로 다가가는 것이다. 대부분의 아동은 양육자를 대체로는 긍정적이고 충만하게 경험하지만, 양육자들은 어쩔 수 없이 아동 내담자들을 실망시키고 실패 경험을 안겨 주어 이런 갈등을 해결하기 위한 새로운 길을 모색하게 된다. 많은 아동이 내적으로 양육자를 선함과 악함으로 이분법적으로 구분하여 이런 갈등을 해결하려 한다. 그 결과, 아동의 내적 · 외적 세계는 좌절을 주거나 파괴적 대상들과 만족스럽거나 사랑하는 대상이라는 두 가지 세계로 나뉜다 (Cashdan, 1988). 이러한 분리의 불행한 부산물 가운데 하나는 자신을 선함과 악함의 요소로 분할하는 것이다. 이러한 특성들은 긍정적 측면을 의식하거나 표현할 수 있는 것으로 지각하고, 부정적 측면을 방어, 승화, 억압, 부인, 투사적 동일시 등으로 작동되는 수많은 기제로 연결되게 이끈다. 예를 들어, 아동이 양육자의 실패와 좌절을 처음 경험할 때는 양육자에게 느꼈던 이전의 사랑과 애정의 경험에 반대되는 화나는 감정과 두려움을 경험할 수 있다. 양육자가 이러한 부정적 감정에 어떻게 반응할지에 대한 불확실성과 거절, 버려짐에 대한 두려움으로 인해 아동은 착취, 상처, 자기 파괴로부터 자신을 보호하기 위한 하나의 방법으로 부정적 감정을 억압하거나 무력감에 빠진다(Burns-Smith, 1999).

이상적으로 양육자에 따라 이러한 이질적이고도 복합적인 감정들을 견디고 수용할 수도 있다. 그러나 많은 내담자가 자신의 감정과 충동에 있어 상황에 따라 조건적으로 특정한 감정만 받아들여지거나 인정받은 경험을 갖고 있다. 신체 증상을 호소하는 내담자들은 종종 신체적 의존은 받아들여지고 독립은 허용되지 않은 경험을 가지고 있다. 일부 내담자는 힘에 대한 욕구가 좌절되거나 필요한 사람이 되고 싶은 욕구가 거절된 경험을 갖는다. 또 다른 내담자들은 까다롭고 요구가 많은 대상에게 비위 맞추는 것만 받아들여졌을 수 있다. 대상관계 상담자들은 의식적이거나 받아들일 만한 표현에서 분리되거나 파편화되어 있는 모든 영역을 수용해 줌으로써 선과 악의 균형이 자기 안에서 함께 조화롭게 수용될 수 있도록 하는 교정 경험을 제공하기 위해 주의를 기울인다. 학업적 성취나 운동, 신체적인 면에서 단지 한 부분만을 받아들이는 부모를 둔 내담자에 대하여 상담자는 그들의 강점과 약점을 모두 수용해 줄 필요가 있다. 지적이면서 문화적으로 세련된 태도를 보이려 애쓰는 내담자에 대해서는 상담에서 내담자의 미숙함과 속물적인 면을 받아들이는 것이 필요할 수 있다. 사교적이거나 도덕적으로 확신에 찬 모습을 보이는 내담자에 대해서는 내적인 깊은 분노나 회의감을 수용하며 다룰 수 있어야 한다. 내담자의 일부 그리고 모든 측면은 받아들일 만한 가치가 있다. 즉, 내담자의 부정적이고 미움의 감정, 사악한 면, 파괴적 동기, 우월주의, 이상적인 추구,

완벽을 향한 열망 등을 전적으로 수용하는 것이 필요하다(Skolnick, 2006).

상담에서의 수용 경험은 내담자 자신의 무시되어 온 측면을 의미 있게 인식하도록 돕고 내담자의 자기수용과 타인수용을 촉진한다. 이전의 파편화된 경험에 대한 상담자의 수용을 경험하게 될 때, 내담자는 이전에 좌절되거나 무의식으로 억압했던 감정과 감각의 실제를 통합할 수 있도록 허용하는 확장된 자기인식의 공간을 제공받는다. 압도적이거나 참을 수 없는 부정적인 감정들로 힘들었던 내담자의 경우, 상담자가 그런 부정적 감정들을 받아들여 주는 경험은 내담자 스스로 보다 수용적이고 성숙하게 그 감정을 직면하여 다루거나 인내하거나 조절해 갈 수 있는 새로운 길을 발견하게 돕는다. 상담자의 수용을 경험하면서 내담자의 파편화된 감정과 실제들에 대한 통합이 이뤄지게 되고, 이는 내면세계의 평화를 경험하게 하며, 감춰진 거절된 부분을 붙잡고 사느라 사용된 에너지를 전인적인 자기수용을 향하여 온전히 사용할 수 있게 된다. 다시 말해서, 상담자가 수용에서의 실패 경험을 교정해 주려고 노력할 때, 내담자는 자기와 자기대상의 수용이나 연결을 경험한다(Gehrie, 2011). 수용은 내담자의 억압된 부분에 대한 연결을 촉진하고, 결과적으로 이러한 원하지 않던 부분이 경험될 때의 새로운 결과로 자기 이해와 관계에 변화를 가져온다.

상담자의 수용은 파편화된 자기를 최소화하는 방식으로 자기 내면화를 돕고 내담자의 삶에서 타인을 수용하도록 돕는다. 대상관계 이론에 따르면 양육자에 대한 갈등적 정서를 받아들이는 아동의 능력은 특히 부모의 실패와 비난으로 파괴된 공생 단계 이후에 흠 없는 타인에 대한 내적 표상과는 다르게, 실제적이고 강점과 약점을 갖는 대상으로서의 내적 표상을 갖도록 촉진한다. 같은 방식으로 상담자의 수용을 통해 내담자가 자신의 힘든 감정과 생각들을 수용할 수 있게 될 때 내담자는 보다 정확한 타인표상을 발달시키게 된다.

이는 내담자로 하여금 다른 사람들의 단점이나 부러운 면을 왜곡하지 않으면서 있는 그대로 바라보며 수용적으로 받아들일 수 있도록 돕는다. 타인에 대한 과다한 긍정, 의심, 의존적 태도 등에서 벗어나 다른 사람들과 보다 건강하고 성숙한 방식으로 교류하게끔 촉진한다. 타인표상에 있어서 현실적으로 좋은 점과 나쁜 점을 함께 받아들일 수 있게 됨으로써 다른 사람들을 단점이 있는 불완전한 존재로, 희망적 요소를 갖는 존재 그대로의 가치를 인정하고 받아들이게 된다(Skolnick, 2006). 관계에서 이러한 깊은 변화는 단순하게도 상담자의 수용경험을 통해서 얻게 되는 결과이다.

대상관계 이론에서 상담자가 수용을 제공하는 방식에는 여러 가지가 있다. 따뜻하고 정확한 공감은 내담자로 하여금 분열된 자기를 개방하고 받아들일 수 있도록 허용한다. 미움이나 탐욕 또는 무력감 등과 같은 부정적 감정이나 감각 등을 떠올려 다루게 될 때 내담자의 깊은 공포나 고통의 감정을 수용하여 줌으로써 더 깊은 탐색 과정으로 나아갈 수 있다. 내담자의 강점을 찾아내고 지지적으로 다가가는 것은 '모든 것이 잘못되었다.'라고 스스로를 바라보는 내담자에게 특히 효과적이다. 내담자가 현재의 자신이나 타인에 대해 갖는 관점을 내담자와 상담자 관계의 과정 경험으로 드러내거나 과거의 관계 경험과 연결시켜 보는 것은 내담자 스스로 차단해 온 부분에 대해 다시 관찰하고 받아들이도록 돕는 방법이 될 수 있다. 내담자가 상담 관계로 가져오는 것들에 대하여 어떤 것이든 수용하고 견뎌 주는 상담자의 노력은 내담자가 다른 사람들에게 보이기를 꺼려 하는 자기 모습을 드러내도록 돕고 상담자와 보다 안전하고 건강하게 만날 수 있는 공간을 허용하게 된다.

대상관계에서의 수용은 획일화된 기법을 통해서라기보다는 상담 관계에서의 구체적인 언어와 비언어적 소통을 통해서 이뤄진다. 대부분의 심리적 갈등이 대상 관계에서의 주제가 되며 수용은 상담적 관계 맥락에서 가장 강력한 변화 요인이 될 수 있다. 한 예로, 상담자가 자신의 실패에 대하여 반응하는 방식과도 관련된다. 아이러니하게도 내담자의 비난 경험은 대상관계 상담 과정에서 필수 요소이다. 대상관계 상담자들은 내담자의 채워지지 않은 관계 욕구를 충족시키기 위해 따뜻한 공감으로 다가가려 노력하며 상담적 실수를 피하려고 애쓰게 된다. 하지만 양육자가 완벽하지 않아서 아동에게 실망을 안겨 주는 것이 결과적으로 아동 스스로와 타인의 수용에 도움이 되는 것처럼 대상관계 상담자들도 내담자의 비난을 이해하며 다뤄 갈 필요가 있다. 상담자들은 완벽하려고 노력하지 않으면서 상담적 실패와 배신감에 관련한 내담자의 갈등 감정을 수용해 준다. 내담자의 분노를 피하거나 상담의 불완전함에 대한 반응으로 나타나는 거절과 죄책감을 피하는 것은 내담자를 전능함에 의존하는 공생 단계에서 벗어나지 못하게 하거나 내담자의 받아들여지지 않은 파편화된 내적 세계에 머무르게 할 위험성이 있다. 즉, 상담자가 상담의 실패를 피하는 것은 내담자가 내적 실체와 외부세계의 실체를 받아들이는 데 실패하게 함으로써 수용과는 반대로 나아가게 된다(Parker, 2003).

대조적으로 상담자의 실패에 대한 내담자 반응을 수용과 개방성을 갖고 다루게 될 때 내담자는 이 불완전한 세계에서 자신의 내적 욕구를 어떻게 충족시켜 갈지 결정하게 되고 자신의 밝은 면과 어두운 면을 보다 잘 통합해 갈 수 있게 된다. 상담자가 어느 날은 내담자의 욕구를 잘 충족시켜 주고 어느 날은 내담자 삶에서의 중요 사건에 대해 깜박하는 것을 아는 것은 내담자가 상담자를 때로는 흥분하거나 실망하거나 강하거나 도움을 필요로 하는 똑같은 한 인간으로 수용해 가도록 돕는다. 그래서 대상관계 상담자가 내담자의 비난에 대하여 반응하는 방식은 내담자로 하여금 자신의 차단된 감정들을 받아들이고 다른 사람에 대하여 보다 현실적인 관점을 갖도록 돕는다. 즉, 상담자가 의도적으로 내담자의 비난을 피하지 않는 태도에 의해 도움을 받게 된다.

사례 연구: 내담자의 비난을 수용하기

몇 년 전에 한 대학생 내담자가 상담 시설에서 겪었던 성폭행 사건을 상담에서 개방하려는 용기를 냈다. 상담 초기에 그녀는 외상 후 스트레스 장애(PTSD)를 가져오게 한 트라우마 사건을 넌지시 언급했으나, 그 트라우마를 일으킨 대상과 같은 분야에서 일하는 다른 전문가에게 그 사건에 대하여 이야기하고 싶어 하지는 않았다. 마침내 그녀가 성폭행 사건에 대하여 다루고자 용기를 내었을 때, 나는 그녀의 고통에 공감해 주면서 한동안 침묵 속에서 그녀가 눈물을 흘리도록 허용해 주었으나, 그때 결정적인 임상적 실수를 했다. 트라우마에 대한 그녀의 반응을 다루는 과정에서 그녀를 돕고자 하는 열망을 가지고 사건의 구체적 상황들을 부드럽게 탐색하고 심지어 여러 가능성에 대해 제시하기도 하면서 그 침묵을 과도하게 메꾸려고 노력한 것이다. 이러한 탐색을 마친 후에 나는 실수를 깨달았다. 내 의도가 그녀에게 개방에 대한 안전한 환경을 만들어 주기 위한 설명을 포함한 것으로, 상세하게 탐색해 가는 것이 설령 받아들여졌다고 하더라도, 그 질문들이 그 사건에 대한 그녀의 힘을 다시 뺏는 것과 같이 폭력적으로 다가갔음을 알았다. 나는 진심으로 사과했고 내 진정한 의도에 대한 어설픈 설명이 이어졌으나 그녀는 침묵 속에서 화와 고통을 안고 그 회기를 마쳤다.

그 회기 이후 그녀가 다시 나타날지 걱정하고 있었는데, 놀랍게도 다음 회기에 그녀는 돌아왔고 "내가 다시 온 유일한 이유는 이야기할 사람이 아무도 없기 때문이에요. 만약 내가 존엄성이나 자존감이 조금이라도 있었다면 여기 오지 않았을 거예요. 비참한 마음으로 온 거예요."라고 했다. 그녀는 화가 나 있었다.

> 무슨 생각을 했었냐고요? 최소한 당신은 사회적 바보예요. 최악으로 당신은 성폭행의 세세한 부분을 듣고 즐기는 아픈 병자예요. 나는 당신이 아프더라도 자신을 방어하는 방식으로 생각하는 것이 싫어요. 나는 당신이 나에게 준 상처들에 대한 내 감정을 당신과 나누고 있는 것도 마음에 걸려요. 왜냐하면 그것은 당신에게 힘과 권력을, 당신이 원하는 걸 주게 되기 때문이지요.

나는 그녀에게 나를 방어하지 않으면서 그녀의 분노를 받아들이기로 결심하고서 다음과 같이 대답했다.

> 내가 한 반응에 대해 할 말이 없어요. 그것은 어떻게 느낄지를 민감하게 배려하지 못한 부적절한 질문이었고, 아마 당신을 돕고자 하는 내 열망에 의해, 그러한 나의 필요에 따른 질문이었지요. 그것은 당신이 무엇이 필요한지 당신이 얼마나 힘들지에 대하여 고려하지 않은 채로 당신에게 다시 트라우마와 폭력으로 다가간 거지요. 정말 진심으로 미안해요.

그 회기를 통해 내담자의 비난을 수용해 줌으로써 상담관계를 어느 정도 회복하며 마칠 수 있었다. 나는 그 주에 다른 회기를 한 번 더 가졌고, 그녀는 그것을 기쁘게 수용했다. 확실히 내 실수에 대한 그녀의 빠른 반응은 폭력에 대해 침묵했던 초기 대상 관계에서의 그녀의 과거 상처를 반영했다. 하지만 도식화된 해석을 제공하기보다 그녀의 상실과 분노를 수용해 주는 것이 그녀의 상처와 공허감과 연결되게 하고 상처를 줄 때 떠올리는 실제적 관계에 대하여 다룰 수 있도록 촉진시키는 데 더 효과적인 접근이 된다.

내담자의 애정에 대한 수용

또 다른 수용의 한 예는 상담 관계에서 내담자의 애정에 대한 수용에 대하여 다루고 있다. 최근 Skolnick(2006)에 의해 강조된 바 있지만, 이것은 대상관계 상담에서 다소 적게 논의된 부분 중 하나이다. 고전적인 정신분석적 관점에서 사랑을 성욕의 승화된 표현으로 바꾸려는 시도에 대해서, Fairbairn(1952)은 사랑하는 관계를 확립하고 지속하는 것을 기본적이고도 필수적인 욕구로 이해했다. 건강한 내적 자기 이미지와 외부 관계의 발달은 비록 그것이 사랑에 대한 타인과 자신의 역량에 따라 달라진다 해도, 다른 사람으로부터의 사랑을 받아들이는 것뿐 아니라 사랑을 표현하는 능력까지를 포함한다. 발달적으로 이것은 부모가 아이의 사랑을 무조건적으로 받아들여 주고 수용적인 방식으로 그들을 사랑해 줌으로써 아이가 성숙해 가도록 촉진하는 것을 내포한다. 한 예로 저녁식사를 위해서 여러 가지 접시 디자인 가운데 주의 깊게 동물 그림이 있는 접시를 자신과 어머니를 위해 고르는 어린아이들이 있다. 아이는 어머니가 저녁 식사 준비를 하는 것을 좋아한다. 그는 사랑받을 가치가 있고 사람들은 그의 욕구를 충족시켜 줄 수 있다는 내적 이해를 갖는 것이 필요하겠지만 만약 그 저녁 시간에 엄마가 아이가 고른 접시를 사용하지 않는다면, 심지어 이후에도 그 접시들을 사용하지 않는다면, 엄마는 아이의 사랑을 거절한 것이다. 아이의 사랑을 받아들이는 측면에서 이런 결핍이 몇 차례 발생한다면, 아이는 효능감이 떨어지고 의욕, 꿈, 자기가치감이 저하되며, 다른 사람들의 사랑을 받아들이기 어려워질 것이다(Skolnick, 2006).

비슷한 이유로 상담자가 내담자의 애정과 관심을 받아들이는 것은 중요하다. 이러한 개념은 서비스 제공이라는 필요의 측면에서 양육자의 역할에 충실하거나, 사랑이나 선물의 형태가 상담의 틀 안에서 주어지는 것에 대한 조심스러움 때문에 애정을 받기보다는 주는 역할에 보다 편안함을 느끼는 많은 상담자에게 다소 어색할 수 있다. 하지만 많은 상담자는 내담자로부터 "당신은 나에게 많은 것을 주었어요. 저는 당신에게 아무것도 드리지 못한 것 같네요."라는 말을 듣는다. 일부 상담자는 내담자가 사 오는 커피를 받아 주고, 내담자의 칭찬이나 외부에서 상담자가 진행하는 연구나 글들에 대하여 내담자가 관심을 표현하는 것을 받아들여 준다. 이런 순간에 거절하거나 과잉 해석하는 실수를 하게 될 경우, 내담자에게 긍정적이거나 사랑스럽고 생산적인 돌봄의 측면을 분리시켜 파편화로 이끌 수 있다. 대신 내담자의 애정을 받아 주는 것은 상담 공간에서의 모든 감정과 표현을 수용해 주고 더 나아가 내담자가 애정을 나누고 받아들이는 능력을 키울 수 있도록 돕는 것이다. Skolnick(2006)은 내담자의 부정적 정서 속으로 탐색해 들어가는 것처럼 상담자가 내담자와 함께 긍정적 감정을 경험하는 그곳으로 적절하게 함께 걸어가는 것 또한 필요하다고 언급했다(p. 17).

내담자의 투사적 동일시 수용

대상관계 상담자가 수용을 사례에 적용하는 마지막 예는 투사적 동일시를 다루는 방법과 관련된다. 프로이트의 고전적 정신분석에서 언급하는 억압의 개념에서처럼 투사적 동일시는 받아들일 수 없는 사고, 감정, 충동을 계속 억압하게 만든다. 투사적 동일시는 구체적으로 세 단계를 거치는 것으로 보인다. 첫 단계는 수용되기 어려운 충동들이 파편화되고 다른 대상에 투사된다. 그러고서 투사하는 개인은 투사 대상이 부인하는 충동을 느끼도록 몰아가고, 투사된 환상에 따라 계속 행동하도록 압력을 가한다. 마지막으로 투사 대상은 투사를 하는 것과 같은 대상인 것처럼 의도된 감정과 반응에 영향받게 된다. 보다 단순하게 설명하자면 다른 사람에게 투사함으로써 그 개인의 감정과 내적 표상을 따라서 투사된 자기와 타인표상과 함께 생각하고 행동하고 지속적으로 느끼도록 하는 것을 의미한다 (Cashdan, 1988).

성에 대한 투사적 동일시는 하나의 좋은 예가 될 수 있다. 어떤 내담자들은 상대와의 관계를 지속하거나 견고하게 하려고 상대에게서 성적인 반응을 이끌어 내려고 노력하는데, 이는 성적 매력이 사라질 때 그 관계가 끝날 수 있다는 걱정이 함께하기 때문이다. 한 예로, 매우 매력적인 여대생 내담자는 그녀가 만났던 대부분의 남성과 빠르게 성적인 관계로 가는 경향성을 보였다. 그녀는 도발적인 옷차림과 경박한 태도를 보였으며, 처음 만난 남자를 자주 집으로 데리고 왔다. 그 자체만으로도 성적 행위가 빈번하게 발생할 수 있다는 것을 차치하더라도, 여러 문제가 일어날 수밖에 없었다. 상담 첫 회기에 심지어 그녀는 나에게 "당신은 그쪽에 계속 앉아 있을 수 있다고 믿나요?"라고 물었다. 나는 그녀에게 매우 매력을 느꼈지만, 그녀는 성적 욕구를 자극하려 했고, 마치 내가 성적으로 그녀에게 매료되고, 사로잡힌 것으로 확신하는 반응을 보통 사람들보다 강렬하게 표현하였다.

이와 같은 상황에 대해 대상관계 상담자는 내담자의 투사를 수용하려고 노력하며, 내담자로 하여금 차츰 자신의 억압된 측면을 다시 받아들일 수 있도록 돕는다. 종종 이것은 과거 대상 관계와의 연결을 돕고, 가족의 규칙들에 반응하거나 자존감을 유지하거나 다른 사람을 보호하는 등과 같이 왜 억압된 요소를 투사하고 부인해야만 했는지를 명료화하게 돕는 방향으로, 부정적인 목적보다 긍정적 목적으로 투사적 동일시의 목표를 수정해 가는 작업을 의미한다(Slipp, 1991). 하지만 이러한 과정에서 대상관계 상담자는 자신이 내담자의 투사를 받아들이고 정서적으로 그에 반응하도록 허용하는 것을 전제로 한다. 그렇다고 내담자의 투사가 정확한 것처럼 반응하는 것을 의미하는 것은 아니다. 내담자가 투사를 통합해가도록 돕지 않으면서 투사적 동일시에 무릎 꿇는 것은 내담자의 환상과 공포를 동의해 주는 것이다(Cashdan, 1988).

유사한 개념 가운데 하나로 '치료적 대상으로 기능하기(object usage)'가 있다. 이는 내담자가 뭔가를 바라거나 필요로 할 권리를 억압하지 않으면서 여전히 내담자를 돕는 대상으로, 상담자가 내담자의 내적 환상의 투사 대상으로 관계 맺는 것이 아니라, 내담자가 관계해 왔던 투사 대상들과 다른 한 대상으로 상담자를 인식하게 하는 것이다(Parker, 2008). 아동의 투사 대상을 다른 대상들과 구별되게 상담자가 수용적으로 받아 줌으로써 아동은 상담자와 보다 현실적인 대상 관계를 발전시키게 되며 상담자가 내담자의 억압된 요소들을 견뎌 주고 버텨 주는 것을 봄으로써 새로운 관계를 경험해 갈 수 있게 된다. Parker(2008)에 따르면, 이러한 새로운 관계 경험을 통해 내담자가 투사를 벗어나 있는 그대로를 인식하게 됨으로써 서로가 만족하는 건강한 형태의 관계로 나아가게 돕는다.

사례 연구: 아동의 성에 대한 투사 수용

앞에 언급된 내담자 사례에서 청소년기 여자 내담자의 성에 대한 투사에 대한 수용, 즉 의도된 성적 흥분을 확인하고 느끼는 것을 수용하는 것은 그 내담자의 초기 대상관계에서 성 역할을 탐색하는 것과 더불어 남자들의 성적 욕구가 그녀의 인생에 얼마나 중요하게 영향을 미쳐왔는지에 대하여 의문을 갖게 만들었다. 그녀는 남자에 대한 자신의 매력과 가치가 성적 관심을 이끌어 내는 데 중요한 역할을 하고 있음을 깨달았다. 그녀 아버지의 무분별하고 나이에 부적절한 성적 환상에 대한 대화는 그녀가 아버지의 성적 발기와 관심을 자극하는 것이 그의 사랑과 관심을 얻는 일차적 방법이라는 가정을 갖도록 이끌었다. 다행히도 상담이 진행되면서 그녀는 남자들과 새로운 관계를 맺으며 변화되는 모습을 보였다.

다음의 특별한 회기에서 그녀는 전날 저녁 바에 갔었고, 편안하기보다는 육체적으로 끌렸던 한 남자와 함께 집에 가게 되었다고 하였다. 성기의 삽입은 그녀가 남자로 하여금 그 이상 진행하지 못하게 거절하는 경계지점이었으며, 그래서 그들은 섹스를 하지 않았다. 그 이유는 그가 확실히 자신을 성적으로 대상화하는 것처럼 받아들였다. 그가 그녀의 거절을 무시하며 그녀에게 옷을 벗으라고 요청했고, 벗은 채로 서서 그녀에게 오르가슴을 느끼도록 자극해 달라고 요청했기 때문이다. 이런 설명을 마치고, 그녀는 나를 내려다보면서 물었다. "당신은 나에게 화가 났나요?" 이런 종류의 질문은 매우 새로웠다. 앞 회기들에서 그녀는 나의 성적 발기나 질투를 유발하기 위한 의도로 비슷한 질문을 반복해 왔을 수 있다. 하지만 그녀는 성적 관심 이외의 다른 감정에 대해서는 결코 질문하지 않았었다. 나는 순수하게(아마도 약간의 의심과 함께) 대답했다. "내가 어떻게 당신에게 화가 날 수 있을까요?" "글쎄요. 당신은 내 행동에 대해 실망했을 거라고 느껴요." 놀라움을 표하면서 나는 대답했다. "아니에요. 나는 실제로 그 남자에게 화가 나고 당신이 안타까워요." 그녀는 대답했다.

> "정말인가요? 내가 기대했던 것과 전혀 다른 반응이에요. 놀랍네요. 지금까지 살아오면서 내 감정에 관심 갖는 남자는 거의 없었어요. 그리고 그것은 나를 아프게 했지요. 그 남자에 대한 당신의 분노와 나를 향한 연민이 새로워요. 내 아버지는 집에 들렀던 남자들에게서 나를 보호하기를 결코 원하지 않았지요. 내가 집으로 남자 친구들을 초대했을 때, 아버지는 나에게 침실 문을 계속 열어 놓도록 전혀 요청하지 않았지요. 내가 알기로 아버지는 그들로부터 나를 보호하는 것에 대해서는 전혀 관심이 없는 것처럼 보였어요."

그녀는 여전히 나에게 부모 역할을 기대하는 것으로 보였지만, 나는 나의 반응이 그녀가 성에 대해 건강한 인식을 가지도록 돕고 보호하기를 갈망하는 교정적 부모 역할을 해 주기를 바랐다. 그녀가 자신의 성을 투사하는 것이 초기에는 불편했을 수 있고, 나는 수개월에 걸쳐 그것을 받아들이기가 꺼려졌을 수 있다. 차츰 그녀에게서 성의 의미를 탐색하거나 그녀 자신의 성을 내면화하기 어려울 수도 있고, 다른 사람들을 투사 대상 이상으로 인식할 수 없었을지도 모른다. 하지만 초기 양육자들이 제공해 주지 않았던 방식으로 상담자가 그녀의 감정과 경험을 받아주었기 때문에 그녀는 보다 통합된 자기를 경험할 수도 있게 되었고, 남자에 대해 성적 대상으로서만이 아니라 자기 통제가 가능한, 사랑스러운, 그녀의 경계들을 존중해 주는 대상으로 보다 균형 잡힌 시각을 가질 수 있게 되었다.

대상관계 이론에서 외현적 영적 개입으로서의 수용

기도, 명상이나 경건한 작품들을 활용하는 것처럼 수용은 대상관계 상담에서 강력하고 잠재적 영적 개입의 하나로 간주된다. 이는 내담자 영성이 내적 자기 형성과 타인표상 형성 과정에 어떻게 영향을 주는지 고려할 때 더욱 분명해진다. Hall(2007)이 매우 설득력 있게 설명한 바와 같이 '내담자 영성은 정서적으로 중요한 대상들과의 내면화된 관계의 깊은 구조에 대한 하나의 태도'로서, 하나님, 알라, 부처 등과 같은 영적 실체에 대한 주관적 경험은 '중요한 초기 관계 경험의 거울과 같은' 기능을 한다. 개인의 발달 초기 관계는 내면화된 자기표상과 타인표상의 틀뿐만 아니라 신, 영성, 신성에 대한 표상에도 영향을 미친다. 남미의 정신의학자이자 정신분석가인 Ana-Maria Rizzuto(1979)에 따르면, 영성, 신에 대한 사람들의 개념과 관점은 주 양육자와의 초기 경험에 직접적으로 영향을 받는다고 한다. 이는 내담자가 무의식적으로 타인표상을 갖게 되는 과정이 영적이며 신성한 대상과의 관계를 무의식적으로 형성하는 과정과 비슷한 방식으로 이뤄진다는 점을 시사한다.

많은 경험적 연구에 따르면, 대상관계의 질은 신과의 관계 표상의 성격과 질을 결정한다는 주장을 지지한다(Hall, Brokaw, Edward, & Pike, 1998). 안정적인 애착을 갖는 성인은 하나님을 사랑하고, 수용적인 시각을 갖게 되는 반면, 회피적 애착의 배경을 갖는 성인은 대체로 무신론적이거나 불가지론자적 시각을 갖는 경향이 많은 것으로 보인다(Kirkpatrick, 1999; Kirkpatrick & Shaver, 1992). 비슷하게 하나님을 헌신의 대상으로만 보면서 친밀함의 대상으로 가져가지 못하는 개인은 성장 과정에서 재정적 지원은 많이 받았지만, 부모와의 관계에서 정서적 애착관계를 가지지 못했을 수 있다(Gattis, Sorensen, & Lawrence, 2001). 이처럼 신에 대한 표상은 아동기의 내면화된 표상에서 영향받을 뿐 아니라, 개인의 내적 표상에 영향을 주는 새로운 경험들로 인해서도 계속해서 영향받으며 형성되어 간다. 또한 내담자의 대상관계 발달의 수준은 개인의 영적 표상에 대한 정보를 제공해 준다.

만약 대상관계 이론에서 언급하는 바와 같이 내담자 영성이 정확하게 초기 관계 경험에 결정적 영향을 받는다면 영성은 보다 현실적이고, 정확하고, 건강한 자기표상과 타인표상의 발달을 촉진하는 방식으로 활용될 수 있다. Winnicott(1971)에 따르면, 상담에 있어 제3의 공간은 하나의 신성한 공간, 즉 영성과 종교가 영향을 주는 주관적이고 직관적인 내적ㆍ외적 실재들 사이의 가상 공간일 수 있다. 제3의 공간은 아동과 양육자 간에 존재하며, 아동이 자신과 양육자를 구분하는, 즉 자신과 타인을 구분하는 전환적 공간으로 존재한다. 상담은 이러한 실험적 공간에서 아동이나 내담자가 복잡한 감정이나 관계 또는 감각을 경험하게 함으로써 이상적으로는 자신의 선한 면과 악한 면을 모두 수용할 수 있게 돕는 환경을 제공하는 기능을 갖는다.

이러한 공간에서 상담자가 내담자를 수용하는 것은 내담자의 영적 수용 능력과 신과의 보다 성숙한 관계를 맺는 능력을 키울 수 있게 한다. 많은 경우에 있어 회피하던 어두운 면에 대하여 영적 실체에 의해 수용되는 경험은 내담자에 대한 상담자의 수용보다 훨씬 깊은 차원에서 일어날 수 있다. 상담자의 수용과 영적 실체에 의한 수용 경험은 경건하거나 영적이며 보이지 않는 차원에서 은혜나 실망, 상처의 경험에 대해 새로운 관계를 맺도록 촉진한다. 이는 양육자와 상담자에 의해 경험된 실패와 유사하게, 영적인 환멸의 과정을 통해 일어난다. 상담자가 내담자의 비난으로부터 철수하지 않는 것과 같은 방식으로, 대부분의 영적 체계는 그것이 현재 아직 이뤄지지 않은 것 사이의 부산물일지라도 신자들의 욕구에 대한 피할 수 없는 좌절을 겪게 만든다. 새 신자들은 영성이나 신성한 실체에 대한 친밀감을 경험하게 되는 반면에, 아동기에 경험하는 피할 수 없는 좌절의 경험 과정처럼 대부분의 신자는 영적 관계에서 차츰 불만족과 거리감을 경험하게 된다(Parker, 2008). 많은 종교에서 이러한 거리감과 실망감은 신자들이 공통적으로 실제 경험하는 것들이다. 좌절 경험을 통해 신자들은 영적 실체를 통한 그들 욕구의 끝없는 충족에 대한 환상과 현실을 구분하게 된다(Parker, 2008). 내담자가 실망, 분노, 두려움으로 연결되는 영성을 수용하거나 신에 대한 관련 경험이 있을 때 그들은 보다 현실적인 자기를 수용적으로 마주할 수 있게 되며 환상보다는 보다 실제적이고도 통합적인 영성을 갖게 된다. 불교 용어로 표현하자면, 부처는 내담자의 환상과 선과 악에 대한 투사를 받아들이고 버텨줄 수 있을 때 진짜로 존재하는 것이며, 내담자는 현실적으로 부처의 전체성과 실제를 받아들이며 관계를 맺게 된다(Parker, 2008).

내담자 개인과 영적 대상과의 성숙된 관계 형성은 상담자의 내담자 수용에 기반하여 발달된다. 초기 수용의 실패에 대한 교정으로서의 수용 경험은 내담자로 하여금 갈등 요소들을 받아들이도록 돕고, 상담자와의 살아 있는 만남을 갖게 된다. 결과적으로, 이는 내담자로 하여금 두려움이나 파괴가 아닌 영적 대상에 의한 수용의 경험을 통해서 영적 자유를 스스로 찾을 수 있도록 촉진한다. 그 과정에서 새로운 내적인 경험은 내담자 안에 새겨지고 내담자는 자신을 환상 없이 보다 풍성하게 경험할 수 있게 된다. 상담자 수용은 전환적인 공간을 만들어 줌으로써 내담자의 옛 자기와 타인표상을 좀 더 정확하고 전체적인 표상으로 바꾸도록 하는 공간을 제공하며, 내담자로 하여금 깊이 있는 자기 이해와 조화로운 영성을 발전시켜 가도록 돕는 기능을 한다(Burns-Smith, 1999).

대상관계 상담에 있어 영성에 관심을 갖는 상담자는 내담자의 영적인 의심과 불확실성에 대해서도 수용적으로 접촉할 필요가 있다. 내담자의 영적인 의심과 잘못된 사고를 수용하는 것은 특히 영적 개입처럼 보이지 않을 수도 있고 영적 체계의 포기라는 결과로 이어질 수도 있다. 그럼에도 대상관계 이론에 따르면, 피할 수 없는 진리에 대한 욕구는 생존을 위협하는 의심과 양가성, 복잡성에 기반하는 공생적 허구로 설명된다(Skolnick, 2006). 절대적 충성을 요구하는 진리와 확실성은 수용과 반대되는 요소뿐만 아니라 분리나 투사와 같은 미숙한 방어기제의 특성에 근접하는 위험한 의심을 제거한다. 이러한 의심과 회의를 담아 주지 않는 제한적 수용은 내담자로 하여금 갈등 욕구와 질문들에 대하여 수용하지 못하게 하는 위험이 있다. 그러한 상담자는 또한 내담자로 하여금 타인과 신과의 관계에서 보다 충만하게 관계 맺지 못하게 방해하는 것이다. 신과 영적 존재 대상은 환상 속에 머무르지 않을 때 실제 관계 대상이 되므로, 상담에서 내담자의 믿음에 대한 탐색이 이뤄지지 않으면 영적 존재 대상을 환상의 영역에 가둬 두면서 자신의 실제 생활 속에서 중요 측면과 분리되게 만듦으로써 내담자로 하여금 실제 자기가 아닌 환상 속의 자기와 접촉하게 이끄는 것이 될 수도 있다.

아동중심 상담에서의 수용

아동중심 놀이 치료에서 관계는 대상관계 상담에서 강조된 바와 같이 변화를 촉진하는 중요한 요소이다. 관계를 이해하는 데 수용을 통한 개입은 핵심적 요소가 된다. 수용이란 무엇인가? Landreth(2002)에 따르면 아동중심 상담에서 수용은 행동이나 대처가 부족하더라도 나름의 고유한 방식을 따라 성장해 가는 한 인간으로서 무조건적으로 아동을 긍정해 주는 것이다. 상담자는 자기의 길을 찾아가는 아동의 능력에 대한 흔들리지 않는 믿음을 갖는 것이 필요하다. Axline(1969)은 진실한 수용적 환경은 아동으로 하여금 자유롭게 그림자로부터 햇빛을 향해 걸어 나오게 하고 궁극적으로 자기 가치감을 경험하도록 돕는다고 언급했다. Landreth (2002)는 수용을 아동과 신뢰관계를 형성하는 분위기로 가게 만드는 요소로 강조하였다. 아동은 비난에 대한 두려움 없이 자신의 어떤 부분이라도 충분히 드러낼 수 있는 안전한 대상으로 느끼면서 상담자를 신뢰하게 된다.

아동상담 과정에서 수용의 중요한 측면은 아동을 인간이 되는 과정 중에 있는 인간이 아닌 한 인간으로 온전하게 바라보는 것이다. 인간으로서 존중받기에 적합한 성숙의 나이는 정해져 있지 않다고 본다. 아동 중심 놀이 치료는 아동에 대해 처음부터 단순하게 협력적인 인간 대상으로 충분히 존중해야 함을 강조한다. 아동 존중의 한 방법은 아동이 지금 있는 눈높이에 맞추어 만나는 것이다. 놀이 치료실에서 상담이 이뤄지는 매우 중요한 이유이다. 놀이는 아동이 자연스럽게 소통하기 위해 사용하는 언어이며, 함께 경험하는 과정이다(Lendreth, 2002). 아동 상담자는 아동을 대상으로 하되 성인 상담 과정과 똑같은 단계를 밟아 가며, 발달적으로 삶의 다른 단계에 있다고 보지 않는다. 아동의 언어를 사용해서 아동의 세계에서 편안하게 상호존중하는 관계로 놀이 치료실을 활용한다. 그곳에서 아동은 자신의 감정과 능력, 욕구, 특성 심지어 약점까지도 알아봐 주는 상담자의 관심을 받으며 함께 머물게 된다.

놀이 치료실에서 놀이를 통해서 아동과 소통하며 관심을 기울이며 수용해 주는 과정을 통해서 아동은 상담자가 자신을 돕기 위해 놀이를 같이 하면서 그곳에 함께 있음을 이해한다. Landreth와 Bratton(2006)에 따르면 아동과 충분히 함께 머무르며 아동의 욕구와 바람, 경험, 감정들을 이해하고 소통해 주는 상담자의 존재는 아동으로 하여금 상담에서 '상담적 메시지들'에 대해 보다 개방적이 되게 만든다.

1. "I am here." - 나는 여기에 충분히 함께 한다. 아동의 세계 속으로 걸어 들어가 공감하고 평가적 자세를 갖지 않도록 주의한다.
2. "I here you." - 나의 것이 아닌, 아동의 이야기를 있는 그대로 듣는다.
3. "I understand." - 함께하면서 감정과 내용의 의미를 알아차리고 주어진 세팅 안에서 언어적 · 비언어적으로 함께 소통한다.
4. "I care." - 1~3까지의 태도로 소통하고 있다면 4번째 돌봄의 단계는 결과적으로 자연스럽게 연결된다.

나(LeAnne Steen)의 경험에 따르면, 수용은 상담자로서 나 자신의 불완전함을 수용하게 될 때 그 결과로 아동이 자신의 속마음을 나누도록 이끈다. 상담자가 아동에게 그리고 인간에게 있는 잠재력에 대한 믿음을 갖는 것은 매우 중요하고 그로 말미암은 결과는 무한한 가치를 지닌다. 자기를 스스로 포기한 아동에 대하여 부모와 교사들도 포기하는 경우가 많은데, 놀이 치료 관계에서 상담자는 아동이 자신의 진실함에 이르기까지, 새로운 존재 방식으로 존재하기까지 스스로 자신의 길을 찾아갈 수 있다는 믿음을 갖고 그 힘과 자기통제력과 능력을 인정해 주며 함께한다. 교훈을 가르치지 않고 경험적으로 터득하게 돕는다. 아동상담자들은 아동에게 수용의 경험의 기회를 갖도록 제공하면서 아동이 그 기회와 더불어 성장해 가도록 돕는다.

아동기 특성은 인지 기능보다 정서 기능이 더 발달되어 있다는 것이다. 그들의 정서 기억은 아동기에 그들이 어떻게 느끼는가에 기초한다(Campbell, 1977). 타인에게 분노를 일으키는 아동은 혼란스럽고 화나고 상처 입은 그리고 무시당하는 감정 기억을 갖고 있다. 아동의 행동에 의해 어떻게 사람들이 화가 나게 되는지, 그 사건들의 세부 내용에 대하여 인지적으로 기억하지 않으려 할 것이다. 이는 무조건적 수용과 긍정적 존중이 중요한 이유이다. 상담자로부터 아동이 이러한 수용의 태도를 느끼게 되기까지, 아동은 다른 형태의 존재 방식을 발견하거나 자기개방을 하려 들지 않을 것이다. 상처 입고, 화가 나고, 무시당하는 스트레스 경험이 많았던 아동은 그와 비슷한 관계 맺기를 반복하며 머물게 되는데, 여전히 그 안에는 다른 사람들에게 수용받기를 열망하는 마음이 있다.

아동중심 놀이 치료에서 영적 개입으로서의 수용

아동중심 놀이 치료에서는 아동은 스스로 현실 세계에서 최선의 결정을 내리는 데 있어 충분한 잠재능력을 가진 존재임을 신뢰해야 한다는 점에서 독특성을 갖는다(Landreth, 2002). 상담자는 아동 스스로 자신의 길을 찾아갈 수 있는 능력을 가지고 있다는 신념이 흔들려서는 안 된다고 강조하고 있다(Landreth, 2002). 아동이 가벼운 적응 문제와 촉발 사건을 가지고 오는 경우에는 이러한 적용이 쉬울 수 있다. 하지만 심각한 적응 문제가 있으면서 적대적 반항장애를 갖고 폭력적이기 쉬운 아동에 대하여 이러한 신념과 수용의 개념을 흔들림 없이 적용하기란 상당히 어려운 일이다.

Axline(1947/1989)은 무조건적 긍정적 존중과 촉진적 관계를 맺는 분위기 조성을 돕는 여덟 가지 원리를 제시하였다.

1. 라포 형성하기
2. 아동을 완전하게 수용하기
3. 허용적인 분위기 만들기
4. 감정을 알아 주고 반영해 주기
5. 한계를 알기

6. 상담을 서두르지 않기(꽃이 피어나기를 억지로 밀어 붙일 수 없는 것처럼)

7. 아동이 스스로 주도해 가도록 허용하기

8. 아동에 대한 존중의 태도를 유지하기

Landreth(2002)는 Rogers(1951)의 19가지 가정을 언급하면서 이를 압축해서 놀이 치료의 개념화 틀을 제공함으로써 수용과 무조건적 긍정적 존중을 적용해 가도록 제시하였다. Landreth에 따르면, 아동상담자들은 아동을 다음과 같은 대상으로 바라본다.

1. 스스로 자기의 실체를 만들어 가는 최선의 결정을 내리는 대상

2. 조직화된 한 개인으로 행동하는 대상

3. 자기 성취의 욕구를 갖는 대상

4. 욕구를 충족시키기 위한 목표를 갖는 대상

5. 자기를 가장 잘 이해할 수 있는 대상

6. 자기에 대하여 알아차릴 수 있는 대상

7. 경험들을 가치 있게 만드는 대상

8. 자기개념을 유지하는 데 관심이 있는 대상

9. 자기개념을 일관되게 유지하는 방식으로 행동하는 대상

10. 자기개념과 부조화하는 행동을 지속하지 않는 대상

11. 때로 자기(부조화) 경험을 수용하거나 받아들이지 않는 것과 관련해 심리적 긴장을 경험하는 대상

12. 경직된 행동으로 위협하는 것에 반응하는 대상

13. 위협에서 자유로워질 때, 자기개념을 불안정하게 만드는 경험을 알아차리는 대상

14. 잘 통합된 자기개념이 존재할 때 다른 사람들에 의해 잘 이해되는 대상

15. 자기 패배적인 상태에서 자기 촉진적인 가치를 붙드는 쪽으로 움직여 가는 대상

아동중심 놀이 치료에서의 개념들과 상담자가 아동을 어떻게 바라보느냐를 이해하는 데에 있어 수용의 의미와 가치는 분명하다. 상담자에게 있어 아동을 돕고 아동이 스스로의 길을 찾아갈 공간을 허용해 주는 것은 어렵고, 혼란스럽고, 때론 고통스럽기도 하다. 충분히 좋은 대상이 되어 주는 상담에서 수용을 통하여 치료적 관계를 잘 맺어 가는 것은 매우 중요하다. 수용을 통한 영적 개입은 상담에서 이뤄져야 될 것을 허용하고, 그 과정을 신뢰하게 돕는다.

상담에서 수용의 의미

아동의 내적 치유 과정에 대한 믿음을 갖는 것과 관련되어 상담자의 수용 능력은 중요한 의미를 갖는다. 아동중심 상담 모델에서 아동은 자기 주도적 치유 능력을 가지고 있다는 믿음을 갖는 것은 중요하다. 결과적으로 이러한 상담이 가능하도록 촉진하는 것이 상담자의 역할이다. 아동이 아동으로 있을 때, 상담자는 촉진자로서의 역할에 대하여 보다 잘 인식할 필요가 있는데, 이는 아동 스스로가 아동기에 대한 전문가일 수 있기 때문이다(Landreth, 2002). 그러므로 아동을 받아들이는 것은 아동의 한계를 받아들이는 것이 아니라, 아동이 아무런 한계를 갖고 있지 않다는 사실을 받아들이는 것이다. 상담자는 모든 것을 알고 있는 것처럼 상담실로 들어가는 것이 아니라, 아동기 내담자에 대하여 아는 것이 전혀 없을 수도 있다는 것을 받아들이는 겸손한 태도가 필요하다.

놀이 치료 맥락에서 상담자는 아동 스스로 자신의 강점을 발견하고 탐색해 가도록 시간을 충분히 허용하고 수용적인 분위기를 조성하기 위해 관심을 기울인다. 아동이 스스로 상담해 갈 수 있는 시점이 될 때, 상담자는 아동에게 다른 게임을 하도록 제안하지 않으며 다른 중요한 주제에 대하여 이야기를 꺼내지 않는다. 사실 상담자는 아동의 생각과 감정에 대하여 무시하지 않는다는 것을 확실히 하기 위해 많은 주의를 기울이게 된다. 이런 방식으로 상담자는 아동의 머무는 시점을 존중하며 만난다(Landreth, 2002). 상담자의 역할은 아동을 가이드하거나 이끄는 노력을 기울이지 않으면서 아동이 스스로를 탐색해 가도록 돕는 것이다. 성장을 위한 상담 분위기를 조성하려면, 통제적이지 않은 따뜻함과 공감 이 두 가지 요소를 고려해야 한다. 이는 아동 스스로 해결해 갈 수 있도록 돕는 수용적 분위기를 조성하는 데 촉진적 요소가 된다.

비통제적 따뜻함은 아동과 건강하고, 성공적인 관계를 맺는 데 매우 중요한 요소이다. 이를 위해서 상담자는 먼저 이런 접근이 즉각적으로 정확하게 이뤄지는 것이 아니라는 것을 알고, 아동을 알아가려는 관심을 먼저 보여야 한다. 아동과의 관계 맺음을 통하여 상담자는 아동의 다양한 성격 특성을 알아갈 수 있게 된다. 그중 일부 특성을 다루기 힘든 것일 수도 있다. 그럼에도 통제적이지 않으면서 따뜻하게 대해 주는 태도는 심지어 아동이 저항을 보이는 불편한 상태일 때에도 일관되게 유지될 필요가 있다. 아동이 신경질적이거나 거부적일 때나 사랑스럽고 잘 행동할 때에도 똑같이 따뜻하게 대할 때 그 아동을 진정 수용하는 것이다 (Landreth, 2002). 상담자의 온화한 수용적 개입은 일관되게 지속될 필요가 있으며, 이는 아동에게 선택적이지 않으면서 전인격적으로 수용됨을 느끼게 한다.

공감도 똑같이 중요한데, 대체로 이는 아동과 신뢰할 수 있는 협력 관계를 발전시켜 가는 데 핵심적인 요소가 된다. 아동은 상담자의 공감을 느낄 때 상담자가 아동의 눈높이에 맞추어 만나 주고 있다는 것을 느끼고 깨닫게 된다. 이를 통해서 아동은 안전감과 수용감을 갖게 된다. 상담자가 제공하는 공감은 계속 확장되어 갈 필요가 있으며, 특히 고통스러운 감정과 경험을 다루게 되는 상황에서 더욱 그러하다. 아동이 고통스러운 순간에 상담자의 공감과 수용을 느낄 수 없다면, 아동은 그와 관련된 부정적 감정들을 받아들이기 어려울 것이다(Landreth, 2002). 상담 장면에서 공감이란 상담자가 아동의 신발을 신고 걸으면서 아동이 느끼는 것이 무엇이건 간에 타당하다는 것을 가르치는 것이다.

아동의 수용을 다루는 데 있어서 한계 설정의 중요성

수용은 아동을 인간 대 인간으로 받아주는 것으로, 내담자 아동의 모든 행동을 수용하는 것을 의미하지는 않는다. 아동중심 놀이 치료에서 상담자는 항상 아동의 행동에 상관없이 아동의 감정을 수용하는 것을 전달한다. 이러한 소통이 없다면, 아동은 자신의 감정이 틀렸다고 혼란스럽게 내면화하게 될 것이다. 대체로 안전한 상담실에서는 그러한 수용에 약간의 제한이 있을 뿐이다. 제한이 항상 처벌적인 것은 아니며, 사실 적절한 한계를 갖는 것이 치료에 도움이 된다. 나(Steen)는 아동 중심 놀이 치료에서 제한된 한계 내에서의 충분한 수용 경험이 제공되는 것이 중요하다고 생각한다.

상담에서의 한계 설정은 아동의 욕구를 보다 적절한 양식으로 충족시키는 선택을 아동이 스스로 할 수 있다는 원칙을 배우도록 돕는다. 예를 들어, 나를 화나게하는 아동에게 "나는 상담실에 누군가를 때리기 위해 있는 것이 아니에요."라고나는 말한다. 대부분의 아동은 상담적 한계가 적절하게 제시될 때 이를 따른다. 수용적인 상담자는 감정, 소망, 바람, 욕구 등을 알아차리면서 한계를 알리고 대안을 제시할 수 있다. 아동 중심 상담자들은 감정, 소망, 바람, 혹은 욕구 등을 잘수용하며 담아 주는 것에 주의를 기울여 아동이 자기통제력과 자신의 행동을 수정하는 능력을 보다 잘 키워 갈 수 있게 돕는다. Landreth(2002)에 따르면, 상담자는 아동에게 경험을 제공하되 답을 제공하려 해서는 안된다고 언급한다. 아동에의한 자기통제감의 경험은 놀이 치료실에서 제공할 수 있는 기회로 가능할 수 있으며, 다른 많은 경험에서 쉽게 발견되기는 어렵다.

놀이 치료실에서 아동은 어떻게 시간을 보낼지 선택할 수 있으며, 한계는 최소한으로 적용된다. 상담자는 허용적이고 자유를 제공하는 데 촉진적이다. 상담자는 상담을 진행하면서, 자신이 사전에 준비해 온 아이디어마저 내려놓을 준비가되어 있어야 한다. 한번은 스카치테이프로 거미줄처럼 보이는 것을 만드는 아동을 본 적이 있다. 아동은 테이프를 모두 사용할 수 있고 그것으로 원하는 것을 만들 수 있다는 점을 기뻐했다. 많은 경우, 아동은 놀이를 할 때 그와 같은 많은 자유를 허용받지 못한다. 낭비처럼 보일 수 있으나 사실은 전혀 그렇지 않을 수 있다. 특별한 상담실에서 아동은 모든 재료들을 사용할 수 있다. 상담자는 불필요한 한계를 설정하지 않으면서 함께해야 한다.

아동의 자기 수용을 촉진하는 상담자의 인격적 특성

놀이 치료를 시작하는 것은 아동과 함께 모험을 떠나는 것과 같다. 장애물이 있을 때 아동을 앞서 지도하지 않으면서 대신 아동의 동료로 함께한다. 상담자는 아동이 이끄는 대로, 재미있고, 빛나는 장소나, 어둡거나 무서운 목적지로 함께 여행을 가는 존재이다. 상담자는 이 여행의 모든 순간에 함께할 것이다. 놀이 치료사가 되기를 원하는 경우 발전시켜야 할 중요한 많은 요인이 있음에도 아마 아동과 아동 자신의 경험적 세계로 함께 들어가는 기쁨은 값진 보상이 된다. 수용은 단지 상담 개입 방법일 뿐 아니라, 삶의 방식이기도 하다. 만일 아동에 대한 사랑이 있지 않다면, 수용은 결코 순수하게 진실되게 다뤄지기 힘들다. 아동상담자 역할을 수행하는 데 이것은 매우 중요한 요소이며(Landreth, 2002), 특히 상담 과정에서 상담자 개인의 이러한 인격 특성들은 매우 중요하게 영향을 미친다. 상담자가 되기 위해서 기술과 기법들에 대하여 훈련받지만, 실제로 내담자에게 마음으로 관계를 맺고 함께 머무르는 존재가 된다는 사실 자체는 귀한 선물이 된다.

개인이 다른 사람들에게 수용을 확장해 가기 전에 먼저 자신을 수용할 수 있어야 한다. 그러므로 아동상담자로서 갖추어야 할 가장 중요한 속성 가운데 하나가 자기 인식과 자기 이해이다. 아동은 이때 훌륭한 모델이 될 수 있다. 왜냐하면 그들은 다른 사람들에 대해 조건 없이, 계산하지 않으면서 수용하기 때문이다. 자기 인식을 개발하는 첫 번째 단계는 단지 상담 기법들을 익히는 것뿐 아니라 상담의 속성들이 자신의 삶에 스며들도록 해야 한다는 점을 인식하는 것이다. 우선 상담자도 자기의 생각과 감정을 가지고 있는 한 인간이라는 점을 받아들여야 한다. 상담자는 이러한 감정과 생각이 아동과의 관계에 긍정적이든 부정적이든 영향을 미친다는 점을 인식해야 한다. 상담자의 임무 가운데 하나는 자신의 감정 뒤에 있는 동기를 이해하는 것과 적절할 때 그것들을 다루도록 하는 것이다. 특히 자신의 약점이나 부정적 정서를 다루고 있을 때 이는 매우 중요하다. 치료실에서 자신을 자랑하려 들어서는 안 되며, 상담자는 자신의 부정적 감정이 놀이 치료에서 해로운 방식으로 영향을 미치지 않도록 확실하게 지속적으로 겸손히 임해야 한다. 그럼에도 불구하고, 상담자는 자신에게 부정적인 강한 정서가 함께하지 않도록 돌아보는 것이 필요하다. 상담자는 항상 자신을 부단히 발전시킬 필요성과 그리고 개인적 단점들을 수용해야 한다(Landreth, 2002). 그런 면에서 용서의 개념 인식은 필수적이다. 상담자를 포함하여 어떤 인간이라도 완벽할 수는 없기 때문이다.

둘째로 아동상담자가 갖추어야 할 중요한 특성은 그 순간에 진실되게 머무르는 것이다. 아동상담자는 물리적으로 아동과 같은 공간에 머무르는 것만으로는 결코 충분하지 않다는 점을 알아야 한다. 그와 동시에 상담자는 아동의 생각, 감정, 행동에 대하여 흐트러짐 없이 일관되게 관심을 기울이며 충분히 함께 머물러야 한다. 이 과정에서 상담자는 온화한 태도로 수용하고 맞추어 가야 하기 때문에 기질적으로 유연성도 필요하다. 아동에게 동조적인 행동을 억지로 하게끔 하려는 상담자의 시도는 적절하지 않다. 수용적 태도를 유지하면서 상담의 모든 과정에서 아동이 이끌고 싶어 하는 방향에 대하여 개방적 태도로 함께해야 한다. 이러한 개방성은 상담자 자신의 관점을 내려놓고 아동의 세계로 치료적으로 들어가게끔 촉진한다. 이 과정은 모호함에 대한 상담자의 인내 과정을 통해 이뤄지는데, 아동이 안내자가 되도록 상담에서 적절하게 조력할 필요가 있다(Landreth, 2002).

사례 연구: 아동중심 놀이 치료에서의 수용

아동중심 놀이 치료의 사례로 생후 6개월 무렵에 백인 가정에 입양되어 자란 7세 중남미계의 아동 프랑코에 대하여 소개하고자 한다. 내담자 보호를 위해 인적 사항들은 가명으로 처리했다. 프랑코의 부모는 그가 애착의 문제가 있을지도 모른다며 걱정했고, 프랑코의 친부모에 대해서는 아는 것이 거의 없었다. 그는 입양 당시 고아원에 있었으며, 담당 소아과 의사는 고아원에 맡겨지기 전의 영양 상태가 썩 좋지 않았다고 했다. 프랑코는 나의 놀이 치료실에 행복한 소년으로 나타났고, 붙임성이 좋으며 말이 많았다. 나는 즉시 그의 영혼을 속속들이 아는 것처럼 그와 깊이 연결됨을 느꼈으며, 프랑코가 매우 직관적인 아동임을 알 수 있었다. 그 당시에 나는 개인적으로 아이와 사별(쌍둥이 딸이었는데 하나는 살아남았고,

한 아이는 태어난 지 1년이 안 되어 사망)의 고통을 겪고서 회복하는 중이었다. 놀이 치료의 시작부터 프랑코와의 상상 놀이는 매우 강렬하게 다가왔다. 첫 회기에서 우리는 그렇게 함께했고, 그는 나의 치료사가 되어 가고 있었다. 그는 내 앞 아주 가까이에 앉았으며, 내 눈과 코와 목을 살피고 있었다. 갑자기 그는 "당신의 아기가 죽었군요?"라고 말했다. 나는 얼어붙었고, 양손에서 힘이 빠져나가는 것을 느꼈다. 나는 속삭이는 듯한 그 소리를 들었고, "너는 내가 '예'라고 말하기를 원하니? 아니면 '아니요'라고 말하길 원하니?"라고 말했다. 그는 "예."라고 대답했다. 그래서 나는 "예, 박사님, 내 아기는 죽었어요."라고 말했다. 그는 "괜찮을 거예요, 당신은 여전히 딸을 볼 수 있을 거예요."라고 답했다. 나는 안에서 감정들이 올라오기 시작하는 것을 느꼈고, 동시에 과거의 어느 때보다도 깊게 아동 내담자와 영적으로 연결됨을 느꼈다. 나는 신이 나에게 메시지를 보내고 있는 것인지 의아했고, 내 자신의 고통과 거리를 두면서 이 아동 내담자와 연결을 지속하려고 노력했다. 심지어 그 순간에도 뭔가 특별한, 뭔가 영적인 것이 이 새로운 관계에 연결되어 일어나고 있음을 깨달았다. 분명히 이 아동은 내가 밀어내려고 노력했던 한 가지에 연결되어 있었다.

　회기를 함께 해 가면서 나는 그의 아버지와 작업을 시작하였다. 그의 아버지는 수용에 문제가 있었다. 아동을 충분히 수용하지 못하는 인내심의 부족과 관련된 문제를 갖고 있었다. 직관적인 이 아동은 부모를 화나게 만드는 어떤 특성이 있었다. 그의 아버지는 종종 가벼운 힘겨루기를 하게 되었고 무시를 당한다고 느꼈다. 아동 스스로 자신의 해결책을 찾아내는 능력을 가지고 있다는 신뢰와 수용은 아동 중심 놀이 치료 작업에서 핵심이다. 나는 아버지에게 집에서 아동과 함께 어떻게 놀이 시간을 갖는 것이 필요한지, 수용과 무조건적 긍정적 존중의 태도를 갖고서 어떻게 함께해야 하는지를 가르치기 시작했다. 그 회기들에서 아동은 놀이 치료 회기에 아버지를 초청할 수 있는지를 물었고, 나는 그 제안을 받아들였다. 나와 아버지는 교대로 프랑코에게 반응할 수 있었고, 생생하게 상담 세팅에서 무조건적 수용의 반응을 가르칠 수 있다는 점에서 기뻤다.

　프랑코는 그의 가족 내에서 경험했던 힘겨루기를 가지고 놀이를 하기 시작했다. 그는 나에게 토네이도가 되기를 요청했고(나는 팔을 공중에서 꼰 채로 바람 소리를 냈다), 그는 토네이도에 가까이 오려 했고 그 안에 갇혔다. 그때 그는 아버지를 불렀고, 아버지는 다가와서 그를 토네이도 밖으로 꺼내려고 했다. 나는 다시 잡아당기려 했고, 토네이도가 포기하기까지 그리고 프랑코가 그의 아버지에게 안전하게 안길 때까지 힘겨루기는 계속되었다. 이 놀이는 회기 내에서 반복되었고 몇 개월간 지속된 회기 간에도 이어졌다. 나는 프랑코가 아버지에게 수용되길 바라는 자신의 욕구를 표현했던 것으로 생각한다. 아버지로부터의 거절감을 경험할 때 느꼈던 혼란을 표현한 것이기도 하다. 다행히도, 그의 아버지는 프랑코가 수용되기를 원하는 욕구 표현에 대해 받아들일 수 있게 되었다. 그들의 관계는 놀라우리만치 급격하게 진전되었다. 상담을 마쳤을 때, 마지막 회기에서 우리는 모두 함께였고, 프랑코는 다시 토네이도 주제를 가져왔다. 이번에는 그의 아버지와 무엇인가를 소통하려는 노력을 하지는 않았으며, 대신에 그가 몇 개월 전에 시도했던 무언가를 다시 가져와 다루기를 원했다. 토네이도의 느낌과 힘겨루기의 느낌이 많이 달라졌다. 프랑코는 즐거워했고 들떠 있었고, 아버지와 함께 농담을 하고 웃기도 했다. 그는 또한 아버지 도움없이 한 번에 토네이도 밖으로 나가는 것을 선택했다. 프랑코는 상담의 여정에서 바른 길을 스스로 찾아냈다. 상담자로부터의 수용과 아버지로부터의 수용, 그리고 궁극적으로는 그 자신으로부터의 수용 경험을 통해 새로운 자신을 만나게 된 것이다.

결 론

이 장에서 우리는 상담적이면서 본질적으로 영적인 측면을 갖는 개입 가운데 하나로 수용에 대하여 다루었고 상담자의 이론적 배경에 따라 수용의 기능이 조금씩 다르게 활용되는 방식을 설명했다. 수용에 대하여 자주 던져지는 질문들, 즉 포기와 인내에서 출발해서 갈등과 통제가 없는 개인적인 사건을 경험하기까지의 연속선상에서 수용은 어디에 위치해야 하는지 등과 같은 질문들에 대하여 정확한 답은 없다(Block-Lerner, Wulfert, & Moses, 2009). 하지만 대체로 극단으로 가는 것은 문제가 있다. 자신에 대한 수용에서 어려운 부분이 있다 해도, 그것이 자기를 향상시키려고 노력하는 가치를 퇴색하게 할 수는 없으며, 다른 사람들에 대한 수용의 어려움이 타인들과 보다 건강한 관계를 맺고자 하는 희망이나 열망을 없앨 수는 없다. 완전하고도 무조건적인 수용이 전적으로 가능하다는 전제를 가정하는 것은 어렵다. 용서 다음에는 반드시 수용이 따라와야 한다는 등과 같은 수용의 개념이나 가장 적절한 형태의 수용에 대한 질문들이 도움이 되기도 하지만, 그 질문 자체가 상담에서 수용의 순전한 가치를 떨어뜨리는 위험성을 갖기도 한다. 수용적 개입 자체는 단순하게 보이지만, 영적 개입에서 수용이 갖는 힘과 잠재력에 대하여 가볍게 여기거나 간과하지 않도록 해야 한다.

참고문헌

Axline, V. (1989). *Play therapy.* London, England: Ballantine. (Original work published 1947)

Block-Lerner, J., Wulfert, E., & Moses, E. (2009). ACT in context: An exploration of experiential acceptance. *Cognitive and Behavioral Practice, 16,* 443-456. doi:10.1016/j.cbpra.2009.04.005

Burns-Smith, C. (1999). Theology and Winnicott's object relations theory: A conversation. *Journal of Psychology and Theology, 27,* 3-19.

Campbell, R. (1977). *How to really love your child.* New York, NY: Penguin.

Cashdan, S. (1988). *Object relations therapy: Using the relationship.* New York, NY: Norton.

Fairbairn, W. R. D. (1952). *Psychoanalytical studies of the personality.* London, England: Routledge & Kegan Paul.

Fairbairn, W. R. D. (1954). Object-relationships and dynamic structure. In *An object-relations theory of the personality* (pp. 137-161). New York: Basic Books. (Original work published 1946)

Fairbairn, W. R. D. (1958). On the nature and aims of psycho-analytical treatment. *International Journal of Psycho-Analysis, 39,* 374-385.

Gattis, J., Sorensen, R. L., & Lawrence, R. (2001, August). *A free, web-based scoring program for the Lawrence God Image Inventory.* Presented at the 109th Annual Convention of the American Psychological Association, San Francisco, CA.

Gehrie, M. J. (2011). From archaic narcissism to empathy for the self: The evolution of new capacities in psychoanalysis. *Journal of the American Psychoanalytic Association, 59,* 313-334. doi:10.1177/0003065111406270

Hall, T. W. (2007). Psychoanalysis, attachment, and spirituality, Part 1: The emergence of two relational traditions. *Journal of Psychology and Theology, 35,* 14-28.

Hall, T. W., Brokaw, B. F., Edwards, K. J., & Pike, P. L. (1998). An empirical exploration of psychoanalysis and religion: Spiritual maturity and object relations development. *Journal for the Scientific Study of Religion, 37,* 303-313. doi:10.2307/1387529

Kirkpatrick, L. A. (1999). Attachment and religious representations and behavior. In J. Cassidy & P. Shaver (Eds.), *Handbook of attachment* (pp. 803-822). New York,

NY: Guilford Press.

Kirkpatrick, L. A., & Shaver, P. R. (1992). An attachment-theoretical approach to romantic love and religious belief. *Personality and Social Psychology Bulletin, 18*, 266-275. doi:10.1177/0146167292183002

Landreth, G. (2002). *Play therapy: The art of the relationship.* New York, NY: Routledge.

Landreth, G., & Bratton, S. (2006). *Child parent relationship therapy (CPRT): A 10-session filial model.* New York, NY: Routledge.

Mahler, M. S., Pine, F., & Bergman, A. (1975). *The psychological birth of the human infant.* New York, NY: Basic Books.

McDargh, J. (1983). *Psychoanalytic object relations theory and the study of religion: On faith and the imaging of God.* Washington, DC: University Press of America.

Parker, S. (2008). Winnicott's object relations theory and the work of the Holy Spirit. *Journal of Psychology and Theology, 36*, 285-293.

Rizzuto, A. (1979). *The birth of a living God.* Chicago, IL: University of Chicago Press.

Rogers, C. R. (1951). *Client-centered therapy: its current practice, implications, and theory.* Boston, MA: Houghton Mifflin.

Skolnick, N. J. (2006). What's a good object to do? *Psychoanalytic Dialogues, 16*, 1-27.

Slipp, S. (1991). *The technique and practice of object relations family therapy.* Northvale, NJ: Jason Aronson.

Wenar, C., & Kerig, P. (2000). *Developmental psychopathology: From infancy through adolescence* (4th ed.). New York, NY: McGraw-Hill.

Winnicott, D. W. (1971). *Playing and reality.* New York, NY: Basic Books.

Winnicott, D. W. (1988). *Human nature.* New York, NY: Schocken Books.

6장 아동과 청소년을 대상으로 한 영성 자각 상담

- LISA MILLER

영성 자각 상담(Spiritual Awareness Psychotherapy: SAP; APA, 2005)은 인생의 여정 가운데 우주와의 조화를 발견해 감으로써 인간은 성장해 간다는 입장을 갖는다. SAP는 삶의 목적, 안녕감, 온전함의 의미는 우주, 위대한 목적론적 힘, 지혜의 가르침 등으로 상담 과정에서 다루어질 수 있으며, 아동이 우주의 중요 구성원이라는 것을 인식함으로써 가족 구성원들로 하여금 아동에 대해 경청하고 서로 협력하는 관계로 나아가도록 돕는다. 청소년들은 특히 정체성 발달의 한 부분으로 영적인 깨달음을 추구하는 경향이 있으며, SAP를 통해 지혜에 기반한 균형 잡힌 삶으로 나아가도록 도움받게 된다.

이 장에서는 아동과 청소년을 대상으로 한 SAP의 활용에 대하여 설명할 것이다. 먼저 이론적 배경을 개관하고, 발달단계를 고려한 구체적 개입 방법에 대하여 살펴볼 것이다. 아동과 청소년 상담에서의 SAP 적용을 보여 주는 사례를 제시하고 있으며, 향후 아동과 청소년을 대상으로 하는 SAP의 발전적 적용에 대하여 논의할 것이다.

영성 자각 상담

SAP는 기본적으로 인간에 대하여 살아 있는 우주의 부산물로서 우주와 더불어 대화를 나누는 영적인 존재로 인식하는 것을 토대로 한다. 이러한 가정은 존재론적 질문에 대한 충분한 고려 없이 일반적으로 세속적인 물질주의에 기초하여 발전되어 온 20세기 주류 심리학의 일반적인 가정으로부터 시작된 급진적인 논리에 기반을 두고 있음을 이해할 필요가 있다. 예를 들어, 인지행동 상담(CBT)은 치유와 정신과적 질병이나 심리적 안녕에 많은 영향을 미치는 존재론적 가정들에 대해 간과한다. 인지행동 상담자들이 이 점에 대해 일부 자각하지 못할지라도, CBT는 세속적 물질주의로부터 영적인 관점까지 포괄하는 광범위한 범주의 존재론적 입장에서 행해질 수 있고 그동안 그렇게 실시되어 왔다. 일반적으로 CBT의 실제는 상담자의 개인적이고도 존재론적인 인식을 반영하는 것이다. 개인주의로 대변되는 세속적인 물질주의에 바탕을 두고 있는 많은 상담 접근방식들은 종종 내담자로 하여금 우울적 자기인식에서 벗어나 설득력 있고 가치 있고 보다 '나은' 자기 인식 차원에서의 자아(ego)를 키워 가도록 돕는다. 이러한 상담 기법은 개인적 성장의 한 측면을 빠트리고 있다. 소명이나 위대한 목적론적 우주의 한 부분으로서 영적인 길을 찾아가도록 고안된 개념으로서의 자기(self) 개념을 고통, 통찰이나 치유의 과정으로 통합해서 다루지 못한다.

주류 심리학에서도 인간은 주어진 세계로부터—해석을 통한 깨달음, 계획되지 않은 우연한 사건들로부터—의미를 발견해 가는 존재라고 가정한다. 과거 십여 년에 걸쳐 포스트 유물론이 지배적으로 영향을 미치게 되었음에도 불구하고 (Miller, 2010) 영적 실체에 대한 실존적 인식 또한 증가하게 되었다(Sperry, 2011). Sperry(2011)는 영적 자각을 왜곡하고 차단하는 것과 같은 축 II의 정신질환에 대한 조작적 개념화 및 상담에 관해 날카롭게 지적하고 있다. 과거 10여 년 동안 상담자들은 존재론적 가정을 이해하는 것의 중요성을 다시금 인식하게 되었으며, 내담자들은 상담자와의 작업에서 이러한 부분을 좀 더 명확하게 다룰 수 있게 되었다.

상담의 이론, 과정, 틀, 전제에 있어서 SAP는 분명하고 외현적·존재론적 관점에 기반한다. SAP의 다섯 가지 중요한 전제는 다음과 같다.

1. 우주는 살아 있고, 사랑스러우며, 매 순간을 스스로 인도해 간다.
2. 우리는 우주와 대화를 나누며, 이러한 대화는 본질적으로 우리를 우주의 속성과 더불어 보다 협력적 존재로 나아가게 만든다. 그 대화는 우주의 살아 있는 영적인 원리에 대한 깊이 있는 인식을 돕는다.
3. 우리는 내적·외적 경험—동시성, 메신저들, 그리고 관계들과 꿈의 내적 경험과 계시적 상상, 거룩하게 고무되는 것 등—을 통하여 우주의 중요한 원리를 깨달아 간다. 징조, 재해, 내면의 질문에 대하여 외부 경험을 통한 깨달음 등과 같은 내적·외적 경험을 계속해 가면서 티끌 같은 인간 존재의 경계를 넘어서는 우주의 속성을 깨닫는다.
4. 우리는 우리 안에 있으면서, 우리를 통해서, 그리고 우리를 에워싸고 있는 위대한 우주와 같이 똑같은 신성한 존재로 만들어졌다.
5. 영적인 시간은 항상 흘러가고 있는데, 삶의 시작, 삶의 중요한 변화, 죽음의 순간에 가장 분명해진다.

후기 유물론적 상담인 SAP는 Carl Jung(Jung & Hall, 1981)의 원리들에 의해 깊이 있게 이해될 수 있다. 융의 정신분석에서와 같이 SAP는 우주와의 대화를 통하여 변화를 얻으며, 안내를 받고, 개인적으로 다음 단계의 변화를 향해 연마해 가는 것으로 간주한다. 융이 성인기와 중년기에 이르러 갖게 되는 깨달음과 같이 인생의 발달과 함께 이뤄지는 원형적 변화에 대한 확신은 SAP에 영향을 미쳤고 비슷하게 우리 삶의 성숙 과정에서 영적인 변화를 강조한다. 우주와 대화를 통하여 영적 성장을 이루며 우리가 조화로운 삶을 살아가도록 하는 교훈을 깨닫게 하는 데, 이는 SAP의 요점에 해당한다. 즉, 용서, 헌신, 가족 등의 행복을 향하여 나아가도록 타고난 인간 생명체의 절대적 속성들을 언급한 Scott Richards와 Allen Bergin(2003)의 진리의 영에 대한 개념 설명과 맥을 같이 한다.

정신건강에 영향을 미치는 우주의 영적 원리들에 대한 깨달음과 그에 대한 경의를 표하는 것의 필요성은 뉴욕에서 다양한 범주의 사람들을 상담하게 되면서 보다 분명해졌다. 스스로 만들어 내거나 타인들로부터 받는 고통은 영적 원리들에 대한 나의 무지에서 비롯되는 것이었다. 영적 원리들은 배우거나 직접적인 경험을 통하여서 이미 터득한 것이 아닐지라도, 종교의 내면적·외현적 세계에서 발견될 수 있었다. 영적 원리들은 각 사람에게 쾌락과 행복 추구의 틀이나 자기통제의 과도한 환상에 반하여 올바른 행동과 생활로 돌아와 그 삶을 지속할 수 있게 도우며, 각자 자신의 영적인 길을 찾아갈 수 있도록 이끌어 주는 것을 포함한다. 이러한 가치들은 존재론적 실재와 연결되는 하나됨으로, 한 생명체로서의 자기를 지지하면서도 이기적이지 않은 특성을 띤다. 문화적 나르시시즘에 전염되어, 상담은 영(spirit)에 의해 점검되지 않은 자아(ego)에 대하여 과장되게 너무 많은 권위를 부여하며 영향을 받아 왔다. 나는 기본적으로 정서 경험을 통해 영적이고 도덕적인 존재로서 어떻게 행동하고 있었는가에 대한 자각을 갖도록 돕는 대신에, 지나가는 감정 자체를 존중하고 힘 있는 대상으로 간주했던 수년간의 잘못된 정신분석 상담을 통해서 유아적으로 되고 참을 수 없게 이기적인 사람들이 되어 가는 것을 보아 왔다. 반면, 우주로의 확장된 연결과 더불어 삶의 소중함과 신성의 자각과 생명력을 발견해 가는 생존자들 또한 알고 있다. 우주의 영적 원리가 우리에게 얼마나 자기답게 살도록 돕고 타인을 존중하도록 영향을 주는지 그 가치를 매기기 어려울 정도이다.

SAP의 상담 틀은 존재론적 영적 실체—우주를 붙들고 있는 실체로서 우리가 그것에 귀 기울이고 과정을 인도해 가도록 길을 내어 줄 때 상담 과정에 함께하게 되는—를 근간으로 한다. 이 과정은 내담자의 신념에 국한되는 문제로 영성을 소홀히 다루지 않으면서, 영성과 조화롭게 방향성을 찾아 가도록 하며, 그 길을 열어 가면서 살아 있는 우주와 협력해 가는 상담의 과정을 통해 도움을 받게 된다

(Miller, 2008). SAP의 과정은 우주를 상담 과정의 인도자로 받아들이며, 우리는 그 우주와 함께하며, 경청하고, 거기서 나오는 방향성을 따른다. SAP에서 상담자는 후기 유물론적 관점에서 기대되는 바와 같이 내담자와 공통의 관심을 공유하며 내담자의 경험과 관련하여 접하게 되는 우주와의 직접적인 경험을 함께하는 동료 여행자이다. 상담자는 산을 어떻게 올라가야 하는지를 알고 있는 셰르파(Sherpa)와 같은 조망자 역할을 하지만 그렇다고 위대한 현인이어야 할 필요는 없다. SAP에서 상담사는 사신을 영적인 가르침을 전달하는 교사로 제시하지 않는데, 왜냐하면 영적 교사는 내담자 안에서도 그리고 도처에서 발견될 수 있기 때문이다. 상담자가 우주에 대한 경외함으로 동등한 위치에서 내담자와 서서 함께 작업하는 투명성은 실제 현대사회에서 행해지는 단기상담과 비슷한 느낌이 있다. 예를 들어, 많이 알려져 있는 대인관계 상담이나 CBT의 경우, 상담적 관점은 상담자로서 자신이 알고 있는 모든 것을 가르쳐 주고 내담자가 스스로 자신의 상담자가 되게끔 돕는 것이다. SAP 상담자는 상담이 어디로 가게 될지 모르고, 상담 계획을 갖지 않는 것 같다. 오히려 SAP 상담자는 새로운 분야를 통과하는 여행을 할 때 아메리칸 인디언 가이드 사카자와가 새로운 지형으로 루이스와 클라크를 가이드하는 것과 비슷해 보인다. 상담자와 내담자는 똑같이 두려움을 갖는다. 사랑과 관심의 영역을 공유하며 연결된 관계로, 우주가 안내하는 특별한 선물에 종종 놀라기도 하고 경외하는 존재로 함께한다.

인도해 주는 우주에 대한 개념은 많은 사람이 이해할 수 있는 것으로 명확하게 유신론적 이해를 담고 있다. 상담에서의 언어는 내담자의 언어에 따라 정해진다. 일부 내담자는 창조자, 높은 힘, 예수 또는 신에 대해 말하고 싶어 하고, 상담자는 그 모든 것을 존중한다. 이런 모든 용어는 계획적이고 사랑하는 우주를 보여 주는 것들이다.

영성 자각 상담에서의 관계 이해

SAP는 우주가 우리 삶의 선택에 대하여 충분히 인식할 수 있도록 허용하며 성장과 치유를 향한 여행을 할 수 있게 한다. 영적 안내는 상담자로부터 나오는 것이 아니라 우리가 늘 주의를 기울이면서 인생에서의 신성함에 대하여 경외할 수 있다면 우주와의 조율을 통해서 인도를 받게 된다. 신성한 장소에서는 우주를 통한 안내를 보다 명확하게 접할 수 있다. 종종 그 메시지는 인간관계를 통해서 전달되며, 대개 가족과 같은 주변 가까운 사람들과의 관계에서 얻어지기도 한다.

SAP는 목적성을 갖는 영적 대상과의 관계를 다루게 되는 대인관계 접근으로 보일 수도 있다. 우리는 각각 창조주에 대한 인식을 표현하고, 영적 발전에서의 중요한 목적을 위해 길을 찾아가게 된다. 관계의 목적 충만함과 중요성에 대한 인식은 다음의 중요한 일부 개념을 통해 초점 맞춰진다.

1. 관계는 영적 성장을 위한 신성한 수단이며 영적 진실을 드러내는 수단이 된다. 관계 속에서의 영성 자각 상담은 우리를 영적으로 성장해 가도록 촉진한다. 우리는 관계를 통하여 사랑을 배워가고, 열정, 용서, 정의와 많은 영적 진실 등을 배워간다. 관계는 개인적인 사색이나 명상 등과 같은, 영적인 작업의 다른 형태처럼 영적인 길을 찾아가는 데 핵심이다.

2. 모든 관계는 신성하다. 신성한 시계는 모든 순간에 작용한다. 우리는 창조주의 선물, 관계 속에서 어울린다. 그 선물은 사랑을 통해서 주어지고 안내받는 과정이다. 우리가 신성함에 의해 창조된 것처럼 우리의 관계도 창조주의 안내를 받는 영역으로 볼 수 있다. 이는 우리가 쉽게 조화롭게 된다는 것을 의미하지는 않는다. 어떤 관계는 극도로 어려울 수도 있다. 우리가 길에서 스치거나 버스에 동승하거나, 결혼하거나, 직장에서 토론하거나, 사랑하게 되기도 하지만, 어느 누구도 우리를 변화시키지 않고 우리의 진로에 관여하지는 않으며, 우연하게 나타나지도 않는다. 최선의 사람은 적절한 시기에 나타난다.

우리가 몇 년 후 돌아보는 기억 속에서 깨닫게 되더라도, 모든 관계는 우리를 변화시킨다.

3. 부모, 청소년기, 어린 시절과 같은 발달적인 틀은 영적 기회를 가져 온다. 이와 비슷하게 대인관계에서의 상호작용은 발달적 틀을 가지고 있는데, 성인기와 조부모기를 향해서 나이듦에 따라, 집단을 이루고자 하는 성인기의 생산성, 영적 깨우침을 향한 젊은 청년의 길 찾아가기, 새로운 감성과 미지의 영적인 영역으로의 발달 과정은 단계별 특성을 갖는다.

4. 영적 자각은 출생, 죽음, 질병, 위기, 초자연적 만남, 트라우마 등과 같은 관계의 변화 지점에서 고취된다. 근본적인 영적 본성에 관련된 진실된 인식을 갖게 되고, 영적 자각을 통해 영적 실재에 접근하는 노력을 기울이는 것이 의미를 갖게 된다.

SAP와 그 개념적인 뒷받침과 기법은 APA(2005, 미국심리학회)에 기술된 한 성인 사례의 예시를 통해 상세히 기술된 바 있다. 이 장에서는 아동기와 청소년기의 발달 단계에서의 SAP 개입에 초점을 둘 것이다.

유아 또는 학령기 아동과 가족 상담에서의 영성 자각 상담

청소년기 이전의 어린 아동은 가족이나 학교 상담자의 요청으로 상담에 의뢰되는 경우가 많으며, 종종 심각한 수준의 가정 위기를 겪고 있는 상태에서 어려움을 갖고 상담실을 찾아온다. 가족 갈등은 아동의 현재 감정과 상태를 반영하는 배경 요인으로 볼 수 있다. SAP에서는 아동의 문제를 우주에 대한 부모의 불협화음을 반영하는 것으로 보기 때문에 아동이 보이는 문제는 가족 문제의 진단을 통해서도 예측이 가능할 수 있다.

자명하게도 유아의 선천적 영적 조율 기능은 심리학과 유전학 연구에서도 밝혀지고 있다(Boyatzis, 미출간; Kendler, Gardner, & Prescott, 1997). 아동은 우주의 지혜와 가장 직접적으로 닿아 있는 진실의 근원에 무척 근접해 있는 존재이다. 만약 아동이 아프거나 혼란스럽거나 왜곡된 문제를 갖는다면 진실을 추구하면서 거짓이나 잘못을 밀어 내려는 갈등 상태에 있다는 표시다.

　신체적이고 정서적인 안전의 문제를 넘어서서, 위기는 근본적으로 상담자를 포함하여 상담실에 함께 하는 모든 이에게 영적인 면을 탐색하는 기회가 될 수 있다. 가족을 지금까지 지탱해 온 영적 자원과 현재의 위기 상황에 대한 상담 개입에서 영적 실체를 인식하도록 도움으로써 상담자는 보다 생산적으로 가족상담에서의 회복에 영향을 주는 위대한 영적 실체와 함께 작업을 할 수 있다. 초기 상담 단계에서부터 상담자는 위기의 가정이 과거 상상했던 것보다 새롭고 더 나은 방향을 찾을 수도 있다는 사실을 알고 있다. 가족의 과거 갈등을 풀어 내는 작업은 더 깊고 만족스러운 상황으로 나아가게 만들 수 있다.

　아동과 가족의 상담은 가족에 대한 새로운 신성한 창조의 행위로도 소개될 수 있으며, 그런 면에서 새로운 형태의 건강한 가족으로 기능하도록 상담자는 위기를 통해서도 얼마든지 도울 수 있다. 일부 상담에서 언급되는 것처럼 긍정적 가족 변화를 설명하는 내러티브는 우주론보다 더 설득력을 갖는다. SAP에서 가족을 돕는 중요한 개입은 부모와 아동 자녀 관계에 대한 다음의 세 가지 영적 조망에 근거한다.

1. 아동은 창조의 근원에 가장 가까우며 가족에 대한 영적 스승과 같다. 아이들의 행동, 말, 문제 대처법 등은 가족이 당면해 있는 문제를 드러낸다.
2. 부모는 자녀와 함께 영적으로 발전해 갈 기회를 갖는다. 자녀의 출산은 부모에게는 영혼에 대한 재인식의 시간이다. 부모는 어린 아동기 자녀를 양육해 가면서 우리 안에, 주변에, 전 세계에 편안하게 깃들어 있는 신성함의 존재를 깨닫는 기회를 갖는다. 자녀의 청소년기는 선과 악, 역설과 위선에 직면하는 동시에 의미와 목적을 추구하게끔 인도해 주는 관문이 된다. 어린 자녀의 고통은 부모에게 심각한 영적 도전으로 작용하게 된다.
3. 부모는 자녀에게 영적 대사이다. 부모 역할은 자비, 자선, 지혜와 같은 영적인 절대성, 즉 우주가 제공하는 신성한 안내자와 같은 것이다. 영적 대사로서

부모는 어린 자녀의 직접적인 영적 지혜를 키워 가도록 돕고, 창조주에 대한 깨달음을 어린 자녀에게 심어 주어야 할 책임이 있다.

아동 내담자의 가족상담에서 SAP의 핵심은 어린 자녀가 어디에 진심을 담아내고 있는지를 탐색하는 것이다. 아동은 선천적으로 우주의 진실에 가깝고 자연스럽게 우주와 함께 조화를 추구하도록 타고난다. 따라서 아동은 우주의 이치에 반하는 자아의 기능, 잘못된 양육 환경과의 부조화 상태를 선명하게 드러낸다. 아동의 놀이, 행동 또는 신체에서 드러나는 고통 속에 진실이 담겨 있으며, 한편으로는 아동의 언어를 통해 가족 내 갈등이 드러나며 위기의 아동을 통해 가족은 영적인 교훈을 배울 수 있다.

이런 과정을 설명하기 위한 사례의 예로, 두려움과 집착에 사로잡힌 상태에서 영적 교훈으로 나아가게 된 한 가족의 이야기를 나누고자 한다. 가족의 핵심적인 임상적 특성을 설명하려는 목적으로 이 사례를 선택한 것은 아니다. 어린 자녀의 안전이나 보호의 문제와는 별도로, 부모는 아동에게 자유롭게 자신의 영적인 길을 찾도록 허용하는 것에 어려움을 겪으면서, 종종 부모 자신의 영적 방향성을 찾아가는 믿음의 회복을 선택하는 것이 도움 된다는 점을 알게 된다. 나는 종종 이삭의 희생에 관한 성경 이야기를 떠올리게 되는데(창세기 22:5-14), 왜냐하면 자식을 진정 사랑하고 자녀의 유익을 추구하는 선의의 부모에게서 두려움과 집착의 문제를 보기 때문이다.

사례 연구: 아동 대상 영성 자각 상담

레이첼(32세)과 데이비드(48세)는 소피(8세)라는 딸이 있는데, 소피의 문제로 상담을 받으러 왔다. 임상적 관점에서 데이비드와 레이첼은 둘 다 정서장애와 관련된 사회적 어려움을 지닌 채로 오랫동안 살아 왔다. 데이비드는 관계에서 지배적 태도를 보이며 주기적 우울증을 겪고 있다. 레이첼은 중증 우울증과 수동적인 의존 성향이 있다. 데이비드와 레이첼은 고등 교육을 받았고 독서량도 많았다. 데이비드는 보수가 좋은 전문직에 종사하고 있고 레이첼은 전업주부로 외부 활동은 하지 않았다.

가족의 역사를 살펴보면, 데이비드는 유대인 가족 배경을 가지고 있음에도 폭력적인 형으로 인해 정서적 고통을 경험하고 있었다. 그는 형에게 괴롭힘을 당했는데 형은 기분 내키는 대로 공격을 퍼부어 그의 세계를 파괴해 버릴 수도 있는 대상으로 인식되었다.

레이첼의 부모는 이혼을 했는데, 경제적으로는 부유했으나 어린아이 같았으며, 물리적으로나 정서적으로나 신뢰하기 어려운 대상들이었다. 부모 중에 누구도 레이첼에게 진실된 관심을 기울여 주지 않았고, 어린아이들이 갈망하는 것들에 대한 욕구를 인정해 주지 않았다. 레이첼의 어머니는 공공연하게 성적 파트너들을 집으로 데려왔는데, 그중 네 명과 결혼 과정까지 갔었다. 어린 시절에 레이첼은 가정과 자신의 미래에 대한 불안을 경험하였으며 관계들에서 불안정한 애착을 반복하였다. 그녀는 어린 시절의 침대가 유일한 위로의 공간이었음을 종종 기억한다. 데이비드와 레이첼은 둘 다 수십 년 동안 비정기적으로 개인 상담을 받아 왔다.

데이비드와 레이첼은 풍요한 경제적 배경과 전문적인 능력에도 불구하고 불안정한 가족환경에서 자랐던 발달적 과거를 공유했다. 결혼하여 가정을 이룬 후, 미래에 대한 두려움이 비현실적으로 크게 자리 잡았다. 그들의 지적·전문적·경제적 자원에도 불구하고 큰 두려움이 존재했다.

그들의 딸 소피는 부모에게 보여지는 불안의 특성을 기질적으로 닮지 않았다. 8세의 소피는 자신감 있고, 즐겁고, 신체적으로나 정신적으로 건강했다. 친구들은 소피를 좋아했고 같은 반 친구들과 대체로 잘 어울렸다(그녀가 또래보다 더 성숙한 모습으로 함께했음에도 불구하고). 그녀는 언어적 표현을 잘하는 아이였고 모든 연령대의 사람과도 대화가 통했다. 그들이 '소피에 관한 염려들'로 상담실에 찾아왔을 때, 부모 자신들의 어린 시절 안전감 부재로 인해 미래에 일어날 일에 대해 지속적으로 불안해하는 문제적 특성이 소피에게 전이되어 있지는 아닐까 하는 암시를 받았다.

예를 들어, 데이비드가 "소피가 나이가 들면 남자애들에게 이용당할 수도 있다. 소피는 나이 든 사람을 즐겁게 한다."라는 걱정을 표현했을 때 나는 너무도 놀라웠다. 심지어 더 큰 염려는 현재 3학년인 소피가 그녀의 부모가 다녔던 아이비리그 대학에 입학하게 될지도 모른다는 것이다. 이러한 선견지명적 미래 기대에 반하여, 소피가 겪은 10년간의 어린 시절은 매우 평범한 것이었다.

데이비드와 레이첼은 소피의 현재 성적이 대략 중간 정도이므로, 발견되지 않은 학습장애가 있을 수도 있고, 이로 인해 그녀의 대학 입학에 잠재적인 방해물이 될 수도 있을 거라는 두려움을 느꼈다. 데이비드와 레이첼의 마지막 근심은 또래보다 살짝 덜 날씬한 소피가 스포츠를 좋아하지 않아서 과체중이 될 수도 있다는 것이었다. 나는 소피가 부모의 지속적인 근심 걱정을 어떻게 견뎌냈는지 궁금했다. 가족 불안이 표현되더라도, 어떤 경우는 혼란스럽거나 어린 자녀가 감당하기에 어려운 부분이 있다. 소피는 문젯거리가 되거나 잘못될지도 모른다는 불안의 감정을 어떻게 받아들였을까?

소피를 어떻게 관리할지에 대한 강박적 불안으로 매우 지친 상태에서 상담실에 찾아 온 첫 회기에서는 가벼운 언급과 간헐적 침묵들이 있었다. 그 커플이 아직 아무런 걱정거리가 없는 소피보다 어린 둘째의 존재에 대해 언급했을 때, 회기는 그나마 괜찮게 진행되었다.

아동을 대상으로 갖는 불안과 집착은 부모에게서 자주 발견되며 대개는 사랑과 뒤섞여 나타난다. 그러나 부모가 갖는 문제들이 아동의 일상적인 삶의 현실에 영향을 미칠 때에는 개입이 필요하다. 소피의 경우에는 부모의 강박적인 반추적 사고가 암암리에 두려움의 형태로 문제를 만드는 데 기여했을 수 있다.

소피는 학업 성취와 정상적인 교우 관계 그리고 체중에 관한 부모의 개입으로 실패에 직면하게 되었다. 소피는 그녀의 필요를 충족할 수 있는 좋은 학교를 찾기 위해 3년 동안 학교를 두 번이나 옮겨야 했다. 부모가 그녀에게 어려움을 통해서 배우는 것에 대해 설명했지만, 반복되는 적응 실패는 견뎌내기 어려운 것이었다. 부모의 두려움은 아이의 학습과 사회적 현실 적응에 실제적인 방해 요소로 작용한다.

나는 가치감에 관한 소피의 내적 정서가 염려되었다. 그래서 부모의 개입들과 더불어 소피가 가정과 우정, 학교 적응에서 어떤 결과를 보였는지 탐색하였고, 다음 회기에 소피를 부모와 함께 오도록 초대했다.

소피는 의자 깊숙이 앉아 있으면서 살펴보는 시선으로 방 안을 둘러보았다. 그녀는 부모의 토론에 바로 뛰어드는 것보다는 더 나은 방법을 학습해 온 듯했다. 나는 눈을 크게 뜨고 살펴보았다. 어떻게 소피는 불안한 현실에 적응하며 살아가는 법을 발전시켰을까? 부모의 두려움과 집착에 대한 소피의 경험은 무엇이었을까? 나는 계속 지켜보았다. 소피에게서는 사회적 불안이 관찰되지 않았다. 반쯤 미소를 띤 소피의 모습은 우리의 만남이 아이러니함을 암시했다. 그 실마리는 그녀의 부모가 습관적인 근심을 내보였을 때, 여덟 살 소피가 눈을 굴렸던 모습에서 찾을 수 있었다.

얼마나 멋진가! 이 관찰을 통해 소피를 이해하게 되었다. 눈을 굴리는 것은 공공연한 반항도, 정교한 의사소통도 아닌 것으로 여겨진다. 그녀의 내부 삶을 유지하는 반응이다. 소피는 그 근심이 부모에게 속한 것임을 이미 알고 있었고 그것을 분리시켜 바라보았다. 나는 마치 그녀가 "이런 알쏭달쏭한 걱정을 하는 건 바보 같아."라고 마음으로 말하는 것을 들은 듯했다. SPA를 통한 상담 개입의 강점은 소피가 부모의 스승이 될 수 있다는 것을 인식하도록 돕고 그들의 두려움, 근심, 불안으로부터 벗어나 믿음을 갖도록 안내함으로써, 깊은 불안으로부터 빠져나올 수 있게 돕게 된다.

소피는 부모의 깊은 불안의 영향에 저항하면서 학업적 성취와 체중 감소의 압력에 대한 집착의 본질을 알아차렸다. 소피의 유머감각이 소피가 처한 현실적 어려움들에 대하여 가치 있게 대처하게끔 연결되고 있음에 대하여, 그녀의 부모가 진실로 그녀의 아이러니한 미소를 이해할 수 있도록 도울 방법은 없을까?

"소피, 학교 생활에서 가장 즐거운 것은 무엇이고 싫어하는 것은 무엇이니?" 나는 그녀의 부모 앞에서 질문했다. 종소리처럼 명확하게 그녀는 대답했다. "미술과 음악이요. 저는 음악 선생님을 좋아해요. 한번은 뮤지컬에서 노래를 했었는데, 자라서 뮤지컬 무대에서 노래하고 싶어요." 소피가 싫어하는 것은 '단어 암기와 온종일 과제 계획표를 따라 하는 것'이었다.

나는 그녀의 부모가 집착을 내려놓게 된다면, 어떤 종류의 세상이 소피에게 열릴지 궁금했다. 소피의 부모가 달성하기 힘든 성공과 체중에 대한 그들의 비현실적인 기대와 불안을 내려놓고, 밝게 빛나는 아이러니한 미소를 가진 그녀를 보게 될 수 있을까?

다음 회기에서 나는 소피에 대한 관찰 결과를 부모와 나누었다. 그녀는 기쁨으로 가득 차고 자신감 있고 침착해 보였으며, 나는 이에 감명을 받았었다. 그녀는 자신의 현실 인식 능력을 잘 살려 가면서 부모의 근심에 산혀 지내지 않은 듯 보였다. 나의 설명에 대해 그들은 고개를 끄덕이며 미소를 지었다. 나는 더 나아가 소피가 부모의 걱정에 대하여 어떻게 인식할지를 생각해 보라고 요청했다. 그러나 그들은 그 질문을 이해하지 못하는 듯 보였다. 그때 나는 영적인 항해의 여정에서 부모가 갖는 중재자로서의 강력한 소명을 언급해야 될 것 같은 느낌이 들었다. 그래서 이렇게 말했다. "부모됨의 소명은 단순하게 매우 기능 좋은 제품을 생산하는 것이라기보다는 영적인 여정을 같이 걸어가면서 신성한 우주와 조화를 이뤄 가도록 어린 자녀를 기르는 것이다." 그들은 놀라는 듯했고 흥미를 갖는 것 같았다. 그 개념이 완전히 낯선 것은 아니었음이 명확해졌다. 그 언어는 그들의 것이 아니라 나의 것이었음에도 불구하고, 진심어린, 그들의 편에 선, 진실되게 모든 사람이 마주하는 심층적 실존의 의미를 반영하는 것이었기에 받아들여졌다. 나는 데이비드와 레이첼에게 소피가 성숙한 인지 능력을 가졌으며 멋진 유머 감각을 지녔다고 나의 견해를 말해 주었다. 그리고 나서 그들에게 질문을 던졌다. "소피에 대해 어떤 것이든 생각이 깊거나 현명한 점을 알아챈 적이 있나요? 소피가 당신에게 영적으로 연결되는 이야기를 한 적이 있나요?"

그 이후 2주 동안 레이첼과 데이비드는 소피에 대해 더 많이 알아차리게 되었고 그녀에 대해 폭넓게 이야기하게 되었다. 그들은 소피의 노래에 대한 열정을 인정해 주고, 소피가 어느날 로펌이 아니라 브로드웨이에 가게 될 수도 있는 가능성을 높이 샀다. 그리고 나서 부모는 소피에게 영적 교훈을 배우고 있음을 깨달았다. "당신이 아이의 아이러니에 대한 인식을 언급하셨는데, 우리는 이제 그녀의 아이러니를 알아챘어요. 대단한 거죠. 소피는 이미 이 모든 것을 알아차리고, 이해한 것

같고, 그 이상을 넘어선 듯해요." 레이첼과 함께 데이비드는 미소를 지었다. 그리고 레이첼은 그녀의 통찰력을 넓힐 수 있었다. "특히 우리가(데이빗을 가리키며) 계속 배워 가고 있어요. 마치 '진정해요. 엄마 아빠, 다 괜찮아요.' 하는 거 같아요."

레이첼과 데이비드는 거의 불가지론적 유대인처럼 행동하지 않았다. 3주 후에 그들은 유대인 종교 전통에 대해 글을 썼던 심리학자 Wendy Mogel의 『겸허한 무릎으로 말미암는 축복(The Blessing of a Skinned Knee)』이라는 책을 들고 찾아왔다. 그들이 설명하기를 "우리는 부모의 의무가 아이에게 뭔가를 더 가르치는 것이라는 생각에 대해 이야기를 나누고 왔어요." 무언가를 더 깨달아 가는 삶은 그들에게는 새로운 것이었다. 여전히 거리감은 있었지만, 그들은 두려움과 불확실성의 감정에 압도되지 않은 삶을 롤러코스터를 탈 때처럼 아슬아슬하게 운전대를 잡지 않는 그런 삶으로 여겼다. 통제하기 위한 집착과 자아에 기반한 삶은 결국은 금이 가고 닫혀 있는 삶이다. 이제 레이첼과 데이비드의 딸은 극도의 자기 통제와 두려움에 숨 막히지 않은 채로 자신의 삶을 살아가는 자유를 얻었다.

청소년 대상 영성 자각 상담

아메리카 원주민들의 태양춤, 유대인의 창살과 바트미츠바(유대교에서 소녀에게 행하는 성인식), 기독인 전통에서의 견진성사, 말일성도(모르몬교도), 아프리카 파푸아뉴기니 칼룰리 족의 시험 등을 포함하여 전세계의 종교적 · 문화적 전통에서 볼 수 있듯이 청소년기는 영적 깨우침이 활발하게 이뤄지는 시기로 인식된다. 최근에 이르러 심리학에서도 청소년기는 현저하게 영성 자각 능력이 커 가는 시기로 인식하게 되었다(Roehlkepartain, King, Wagener, & Benson, 2006). 임상 연구의 결과들을 통해 볼 때, 개인의 영성은 사춘기의 우울증과 약물남용에 대항하여 훨씬 더 강하게 보호 요인이 되고(Miller & Gur, 2002), 청소년기의 정신건강과 연관되는 다른 어떤 심리사회적 변인보다 강력하게 작용했다(Kelly & Miller, 2007). 후기 청년기에는 가족의 영향력이 줄어드는 대신에 선천적으로 타고난 개인 영성의 영역이 확장되는 시기이다(Koenig, McGee, Krueger, & Bouchard, 2005). SAP는 청소년기의 이러한 발달적 변화를 고려하면서 직접적으로 영적 배움을 갖게 되는 것에 대해 격려하고 타당화하는 작업에 중점을 둔다.

여러 해 동안 나는 극빈층의 청소년들과 가정에서 쫓겨나 마약상과 살고 있는 임신한 소녀들, 우울하고 부모에게 폭행당했던 청소년들, 뉴욕 거리의 성전환자들, 그리고 가장 최근에는 노숙자 쉼터의 나이 든 청소년들과 함께 일해 왔다. 그 과정에서 나는 극심한 스트레스를 받는 청소년들이 매우 강한 영적 추구 성향과 더불어, 그들이 현재 처한 상황을 견디고 넘어설 수 있게 안내해 주는 우주에 대한 의미 추구의 성향을 가지고 있음을 알게 되었다. 청소년들이 추구하는 우주와 연결되는 직접적인 관계가 지지를 받고 타당화된다면, 그들이 처한 사회적·정서적 세계 속 위험한 정글을 통과해 가도록 도움 받는 우선순위로 영성이 자리 잡게 되는 유익을 얻게 될 것이다. 빈곤층 청소년과의 상담 작업도 대체로 일반 청소년을 대상으로 하는 보편적인 치료의 과정을 밟아 가는 면에서는 비슷하다.

지난 해 나는 임상 연구팀과 함께 젊은 노숙자들의 쉼터인 뉴욕 소재의 '언약의 집(Covenant House)'에서 일해 왔다. 언약의 집은 연간 3,000명의 젊은 노숙자에게 음식이나 쉼터, 또는 둘 다를 제공하고 있다. 약 300개의 침대를 보유하고 있어 청소년 쉼터로는 뉴욕 시와 미국에서 가장 큰 규모로, 10,000명 이상의 청소년 노숙자를 대상으로 설립된 구호 기관이다. 쉼터에 찾아오는 젊은 노숙자(21세 미만) 가운데 대부분(60% 이상)이 신체적 또는 성적 학대 피해자였고, 50%는 극도의 폭력과 살인을 목격했으며, 30~40%가량은 약물남용, 35%는 양부모 밑에서 자랐고, 40%는 가족에게 버림을 받았다. 거리를 헤매던 소녀들 대부분은 아기를 데리고 있거나 임신 중이었다. 소년들도 마찬가지로 학대를 받아 왔고 매를 맞고, 음식과 생존을 위해 싸움을 해 왔다. 이런 청소년은 흔한 노령의 노숙자에 비해 덜 눈에 띄었다. 자주 그들은 지나치는 행인에게 싸움을 걸거나 노숙자라는 인식을 주지 않으면서 스쳐 지나갔다. 사실 대부분의 이들 청소년은 비교적 건강하고 적응 유연성을 보인다. 언약의 집은 정신병원과 법적 시스템을 갖춘 사회기관에 연락하는 대신 많은 젊은이가 최선의 삶으로 돌아올 수 있도록 성공적으로 도왔다. 심리학자로서의 우리 일은 이런 청소년들의 타고난 탄력성을 지지해 주고, 새로운 독립심을 갖고 적응적이고도 효율적인 방식으로 길을 찾아가도록 지원해 주는 것이다.

언약의 집의 헌신적인 리더십과 스태프들의 수고는 에너지, 열정, 헌신과 강한 영적 사명감에서 나오는 비전을 보여 준다. 그들은 집중해서 청소년들의 이야기를 들어주고, 각각의 젊은이를 존중해 준다.

젊은이들을 위한 언약의 집 쉼터에서 일하게 된 첫날, 경력이 오래된 직원인 샤린이 나를 잡아당기며 말했다. "당신은 심리학자인가요? 당신은 이곳에서 만나는 이들의 이야기가 자신에 대한 이야기가 아니라는 것을 알고 있겠지요?" 그녀는 이 점을 충분히 이야기했다고 여길 때까지 그리고 자신이 젊은 노숙자들을 직접 경험하면서 얻은 깨달음을 많은 시간에 걸쳐 전달하면서 내가 기억하기 충분할 만큼 강조했다고 여길 때까지 반복했다.

그곳에서 함께한 기간 동안 젊은이들과 작업했던 내 경험을 되돌아볼 때, 샤린이 옳았다. 그리고 이는 빈곤층뿐만 아니라 극도로 억압받은 젊은이들을 포함한 대부분의 젊은이를 대상으로 돕는 깊은 치유를 향한 길을 보여 준다. 전 세계적 타락 현상, 배신, 그리고 젊은 시절 기만으로 가득 차 있던 과거로부터 나아가는 유일한 길은 창조주와의 관계를 강화하는 것이다. 이러한 기회에 대한 안내를 강화하는 것은 반복적 억압과 학대, 고통 속에 시련당하는 위기의 청소년들에게 효과적인 개입이 될 수 있다. 궁극적으로 의존할 만한 안내자—살아 있거나 죽은 인간들보다 더 위대하고 더 진실하고 믿을 수 있는, 메신저로서의 신성한 역할을 부여받은 유일한 존재—가 바로 확실한 도움이 될 수 있다.

어린 아동을 대상으로 하는 상담과는 대조적으로, SAP는 청소년을 대상으로 내면의 힘을 기르고 역량을 키워 가는 것에 중점을 두면서, 초기 성인기로의 개별화 발달 맥락에서 효과적으로 활용될 수 있다. 심하게 억압된 청소년은 종종 이른 시기에 억압적 어른으로부터 말미암은 위협적 상황들에서 벗어날 수 있도록 촉진하는 개별화 과정을 통해 도움을 받는다. 어린 성인의 나이임에도 불구하고, 즉 또래보다 이른 시기에 그들은 성인기로 들어가는 기회와 힘을 부여받게 될 수도 있다. SAP는 영적 관점에서 사랑으로 품어 주며 궁극적인 앎의 원천이 되는 가이드로서의 창조주와 확실하고 흔들리지 않는 연대감을 갖게 돕는다.

샤린의 조언은 그 이후 상담 과정에서도 내 인식을 새롭게 해 주었다. 길거리에서의 방황과 학대에서 벗어나 다른 삶을 살게끔 도와줄 수 있는 최선의 도움은 위기의 청소년들로 하여금 사랑 넘치는 안내자와의 친밀한 관계를 맺도록 하는 것이다. 우주의 사랑 넘치는 안내자, 더 높은 힘, 창조주와 연결되는 개입을 싫어할수도 있는 청소년은 어떻게 도와야 할까? 전통적으로 나는 위기 사례가 아닌 경우에는 신성한 존재가 드러나기를 기다렸다. 그러나 상담 작업에 함께 할 시간이 거의 없는 위기의 청소년에게는 이 부분에서 보다 적극적이 될 필요가 있으며, 가능하다면 속도를 내야 한다.

'어떻게 하면 언약의 집의 젊은이들을 잘 도울 수 있을까'라는 고민을 하고 있었을 때, 품행장애로 진단받은 청소년 범죄자를 대상으로 수십 년간 상담해 온 유타 주의 심리학자 Gary Weaver 박사를 우연히 만날 기회를 갖게 되었다. Weaver는 영적 심상 작업을 통해 창조주와 직접 대화를 나누도록 돕는 방법을 발전시켜왔다. 그의 방법은 심각한 빈곤과 학대 속에 있던 청소년을 대상으로 상담할 때효과적으로 적용될 수 있는 방법이다. 전통적이고도 물질론적이면서 세속적인 일반 상담 모델로는 적절한 도움을 받지 못한 상태에서 여전한 폭력행위로 법정에서 의뢰된 청소년들이 Weaver에게 보내졌다.

우리에게 그러한 젊은이들을 도울 수 있는 기회가 왔다. Weaver는 나의 임상연구 팀 동료들에게 그가 시행해 온 상담 방법을 가르치기 위해 콜롬비아 대학교를 방문했다. 그는 공격적인 청소년과 작업을 시작할 때, 종종 기도로 시작한다. "당신이 바라보는 대로 제가 당신의 자녀를 볼 수 있도록 도와주소서. 누가 도울만한 가치가 있는 사람인가를 선택하거나 골라내거나 판단하는 인간적인 편견을 내려놓게 해 주소서." 청소년들의 영혼을 위한 사랑과 보살핌의 공간을 만들기 위해, Weaver는 다음과 같은 영적 심상 작업을 통해 그들을 안내한다.

마음속에 자신의 이익을 우선으로 생각하는 모든 사람이 한 테이블에 모였다고
상상해 보세요. 그들에게 당신을 사랑하는지 물어보세요. 이제 그 테이블에 당신

의 변치 않는 자아를 초대합니다. 여러분 스스로에게 자신을 사랑하는지 물어보세요. 이제 더 높은 파워, 창조주를 그 테이블에 초대합니다. 창조주에게 당신이 사랑 받는 존재인지를 물어보세요. 이제 거기 모인 모든 사람에게 지금 이 순간 당신 삶의 현 시점에서 알아야 할 것이 무엇인지를 물어보세요.

나는 Weaver의 안내를 영적 테이블 심상 작업으로 언급해 왔다. Weaver는 우주와 이처럼 영적인 관계를 맺게 안내하면서 법정에서 의뢰된 위기의 청소년들이 종종 창조주와 연결된 관계를 깨닫게 되는 것을 발견해 왔다. Weaver의 방법은 SAP의 접근과 일치하는데, 사람들이 갖는 이미지들을 통하여 사랑과 영적 존재에 대하여 구체화함으로써 지금 이곳에서의 관계를 통해 영적인 안내를 받으면서 성장의 과정으로 연결되도록 돕는다.

SAP 접근을 시도할 때, 나는 학생들에게 의미를 추구하는 사람들의 내적인 실존을 통해 영적 대화를 촉진하게 해 주는 Weaver의 방식을 활용하도록 가르친다. 다시 말하면, 사람들로 하여금 육체적 감각의 세계를 뛰어넘어 의식 속에 존재하도록 개입한다. 영적 개입은 개인마다의 영적 영역이 존재론적으로 실제로 작동하고 있다고 보는 진실에 대한 탈물질주의 관점에 기초한다.

사례 연구: 청소년 대상 영성 자각 상담

아몬도는 트라우마, 마약중독, 노숙자라는 매우 고통스런 역사를 가진 소심하고 내성적인 청소년이었다. 아몬도 삶에서의 심각한 트라우마 사건들로 인해 이 사례는 가명을 사용하였다. 4세부터 아몬도는 고문당했으며, 성냥불에 화상을 입고, 양아버지가 술에 취해 돌아올 때면 영락없이 매를 맞았다. 그는 현관문이 열리는 순간 양아버지가 분노와 폭력의 모습인지 아닌지를 알아차릴 수 있었음을 기억한다. 7세의 나이에 아몬도는 알코올과 마약을 복용하기 시작했다. 11세에는 코카인을 사용했다.

아몬도는 학교 가기를 싫어했지만 상당히 지적이고 독서를 좋아했다. 뉴욕 시자치구에서 자라면서, 그를 음악 세계로 이끌어 준 여러 친구가 있었고 그는 록 뮤지션이 되고 싶었다.

아몬도는 길거리에서 생활할 때 다른 사람을 해칠 용도로는 절대 칼을 사용하지 않았으나 자신을 보호하기 위해 잠잘 때는 손에 칼을 지녔다고 말했다. 그는 양아버지의 집보다 길거리에서 더 안전함을 느꼈다고 얘기했다. 그는 길거리에서 두 번이나 구타를 당했으며 때로는 음식과 돈을 마련하기 위해 몸을 팔아야 했다.

어느 날 밤, 청소년을 위한 노숙자 쉼터에서 일하는 자원봉사자가 브루클린 다리 아래에서 잠을 자고 있던 아몬도에게 다가왔다. 그는 샌드위치와 쉼터 주소를 보여 주는 카드를 들고 있었다. 아몬도는 양아버지에게 돌려보내질지도 모른다는 두려움에 자신은 도움이 필요 없다고 설명했다. 그 자원봉사자는 능숙하게 제안하기를, 아몬도에게 이런 정보가 도움이 될 만한 사람을 알고 있으면 이 카드를 전해 달라고 요청했다. 이틀 후에 아몬도는 쉼터까지 70개 이상의 도시 블럭을 걸어와 그 봉사자를 만나고 싶다고 요청했다.

아몬도를 만나면서 문득 들었던 생각은 그가 제2차 세계대전 후의 유럽이나 난민 캠프의 청소년과 거의 같은 삶을 살았다는 것이다. 그러나 그는 존재 그 자체의 가치를 잃지 않으면서 자신의 경험을 온전히 흡수했다. 그의 신체 상태는 후기 청소년기로 보였으나 얼굴 표정은 여섯 살 아이 같았다. 그의 신체 동작은 움츠러들어 있었고 자신감이 없었다. 그가 생존을 위한 밧줄을 던지듯이 나를 바라보았을 때 상호작용에 관심을 갖는 것으로 관찰되었지만, 곧바로 그는 눈길을 돌렸다.

소년의 몸을 갖고 있는 불안정한 영혼을 대상으로 여러 학대 경험을 주제로 이야기를 나누는 것은 도움이 되지 않는 듯 했다. 오히려 아몬도는 보다 감정적이거나 경제적 자원을 많이 가진 또래들보다 앞서 성취해 온 자기 신뢰와 자라나는 독립심을 바탕으로 이후의 삶을 안내해 줄 누군가의 가이드가 필요해 보였다. 우리는 제한적인 회기 내에 접근해야 했다. 아몬도는 정신병을 앓고 있지 않은 청소년을 위한 상담과 숙소를 찾기 어려웠기 때문에 오랫동안 보살핌을 받지 못할 수 있다. 사설 상담기관이나 병원에 찾아오는 청소년에게는 점진적으로 SAP를 적용했는데, 이는 시간이 지나면서 차츰 성장하거나 또는 영적으로 연결됨과 동시에 변화를 얻게 되기를 기다리면서 적용해 갔다. Weaver는 위기의 청소년 대상 SAP의 효과를 극대화할 수 있는 한 방법을 제시했다.

나는 아몬도를 초대해서 Weaver의 영적 테이블 심상 작업을 실시하였는데, 아몬도는 병으로 돌아가시기 전까지 어린 시절에 돌보아 주었던 이모할머니를 생각해 냈다. 그 작업에서 생소하거나 낯선 것이 발견되지는 않았으나 아몬도는 완전히 얼어붙었다. 그의 깊은 내면에서 아몬도는 마치 친숙하게 이모할머니를 창조주의 대사로 느끼는 듯 보였고, 영적인 연결됨과 더불어 테이블의 일부가 된 듯 보였다. 그는 꼬박 10분에서 12분 정도 움직이지 않다가 눈을 떴다. 그는 신성한 모습과 사랑의 섬광으로 달라 보였다.

나는 아몬도에게 이모할머니가 무슨 말을 했는지 묻지 않았다. 그의 개인적인 경계를 방해하지 않으면서 아몬도가 개인적으로 이모할머니, 조상들의 신성한 안내자와 관계가 연결되기를 원했다. 그러나 일주일 후에 쉼터 바닥에 있는 아몬도를 보았다. "박사님, 당신이 내게 제시한 테이블의 이미지 작업을 지금까지 해 오고 있는데, 그것은 강력했습니다. 정말로 강력했습니다. 나는 이모할머니의 말씀을 들었고, 다시 나를 도와줄 누군가와 집에 함께 있는 듯한 느낌이었습니다."

성장한 신체 상태에도 불구하고, 아몬도의 얼굴은 여전히 어린 소년과 같은 모습이었는데, 해리된 경험을 할 때의 모습과는 달랐다. 그는 그가 사랑받았음을 깨달음으로써 쉼터에서 적응적으로 지낼 수 있었다. 그는 우주와의 연결됨 가운데 팀 멤버들과 이야기를 나누고 직원들과 관계를 맺을 수 있게 되었으며, 뉴욕 북부에 안정적인 숙소와 교육 자원을 해 주는 프로그램으로 일자리를 찾았다. 그곳은 내가 느끼기에 현재 그와 그의 이모할머니가 더불어 살고 있는 곳이다.

결 론

부모뿐만 아니라 어린이와 청소년을 대상으로 하는 SAP는 평생에 걸쳐 영적 성장의 길로 나아가도록 촉진한다. 어린이는 의식적으로, 직접적으로 또는 자의식이 없는 상태로도 창조자와 직접 연결이 가능하다. 청소년기는 영적 자각 능력이 발달되는 단계로, 안내와 사랑으로 함께하는 우주와의 연결된 관계로 이끌리는 시기다. 부모는 청소년기 자녀가 보다 깊은 수준에서 친숙한 도전에 직면하게 될 때 자녀와 나란히 영적으로 성장할 수 있는 기회를 갖게 된다.

우주와 직접적 대화를 촉진하는 것은 모든 연령대의 사람에게 변화와 치유의 길로 안내하는 것으로, 이런 대화는 SAP를 통해 촉진될 수 있다. 특히, 우주의 대사로서 주어지는 부모 역할의 결핍으로 인한 위기에 직면했을 때, 아동기나 또는 청소년기의 어린 나이에도 그 지혜를 마음에 얻도록 돕는 것은 매우 중요하다.

SAP는 15년간 만나 온 많은 내담자를 통하여 경험적으로 효과성을 검토해 갈 수 있었으며, 살아 있는 관계와 안내자인 우주와의 관계 맺음을 촉진해 줌으로써 상담의 효과는 더욱 분명해졌다. 위기 상황에 있는 내담자에게 긴급하게 개입해야 할 것으로 보이는 표면적 필요들에 대해서, 나는 90%를 수용하다가 점차 70% 수용적인 자세로 바뀌게 되었다. Weaver가 제안한 것처럼 영성 자각을 돕는 필요를 채우게 되면서 내담자를 더 효과적으로 돕게 되는 경우가 많아졌고 적극적으로 개입할 수 있게 되었다. 언약의 집에서 함께한 협동작업 과정에서 시도했던 영적 테이블 이미지 작업을 통하여 SAP는 우주와의 대화 속으로 내담자를 초대하고, 돌봄과 상담의 목적을 가진 여러 개입들과 함께 협력적으로 활용할 수 있음을 알게 되었다.

영성 자각 상담은 우리가 내담자 주변의 관계와 메신저들을 통한 깨달음을 얻도록 돕고, 우주와의 대화를 발전시켜 가도록 촉진해 준다. 우리가 사랑하는 사람들이나 가장 가까운 사람들로부터, 특히 부모 대사 그리고 어린 현자로부터 얻게 되는 교훈들은 매우 생생하고 강력한 효과를 갖는다. 상담자로서 우리는 살아 있는 세계를 통해 들려오는 신성한 대화를 내담자와 함께 듣고 목격할 수 있는 기회를 갖게 된다.

참고문헌

American Psychological Association. (Producer). (2005). *Spiritual awareness psychotherapy* [DVD]. Available at http://www.apa.org/pubs/videos/

Boyatzis, C. (in press). Child spirituality and the family. In L. Miller (Ed.), *Oxford University Press handbook of psychology and spirituality*. New York, NY: Oxford University Press.

Jung, C. G., & Hull, R. F. C. (1981). The archetypes and the collective unconscious. In G. Adler & & R. F. C. Hull (Eds. & Trans.), *Collected works of C. G. Jung* (2nd ed., Vol. 9, Part 1, pp. 3-41). Princeton, NJ: Princeton University Press.

Kelley, B. S., & Miller, L. (2007). Life satisfaction and spirituality in adolescents. *Research in the Social Scientific Study of Religion, 18*, 233-261.

Kendler, K. S., Gardner, C. O., & Prescott, C. A. (1997). Religion, psychopathology, and substance use and abuse: A multimeasure, genetic-epidemiologic study. *American Journal of Psychiatry, 154*, 322-329.

Koenig, L. B., McGee, M., Krueger, R. F., & Bouchard, T. J. (2005). Genetic and environmental influences on religiousness: Findings for retrospective and current religiousness ratings. *Journal of Personality, 73*, 471-488. doi:10.1111/j.1467-6494.2005.00316.x

Miller, L. (2008). Spiritual awareness in life and psychotherapy. In C. A. Rayburn & L. Comas-Díaz (Eds.), *Woman soul* (pp. 221-236). Westport, CT: Praeger.

Miller, L. (2010). Watching for light: Spiritual psychology beyond materialism. *Psychology of Religion and Spirituality, 2*, 35-36. doi:10.1037/a0018554

Miller, L., & Gur, M. (2002). Religiosity, depression and physical maturation in adolescent girls. *Journal of the American Academy of Child & Adolescent Psychology, 41*, 206-214.

Richards, P. S., & Bergin, A. E. (2003). *Casebook for a spiritual strategy for counseling and psychotherapy*. Washington, DC: American Psychological Association.

Roehlkepartain, E. C., King, P. E., Wagener, L., & Benson, P. (2006). *The handbook of spiritual development in childhood and adolescents*. Thousand Oaks, CA: Sage.

Sperry, L. (2011). *Spirituality in clinical practice: Theory and practice of spiritually oriented psychotherapy* (2nd ed.). New York, NY: Routledge.

7장 경건 서적의 활용

- DONALD F. WALKER, SAMEERA AHMED, AVIDAN MILEVSKY,
HEATHER LEWIS QUAGLIANA, AND ANISAH BAGASRA

어느 날 이른 아침에 한 어리석은 어린 토끼가 숲 속의 아름드리 사과나무 아래에서 누워 자려고 하고 있었다. 토끼는 잠들려고 애쓰면서 '만약 지구에 지진이 나면 어떡하나.' 하는 생각을 시작했다. 골똘히 생각한 후에 토끼는 일어나 앉아서 큰소리로 외쳐 물었다. "만약 오늘 지구가 멸망하면 어떻게 하나요?" 토끼는 이런 일이 일어날 가능성을 검토하다가 숲을 둘러보기 시작했는데, 위험의 징후들이 감지되기 시작했다.

주변을 막 둘러보기 시작할 무렵 토끼는 뒤에서 부딪치는 듯한 큰 소리를 들었다. 무슨 일이 일어났는지를 알아보려고 뒤를 돌아보지도 않고 토끼는 뛰기 시작했고, 달리면서 외치기 시작했다. "지구가 흔들리고 있어요!" 토끼는 최대한 빨리 도망치면서 계속해서 소리쳤다. 토끼는 숲을 통과해 계속 달려갔고 동물들이 모여들기 시작했다.

산꼭대기에서 밀림을 바라보며 누워 있는 맹수 사자 옆을 지나치면서, 토끼들,

곰들, 코끼리들, 뱀들이 함께 뛰면서 정글을 미끄러지듯 통과했다. 그때 사자가 그 동물 떼를 바라보았을 때, 서둘러서 개입하지 않는다면 동물들이 모두 낭떠러지 끝으로 떨어져 죽을 수 있는 위급한 상황으로 보였다.

맹수 사자는 그들을 돕기로 결심하고 산꼭대기에서부터 무리 앞으로 뛰어 내려 갔다. 사자는 그들이 왜 달려가고 있는지를 물었고, 지구가 멸망하고 있다는 이야 기를 들었다. 사자는 지구가 흔들리고 있지 않다고 말했으며, 그것을 증명해 보이 려고 발로 땅을 쳤다. 그리고 누가 그들에게 이 사실을 말했는지 물었다.

그 어리석은 토끼가 사과나무 아래에서 지구가 흔들리는 소리를 들었다는 것을 말했고, 사자는 그 토끼와 같이 토끼가 머물렀던 나무로 가 보았다. 사자는 나무 주변에서 냄새를 맡다가 그가 찾던 사과를 발견했다. 토끼가 들은 지구가 흔들리 는 것처럼 울린 소리는 사과가 떨어지는 소리였음을 확인하고서, 동물들에게 가서 그 모든 게 실수에서 시작되었다는 것을 이야기했다.

이 우화는 『어리석은 토끼의 큰 실수(Martin & Young)』(1985)에 실린 글로, 아동 의 불안을 다루는 상담 매뉴얼에서 자료로 활용될 수 있도록 추천되는 이야기이 다(Kendall & Hedkte, 2000). Kendall과 Hedkte(2000)는 이 이야기의 주인공이 겪은 불안과 관련된 인지적 오류를 설명해 주면서 상담에서 아동에게 도움을 줄 수 있 었다. Kendall은 어리석은 토끼의 사고 오류들을 확인하도록 아동들에게 가르치 면서 상담을 시작한다. 그다음 단계로 Kendall은 아동들에게 적응적인 자기 대화 (self-talk)를 만들도록 하고, 이야기 속 주인공에게 불안을 유발하는 생각을 효과적 으로 다루도록 도울 수 있는 방법을 생각해 보도록 요청한다. Kendall은 가상의 캐 릭터를 사용하여 인지적 오류에 대해 나누고 새로운 사고로 대체할 수 있도록 돕 는 것은 상담 초기에 유용하며, 특히 아동에게 자신의 불안과 관련된 경험을 직접 다루도록 요청하는 것보다 덜 위협적이라고 언급한다.

아동은 종종 이야기와 우화를 통해서 삶에 관해 배운다. 예를 들어, 이솝 우화 (Aesop, Jones, & Ashliman, 2003)로부터 그림 형제 동화들(Grimm, Grimm, Grimm, & Dalton, 2003)에 이르기까지 여러 세대를 통해서 전해 내려오는 이야기들이 활용될 수 있다. 종교적인 가족 분위기에서 자라난 아이들을 위해서는 성격 형성을 묘사하는 이야기, 삶의 규칙, 역경을 다루는 방식을 종종 바가바드기타(힌두교), 성경(기독교), 코란(이슬람), 티피카타(불교), 토라와 탈무드(유대교) 등 경건 서적들을 통해 도움 받을 수 있다.

사실 세계의 모든 주요 종교들은 경건 서적을 통해 소통되는 삶의 방식을 공유하고 있다. 상담에서는 내담자와 종교적 이슈를 다루기 위해 경건 서적들을 대체로 활용할 수 있다(Garzon, 2005; Johnson, Ridly, & Nielsen, 2000; Tan, 2007). 이러한 실제 예는 종교나 영적 개입을 지향하는 상담에서 종종 언급되어 왔다(McCullough, 1999; Richards & Worthington, 2010). 일반 심리학에서 다양한 내담자 집단의 문화에 대하여 보다 민감성을 가지고 접근해야 한다는 주장은 더 이상 새로운 것이 아니다(Cohen, Deblinger, Mannarino, & de Arrellaneo, 2001; Huey & Polo, 2010; Lau, 2006; McCabe & Yeh, 2009). 경건 서적을 상담에 통합적으로 활용하는 개입은 종교적이고 영적 전통을 가지고 있는 가족과 아동을 대상으로 하는 상담에서 구체적으로 그 문화와 다양성을 고려한다는 측면에서 매우 중요하다.

이 장에서 우리는 다양한 종교적 맥락을 갖는 아동과 청소년 상담에서 경건 서적을 어떻게 활용할 수 있는가와 관련해서 논의할 것이다. 경험적으로 효과성이 입증되고 있는 상담에서 경건 서적을 활용하는 영적 개입에 대하여 보다 심도 있게 논의가 이뤄질 것이다. 결과적으로는 Post와 Wade(2009)에 의해 언급된 영적인 개입들(세속적인 일반 상담에 종교적이고 영적인 내용을 더하는 것)의 세 범주 가운데 두 번째 범주에 해당하는 경건 서적의 활용에 대한 것이다. 세계의 주요 종교 가운데 기독교, 이슬람교, 유대교에 초점을 두면서 관련 경건 서적에 대하여 개관한 다음, 파괴적인 행동장애가 있는 아동에 대한 행동적 개입으로서의 부모 교육에서 경건 서적을 활용하여 영적·종교적 이슈를 다루는 한 모델을 제시할 것이다. 이어서 아동기 불안과 우울에 대한 인지행동 상담의 접근에서 경건 서적의 활용 방법을 논의하게 될 것이다. 또한 신체적·성적 학대를 경험한 아동을 대상으로 하는 상담에서의 경건 서적의 활용에 대하여 살펴보고, 향후 아동과 청소년 상담에서 경건 서적을 적절하게 통합해 가는 방법과 관련된 논의로 끝을 맺을 것이다. 아동, 청소년과 부모를 대상으로 하는 상담에서 각 주제별로 경건 서적을 활용하는 사례 또한 제시될 것이다.

세계 주요 종교들의 경건 서적에 대한 개요

기독교

기독교에서 성경은 크게 구약(유대교로부터 전해진)과 신약(예수 그리스도의 삶과 죽음, 승천, 초대교회에 중점을 두는) 두 부분으로 나뉘어 있다. 신약에는 4복음서가 포함되는데, 마태복음, 마가복음, 누가복음, 요한복음은 예수의 삶과 가르침에 대한 기록이다. 이 복음서들은 AD 60~100년 무렵 기록된 것으로 보인다(Walsh, 2005). 기독교에는 적어도 100여 개의 개별 종파가 존재하는데, 폭넓게는 로마 가톨릭, 동방 정교, 보수 기독교, 복음주의 기독교, 그리고 근본주의 기독교 등이 있다. 기독교는 하나님 아버지, 아들(예수), 성령으로 존재하는 세 존재가 하나의 신으로 존재한다는 고유한 믿음을 가진 종교이다. 다양한 교파의 기독교는 모든 인류가 원죄 때문에 아버지 하나님으로부터 분리되었다는 믿음 속에 연합되는데, 예수라는 대상에 대한 믿음과 죗값을 위한 그의 죽음과 부활이 죄로부터의 구원을 위해 필요한 요소이다.

기독교 성경에는 66권의 개별적 책들(구약 39개, 신약 27개)이 포함되어 있다. 로마 가톨릭과 동방 정교의 성서는 기독교 성경에 추가해서 각각 10개와 13개의 책을 더 포함하고 있다. 기독교 교파는 성경을 해석하는 접근에 따라서 다양하게 나뉜다. 대부분의 교파는 원래의 성경 내용에 담겨 있는 대로 문화적 맥락을 고려하는 것의 중요성을 강조한다. 그럼에도 진리를 아는 것에 대한 원천으로서 성경에 그들이 부여하는 중요성에 따라서 종파가 다양하게 갈라진다. 특정 종파에 따라서 종교 지도자의 권한, 근거, 전통, 그리고 지식의 근원으로서의 개인적 경험에 두는 비중에 차이가 있을 수 있으며, 성경은 보편적으로 이러한 영역들에서 균형을 이루도록 안내한다. 개신교 기독교와 로마 가톨릭은 성경을 해석함에 있어 교회 지도자의 역할이 차지하는 비중에서 가장 크게 차이가 난다. 로마 가톨릭은 교황이 사도 베드로의 직접적 승계자로부터 임명을 받아온 것으로 간주하고, 현대의 모든 사도들이 초대 교회 사도들의 직접적 승계자들로부터 또는 예수의 열두 제자들로부터 임명받아 왔다고 간주한다. 그 결과, 개신교 기독교에서는 성경을 이해할 때 개인적인 해석을 중심으로 접근하는 반면, 로마 가톨릭은 교황과 종교적 지도자들의 해석에 기반하여 성경을 이해한다는 면에서 차이가 난다. 개신교 기독교인들은 모든 신자가 제사장 의식을 갖는다는 점을 강조하고, 전통과 근거, 개인적 경험에 근거하여 성경을 해석하는 경향을 보인다.

이슬람교

이슬람의 의미는 '평화'이며, 신에 대한 복종의 의미를 함축하고 있다. 이슬람은 유일신의 신앙과 아브라함의 믿음을 따르며, 그 추종자들은 무슬림이라 불린다. 무슬림의 경전인 코란은 신의 계시를 받아 선지자 마호메트에 의해 쓰여졌고, 무슬림을 위한 주요 안내 자료로 사용되고 있다. 코란과 수나(Sunnah) 둘 다 무슬림에게는 성스러운 경전으로 간주된다.

무슬림 내담자를 만날 때 상담자는 이슬람에는 위계적인 종교 구조가 없다는 점을 알아야 한다. 이는 정신건강에 영향을 주는 문제들을 포함하여 이슬람의 다양한 측면을 해석함에 있어 종교학자들이 다양한 의견을 가질 수 있는 부분이다. 예를 들면, 부모는 청소년 자녀에게 코란과 수나를 근거로 사용하면서 가정의 규칙을 정당화할 수 있으나, 청소년 자녀 또한 같은 경건 서적에 근거를 가지고 대안적 관점을 주장할 수도 있기 때문에, 상담이 복잡해질 수도 있다.

상담에 영향을 미칠 수 있는 또 다른 문제는, 각각 다른 무슬림 문화에서 문화와 종교의 구별하기 힘든 밀착된 결합이다. 이슬람은 하나의 문화에 잘 적용하도록 조직된 원칙과 행동들로 구성되어 있어서 결과적으로 무슬림의 문화적 전통에서는 개개인의 문화적 맥락에 따라 다양한 모습으로 존재하게 된다. 따라서 부모나 자녀에게는 문화적인 것에 기반한 믿음과 종교적인 것에 근거하는 믿음을 구별하거나 분리하는 것이 쉽지 않다. 부모는 이슬람으로서 민족적·문화적 가치를 내세울 수도 있는데, 자녀에게는 부모의 민족적·문화적 맥락보다는 미국식의 문화적 맥락에서 보려는 경향이 있기 때문에 부모의 가치를 받아들이기 어려울 수도 있다. 그래서 무슬림 가족을 상담하는 경우, 상담자는 종교적이고 문화적인 측면에 대한 자문을 받으면서 상담에 영향을 미칠 수 있는 종교적·문화적 문제들을 탐색해 갈 필요가 있다.

유대교

유대교에서 2개의 중요한 경전은 성경과 탈무드이다. 타나크(Tanach)로 알려진 성경은 3개의 틀로 나뉘어진 24권의 책으로 구성되어 있다. 토라(Torah, 가르침)는 첫 번째 부분으로 세상의 창조에 중점을 둔 다섯 권의 책을 포함하고 있는데, 유대 민족의 시작에 관련된 초창기 역사와 삶의 적용을 위한 기본 계명을 담고 있다. 네빔(Nevi'im, 선지자)은 두 번째 부분으로, 유대 민족이 이스라엘 땅으로 진입했던 시기의 유대 선지자들을 중심으로 하는 내용이다. 네빔에는 또한 히브리의 군주제와 두 왕국으로의 분할, 예루살렘에 곧 닥칠 성전 파괴에 대한 구체적인 예언의 경고가 담겨 있다. 마지막 부분인 케투빔(Ketuvim, 저술 또는 성경)은 예언들의 모음집으로, 바벨론 포로 기간 전후의 시대를 이끌었던 유대 지도자들의 삶과 이야기가 수록되어 있다(McDonald, 2007).

탈무드는 두 번째 성전이 세워진 무렵과 그 성전의 파괴 이후(기원전 100년~기원후 475년)를 시대 배경으로 하는 랍비식 토론의 모음집으로, 성경에 대한 실용적 해석을 담고 있다. 이는 유대인의 일상에서 성경 원리의 적용을 다루는데, 기도의 원리를 포함하여 안식일 지키기, 기념일, 대인관계 문제, 결혼 문제, 식습관 제한 문제 등을 포함하고 있다(Steinsaltz, 2010). 유대인 법규를 이해하기 위한 주요한 근거로서의 기능 외에도, 탈무드는 인생의 의미, 감정, 내면의 갈등, 안녕감, 인격의 성숙에 대한 통찰을 포함하여 전반적인 삶에 대한 많은 주제를 담고 있다.

유대인 내담자와 작업하는 상담자는 다양한 유대 종파의 구성원 사이에서 존재하는 실제적인 차이를 이해하려는 노력이 필요하다(Langman, 1995, 1999). 다양한 종파에 따라 성경과 탈무드에 대한 접근에 차이가 있으므로, 유대인 내담자를 대상으로 경건 서적을 적절하게 활용하고 싶다면 이를 잘 이해하는 것은 중요하다. 유대교의 주요 세 종파에는 정통파, 보수파, 개혁파가 있다.

정통파 유대인은 "신이 시내산에서 이스라엘 민족에게 거룩하게 주어진 계명의 해석과 함께 토라와 히브리 성경을 주었음을 받아들인다."고 한다(Schnall, 2006, p. 277). 정통파 유대인은 일상생활, 개인적 상호작용, 가정생활, 직업 부분까지 포함하여 삶의 모든 부분에 성경과 탈무드의 가르침을 적용한다. 탈무드는 성경만큼이나 권위적인 것으로 간주하기 때문에 두 책에서 나온 공통의 단락을 사용하는 것은 정통파 유대인 내담자에게 적절한 것으로 받아들여지는 것 같다.

보수파와 개혁파 유대인은 보다 평등주의에 기반한 유대교의 실천과 유대인의 계명을 현대적 맥락에서 이해해야 할 필요성을 강조한다. 보수파 유대인은 개혁파 유대인에 비해 성경에서의 신성을 강조하는 것으로 보인다. 그럼에도, 두 종파 모두 탈무드를 역사적 가치를 담는 토론서로 보지만, 성경적인 권위를 갖는 것으로는 보지 않는다(De Lange, 2000). 상담적 개입에서 보수파와 개혁파 유대인 내담자에게는 탈무드의 인용보다는 성경의 사용을 고려하는 것이 좀 더 적절할 것이다.

부모 교육에서 경건 서적을 통합적으로 활용하기

아동과 청소년을 위한 상담 의뢰 사례 중 3분의 2는 행동 문제로 의뢰되기 때문에 부모 교육에서 종종 행동적 개입을 내용에 포함하게 된다(Barkley, 2006). 매우 종교적인 부모는 부모의 역할에 대하여 경건한 의미를 담아 부모 양육에서의 성화 과정으로 인식한다(Mohoney, Pargament, Murray-Swank, & Murray-Swank, 2003). 그 밖에도 종교적인 부모는 종종 부모 역할을 신성한 소명으로 받아들이기 때문에 상담자는 그 부모들을 상담에서 도울 때 거룩한 소명으로서의 부모 역할 맥락에서 부모 교육을 이해하도록 돕는 것이 중요할 수 있다(Walker, Reese, Hughes & Troskie, 2010). 그동안 확실하게 경험적으로도 뒷받침된 부모 교육용 상담 프로그램으로는 Barkley(1997)의 반항적 아동의 부모 교육 프로그램, Webster-Stratton (2005)의 깨달음의 시간(Incredible Years) 부모 교육 프로그램, 그리고 Eyberg의 부모-자녀 상호작용 상담(PCIT; Zisser & Eyberg, 2010) 등이 있다. 이 상담 기법들은 아동의 파괴적 행동을 감소시키고, 육아 훈련과 관련된 부모의 자기효능감을 증진시켜 주는 것으로 효과성이 입증되어 왔다(Barkley, 2006; Hood & Eyberg, 2003; Webster-Stratton, 2005).

세 종류의 부모 교육 프로그램 요약

Barkley(1997)의 반항적 아동의 부모 교육 프로그램은 대략 12회기로 구성되어 가족 상담 또는 부모를 대상으로 하는 보조 상담에 적용될 수 있고, 부모 집단 상담 형태로 활용할 수도 있다. Barkley(1997)는 최소한 2세 이상의 인지 및 발달 수준 아동의 부모 대상 프로그램으로 개발되었으며, 매뉴얼에서는 18개월가량 된 아동의 부모에게도 적용될 수 있다고 소개하고 있다. Barkley는 또한 청소년용 프로그램 또한 추천하고 있다(Barkley, Edwards, & Robin, 1999).

Webster-Stratton(2005)의 깨달음의 시간 프로그램은 부모, 교사, 아동을 위한 다차원적인 상담 프로그램으로서, 부모와 교사의 요청을 유연하게 받아들이면서 가정과 학교에서의 파괴적 행동을 효과적으로 다룰 수 있도록 만들어졌다. 이 프로그램은 두 종류의 부모 교육 프로그램을 포함하는데, 2세에서 12세까지의 아동 부모를 대상으로 기초와 심화 과정으로 구성되어 있다.

기초와 심화 과정으로 이뤄진 부모 교육 프로그램은 14회기에 걸쳐 부모를 위한 비디오 자료를 중심으로 집단 상담 세팅에서 토론 형식으로 진행할 수 있도록 안내한다. 이 프로그램은 자녀 양육 관련 기술을 배우는 내용으로 시작하면서, 부모의 대인관계 문제, 즉 문제해결 기술, 분노 관리, 사회적 지지와 같은 영역을 함께 다룬다.

Eyberg(2005)의 PCIT는 보통 16회기 또는 그보다 축소된 회기로 진행된다. 기본적으로 3~6세에 해당하는 미취학 아동을 대상으로 사용되도록 개발되었으나, 그보다 더 높은 연령대의 아동을 대상으로도 활용되어 왔다. PCIT는 대체로 개인 상담 형식으로 실행되어 왔으며, 상담자가 먼저 부모에게 상담 기법을 보여 주고 설명한 다음에 아동과 함께 하는 자리에서 부모의 양육 기법과 관련해서 실시간 코칭을 제공하는 형태로 진행된다. Eyberg는 부모가 자녀의 올바른 행동에 대해 칭찬하도록 가르치기 위해 PRIDE 기법을 사용했는데, 아동이 놀 때 사용하는 모방과 설명에 대한 방식을 반영해 주면서 자녀와의 관계를 발전시켜 가는 데 보다 효과적이 되도록 돕는다.

종교적인 부모를 대상으로 하는 교육 상담에서의 사전 고려사항

종교적인 부모를 대상으로 하는 부모 개입 프로그램을 실시할 때는 사전에 부모의 종교적인 맥락에서 규정하는 구체적인 육아 방식에 대해 그리고 경험적으로 입증된 부모 교육 프로그램과 어떻게 협응이 가능할 것인지 여부 등을 탐색하고 고려할 필요가 있다. 이는 여러 가지 이유에서 중요하다. 첫째, 상담 훈련이 부모 교육과 관련된 종교적 맥락과 조화롭게 함께할 때, 종교적 부모들은 그 교육에 대해 보다 수용적으로 받아들이고 적용하게 된다. 둘째, 상담자가 육아와 관련된 부모의 종교적 경향과 상담 사이의 갈등 요소가 있음을 인식하게 된다면, 잠재적인 불일치 부분을 개방적인 자세로 토론하거나 만약 필요하다면 그 프로그램의 모든 부분에 협력하지 않을 부모의 권리를 존중하여 부모의 종교성에 대한 존중을 보여 주어야 한다고 본다. 마지막으로, 종교적인 부모가 그들의 종교적 교리와 상담 개입 사이에 갈등을 느끼게 될 때, 그들은 상담 개입을 수동적으로 피하거나 전면적으로 거부할 수도 있다. 사전에 그러한 차이점의 영역을 개방적인 태도로 나누도록 하는 것이 부모들이 부모 교육 프로그램을 선택하기 수월하게 돕고, 결과적으로는 상담을 받는 아동 내담자에게 도움이 된다.

경험적으로 증명된 부모 교육 프로그램에서 활용되는 네 종류의 일반적 상담 개입으로서, 첫째, 심리 교육, 둘째, 상담 기술 가르치기, 셋째, 타임아웃의 효과적 사용, 넷째, 토큰 이코노미 사용 등을 중심으로 다음 단락에서 살펴보게 될 것이다.

부모 교육 프로그램에서의 경건 서적 활용

이 단락에서는 경험적으로 증명된 부모 교육 프로그램에 대해서 각 주제 영역별로 경건 서적을 활용하는 것에 대하여 살펴볼 것이다. 즉, Barkley(1997)의 반항적 아동의 부모 교육 프로그램, Webster-Stratton(2005)의 깨달음의 시간 부모 교육 프로그램, 그리고 Eyberg(2005)의 PCIT 매뉴얼 등 효과성이 입증된 부모 교육 매뉴얼을 중심으로 경건 서적의 통합적 활용 방법에 대해 살펴볼 것이다. 이 프로그램들뿐만 아니라 기타 다양한 부모 교육 프로그램에서도 다루고 있는 공통 주제 영역을 중심으로 논의할 것이다.

심리교육

부모에게 아동기 부적응 행동의 원인들에 대하여 심리 교육을 제공할 때, 상담자는 아동의 문제 행동에 대한 부모의 종교적·영적 설명(원죄의 역할 등)에 관한 믿음에 대해 논의하는 것이 도움이 될 수 있다. 이는 두 가지 이유에서 중요하다. 첫째, 종교적으로 매우 헌신적인 일부 부모는 자녀가 보이는 잘못된 행동의 원인이 원죄 또는 아동에게 있는 다른 영적인 이유에 있다고 비난할 수 있다. 예를 들어, 어떤 무슬림 부모는 정신건강 증상이나 아동의 잘못된 행동을 정령이라 일컬어지는 초자연적인 것에 사로잡힌 결과라고 비난할 수 있다. 초자연적인 존재의 개념은 이슬람에서 존재한다. 그러나 정신건강 증상에 대한 초자연적인 존재의 역할에 관해서는 이슬람 관련 학자 간에 의견이 엇갈린다. 초자연적 원인은 정신증, 조증, 조현병과 같이 가족이 이해하기 어려운 증상과 진단에 영향을 미치는 것으로 이해할 수 있다. 따라서 그러한 사례는 종교적 자문을 받는 것이 필요하다. 우리의 임상 경험에 따르면, 부모의 종교에 따라서 아동의 잘못된 행동에 대한 종교적인 부모의 해석은 상당히 다양하게 이루어진다. 일부 보수적인 유대-기독교 부모는 아이가 ADHD와 같은 발달장애나 자폐 스펙트럼 장애로 진단을 받는 경우에 보다 자주 아이의 문제 행동을 원죄와 연관되는 것으로 간주하며, 연장선상에서 부모는 그런 귀인이 행동 규제에 어려움을 가져올 수 있다는 점을 인식하지 못한다.

이와는 정반대로 종교적인 일부 부모는 상담이 필요한 장애 진단의 상황으로 가지 않게끔 보호하는 아동 영성의 역할을 믿는다. 이 책의 저자인 Avidan Milevsky는 소아과 의사에게 불안 증상을 갖는 정통파 유대교 출신의 청소년 환자를 의뢰받아 상담한 적이 있다. 상담의 초기 단계에서 그의 어머니는 아들을 'big masmid'(극단적으로 성경 공부에 빠져 있는 사람)이라고 했으며, 이를 하나의 영적 성숙의 결과로 생각하면서 아들이 상담이 필요하다는 사실을 받아들이기 힘들어했다.

상담 기술 가르치기

대부분의 부모 교육 프로그램에서 자녀와의 협력 관계를 향상시키도록 돕는 개입은 아동의 행동지도가 효과적으로 수행되도록 촉진하게 된다. 부모는 바람직한 행동에 대한 긍정적·부정적 강화를 제공하도록 교육을 받으며, 바람직한 행동에 대한 선택적 집중과 문제 행동에 대한 부드러운 무시를 포함한다. 부모가 아동의 바람직한 행동에 선택적으로 집중하면서, "네가 지금처럼 조용히 놀 때가 참 좋구나."와 같은 구체적이고 명분 있는 언어적 칭찬을 제공하도록 격려할 수 있다. 부모 교육에서 우리는 부모에게 일반적으로 "자녀의 좋은 점을 찾으라."고 격려한다.

우리의 임상 경험에 따르면, 종교적으로 깊이 헌신된 부모 가운데 특히 자기를 보수적이거나 근본주의자로 규정짓는 이들은 바람직한 행동에 대한 긍정적 강화를 제공하는 것을 반대한다. 대개 이러한 거부는 종교적 지침에 근거를 두고 있다. 예를 들면, 유대교 부모는 악마를 자녀들 속에 제압해야 할 하나의 성향으로 보기도 한다. 이 신념은 '그 사람들의 생각은 항상 악마에 의한 것이다.' 라는 창세기 6:5에 근거한다. 그 결과로, 유대교 부모들은 긍정적 강화와 반대되는 처벌을 종교적인 양육 방식이라고 믿는다.

또 어떤 부모들은 아이가 보상을 받지 않으면서 올바로 행동을 해야 한다는 생각을 근거로 긍정적 강화를 주는 것에 반대한다. 더 나아가 일부 종교적인 부모는 신체 처벌을 그들의 종교적 전통에서 위임된 관행으로 배워 왔다. 상담자는 다양한 종교적 전통에서 신체적 처벌에 관련된 경건 서적의 구절을 탐색하고, 대안적으로 부모의 양육 방식으로 선택적 관심과 긍정적 강화를 제공하는 것과 관련된 구절을 탐색해 지지적인 근거로 적절하게 활용할 수 있기를 바란다. 예를 들어, 기독교 부모와 작업할 때는 자주 인용되는 '회초리를 아끼면 자식을 망친다(잠언 13:24).'라는 성경구절에 대해 개방적 논의가 필요할 수 있다.

Walker와 Quagliana(2007)는 이 구절에 대한 대안적 해석으로 구약 시대에 양치기가 막대로 양들을 때리지 않으면서 막대기로 그들을 안내했다는 점을 이야기했다. 자녀 양육의 맥락에서 이 구절은 회초리나 방망이와 같은 물건으로 아이를 때리기보다는 부모로서 안내자 역할을 수행하도록 격려하는 데 사용할 수 있다. 이러한 방식으로 재개념화를 통하여, 부모 교육을 받은 기독교인은 잠언 13:24에 나오는 회초리를 선택적 주의를 주는 방법을 상징하는 하나의 도구로 볼 수 있게 될 것이다.

이와 비슷한 역동은 무슬림 가정에도 존재할 수 있다. 이들은 신체적 처벌이 문화적으로는 받아들여지는 관행이지만, 종교적으로는 반대하는 접근이 있다. 예를 들어, 선지자 마호메트의 말씀 기록인 하디스에서는 구체적으로 '어느 누구도 학대하지 마라.'는 학대 금지 구절이 있으며 어린이를 무시하는 것과 같은 언어적 학대 행동을 포함하여 적용된다. 그러한 부모에게는 코란에서 언급되는 다음 구절을 통해서 종교적 용어로 부모 양육 행동을 재구성하는 데 도움을 얻을 수 있다. '너는 누구를 믿는가! 한 그룹이 다른 그룹을 비웃지 말라. 이전의 그룹보다 나중의 그룹이 더 나을 수도 있다(코란 49:11).'

경건 서적의 특정 구절에 대해 대안적 관점을 고려하는 문제에 있어 부모가 얼마나 개방적으로 받아들이게 될지는 다양할 수 있다. 일반적으로, 종교적 맥락에

상관없이 주류에 속하는 종파의 부모들은 특정 구절에 대하여 새로운 관점으로 바라보는 것에 대해 더 개방적일 수 있다. 보수적 전통을 갖는 부모들은 자신의 종교적 전통과 맥을 같이 하는 상담자가 제공한 특정 구절의 재해석에 대해 보다 수용적이다. 상담자가 부모의 종교적 믿음 전통을 존중하면서 상담에 임할 때, 종교적으로 헌신된 부모 대다수가 특정 경건 구절에 대한 대안적 재개념화를 더욱 수용적으로 고려하게 된다.

그러나 일부 보수적 또는 근본주의적 종교를 갖는 부모들은 상담자가 같은 믿음 전통을 가지고 있다 하더라도 단순히 경건 서적의 특정 구절들에 대한 대안적 해석을 고려하지 않으려 할 수 있다. 저자 중 하나인 Milevsky는 랍비식의 서품식을 마치고, 정통파 유대교 내담자를 대상으로 하는 상담 세팅에서 일하고 있었다. 그가 같은 종교의 성직자임에도 그가 상담 작업에서 만나는 부모들은 양육에 대한 종교적 믿음에 대한 대안적 관점을 갖도록 하는 과제를 받아들이고 싶어하지 않음을 알게 되었다. 이를 통해 그는 비록 유대교 랍비라 하더라도 부모 교육에 협력적으로 임할 수 있도록 촉진하기 위해서는 그 부모들에 대해 좀 더 알아가는 탐색이 필요하며 그 부모들의 랍비들로부터 자문을 얻어야 한다는 점을 깨닫게 되었다. 이러한 일화는 상담자가 부모의 종교적 신념과 충돌하게 될 때 당면할 수 있는 위기에 대해 보여 준다. 우리는 상담자에게 양육과 연관된 성스러운 영역을 접촉할 때는 보다 유연해지도록, 그리고 필요하다면 내담자 부모의 종교적 전통에 속해 있는 성직자와 협력할 것을 권유한다.

타임아웃의 효과적 적용

부모 교육 장면에서 부모는 타임아웃에 대한 다양한 범주의 경험을 가져온다. 어떤 부모는 자녀에게 타임아웃을 시도했다가 실패한 경험으로 인해 앞으로도 타임아웃을 사용하고 싶어 하지 않아 했다. 어떤 부모는 앞에서 인용해 온 종교적 토대에서 신체적 체벌을 선호하면서, 그렇지 않은 형태의 개입에 부정적이었다. 일반적으로 타임아웃은 잘못된 행동에 대해 적용되는 전형적인 유일한 처벌적 개입이므로 대부분의 부모 교육 프로그램에서 중요한 개입 기술로 소개된다.

우리는 상담자에게 타임아웃이 부모의 종교적 양육 방식과 양립하는지 또는 충돌하는 개입인지를 내담자의 부모에게 물어보기를 권장한다. 예를 들어, 기독교 부모는 타임아웃을 갈라디아서 6장 7~8절에 나오는 '사람은 뿌린 대로 거둔다.'라는 의미와 더불어 효과적인 개입으로 생각할 수 있다. 부모에게 아동이 보이는 잘못된 행동의 결과에 대한 성경의 참조 글에 초점을 맞추어 자녀에게 자신의 잘못된 행동이 가져오는 자연스러운 결과를 경험하는 것을 허용하도록 권장할 수 있다(Walker & Quagliana, 2007). 이와 비슷한 방식으로, 무슬림 부모에게도 자녀의 행동에는 결과가 따름을 이해하도록 도와주는 코란의 구절을 사용하도록 권할 수 있을 것이다. '올바른 길을 따르기를 선택하는 자는 누구든지 따르라. 그러나 자신의 선을 위하여 따르라. 나쁜 길로 가려는 자는 가라. 그러나 이는 자신의 해로움을 위한 것이다. 그 책임을 견디지 못하는 자는 또 다른 짐을 지게 될 것이다(Qur'an 17:15).'

토큰 이코노미 사용

토큰 이코노미를 활용하는 개입은 Barkley(1997)가 개발한 적대적인 행동을 보이는 아동 상담 매뉴얼에 포함되어 있으며, PCIT 매뉴얼에도 선택적 개입의 일부로 들어가 있다. 토큰 이코노미를 실행하려면, 부모는 개별적 보상과 구체적인 바람직한 행동과 연결시켜야 한다. 또한 바람직한 행동에 대해서는 곧바로 언어적 칭찬이나 작은 토큰의 사용 또는 둘 다를 활용하여 강화해 주어야 한다. 마지막으로, 보상은 이 토큰들이 일상의 특혜나 아동이 벌 수 있는 더 큰 보상으로 교환될 수 있는 만족스러운 것이어야 한다. Barkley(1997)의 상담 매뉴얼에서 토큰 이코노미의 핵심은 특정 보상이 아동의 고유한 관심사에 맞추어져 이뤄지도록 해야 한다는 점이다.

우리는 상담자에게 토큰 이코노미가 양육을 위한 종교적 처방과 조화롭게 이뤄질 수 있도록 하는 것에 주의를 기울이도록 권유한다. 예를 들어, 유대교와 기독교 부모 사이에는 육아에 대해 자주 인용되는 구절이 있다. '마땅히 행할 길을 아이에게 가르치라. 그리하면 그가 늙어도 그것을 떠나지 아니하리라(잠언 22:6).'

이 구절은 유대교-기독교 부모에게 육아에서 유연성의 중요성과 아동에게 개별적 필요에 따른 맞춤형 육아(보상을 포함하여)의 필요성을 강조하기 위해 사용할 수 있다. 이 구절은 육아의 필수 요소에 대한 그릇된 인식으로 어려움을 겪는 부모와 작업할 때 통합적으로 활용될 수 있다. 특히 유대교 부모에게는 탈무드(Tractate Sabbath, 156a)에서 '만일 개개인이 폭력적 기질을 가지고 태어난다면 그는 살인자나 의료 전문가나 포경수술 전문가가 될 수도 있다.'라는 언급을 인용해 가며 이 개념을 확장시킬 수 있다. 유사하게, 선지자 마호메트의 경건 서적 수나에서 '너 자신과 겨루지 마라. 너의 능력 안에 있는 행위를 제외하고는(Bukhari).'이라는 구절을 활용할 수 있다. 이러한 문장들은 개개인의 성향에 대한 평가와 자신의 고유한 기질에 기초하여 적응적 결과를 향해 나아가도록 돕는 것의 중요성을 강조한다. 아동이 반드시 지켜야 하는 특정 행동을 고집하는 권위적 부모에게 아동의 고유한 기질이나 성향에 따라서 개별적으로 아동에 적절하게 개입하고 다루어야 할 필요성에 대하여 성경 구절을 활용하여 상담에서 이야기할 수 있다.

사례 연구: 경건 서적을 활용한 부모 교육

저자 중 한 명인 Sameer Ahmed는 파티마라는 7세 소녀를 만났는데, 그녀는 반복적인 분노 폭발, 과민성, 적대감, 충동적 위험 행동 등의 증상을 보였다. 파티마와의 첫 접수 상담에서 그녀의 부모는 이러한 행동이 단지 집에서만 나타나고 담임선생님은 그녀가 모범생이라고 말했다고 하였다.

그 가정의 역동을 탐색해 보니 어머니는 가족 내 원칙주의자였고 직장에서는 일이 너무 많고, 가정과 사회적 네트워크의 부족으로 외로움을 겪고 있음이 드러났다. 파티마의 아버지는 부인에게 지지적이었으나, 긴 근로 시간과 파티마를 어떻게 돌봐야 하는지에 대한 불안 때문에 딸을 잘 돕기가 어려웠다. 파티마의 부모는 딸에게 한계를 설정하는 것, 딸에게 바라는 것을 복잡하고 부정확하게 언급하는 것 때문에 갈등을 겪었고, 일관되게 규율을 적용하는 데에도 문제가 있었다. 파티마의 일상 스케줄을 탐색하는 과정에서 Ahmed는 파티마가 집에서 스트레스를 많이 받고 있으며 주식 대신에 인스턴트 식품을 주로 먹어 종종 수면과 휴식이 부족한 상태에 있음을 관찰했다. 발달적으로 적절한 필요가 채워지지 못하는 스트레스가 많은 가정생활과 부적절한 양육 기술로 인해 부정적인 부모-자녀 관계를 경험하고 있는 것으로 나타났다. 사회적 지지체계에 대한 평가에서 그 가족은 삶에서 영적 방향의 원천으로서 이슬람교의 역할을 언급했다. 그 외에도 그들이 종교적 공동체로부터 큰 지지를 받고 있음을 보고했다.

첫 상담은 파티마 부모의 호소 문제를 재구성하는 것으로 시작되었다. Ahmed는 그들에게 '그러나 너희는 너희에게 좋은 것을 싫어할 수도 있고, 너희에게 해가 되는 것을 좋아하게 될 수도 있다. 알라는 너희가 알지 못하는 것을 알고 있다(Qur'an 2:216).'라는 코란 구절을 상기시켰다. 자녀의 문제 행동을 현재의 생활 방식과 가족 역동을 변화시키기 위한 기회로 가져가기 위해서였다. Ahmed는 수면, 영양, 휴식과 같은 파티마의 발달단계에 맞는 필요에는 무엇이 있는가에 대한 심리교육을 제공했다. 그다음 몇 회기에 걸쳐 부모 양육 기술을 키워 가도록 도왔다. 즉, 파티마의 행동 패턴 인식하기, 부모-자녀 간 긍정적 상호작용을 위한 기회 늘리기, 그리고 효율적으로 의사소통하기 등이 포함되었다.

상담의 초기 단계에서 파티마의 부모는 육아 목표로서 부모-자녀 간 긍정적인 상호작용의 기회를 늘리는 것에 대한 걱정을 표현했다. 부모 둘 다 파티마가 매우 무례하다고 느꼈고, 부모가 충분히 영양을 공급하지 못하더라도 부모의 요청에 당연히 순응해야 한다고 생각했다. 이러한 생각을 다루기 위해 Ahmed는 마호메트가 아이들과 있을 때 타임아웃을 사용했고, 다른 사람들에게도 아동과 양육자 간의 유대를 강화하기 위해 이를 권장했다는 것을 파티마의 부모에게 상기시켰다. Ahmed는 마호메트가 말한 내용 중 다음과 같은 하디스(Hadith, 선지자 마호메트의 가르침을 기록한 책) 구절을 인용했다. "자녀가 있는 사람은 아이와 함께 아이처럼 행동해야 한다." 상담의 초기 단계에서, 파티마의 아버지는 파티마에 대한 정서적·신체적 애정을 표현하고 드러내는 것의 불편한 감정을 시인했다. Ahmed는 파티마에게 아버지로서 갖는 애정을 표현하는 것에 대한 그의 불편감을 다루게 되었다. 그녀는 마호메트가 어린아이와의 애정 표현을 어떻게 장려했는지를 보여 주는 하디스를 다음과 같이 인용했다.

> 선지자 마호메트가 손자에게 입 맞추고 있을 때 한 남자가 지나가며 말했다. "나는 열 명의 아이가 있지만 아직 그 누구와도 입 맞춘 적이 없습니다." 선지자가 응답하기를, "우리는 냉혹한 가슴을 가진 사람과는 아무런 관련이 없습니다. 다른 사람에게 자비를 보이지 않는 사람은 신도 그에게 자비를 베풀지 않을 것입니다."

다음 회기에서 Ahmed는 가족에게 분노에 연관된 신체 감각을 인식하도록 돕고, 파티마와 부모가 집에서 연습할 수 있는 이완 운동과 활동에 대하여 가르쳤다. 분노를 가라앉히는 활동 가운데 Ahmed는 코란 선지자의 다양한 하디스 구절을 상기시키면서 분노를 가라앉히기 위해서 장소를 옮기거나 목욕재계(세정식)를 하라고 했다.

다음에 이어진 회기에서는 파티마와 부모가 분노 상황에 대해 분석하도록 도왔고, 그들의 부정적 부모-자녀 상호관계에서 분노를 촉발하는 부정적 자아 상태를 알아차리도록 도왔다. 그 가족은 다음의 코란 구절을 더욱 긍정적인 의사소통을 발전시키기 위한 발판으로 삼을 수 있게 되었다.

> 믿는 자들아, 한 그룹이 다른 그룹을 조롱하지 말라. 나중에 난 자가 이전의 난 자보다 더 나을 수도 있다…… 서로 헐뜯지 말고, 별명으로 부르며 서로 모욕하지 말라. 좋은 믿음을 가진 후에 서로 형제를 모욕하는 것이 얼마나 나쁜 일이냐. 그리고 누구든 뉘우치지 않는 자는 참으로 악행자들이다(코란 49:11).

이 과정을 통해 파티마와 부모는 더욱 긍정적인 의사소통을 확립하고 부모-자녀 간 긍정적 상호관계를 발전시킬 수 있게 되었다. 마지막 회기는 앞으로 당면할 어려움을 대비하고 준비할 수 있도록 돕기 위해 가족 간 효과적 문제해결 방법에 대해 초점을 맞추었다.

아동과 청소년의 불안 및 우울증에 대한 인지행동 상담

구체적으로 아동기의 불안과 우울증 상담에 있어 인지행동 상담(CBT)의 맥락에서 경건 서적의 활용에 대하여 먼저 살펴보고자 한다. 우리는 이러한 장애에 대한 일반적인 상담기법을 검토하면서 시작할 것이다. 그다음으로 각 장애에 대한 상담 개입에 경건 서적의 글을 통합적으로 활용하는 방법에 대하여 논의한다. 아동기 불안과 우울증을 위한 상담 과정에 경건 서적의 문장들을 통합적으로 적용하는 방법을 보여 주는 한 사례가 제시될 것이다.

아동기 불안과 우울증을 위한 인지행동 상담

Kendall과 Hedtke(2006)에 의해 개발되어 임상적으로 입증되고 널리 활용되는 불안 대처 매뉴얼(Coping Cat manual)은 아동기 불안 상담에 관한 것이다(Kendall, Hudson, Choud-hury, Webb, & Pimental, 2005). 이 매뉴얼은 17회기 상담으로 개발되어 7~13세 아동을 대상으로 활용되도록 고안되었으며, Kendall은 이 매뉴얼을 탄력적으로도 적용할 수 있다고 언급하였다. 불안 대처 매뉴얼의 'Coping Cat'은 상담자의 매뉴얼에 들어 있는 아동용 워크북에 나온 고양이 그림에서 따온 이름이다. 불안 대처 매뉴얼은 상담의 개념을 설명해 주고, 아동이 워크북을 활용해 연습할 수 있게 돕는다. 상담 과정에서 아동은 4단계 질문을 통해 이를 배우는데, 이는 약자 FEAR로 설명할 수 있다.

F(feeling frightened?): 무서운 느낌이 드는가?

E(expecting bad things to happen?): 뭔가 나쁜 일이 일어날 것 같은가?

A(attitudes and actions that will help?): 도움되는 태도와 행동은?

R(results and rewards): 결과와 보상은?

불안 대처 매뉴얼을 활용한 상담은 불안한 심리를 보이는 아동 내담자와의 라포 형성부터 시작한다. 그다음으로 아동의 불안한 감정과 신체 반응을 탐색해 가도록 돕는다. 그리고 나서 이완 훈련을 하도록 돕는데, 횡경막 호흡법과 근육 이완법을 가르친다. 이완 훈련 후에는 여러 회기에 걸쳐 자기 대화를 다루는데, 상담자는 불안을 촉발하는 상황에서의 자기 대화를 수정해 가도록 도와준다. 이 과정의 한 부분으로 어떤 나쁜 일이 일어날 가능성을 평가해 보도록 하면서, 자기 대화를 인식하도록 돕고, 불안을 유발하는 스트레스 요인이 무엇이든 간에 보다 효과적으로 대처하는 행동을 익히면서 자기 대화를 수정해 가도록 돕는다. 마지막으로, 아동 내담자 스스로 선택한 문제해결 노력의 결과를 평가하고, 불안 유발 상황에 성공적으로 대처한 자신에 대해 칭찬으로 보상하거나 실제적인 보상을 하도록 가르친다. 아동 대상 매뉴얼과 유사하면서도 구분되는 청소년 대상 매뉴얼로, C.A.T 프로젝트 매뉴얼이 있다(Kendall, Choudhury, Hudson, & Webb, 2002).

불안 대처 매뉴얼을 활용한 상담 프로그램에서는 여러 가지 이유로 부모를 참여시키려고 시도한다. 첫째, 어떤 부모는 아이의 불안에 기여하는 불안 특성을 보인다. 한편, 불안해하지 않는 부모도 자녀가 배우는 대처 행동에 대해 강화해 줄 수 있도록 참여를 독려한다. 많은 임상 장면에서의 성과 연구에서 불안 대처 매뉴얼의 활용은 위약효과 집단이나 상담받지 않은 집단이나 다른 형태의 대안적 상담 집단보다 효과적임이 밝혀졌다(Kendall, Furr, & Podell, 2010).

아동기 우울증에 대한 인지행동 상담

불안 상담 이외에도 아동기와 청소년기 우울증에 대한 증거 기반의 여러 상담 접근법이 개발되어 왔다(Stark, Streusand, Krumholz, & Patel, 2010; Weersing & Brent, 2010). Stark 등(2010)이 개발한 ACTION 프로그램은 집단 상담으로서 신경화학물질, 행동, 가족, 인지적 원인 등에서 유발된 어려움을 포함하여 아동기 우울증을 유발하는 다양한 경로가 가능할 수 있다고 가정한다. Stark 등은 더 나아가 이 영역에서의 상호작용에 대하여 언급하였다. 예를 들어, 한 영역에서의 상담적 변화는 연속적으로 아동기 우울증에 기여하는 다른 영역에 영향을 미치거나 기능 향상에 기여한다고 본 것이다. Kendall과 Hedtke(2006)의 불안 대처 매뉴얼과 유사하게 Stark 등의 ACTION 프로그램은 최근 9~13세 아동을 대상으로 활용되도록 개발되고 있고, 여아 대상 우울증 상담에서 이 모델을 적용하는 연구가 이뤄지고 있으며, 이 매뉴얼 자체는 청소년에게도 활용될 수 있다.

취학 연령의 아동 대상 연구에서 Stark 등(2010)은 다음과 같이 프로그램의 주요 목적과 상담 단계를 요약한다.

- 만일 기분이 나쁘거나 이유를 모른다면, 대처 기술을 활용하라.
- 만일 기분이 나쁘고 그 상황을 바꿀 수 있다면, 문제해결 기술을 적용하라.
- 만일 기분이 나쁘고 이것이 부정적 생각 때문이라면, 그 생각을 바꾸라(p. 94).

Stark 등(2010)에 따르면, 이 프로그램은 참여자 대상으로 2번의 개별 미팅(추가 미팅이 계획될 수도 있음)을 포함하여, 총 20회기로 구성되었다. 집단상담 회기에서 참가자는 생각, 감정, 행동 사이의 상호관계, 우울증에 대한 대처 기술, 그리고 문제해결과 인지적 재구성을 배운다.

Weersing과 Brent(2010)는 청소년 대상 개인상담에서 인지행동적 개입을 활용해 왔다. 그들의 상담 모델은 인지적 왜곡을 알아차리고 변화시키기, 청소년기에 긍정적 감정을 촉진하는 활동에 참여하도록 격려하고 부정적 감정을 해결하도록 돕는 문제해결 기술을 가르쳤다.

불안과 우울증 상담에서의 경건 서적 활용

Tan과 Johnson(2005)는 CBT에서 경건 서적을 여러 방식으로 조화롭게 활용할 수 있다고 보았다. 예를 들어, 그들은 상담과 회복의 기본으로 신뢰와 학습을 강조하는데, 이것은 세계 많은 종교에서 발견되는 스승과 제자 간 역동과 유사하게 적용된다. CBT에서는 개인의 사고와 행동의 수정을 중요하게 다루는데, 이는 많

은 영적 전통에서 개인의 마음과 행동을 변화시키기 위한 훈계와 유사하게 간주
된다. 그동안 세계 주요 종교 경건 서적들을 활용하는 CBT 상담 프로그램들은 기
독교인, 유대교인, 무슬림 내담자를 대상으로 개발되어 왔다(Tan & Johnson,
2005). 이러한 영적 개입을 포함하는 CBT를 활용한 성과 연구 대부분은 성인과 청
소년 내담자를 대상으로 수행되어 왔다. 영적 개입을 포함하는 CBT는 다음과 같
은 방법으로 경건 서적을 활용한다(Tan & Johnson, 2005).

- 경건 서적 문장들을 활용해 인지적 논박으로 내담자의 비합리적 신념 다루기
- 불안 감소를 돕기 위한 종교적 맥락의 이미지 활용
- 상담 과정에서 보조 숙제 부여로 회기 내 또는 회기 밖에서 경건 서적 읽기

경건 서적을 활용한 비합리적 신념 다루기와 자기 대화 수정하기

아동기 불안과 우울증 상담에서 임상적 증거 기반의 실제를 통한 경험에 따르
면, 종교적으로 헌신적인 아동이나 청소년 내담자를 대상으로 할 때에는 경건 서
적을 상담 과정에 통합적으로 활용할 때 효과적인 것으로 나타났다. 경건 서적의
활용은 다음의 여러 방법으로 가능하다. 첫째, 상담에 참여하고 있는 아동에게 상
담에 보다 잘 참여할 수 있도록 종교적·영적 전통의 서적을 활용하여 핵심적 가
르침들이 상담의 목적과 어떻게 부합하는지를 설명해 준다. 이는 부모가 아이와
동일한 신앙 전통을 가지고 있을 경우, 아동의 상담에 대해 부모 역시 보다 참여적
으로 함께할 수 있게 돕고, 상담의 효과에 대한 신뢰를 갖게 될 것이다.

둘째, 우리는 경건 구절을 활용하는 것이 특히 비합리적 신념을 다루거나 내담
자의 비합리적 신념에 연관된 부정적 자기 대화를 바꾸는 데 효과적임을 발견해
왔다. Tan과 Johnson(2005)이 언급한 대로, 경건 구절을 활용한 논박은 상담의 여
러 단계에서 적용될 수 있다. 상담 과정의 한 회기에서, 상담자는 간접적으로 구체
적인 장이나 구절을 인용하지 않으면서 내담자의 경건 서적에서 이야기하는 진리
에 대하여 언급할 수 있다. 예를 들어, 불안상담의 인지행동적 접근에서 Rosmarin,

Pargament과 Mahoney(2009)는 성경의 하나님에 대하여 알고 있는 유대인 내담자에게 하나님과 불안이 공존할 수 있는지에 대해 생각해 보도록 하면서 불안과 연관된 비합리적 신념을 논박하며 다루었다. 이러한 논박은 내담자에게 특정 장이나 구절을 안내하지 않으면서도 성경에 나오는 하나님에 대해 유대인이 아는 것에 일치하도록 접근하면서 이뤄진다.

경건 구절을 활용한 인지적 논박은 상담 과정의 다양한 단계에서 경건 서적 구절을 구체적인 참조로 가져올 때 이뤄진다. 예를 들어, 상담자는 구체적인 본문이나 구절을 포함하지 않으면서, 내담자의 경건 서적 문장을 가져와서 내담자 교육이나 예시로 활용할 수 있다. 예를 들면, 외로움을 호소하는 우울증을 지닌 기독교인 청소년 내담자에게 예수의 언급 가운데 어느 구절인지를 밝히려고 시도하지 않으면서, 예수가 우리를 결코 떠나지 않으리라고 말한 것을 상기시킬 수 있다. 더 직접적으로, 경건 구절들을 활용한 논박은 상담자가 논박의 과정에서 내담자의 신앙에 근거하는 경건 구절이나 장을 참고 문장으로 사용할 때 이뤄진다. 예를 들어, 삶의 부정적인 구체적 사건들에 집착하는 우울증을 앓고 있는 무슬림 청소년 내담자에게 다음의 경건 구절을 참고하여 삶에서의 긍정적 사건들에 주의를 기울이도록 도전할 수 있다. "신은 너희가 원하는 모든 것을 주었다. 그러나 너희가 알라의 도움을 세어 보려 해도 너희는 결코 그것들을 다 헤아릴 수 없을 것이다. 진실로 인간은 불공정하며 감사할 줄을 모른다(코란 14:34)."

아동과 청소년을 대상으로 하는 CBT에서 경건 구절을 활용하는 세 번째 방법은 이미지 작업의 과정에서 종교적 이미지 작업으로 경건 구절을 그려보도록 하는 것이다. 예를 들어, 불안 증세로 힘들어하는 기독교인 아동 내담자에게는 이완 훈련의 일환으로 이뤄지는 이미지 작업에서 예수가 자신을 안고 있는 모습을 상상해 보도록 요청할 수 있다.

CBT는 종종 상담장면 밖에서 수행할 과제를 포함하고 있다. 경건 구절들에 대한 과제가 나가고, 다음 회기에서 그와 관련된 논의가 이뤄질 수 있다. 다음 단락에서는 불안과 우울증을 겪고 있는 청소년 내담자를 대상으로 한 CBT의 실제 적용 사례를 살펴볼 것이다.

사례 연구: 불안을 호소하는 청소년 상담에서의 경건 서적 활용

　Milevsky는 여고 미션스쿨에 재직 중인 한 교사의 의뢰로 17세의 정통파 유대인 소녀인 사라와 상담을 시작하게 되었다. 그 교사는 사라가 자신의 건강과 안전에 대해 지나치게 많이 두려워하고 걱정을 하는 것을 듣고 나서 상담을 의뢰했다. 사라는 자신이 아플지도 모른다는 막연한 두려움과 부상과 안전에 대한 불안과 극도의 근심에 대해 이야기했다. 사라와의 초기 면섭에서, 그녀는 경미한 두통이나 통증이 있을 때마다 암에 걸렸을 거라는 두려움을 느낀다고 언급했다. 추가로, 그녀는 도둑이나 강도가 집에 들어올지도 모른다는 두려움 때문에 밤에 혼자 집에 있는 것에 대한 불안을 겪는다고 이야기했다. Milevsky 자신도 정통파 유대인으로서, 사라를 CBT에 참여시켰고 그녀가 갖는 두려움의 비합리적 측면에 도전할 수 있도록 도왔다. 인지적 재구성의 한 작업으로, 신에 대한 믿음에 대하여 그리고 Hash' gacha Pratis(신의 주권적 통치) 언급과 함께 불안과 공존할 수 없는 신의 일상생활 개입에 대한 사라의 믿음이 어떠한지에 대하여 토론이 통합적으로 이뤄지도록 시도하였다. Milevsky는 사라에게 신에 대한 믿음과 마음의 훈련 등을 다루고 있는 유대교의 고전(Ibn Pekuda, 1996)을 읽도록 권유했고, 특히 '믿음의 문'이라는 제목의 장을 읽어 오도록 했다. 이 장은 신이 모든 것을 알고 있으며 세상을 다스리는 힘과 권위를 갖고 있으며, 자비로운 성품으로 이 세상을 품어 주는 등의 믿음에 대한 여러 측면을 강조하고 있다. 사라가 비록 건강과 안전이 불확실하다고 여겨도, 신은 그녀의 상황을 다 알고 있고 이를 통제하고 있으며 그녀의 복지를 염려하고 있다는 깨달음은 그녀의 불안감을 다루는 데 도움이 되었다.

　경건 구절을 활용한 영성을 통합한 CBT 개입을 통하여 여러 주에 걸쳐 상담을 받으면서 사라는 두려움과 불안이 최소화됨을 경험하게 되었다.

신체적 · 성적 학대 아동 대상 트라우마 초점 인지행동 상담

우리는 최근 아동 및 청소년을 대상으로 하는 트라우마 초점의 CBT와 종교적이고 영적인 개입을 통합해 활용하는 모델을 개발했다(Walker et al., 2010). 트라우마 초점 CBT(TF-CBT)에서의 영적 개입과의 통합적 접근은 세계의 보편적인 영적 · 종교적 전통과 관련된 경건 서적들의 활용 및 개인의 종교성을 고려한다. TF-CBT 접근 방식에서는 종교적으로 헌신된 내담자들을 대상으로 여러 영적 · 종교적 문제를 통합적으로 다루도록 권장하지만, 여기에서는 구체적으로 TF-CBT 상담 접근에서의 경건 서적 활용에 초점을 두고자 한다.

트라우마 초점 인지행동 상담의 개요

TF-CBT 모델은 Cohen, Mannarino, Deblinger과 Berliner(2009)에 의해 PRACTICE 용어로 요약되어 제시된 여러 상담 요소를 포함한다. Cohen 등에 따르면, PRACTICE는 심리교육(psychoeducation), 부모 상담(parental treatment), 이완(relaxation), 정서 표현과 조절(affective expression and modulation), 인지적 대처 기술(cognitive coping skills), 트라우마에 대한 인지 과정과 내러티브(trauma narrative and cognitive processing of the trauma), 트라우마를 떠올리게 하는 자극에 대한 체계적 둔감화(in vivo desensitization to trauma reminders), 부모-아동이 함께 하는 회기들(conjoint parent-child sessions), 그리고 안전감과 미래 적응의 촉진(enhancing safety and future development) 등을 포함한다. 체계적으로 이러한 상담을 진행하기에 앞서 평가가 충분히 이뤄지도록 보통 한 회기나 그보다 많은 평가 회기를 갖는다. 상담의 구성요소는 진행 과정의 회기별로 제시되고 있으며, 상담 과정의 어느 회기에서라도 상담자는 적절한 타이밍이라면 특정 상담 요소를 융통성 있게 활용할 수 있다.

영적 개입을 포함하는 트라우마 초점 인지행동 상담에서의 경건 서적 활용

이제 우리는 TF-CBT 양식에서의 일반적 상담 개입뿐만 아니라 각 모듈에 대하여 대략적으로 검토한다. 그 후, TF-CBT 상담 개입 접근에 경건 서적을 어떻게 통합적으로 활용할 수 있는지를 살펴보고자 한다.

정서 표현 조절

TF-CBT 표준 매뉴얼에서 정서 표현과 조절은 내담자를 대상으로 감정을 인식하기, 부정적 사고 중단하기, 긍정적으로 상상하기 등에 대한 교육을 포함한다. 표준 매뉴얼 프로토콜에는 학대받은 아동의 부모를 대상으로 하는 정서 표현 교육이 포함되어 있다. 감정 인식 작업은 '당신의 삶을 채색하라(color-your-life) 기법(O' Conner, 1983)'과 같은 상담 개입을 활용하는데, 이는 아동이 여러 감정을 표현하기 위해서 선택한 각자의 색깔로 인물의 윤곽을 색칠하는 것이다. 사고 중단은 보통 언어적(생각에게 '가 버려'라고 말하는 것) 또는 비언어적(손목에 끼운 고무줄을 튕기는 것)으로 이뤄진다. 원하지 않는 사고는 특별한 행사, 장소, 경험 등과 같은 형태의 긍정적인 상상으로 바꾼다. 예를 들어, 아동은 때때로 원하지 않는 사고를 최근의 생일 잔치에 대한 기억으로 바꿀 수 있다.

만약 TF-CBT 상담의 일부로서 아동 개인의 영적이며 종교적인 전통 및 종교에서 가져온 문장, 이야기, 노래를 활용한다면, 사고 중단, 긍정적 상상, 그리고 자기 대화로 대처하기와 같은 기술은 더욱 강력한 효과를 가질 수도 있다(Walker et al., 2010). 예를 들어, Donald F. Walker는 기독교인 십 대 소녀를 상담했는데, 그녀는 강간 당한 트라우마 사건에 대해 친구 집에서 파티가 끝나고서 그녀를 강간한 소년에게 접근한 자신의 잘못 때문이라고 불필요한 자책을 하고 있었다. Walker는 찬송가 '예수 사랑하심은'의 첫 몇 소절을 참고하여 언급하면서 그녀가 옳지 못한 사고를 중단하도록 도왔다. 그리고 '그리스도 안에 있는 사람은 결코 정죄받지 않는다.'라는 로마서의 한 구절을 암송하도록 지시했다(로마서 8:1).

사고를 멈추기 위해 종교적인 글이나 노래, 이미지 등을 활용할 수 있을 뿐만 아니라, 내담자 스스로 성경 본문 구절, 찬송가, 이미지를 떠올릴 수 없다면 내담자가 속한 종교적 전통 안에서 도움받을 수 있는 성직자와의 자문을 통해 도움을 받도록 격려할 수 있다. 내담자는 본인이 원하지 않을 경우 굳이 구체적인 이유를 성직자에게 설명하지 않고도 도움을 요청할 수 있을 것이다. 또한 상담자가 아동과 부모 내담자의 찬성과 사전 동의를 얻은 상태에서 상담에 적절히 활용될 수 있는 경건 구절들을 참고하기 위해 관련 종교 성직자와 면담을 하는 것도 도움이 될 것이다(Walker et al., 2010).

인지 대처 과정 |

TF-CBT 매뉴얼에서 인지 대처 과정 개입은 아동이 자기 대화에 반영되는 자신의 사고와 행동 및 감정 간의 관계를 알도록 돕는 것을 포함하는데, Cohen 등 (2009)은 이를 인지 삼각 구조로 언급했다. 아동 및 청소년 내담자는 자신의 고통에 기여하는 역기능적 사고를 긍정적인 정서에 도움되는 대안적인 사고로 바꿔갈 수 있도록 교육받는다. 다음의 상담 과정에서 트라우마 내러티브를 구체적으로 다룬 후에 적용하는 두 번째 인지 대처 과정 개입에서 다뤄지는 트라우마 관련 사고와는 구분되는, 트라우마와 무관한 인지에 초점을 두는 개입이 된다.

종교적인 신념을 가지고 있는 내담자와의 상담에서 경건 서적을 활용하는 것은 내담자들로 하여금 합리적인 생각과 긍정 정서 경험에 도움되는 자기 대화를 이끌어 내는 데 효과적이다. 예를 들어, 우리의 경험을 비추어 볼 때, 강간을 당한 청소년기의 내담자들은 때때로 스스로를 비난한다. Walker가 상담실에서 만난 청소년 강간 피해자들은 스스로를 비난하면서 강간당한 것에 대해 신의 심판을 받을 것이라는 불안을 보였다. Walker는 이들에게 신의 무조건적 사랑을 담고 있는 성경 구절을 인용하면서, 또한 강간 가해자들의 범죄 책임에 대한 심판의 내용을 언급하는 성경 구절을 활용하여 내담자가 가해자에게 강간 피해의 책임을 돌릴 수 있도록 돕고 자기 비난을 멈추도록 격려한다.

트라우마 내러티브

개인의 트라우마 내러티브를 설명하면서 Cohen 등(2009)은 일반적으로 아동 내담자에게 트라우마 사건 이전, 사건 과정, 그리고 그 후에 무슨 일이 일어났는지를 묘사하도록 요청했다. 내담자의 성향이 영향을 주기도 하지만, 무슨 일이 발생했는지에 대해 내담자와 이야기하는 것은 하나의 책을 만들어 가는 과정으로 볼 수 있다. 일부 아동은 학대 사건에 대해서 노래나 시를 통해 설명하기를 선호한다. 이러한 내러티브 상담 개입을 통해 Cohen 등은 아동과 청소년 내담자에게 학대가 가해졌을 때의 감정과 생각들을 질문하는 동시에 학대 이후의 삶에서 달라진 생각과 정서에 대하여 이야기하도록 요청하였다.

트라우마 내러티브 개입의 주요 목적은 내담자가 트라우마 경험을 삶에 통합하도록 도와주는 것이기 때문에 종교적 신념이 있는 아동과 청소년을 대상으로 상담 작업을 할 때는 내담자의 종교적 · 영적 전통에 기반을 둔 경건 서적의 내용에서 자신의 트라우마 내러티브와 유사한 내용을 탐색하도록 도와줄 필요가 있다(Walker et al., 2010). 예를 들어, 성경의 욥 이야기는 유대인과 기독인 내담자들과 함께 나눌 때 특별히 유익할 수 있다(Pargament, Murray-Swank, Magyar, & Ano, 2005). 욥 이야기는 재앙을 겪으면서 가족과 생활 터전을 잃은 후에 욥이 겪은 고통에 대해 신과 욥 사이에서 벌어진 토론을 묘사한다. 이러한 예는 유대교-기독교인 내담자에게 친숙한 이야기로 활용되며, 상담자는 그 외 다양한 믿음의 전통을 갖는 내담자를 위한 유사한 이야기를 탐색할 필요가 있다. 트라우마 내러티브 개입에서 사용될 수 있는 영적 개입에 대한 추가 자료는 Walker 등(2010)의 논문을 참고하길 바란다.

인지 대처 과정 II

이번 상담 모듈에서의 주요 개입은 트라우마와 관련된 인지적 오류에 대한 탐색 및 교정이다. 예를 들어, 흔한 인지적 오류에는 세계가 결코 다시 안전하지 않을 것이라는 믿음이 있다(Cohen, Mannarino, & Deblinger, 2006). 우리는 앞에서 상담자가 트라우마와 관련된 인지적 오류를 탐색할 때 종교적 · 영적인 내용을 탐색에 포함시키도록 권장했다(Walker et al., 2010). 우리는 종교적 신념이 있는 일부 내담자의 경우 종교적인 내용과 관련된 부적응적 인지를 가질 수 있다고 본다(예: 신은 자신을 저버렸다거나, 자신이 죄를 범했고 그로 인해서 저주를 받아 신이 벌을 내렸다고 믿는 것).

그러한 인지왜곡은 일부 종교와 관련된 학대 형태를 포함하는 상황에서 보다 쉽게 발견된다(Walker et al., 2010). 예를 들어, Bottoms와 Nielsen, Murray, Filipas 등(2003)은 다수의 종교와 관련된 학대 경험들에는 부모 또는 성직자에 의한 신체적 학대나 성희롱이 존재하며 가해자들이 그러한 학대를 정당화하기 위해 경건 서적의 글귀를 사용하고 있음을 발견하였다. 이것은 어느 정도 '악마가 그의 목적을 위해서 경건 서적을 악용'하는 것과 유사하다. 분명히 경건 서적들로부터 잘못 해석하여 학대를 합리화하는 언급들은 불행하게도 내담자의 영적·정서적인 삶을 해롭게 하는 데 강력한 영향을 미친다. 하지만 그러한 피해가 경건 서적의 글에서 비롯되었을 때에도 내담자의 종교적·영적 전통에서 나온 경건 서적의 다른 구절을 적용하여 내담자를 강력하게 도울 수 있다. 유일신을 믿는 종교를 갖는 내담자의 경우, 가해자가 범한 학대에 반대하는 신자의 입장에서 취할 올바른 행동에 대한 구절들의 적용은 특별히 효과가 클 수 있다. 예를 들어, 아버지에게 성적 학대를 당한 아동에게 그 아버지는 자신의 학대를 폭로할 경우 신은 그녀를 지옥으로 보낼 것이라고 위협했지만, 상담자는 그런 위협에도 불구하고 신은 그녀를 사랑한다는 성경의 구절을 인용하여 그 아동을 효과적으로 안심시킬 수 있다.

영성 개입 트라우마 초점 인지행동 상담의 요약

이 장에서는 TF-CBT 모델로 내담자 영성을 융통성 있게 고려하면서 개입할 수 있는 통합적 모델을 간단하게 소개하고자 하였다. 우리는 앞서 TF-CBT와 영성 및 종교성을 통합적으로 다루기 위해 좀 더 깊이 알고 싶다면 Walker 등(2010)의 논문 자료를 참조할 것을 언급했다. 여기에서는 학대를 경험한 내담자의 신념 체계 내에서 학대와 관련된 경건 구절들을 상담적으로 활용하는 것에 대해 초점을 맞추었다. 우리는 또한 TF-CBT 상담에서 경건 구절을 활용하여 영성과 관련된 잠재적 비합리적인 믿음과 직면시키기 위한 개입 방법을 제시하였다. 그리고 이러한 개념들을 설명하는 사례 연구로 이 장을 마무리하였다.

사례 연구: 트라우마 초점 인지행동 상담에서의 경건 서적 활용

우리는 최근 영적 개입을 지향하는 TF-CBT에서 경건 서적을 통합적으로 활용하는 사례를 담고 있는 연구 결과를 발표했다(Walker et al., 2010). 7세인 백인 소녀 크리스티는 아버지에게 성희롱을 당한 후에 상담에 의뢰되었다. 그녀의 아버지는 한 침례교회의 평신도 집사로 리더 역할을 맡고 있었다. 크리스티의 아버지는 그녀가 학대에 관해 침묵하도록 위협하기 위해 그녀가 외부에 학대 사실을 알린다면 그녀는 지옥에 떨어지고 신은 그녀를 증오할 것이라고 말했다. 성희롱 사건 후에 크리스티는 친부모의 집에서 나와 위탁 시설에 맡겨졌고 TF-CBT 상담으로 의뢰되었다.

그녀 아버지의 위협에 따른 결과로, 크리스티는 신의 존재를 화나고 무서운 모습을 지닌 대상으로 보게 되었다. 상담 동안 크리스티는 상담자에게 학대에 대해 말한다면 신은 화를 낼 것이고 자신을 버릴 거라고 말했다. 그녀의 트라우마 내러티브로 들어가기 전에, 상담자는 첫 번째 인지 대처 개입을 적용하여 신에 대한 크리스티의 믿음에 직면하고 탐색하는 협력 과정을 통해 그녀의 두려움을 다루었다. 이 과정의 일부로, 그들은 크리스티가 성경에서 배웠던 신과 그녀의 아빠가 묘사했던 신과는 일치하지 않음을 검토하였다. 결국 크리스티는 아버지가 위협적으로 언급한 신의 이미지가 부적절함을 깨닫게 되었다. 이 과정은 크리스티 아버지가 했던 다른 많은 파괴적인 말에 도전하고 확인하는 기초 작업이 되었다.

그 후에 크리스티는 자신의 트라우마 내러티브를 상담자에게 이야기하면서, 그것을 이야기 책으로 만들기로 했다. 그 책에서 크리스티는 상담자가 내러티브를 기록하는 동안 무엇이 일어났는지에 대한 그림을 그렸다. 크리스티의 트라우마 내러티브에 대한 이야기를 다루는 동안 상담자는 크리스티에게 학대를 받았을 당시 신은 어디에 존재하고 있다고 생각했는지 물었다. 크리스티는 그 사건이 있었을 때 신은 그곳에 있었고, 그녀를 돕고 있었다고 했다. 학대에 대한 그림에서 그녀는 자신이 학대를 받고 있었을 때 그녀를 돕고 있는 하늘 위 하나의 별로 신을 묘사했다.

상담자와 트라우마 내러티브를 논의하고 난 후에, 크리스티는 학대 사건에 대한 개입 과정에서 여전히 신과 관련한 약간의 인지적 오류를 보였다. 이 상담 동안 그녀는 위탁 시설에 머무르면서 양육 가족과 함께 교회에 나가지 않고 있었다. 그 결과의 하나로 크리스티는 신이 자신이 어디에 있는지 알지 못하면서 신이 계속 자신을 돌보아 줄 수 있는 것인지 궁금해했다. 상담자는 이러한 두려움을 다루기 위해서 성경을 인용했다. 성경에서 신은 모든 곳에 있으며 사람들이 행하는 모든 것을 알고 있다는 내용을 인용하였다. 상담자는 크리스티에게 신은 항상 그녀와 함께 있었다고 상기시켰다. 또한 크리스티가 기도를 통해 언제든지 신과 대화할 수 있다고 말했다. 이러한 방식으로 경건 서적의 글을 언급하는 것은 크리스티가 위탁 시설에서 적응하는 것을 돕고 궁극적으로 학대 트라우마를 극복하도록 도왔다.

결 론

이 장의 서두에서 Kendall과 Hedtke(2006)의 불안 대처 매뉴얼에서 추천한 이야기를 언급했는데, 아동 및 청소년 상담자가 삶의 어려움에 처한 내담자를 도울 때 그 문제를 이해하고 대처하도록 돕기 위해서 종종 우화집에 실린 이야기를 활용할 수 있다. 우리는 이 장에서 다양한 종교적·영적 전통에 기반한 경건 서적의 글은 종교적인 가족의 아동과 청소년 상담에서 적절하게 사용될 때 특히 효과적임을 설명하였다. 이러한 관점을 토대로, 아동 행동 문제 관련 부모 교육과 우울과 불안에 대한 CBT, 신체적·성적 학대 관련 TF-CBT 등을 포함하여, 아동 및 청소년을 대상으로 하는 경험적으로 뒷받침된 상담의 맥락에서 경건 서적의 글을 활용하는 방법에 대하여 설명했다. 최근 아동과 청소년을 대상으로 하는 경험적으로 입증된 기존의 임상 실습과 종교 영성 심리학에서 이론적이고도 실제적인 연구들을 교차적으로 접목하는 능력이 증가하고 있는 점은 흥미로운 현상이다. 우리는 이러한 통합적 개념화 모델과 사례 연구를 시작으로 아동 및 청소년 상담에서 경건 서적을 활용하는 많은 경험적 연구들이 이뤄지기를 기대한다.

참고문헌

Aesop, R. D. L., Jones, A., & Ashliman, V. S. (2003). *Aesop's fables*. New York, NY: Barnes & Noble Books.

Barkley, R. (1997). *Defiant children* (2nd ed.). New York, NY: Guilford Press.

Barkley, R. (Ed.). (2006). *Attention-deficit/hyperactivity disorder* (3rd ed.). New York, NY: Guilford Press.

Barkley, R. A., Edwards, G., & Robin, A. (1999). *Defiant teens: A clinician's manual*. New York, NY: Guilford Press.

Bottoms, B. L., Nielsen, M., Murray, R., & Filipas, H. (2003). Religion-related child physical abuse: Characteristics and psychological outcomes. *Journal of Aggression, Maltreatment, and Trauma, 8*, 87–114.

Cohen, J. A., Deblinger, E., Mannarino, A., & de Arrellaneo, M. A. (2001). The importance of ethnicity and culture in treating neglected and abused children: An empirical review. *Child Maltreatment, 6*, 148–157. doi:10.1177/1077559501006002007

Cohen, J. A., Mannarino, A. P., & Deblinger, E. (2006). *Treating trauma and traumatic grief in children and adolescents*. New York, NY: Guilford Press.

Cohen, J. A., Mannarino, A. P., Deblinger, E., & Berliner, L. (2009). Cognitive-behavioral therapy for children and adolescents. In E. B. Foa, T. M. Keane, M. J. Friedman, & J. A. Cohen (Eds.), *Effective treatments for PTSD: Practice guidelines from the International Society for Traumatic Stress Studies* (pp. 223–244). New York, NY: Guilford Press.

De Lange, N. (2000). *An introduction to Judaism*. Cambridge, England: Cambridge University Press.

Eyberg, S. M. (2005). Tailoring and adapting parent-child interaction therapy for new populations. *Education & Treatment of Children, 28*, 163–181.

Garzon, F. (2005). Interventions that apply scripture in psychotherapy. *Journal of Psychology and Theology, 33*, 113–121.

Grimm, B., Grimm, J., Grimm, W., & Dalton, L. E. (2003). *Grimm's fairy tales*. New York, NY: Barnes & Noble Books.

Hood, K. K., & Eyberg, S. M. (2003). Outcomes of parent-child interaction therapy: Mothers' reports on maintenance three to six years after treatment. *Journal of*

Clinical Child and Adolescent Psychology, 32, 419–429. doi:10.1207/S15374424JCCP3203_10

Huey, S. J., & Polo, A. J. (2010). Assessing the effects of evidence-based psychotherapies with ethnic minority youth. In J. Weisz & A. Kazdin (Eds.), *Evidence-based psychotherapies with children and adolescents* (pp. 451–465). New York, NY: Guilford Press.

Ibn Pekuda, B. (1996). *Duties of the heart* (Y. Feldman, Trans.). Northvale, NJ: Jason Aronson. (Original work published circa 1080)

Johnson, W. B., Ridley, C., & Nielsen, S. L. (2000). Religiously sensitive rational emotive behavior therapy: Elegant solutions and ethical risks. *Professional Psychology: Research and Practice, 31*, 14–20. doi:10.1037/0735-7028.31.1.14

Kendall, P. C., Choudhury, M., Hudson, J., & Webb, A. (2002). *The C.A.T. project therapist manual.* Ardmore, PA: Workbook.

Kendall, P. C., Furr, J., & Podell, J. (2010). Child-focused treatment of anxiety. In J. R. Weisz & A. E. Kazdin (Eds.), *Evidence-based psychotherapies for children and adolescents* (2nd ed., pp. 45–60). New York, NY: Guilford Press.

Kendall, P. C., & Hedtke, K. (2006). *Cognitive-behavioral therapy for anxious children: Therapist manual* (3rd ed.). Ardmore, PA: Workbook.

Kendall, P. C., Hudson, J. L., Choudhury, M., Webb, A., & Pimentel, S. (2005). Cognitive-behavioral treatment for childhood anxiety disorders. In E. D. Hibbs & P. S. Jensen (Eds.), *Psychosocial treatments for child and adolescent disorders: Empirically based strategies for clinical practice* (2nd ed., pp. 47–73). Washington, DC: American Psychological Association.

Langman, P. F. (1995). Including Jews in multiculturalism. *Journal of Multicultural Counseling and Development, 23*, 222–236. doi:10.1002/j.2161-1912.1995.tb00278.x

Langman, P. F. (1999). *Jewish issues in multiculturalism: A handbook for educators and clinicians.* Northvale, NJ: Jason Aronson.

Lau, A. S. (2006). Making the case for selective and directed cultural adaptations of evidence-based treatments: Examples from parent training. *Clinical Psychology: Science and Practice, 13*, 295–310.

Mahoney, A., Pargament, K. I., Murray-Swank, N., & Murray-Swank, A. (2003). Religion and the sanctification of family relationships. *Review of Religious Research, 44*, 220–236. doi:10.2307/3512384

Martin, R., & Young, E. (1985). *Foolish rabbit's big mistake.* New York, NY: Putnam.

McCabe, K., & Yeh, M. (2009). Parent-child interaction therapy for Mexican Americans: A randomized clinical trial. *Journal of Clinical Child and Adolescent Psychology, 38,* 753-759. doi:10.1080/15374410903103544

McCullough, M. E. (1999). Research on religion-accommodative counseling: Review and meta-analysis. *Journal of Counseling Psychology, 46,* 92-98. doi:10.1037/0022-0167.46.1.92

McDonald, L. M. (2007). *The Biblical canon: Its origin, transmission, and authority.* Peabody, MA: Hendrickson.

O'Conner, K. J. (1983). The color your life technique. In C. E. Schaefer & K. J. O'Conner (Eds.), *Handbook of play therapy* (pp. 251-257). New York, NY: Wiley.

Pargament, K. I., Murray-Swank, N. A., Magyar, G. M., & Ano, G. G. (2005). Spiritual struggle: A phenomenon of interest to psychology and religion. In W. R. Miller & H. D. Delaney (Eds.), *Judeo-Christian perspectives on psychology: Human nature, motivation, and change* (pp. 245-268). Washington, DC: American Psychology Association. doi:10.1037/10859-013

Post, B. C., & Wade, N. G. (2009). Religion and spirituality in psychotherapy: A practice-friendly review of research. *Journal of Clinical Psychology, 65,* 131-146. doi:10.1002/jclp.20563

Richards, P. S., & Worthington, E. L., Jr. (2010). The need for evidence-based, spiritually-oriented psychotherapies. *Professional Psychology: Research and Practice, 41,* 363-370. doi:10.1037/a0019469

Rosmarin, D. H., Pargament, K. I., & Mahoney, A. (2009). The role of religiousness in anxiety, depression, and happiness in a Jewish community sample: A preliminary investigation. *Mental Health, Religion & Culture, 12,* 97-113. doi:10.1080/13674670802321933

Schnall, E. (2006). Multicultural counseling and the orthodox Jew. *Journal of Counseling & Development, 84,* 276-282. doi:10.1002/j.1556-6678.2006.tb00406.x

Stark, K. D., Streusand, W., Krumholz, L. S., & Patel, P. (2010). Cognitive behavioral therapy for depression: The ACTION treatment program for girls. In A. Kazdin & J. Weisz (Eds.), *Evidence-based psychotherapies for children and adolescents* (2nd ed., pp. 93-109). New York, NY: Guilford Press.

Steinsaltz, A. (2010). *The essential Talmud: An introduction.* Jerusalem, Israel: Koren.

Tan, S. Y. (2007). Use of prayer and scripture in cognitive-behavioral therapy. *Journal of*

Psychology and Christianity, 26, 101–111.

Tan, S. Y., & Johnson, W. B. (2005). Spiritually oriented cognitive–behavioral therapy. In L. Sperry & E. P. Shafranske (Eds.), *Spiritually oriented psychotherapy* (pp. 77–103). Washington, DC: American Psychological Association. doi:10.1037/10886-004

Walker, D. F., & Quagliana, H. (2007). Integrating scripture with parent training in behavioral interventions. *Journal of Psychology and Christianity, 26*, 122–131.

Walker, D. F., Reese, J. B., Hughes, J. P., & Troskie, M. J. (2010). Addressing religious and spiritual issues in trauma focused cognitive behavior therapy with children and adolescents. *Professional Psychology: Research and Practice, 41*, 174–180. doi:10.1037/a0017782

Walsh, M. (2005). *Roman Catholicism: The basics.* London, England: Routledge.

Webster-Stratton, C. (2005). The Incredible Years: A training series for the prevention and treatment of conduct problems in young children. In E. D. Hibbs & P. S. Jensen (Eds.), *Psychosocial treatments for child and adolescent disorders: Empirically based strategies for clinical practice* (2nd ed., pp. 507–555). Washington, DC: American Psychological Association.

Weersing, V. R., & Brent, D. A. (2010). Treating depression in adolescents using individual cognitive behavioral therapy. In J. R. Weisz & A. E. Kazdin (Eds.), *Evidence-based psychotherapies for children and adolescents* (2nd ed., pp. 126–139). New York, NY: Guilford Press.

Zisser, A., & Eyberg, S. M. (2010). Parent–child interaction therapy and the treatment of disruptive behavior disorders. In J. R. Weisz & A. E. Kazdin (Eds.), *Evidence-based psychotherapies for children and adolescents* (2nd ed., pp. 179–193). New York, NY: Guilford Press.

기도

- Donald F. Walker, William Doverspike, Sameera Ahmed,
Avidan Milevsky, Jacqueline D. Woolley

이제 나로 잠들게 하소서. 하나님, 나의 영혼을 지켜 주소서.

내가 깨어나기 전에 죽는다면, 하나님, 나의 영혼을 붙들어 주소서.

- 18세기 기도

18세기에 아동 사망률이 높고 죽음에 대한 실제적 위협이 컸던 당시, 불안 대처의 한 방법으로 이 기도를 아동들에게 가르쳐 주었다. 20세기와 21세기에는 임상 경험과 연구를 통해 다양한 종교적 · 영적 배경을 가진 아동들이 종종 불안과 직면했을 때 기도로 대처한다는 사실이 일관되게 밝혀졌다. 때로 기도는 전형적으로 신에 대한 친밀감을 키워 가는 기본 방법으로, 다양한 종교적 신념 안에서 개인적 삶의 거룩함을 추구하는 방법으로 이해되어 왔다.

이 장에서는 아동과 청소년 상담에서 기도의 활용에 대해 논의할 것이다. 먼저 아동과 청소년 상담에서 기도를 상담 개입의 하나로 간주할 수 있는 이론적 근거를 제공하기로 한다. 그리고 기도에 관한 개념 정의와 상담에서 기도의 활용과 관련된 윤리적 고려사항에 대해서 논의하고, 아동과 청소년 대상 상담에서의 주의사항을 살펴볼 것이다. 또한 기독교, 이슬람교, 유대교 등 세계의 주요 종교적 배경을 가진 사람들을 대상으로 기도의 실제에 대한 개관을 하게 될 것이다. 아동과 청소년 내담자를 대상으로 기도를 사용하는 것과 관련된 사례가 제시될 것이다. 이 장을 통하여 심리학 기반의 종교와 영성 관련 문헌에 친숙한 상담자들(예: APA 36분과의 종교와 영성과 종교심리학회 소속 회원들)뿐만 아니라 이러한 배경 지식은 없지만 내담자에게 보다 영적으로 문화적으로 종교적으로 민감하게 접근하는 법을 배우고자 하는 상담자들에게 도움이 되기를 바라는 마음이다.

　　일반적으로 기도는 언어적 설명을 넘어서는 초월적 경험으로, 다양한 영적·종교적 전통에서 다양한 방식으로 행해지는 것으로 이해되고 있다. 사실 이 장에서 다양한 종교적 맥락의 기도에 대하여 여러 실제를 포괄적으로 담아내기에는 한계가 따른다. 보다 깊이 있게 다양한 주요 종교에서의 기도에 대한 관점과 실제를 알고 싶은 독자는 Basit(1997); Foster(1992); Green & Holtz, (2006); Iyengar와 Menuhin (1995); Keating(2002); Kirzner, Kirzner & Aiken(2003); Kushner와 Polen(2004); Merton(2007); Paramananda(2006); Zaleski와 Zaleski(2005) 등의 자료를 참조하기를 바란다.

아동과 청소년 대상 상담 개입으로서의 기도 활용

　　상담자는 윤리적으로 내담자의 다양성을 존중하는 측면에서 영성에 대하여도 기도와 같은 영적 관행을 포함하여 다룰 수 있어야 한다(APA, 2010). 연령에 관계없이 사람들은 어려운 상황에 처했을 때 위로와 안정을 위해 기도한다. 다른 사람들과 마찬가지로, 우리는 상담자들에게 내담자들이 그들의 일상에서 기도를 한다고 할 때 상담적 개입으로서 기도를 고려해 보라고 제안한다(Beach, Fincham, Hurt, Mcnair, & Stanley, 2008; Sullivan & Karney, 2008; Worthington, 2008). 앞으로 구체적으로 기술하겠지만, 상담장면에서의 개입 중 하나로 기도를 추천한다. 상담자는 내담자의 종교적 · 영적 믿음, 가치, 종교적 관행에 대하여 민감성을 갖고 다루거나 존중할 의무가 있다(APA, 2010).

이 장에서는 상담자로서의 이와 같은 윤리적 의무는 아동을 포함하는 모든 연령대의 내담자에게 적용될 필요가 있음을 논의한다. 특히 어린 아동이 갖는 영적인 경험은 성인이나 심지어 청소년과는 다르게 경험하는 고유한 특성이 있음을 인식할 필요가 있다(이 책의 4장 참조). 더욱이 우리는 상담자들이 내담자의 내적 세계에 대하여 민감성을 갖고 존중하면서, 상담에서 한 개입으로서 기도에 대하여 탐색하거나 다뤄 갈 필요가 있다고 본다.

성인과 아동의 기도에 대한 개념 차이

우리는 William James(1902/1936)가 언급한 '신성함으로 인식된 존재와 나누는 모든 종류의 내적 의사소통이나 대화'라는 기도의 정의가 상담 맥락에서 폭넓게 기도를 개념화하는 데 매우 유용함을 발견했다(Walker & Moon, 2011). 구체적으로 상담 영역에서 고려해 볼 때, 우리는 본래의 심리적이거나 영적인 상담의 목표를 충족시키기 위한 전략으로 신성과의 대화를 포함하는 개입의 하나로 기도를 고려하는 것이 도움이 됨을 발견해 왔다. 상담 맥락에서의 기도는, 첫째, 상담자 혼자 기도하거나, 둘째, 내담자가 따로 기도하거나, 셋째, 상담자와 내담자가 같이 시도하는 것 등이 해당된다. 더 나아가 기도 관련 개입은 상담의 회기 과정 중 혹은 회기 밖의 장면에서 이뤄질 수 있다. 성인 또는 아동을 대상으로 기도를 활용한 개입은 상담자의 이론적 지향성, 상담자의 준비도, 상담자와 내담자의 종교적 배경, 내담자의 주 호소 문제 등을 포함하는 여러 요소를 고려하면서 이뤄져야 할 것이다.

아동과 청소년을 대상으로 하는 상담에서의 기도 개입은 여러 이유로 성인 대상으로 적용하는 것보다 복잡하다. 첫째, 부모 또는 보호자에게서 기도를 포함한 상담 개입에 대한 동의를 얻어야 한다. 둘째, 상담에서 기도의 활용을 잠재적으로 고려할 때 아동과 청소년 내담자에게는 좀 더 주의가 필요한데, 그 이유는 성인 상담자와 아동 또는 청소년 내담자 사이의 외현적인 힘의 차이가 미치는 영향에 대한 민감성이 요구되며 기도를 통해 연결될 수 있는 내재적인 영적·정서적 친밀감에서 차이가 있을 수 있기 때문이다. 우리는 다음 장에서 이러한 윤리적 갈등을 다루는 방법에 대하여 논의하기로 한다. 마지막으로, 아동의 발달단계에 따라 기도를 이해하는 수준이나 특성에서 차이가 있기 때문이다.

기도에 대한 아동의 이해를 다룬 초기의 연구 중 하나가 Goldman(1964)에 의해 이뤄졌다. 이 연구에서는 6~16세 사이의 아동의 경우 기도의 효과에 관한 강한 믿음을 가지고 있음이 드러났다. 그러나 기도에 대한 개념에는 차이가 있었다. 9세 미만의 아동은 기도를 마술과 비슷하게 여기거나, Goldman의 언급에 따르면 굴뚝 위의 산타에게 원하는 것을 외치는 것과 같은 것으로 알고 있었다. Long, Elkind과 Spilka 등(1967)에 의한 후속 연구에서는 기도에 대한 아동의 이해를 평가하면서 발달단계를 따라 진전이 이뤄짐을 발견하였는데, 5~7세는 기도와 신에 대한 아주 희미한 인식을 보였고, 7~9세는 행동적 측면만을 떠올렸으며, 9세 이상의 아동은 기도를 신과의 은밀한 대화로 인식하며 보다 성숙한 태도를 나타냈다.

그러나 최근 이뤄진 기도의 개념에 대한 많은 연구에서 아동은 상당히 이른 시기에 기도의 다양한 중요한 측면을 이미 이해하고 있다는 것이 밝혀졌다. 예를 들어, Woolley와 Phelps(2001)는 기독인 가정의 3~8세 아동을 대상으로 기도의 개념을 알아보았다. 5세 나이의 90%에 가까운 아동이 기도라는 것이 무엇을 의미하는지 알고 있었고, 스스로 기도해 본 적이 있다고 답했다. 취학 전과 초등학교 저학년 시기를 겪으면서 아동들은 기도의 다양한 측면을 이해하는 특징적인 발달단계를 보이는 것으로 밝혀졌다.

취학 전 아동은 매우 경직되고 제한된 개념을 가지고 있는 것으로 드러났다. 그 예로 사람은 특정 장소에서 특정 시간에만 기도할 수 있다고 믿는 것이다. 저학년 초등학생들은 사람이 언제든 기도할 수 있다고 이해했다. 취학 전 아동은 또한 다른 사람들의 기도는 잘 응답된다고 믿었지만 자신의 기도 효과에 대해서는 확신이 없는 듯 보였다. 아동은 자라면서 자신의 기도가 응답된다는 확신을 더 가졌다. Woolley와 Phelps는 아동이 발달단계에 따라 기도의 여러 측면에 대해 중요한 의미를 부여하는 특성에 차이가 있다고 언급하였다. 3~4세 아동은 신체적 태도(눈을 감는 것 등)를 가장 중요하게 여겼고, 반면 5~6세 아동은 정신적 · 육체적 부분을 동등하게 중요시했다. 7세 이상의 아동은 정신적 측면에 더 비중을 두었다(신에 대한 생각 등).

이 연구에서 4세가량의 아동이 기도의 개념을 갖는다는 것을 감안하면, 상담할 때 어느 때 기도를 시작하게 되고 기도를 통해 얻는 것은 무엇인가에 대한 아동의 신념을 고려하는 것은 중요하다. 어린 아동도 더 큰 아동이나 어른처럼 기도를 하는 것이 스트레스와 불안에 대처하는 효과적인 수단이 될 수 있다는 것을 이해하고 있는 것일까? 일부 연구(Mooney, Graziano, & Katz, 1985; Rew, Wong, & Sternglanz, 2004)에서는 8세 이상의 아동은 힘들 때 기도를 통해 기분이 나아질 수 있다고 이해하는 것을 보여 준다. 그보다 어린 아동을 대상으로 한 연구는 매우 드물고, Bamford와 Lagattuta(2010)의 연구는 4~8세 아동을 대상으로 하고 있다. 그들은 기도를 하는 이유에 대한 이해와 관련하여 연령에 따른 흥미로운 발달이 일어남을 알아냈다. 성인은 사람들이 부정적인 정서를 경험할 때 기도한다고 믿는 반면에, 어린 아동은 사람들이 긍정적인 감정일 때 더 기도할 수 있다고 주장했다.

6세와 8세 사이에 중요한 변화가 일어나는 듯 보였는데, 8세 아동은 긍정적 · 부정적 감정 모두 비슷하게 기도를 하게 만드는 이유가 된다고 보았다. 무서움을 느끼는 것이 아동이 기도를 하게 되는 주요한 원인이 되는 감정이었다. 사람이 기도를 한 후에 어떻게 느끼는지에 관련하여 6~8세 사이 아동 간에 발달적 변화가 있었다. 4~6세 아동은 사람들이 긍정적 감정을 경험한 후에 기도를 하면 기분이 더 좋아질 것으로 보았고, 더 높은 연령대의 아동들은 사람들이 부정적 감정을 경험한 후에 기도를 하면 기분이 더 나아질 것으로 믿었다.

따라서 7세나 8세가 되기 전에는 부정적 감정을 다루기 위한 전략으로서 기도를 활용하는 것에 대하여 충분히 이해하지 못하는 것 같았다.

아동과 청소년을 대상으로 하는 상담에서
기도의 활용과 관련된 상담자 윤리

지금부터 우리는 기도의 활용과 관련하여 윤리적 원칙에 대해 구체적으로 살펴보면서 내담자의 나이와 상관없이 상담 과정에 필요한 윤리적인 고려사항에 대하여 간단히 언급하고자 한다. 아동과 청소년의 상담에서 기도의 활용을 고려할 때, 여러 가지 윤리적 기준이 고려되어야 한다. 이 기준에는 상담자의 숙련된 자질, 사전 동의 얻기, 경계 유지하기, 차이점 존중하기, 내담자 복지를 최우선으로 하기 등이 포함된다.

숙련된 자질

윤리의 실천은 교육, 훈련, 경험 등에 의한 개인의 숙련도에 따라 적절하게 행해질 수 있다. Canter와 Bennett, Jones, Nagyn(1994) 등은 "단지 어떤 분야에 관심을 갖는다고 해서 그 분야에서의 숙련된 사람이 되는 것은 아니다."라는 점을 언급하였다. APA(2010)에서는 '심리학자의 윤리 원칙과 실행 지침(APA 윤리강령)' 규범 2.01(숙련도의 한계)에서 "심리학자 개개인의 교육, 훈련, 슈퍼비전 경험, 상담, 연구, 전문적 경험 등을 바탕으로 자신의 숙련도에 관련된 한계를 잘 인식하고 그 범주 내에서 서비스와 교육을 제공하고, 관련 연구를 실시할 수 있다(p. 5)." 라고 언급하고 있다. APA 윤리강령 규범 2.01(e)에 따르면, 사전 준비 훈련에 대한 승인된 규범은 아직 존재하지 않으나, 상담자들은 상담의 숙련도를 향상시키기 위한 합리적 훈련 단계들을 통해 준비 과정을 확실하게 함으로써 내담자나 환자들을 보호할 의무가 있다.

그 외에도 기도의 상담적 개입을 고려할 때 어려움 가운데 하나는 상담자가 기도의 개입을 활용할 수 있는 교육이나 훈련을 받은 적이 거의 없다는 사실이다 (Walker & Moon, 2011). 공식적인 훈련의 부재로 상담자들은 상담에서 기도의 영적 개입을 시도할 때 자신의 개인적 경험에 기반하여 활용하게 될 경향이 많다 (Walker, Gorsuch, & Tan, 2005; Walker, Gorsuch, Tan, & Otis, 2008). 앞서 우리는 상담자의 숙련도는 공식 훈련(예: 심리학과 영성에 중점을 둔 대학원 과정 수업), 지속적인 교육(예: 워크숍 참석이나, 종교와 영성의 심리학 연구 스터디), 기도와 같은 영적 개입 관련 훈련과 경험이 있는 상담자들로부터의 자문 등을 통해서 길러질 수 있다고 제안했다(Walker & Moon, 2011). 상담자들은 또한 내담자의 특정 종교에 연관된 종교 지도자들로부터 자문받기를 원할 수도 있다.

사전 동의 얻기

구체적으로 아동과 청소년 내담자를 상담할 때, 상담자는 윤리적 고려사항에 대하여 주의를 기울일 의무가 있으며 반드시 미성년자 내담자의 부모나 보호자의 법적 권리를 존중하며 윤리적 의무와 균형을 이뤄 갈 필요가 있다. 대부분의 주에서는 미성년자가 상담 관계에 들어오기 위해서는, 반드시 부모나 보호자의 사전 동의를 얻도록 되어 있다(Lawrence & Kurpius, 2000). 미성년 나이에 대한 규정은 주마다 차이가 있으며 대체로 18~21세 이하의 나이로 규정하고 있다. 어떤 주에서는 16세 이상이 되면 일부 특수 상황에서 자신의 건강 관리와 관련해 보호자 동의를 구하지 않아도 되도록 허용한다(Barnett & Johnson, 2010). 상담자는 자신이 일하는 주에서의 미성년 내담자 관련 법률 규정을 숙지할 의무가 있다(Barnett, Hillard, & Lowry, 2001).

APA(2010) 윤리강령 기준 3.10(b)에 따르면,

법적으로 사전 동의를 얻기 어려운 대상들에게 상담자들은 ① 적절한 설명을 해 주고, ② 개별적 동의를 구해야 하며, ③ 상담 대상의 선택과 복지를 고려하면서, ④ 법적 보호자를 통해 사전 동의를 얻도록 한다. 법적 보호자로부터의 사전 동의를 얻기 어렵거나 필요하지 않은 경우에도, 상담자들은 개인의 권리와 복지를 보호하기 위한 고려사항에 대해 합리적으로 접근해야 한다.

이 기준에 따라서 미성년 내담자를 상담할 때에는 사전에 보호자의 동의를 얻는 것과 함께 미성년 내담자의 자발적 참여 동의를 얻는 두 절차가 필요하다. 상담에 대한 동의는 미성년 내담자의 상담에 대한 동의와 함께 상담자 본인이 그 상담에 참여하는 것에 동의한다는 의미를 포함한다(Welfel, 2006). 법적인 관점에서 동의(consent)란 미성년자의 부모, 보호자 또는 후견인으로부터 확인될 수 있는 반면, 찬성(assent; 개입에 대한 동의와 협력)은 미성년자 본인을 통해 확인되어야 한다. 이러한 동의 과정은 접수 단계에서 의사결정자들에 의해 이뤄지고, 이어지는 상담 과정을 통해 계속 확인된다.

미성년자 내담자와 부모 또는 보호자가 상담의 목표, 목적, 개입(기도 포함) 등에 합의한 상황에서 서면에 의한 사전 동의를 받을 때 약간의 갈등이 일어날 수도 있다. 즉, 기도의 활용에 대한 개입에서 견해차가 발생할 때 여러 잠재적 갈등이 생길 수도 있다. 대체로 아동이나 청소년 내담자의 의견과는 반대로 그들의 부모가 기도를 상담적 개입으로 활용하도록 요청하는 상황에서 불일치가 발생한다. 아동 내담자가 찬성하지 않는 상담 개입은 어떤 개입이라도 비효율적이 되거나, 심지어 비윤리적인 것이 될 수 있다. 그러한 상황에서는 아동이나 청소년 내담자가 원하지 않는 개입을 강요하는 것에는 반대할 것을 추천한다. 또한 개입과 관련한 잠재적 갈등에 당면한 상담자는 미성년 내담자와 상담 과정에 참여한 부모 또는 보호자와 함께 그들의 내적 갈등을 진행 중인 회기에서 다루도록 권유한다. 예를 들어, Donald F. Walker는 동성 친구에게 매력을 느끼는 감정으로 힘들어하고 있는 청소년 내담자를 만나게 되었다. 이 내담자는 부모에 의해서 기독교적 관점에서 의뢰되었다. 부모는 청소년 자녀가 동성에 매력을 느낀다는 표현에 경각심을 갖게 된, 신학적으로 보수적인 기독교인들이었다. 그들은 청소년 자녀가 동성애 감정을 내려놓기를 원한다고 명확하게 상담 의뢰 배경을 이야기했다. 그러나 자녀는 자신의 게이 성향을 포기하고 싶지 않다고 이야기했고 부모가 원하는 것에 반대했다. 청소년 자녀에 대한 상담 개입의 일환으로, 그 부모는 상담자인 Walker에게 자녀의 동성애 감정을 물리치도록 하는 기도를 상담 회기에서 함께 하도록 요청했다. 이 사례는 상담을 승인할 법적 권리를 가진 부모와 동의를 얻어야 하는 미성년 내담자 사이에서, 상담의 목표와 개입에 대한 불일치가 발생할 때 일어날 수 있는 윤리적 갈등을 보여 준다. 이 가족의 사례에서 Walker는 한 회기의 가족상담 회기를 계획해서 부모와 청소년 내담자 간의 상담 목표의 차이를 다루었다. 결국 이 가족은 부모와 청소년 내담자 간의 의사소통을 향상시키기 위한 목표와 가족 구성원 간의 정서적 분리를 돕기 위한 목표를 세워서 가족상담을 진행하기로 하였다.

반대로, 상담자는 부모나 보호자가 승인하지 않았음에도 청소년 내담자가 상담 개입으로 기도를 요청하는 상황에서 윤리적 딜레마에 빠질 수도 있다. 일반적으로 상담자는 신중하게 접근할 필요가 있으며 사전 승인이 이뤄지지 않은 사항에 대해서는 개입하지 않는다. 보편적으로, 아동이 상담 받기를 원하지 않는 부모는 그에 대해 반대할 법적 권리를 갖고 있다(Remley & Herlihy, 2010). 따라서 우리는 그런 상황에서 아동 내담자의 부모나 법적 보호자로부터 승인을 먼저 받을 것을 권장한다. 부모와 자녀가 종교가 같으면서, 자녀의 주 호소 문제를 해결하기 위해 기도와 같은 종교적 개입의 상담적 활용을 시도하려 할 때 부모가 지지적인 경우에는 별 어려움 없이 진행할 수 있다. 예를 들어, Walker는 아프리카계 미국인 청소년 성범죄자를 상담한 적이 있는데, 상담 당시에 그 내담자는 소속된 주정부의 관리 지도하에 있었다. 그의 성범죄 기록과 관련하여 청소년 내담자의 인식을 다뤄가는 과정에서, 이 내담자는 죄를 뉘우치고 용서받기를 원한다고 하였다. 이 과정의 일부로, 그 내담자는 종종 기도를 언급했는데, 자신의 죄가 용서되고 천국에 들어갈 수 있기를 기도하면서 소망하고 있다고 보고했다. 상담자로서 Walker는 그 청소년 내담자의 종교적 배경과 관련된 그의 인식의 정도를 탐색했다. 그는 경계선 지능 수준의 기능을 갖는 것으로 보였고, 그가 언급한 기독교 전통에서 가르치는 종교적 교리에 대해 명확히 이해하고 있지는 않는 것으로 보였다. 그의 상담자였던 Walker는 주정부의 가족 서비스 부서의 사회복지사가 내담자의 법적 보호자였으므로, 그와의 만남을 요청했다. Walker는 담당 사회복지사에게 그의 지옥에 대한 두려움과 반성의 의지를 알려 주었다. 그를 담당하고 있던 사회복지사는 지지적으로 청소년 내담자의 구원에 대한 소망과 신에게 용서를 구하는 것과 관련된 종교적 신념을 탐색해 가도록 협력해 주었다. 그 사회복지사는 청소년 내담자가 속한 종교의 성직자에게 그 내담자를 보내어 도움을 받게 하였으며, 상담자인 Walker로부터 제한된 시간 동안 이러한 과정이 상담에 포함되도록 하는 사전 승인을 받았다. 그 과정에서 Walker는 천국으로 가는 것에 대한 내담자의 생각과 신에게 용서를 구하는 그의 기도 내용을 탐색하였다. Walker는 또한 신에게 용서를 받는 것이 그 내담자에게 어떤 의미인지를 함께 탐색하였으며 성직자와 함께 협력해 가며 이후 진행 과정에서 그를 도왔다.

잠재적 갈등의 세 번째 영역은 부모 스스로 기도와 같은 영적 개입의 적용에 반대할 경우에 생긴다. 내담자 부모의 반대에도 그러한 개입을 상담에 적용하는 것은 상담에서 비협조나 대립과 같은 곤란한 상황에 처하게 되는 결과를 가져오기 쉽다. Walker는 기독교 종교 배경하에서 자랐으며 이혼갈등을 겪고 있는 부모를 둔 8세 소녀를 상담한 적이 있었다. 그 아동의 아버지가 소녀를 상담에 데려 왔는데, 이혼에 관련한 불안 감정을 다루기 위해 상담에 의뢰하였으며, 집에 있을 때 기도가 그 자녀를 진정시키는 데 도움이 되었다고 언급하였다. 그 아버지는 또한 상담자에게 아이의 불안에 관련해서 다른 한 부모를 비난하는 발언을 했는데, 전 부인이 양육권을 가지고 있을 당시에 아이를 돌보아 온 방식에 문제가 있었다고 비난을 했다. 그 내담자의 어머니는 상담에 와서 Walker에게 아이가 상담을 받는 것을 어머니로서 원치 않는다고 말했다. 이때 Walker는 부모 둘 다 참석하는 회기를 한 차례 계획하였으며(아이는 제외하고), 아동의 상담을 위한 상담자로서의 제안을 둘 다에게 제공했다. 또한 그 회기에서 부모로서 자녀에게 무엇이 가장 도움이 될지에 대해 생각해 보고 상담에 대해 염려되는 부분을 표현하도록 격려하였다. 그 결과, 부모 둘 다 정기적으로 딸과 각각 가족상담 회기에 참여하는 것을 포함하여, 상담 과정에서 다른 한 부모에 대해 언급하는 것에 관련된 주의사항에 동의했다. 결과적으로, 상담은 계속 진행될 수 있었다. 상담에서 Walker는 아동 내담자에게 그녀의 불안을 감소시키기 위한 인지행동 상담 개입의 일환으로 불안을 느낄 때 집에서 기도하는 습관을 계속 유지하도록 격려하였다. 우리는 이 장의 후반에서 불안 감소를 위한 인지행동 상담 개입의 일환으로 기도의 활용에 대하여 다룰 것이다.

마지막으로, 상담자와 내담자 사이에 영성 표현에서 차이가 있을 때 잠재적 갈등이 생길 수 있는데, 이러한 불일치는 종교적 배경이나 문화 차이와 관련해서 일어날 수 있다. 그런 상황에서는 상담자로서 그 차이가 최소한으로 영향을 미치게 내담자를 존중하고, 자신의 가치나 신념을 은연중에 강요하지 않도록 주의해야 한다.

경계 유지하기

경계는 숙련도(예: 교육, 훈련, 슈퍼비전의 범주), 역할(예: 평가, 개입, 슈퍼비전), 시간(예: 연장 회기, 예약 취소), 맥락(예: 개인상담, 가족상담, 집단상담), 장소(예: 상담실, 학교, 예배 장소), 개방(예: 전문지식 또는 개인 정보) 등의 용어로 정의될 수 있다.

상담에서 기도의 활용을 고려할 때, 상담자는 내담자와 적절한 경계를 설정하는 것과 관련해서 스스로에게 다음과 같은 여러 질문을 던질 수 있다. 상담자로서의 역할과 관련하여 명확한 경계를 어느 정도로 유지할 것인가? 만일 상담자가 경계를 유지하는 것에 어려움을 겪는다면, 기도의 활용은 보다 모호해질 수도 있다. 내담자의 현실 검증 능력과 관련해서 내담자의 자아 경계는 얼마나 건강한 상태인가? 내담자의 자아 경계가 약하거나 왜곡된 현실 인식을 보인다면, 기도와 같은 확실한 영적 개입의 활용이 내담자 입장에서 오히려 혼란감, 인지적 왜곡, 잘못된 해석의 결과를 초래할 수도 있다. 맥락을 고려할 때, 개인적이거나 공적인 측면에서 기도의 활용은 어느 쪽에 보다 가깝게 이뤄질 것인가? 집단상담의 맥락에서 공동체 기도에 참여하는 것은(예: 청소년 약물남용자 대상 집단상담의 종결 단계에서 평온을 구하는 기도를 활용하기) 내담자나 다른 사람들에게 잘못 이해될 확률이 낮다. 반면, 개인상담 맥락에서 기도를 활용하는 것은 역할 경계가 흐려질 가능성이 있다. 아동과 청소년 대상 상담에서의 맥락은 상담자와 아동 또는 상담자와 청소년 내담자 간의 상호 관계에서 미치는 힘에 차이가 있다. 특히 학대를 받아 온 아동 내담자가 정신병리 증상을 심각하게 보이거나, 발달적 성격장애를 지속적으로 보이는 특성을 가졌을 경우에 기본적으로 취약한 경계 설정 문제가 있을 수 있으며, 상담자와 내담자 간의 이러한 힘의 차이로 인해 더욱 경계를 유지하는 문제가 어려울 수 있다. 장소를 고려한다는 것의 의미는 현재 진행되는 상담 맥락에서 기도를 활용하는 개입이 적절한지를 자문해 보아야 한다는 것이다. 예를 들어, Walker는 초기 접수 평가에서 종교적 · 영적 요소들을 고려하도록 권장하는 지역 정신건강센터에서 일한 적이 있는데 그럼에도 기도를 상담에 활용하는 것에 대해서는 그 기관에서 분명하게 반대하는 입장을 취했다. 기도가 종교적 배경의 사립학교에서는 적절할 수 있을지라도, 공립학교의 상담장면에서는 확실히 부적절한 개입이 될 수 있다(Richards & Bergin, 2005).

Walker는 학교 상담실에서 로마 가톨릭 종교 배경의 한 소년을 상담한 적이 있었다. 이 소년은 신이 자신에게 다른 사람들을 해치라고 말하고 있다며 정신병리적 증상을 언급했다. 소년은 그 목소리들이 기도의 한 형태처럼 신과의 의사소통이라고 느꼈다. 신으로부터의 이러한 의사소통은 신의 본성에 반대되는 것을 그에게 하도록 지시하는 것으로 그를 혼란스럽게 했다. 그 소년은 다른 사람을 해치기를 원하는 감정을 가지게 됨으로 인해서 자신이 지옥에 가게 될지에 대해 두려워했다. Walker는 그의 부모에게 연락을 하여 자녀가 학교 상담을 시작하기 전에 정신과 의사와 면담을 충분히 거치도록 권유했다. 그 내담자가 학교 상담에 다시 돌아왔을 때는 안정된 상태였고, Walker는 그가 들은 목소리는 신의 소리가 아님을 확인시켰다. 상담을 마친 후에 Walker는 그 부모를 면담했고, 자녀가 지옥에 갈 거라는 두려움과 그 경험에 대해 기도하기를 원하는 마음을 가지고 있는 것에 대하여 그들의 성직자에게 도움을 받을 수 있도록 의뢰하였다.

차이를 존중하기

APA(2010) 윤리강령의 다섯 가지 기본 윤리 원칙 중 하나인 원칙 E(인간의 권리와 존엄성 존중)에서 다음과 같이 언급하고 있다.

상담자들은 나이, 성별, 정체성, 인종, 민족성, 문화, 국적, 종교, 성 정체성, 장애, 언어, 사회경제적 지위 등을 바탕으로 하는 차이들을 포함하여 문화적·개별적 역할의 차이 등을 인식하고 존중하며, 상담 현장에서 이러한 요소들을 배려해야 한다(p. 3).

상담에서 기도의 활용을 고려할 때, 상담자는 다문화적 요인들을 고려하면서 스스로에게 질문을 던져 볼 수 있다. 내담자에게 기도의 활용이 갖는 다문화적인 의미는 무엇인가? 다시 말해서 내담자의 나이, 성별, 인종, 민족성, 종교, 국적, 문화적 유산 또는 성적 지향성을 존중하면서 기도를 활용하는 것은 무엇을 의미하는가? 내담자가 속해 있는 지역사회, 기관, 조직에서 보편화되어 있는 관습으로는 어떤 것이 있는가? Magaletta와 Brawer(1998)은 상담자들이 자신과 내담자 사이의 힘의 균형과 관련해서 실제적인 그리고 함축되어 있는 불균형에 대하여 민감할 필요가 있음을 언급하였다. 다양성에 민감한 상담자는 힘의 불균형에 대해 인식할 수 있으며, 특히 미성년 내담자들과 상담자 사이에 존재하는 인지적·정서적 성숙도 수준의 차이가 상담과정에 미치는 영향에 관하여 고려할 수 있어야 한다.

상담자의 가치 부여는 상담에서 상담자의 가치, 태도, 신념 또는 행동을 받아들이도록 외현적으로 또는 암시적으로 내담자에게 영향력을 미치는 시도를 의미한다(Richards & Bergin, 2005). 문화적으로 민감한 상담자는 자신의 가치, 태도, 신념 등을 알고 있으며, 자신의 가치와 신념을 내담자에게 주입하지 않으려 노력한다. Hage(2006)는 상담자들이 자신의 영성에 관련된 가치를 내담자에게 강요하지 않도록 하기 위해서 자신을 모니터링할 책임이 있다고 언급하였다. 상담자 자신의 가치를 내담자에게 부과하지 않으려 하는 것은 가끔 상담자 자기개방의 수준을 넘어선 것이 된다. 예를 들어, 상담 회기에서 내담자에게 기도하라고 요청하는 것은 내담자의 가치를 존중하는 것이라기보다는 상담자의 가치를 부과하는 것이 될 수 있다.

그와 반대로, Magaletta와 Brawer(1998)는 한 상담자가 무슬림 내담자를 위해 그들이 하루에 다섯 차례 행하는 기도 의식을 알고 그 시간 동안에는 그들과 약속을 잡지 않음으로써 무슬림 내담자에 대한 존중을 표현했다고 언급하였다. 그러한 접근은 내담자에 대한 존중을 보여 주는 것과 더불어 상담에서의 작업 동맹을 강화한다.

해를 끼치지 않기

상담에서 기도의 활용을 고려할 때, 상담 관계에서 내담자가 침범당했다고 느끼거나 이용당했다고 느끼게 만드는 문제 상황들이 발생하게 될 수도 있으므로 주의가 요구된다. 기도의 활용과 관련해서는 상담자의 숙련도와 내담자의 특성이 고려되어야 할 것이다.

상담자 스스로 기도의 활용 등과 같은 여러 영적 개입을 잘 다룰 수 있도록 숙련되었을 때 기도의 개입을 활용해야 한다. Magaletta와 Brawer(1998)는 상담자들이 내담자에게 영적 개입을 시도하기 전에 기도에 관련된 내담자의 종교적 또는 문화적 특성에 대하여 충분한 탐색이 선행될 필요가 있다고 제안한다. Worthington (2008)은 더 나아가 상담자가 내담자의 종교적 배경에 대해 충분히 잘 알지 못한다면, 내담자에게 기도를 상담적으로 활용하는 것을 피해야 한다고 제안했다. 이 장의 후반에서 기도 활용을 피해야 하는 내담자의 구체적 특성들에 대해 자세히 살펴보기로 한다.

한편, 내담자에게 해를 끼치지 않는 것과 관련하여 지나치게 엄격한 통제적 접근은 의도치 않게 내담자에게 도움이 되는 일부 상담적 개입 시도를 방해하는 걸림돌이 될 수도 있다(Zur, 2007). 예를 들어, 주치의들을 대상으로 하는 설문에서 91%의 응답자가 기도를 중요한 상담 개입으로 고려하며, 50.6%만이 환자와 기도에 대해 거의 또는 전혀 얘기해 본 적이 없는 것으로 나타났다(Wilson, Lipscomb, Ward, Replogle, & Hill, 2000). 이와 관련된 맥락에서, Hathaway, Scott과 Garver (2004)가 1,000명 이상의 상담자들을 대상으로 실시한 광범위한 설문 조사 결과에 따르면 응답자의 다수가 내담자 영성을 내담자 기능의 중요한 한 측면이라고 생각한다는 것이 밝혀졌다. 한편, 이 설문 조사 결과로 다수의 상담자들이 상담에서 보통은 영성을 포함시켜 다루지 않는다는 사실이 드러났다. Hathaway 등은 영성이 임상 실제에서 무시되어 온 영역일 수 있다고 결론을 내렸다. Corey, Corey와 Callanan 등(2010)이 지적한 바와 같이 "상담 실제에서 영성에 대하여 소홀히 여기는 것은 일부 내담자에게 상담의 효과를 제한할 가능성이 있으며, 분명한 윤리적 문제가 내재한다." (p. 94).

상담에서 기도의 활용과 관련된 임상적 권고 사항

Walker와 Moon(2011)은 상담에서 기도의 활용은 관련된 주의사항뿐 아니라 주호소 문제와 관련된 요인들에 대한 내담자 평가와 더불어 상담자로서 영적 개입의 활용에 대한 훈련의 정도와 일부 종교적 · 문화적 민감성의 준비도에 따라 결정되어야 한다고 주장하였다. 우리는 이 장에서 상담을 위한 사전동의를 얻는 과정뿐만 아니라, 임상적 고려사항에 대해서 구체적으로 언급할 것이다. 다양한 연령대의 내담자에게 적용 가능한 기도의 활용과 관련된 여러 지침들은 주로 Walker와 Moon의 자료에서 인용하였다. 특히 아동과 청소년 상담의 실제에서 기도의 활용에 초점을 맞추어 구체적으로 살펴보기로 한다.

내담자에 대한 평가

McMinn(1996)은 상담자가 '어느 상황에서 어떤 내담자에게 어떤 형태의 기도를 활용할 것인지에 대해' 고민해 보아야 한다고 제안했다(p. 81). McMinn에 따르면, 상담자는 다음 사항들을 고려해야 한다.

- 상담에서 기도의 활용이 내담자에게 건강한 자존감 확립에 도움이 되는지 고려해야 한다.
- 상담에서 기도의 활용이 내담자가 특정 부분에서 신과의 건강한 관계를 만들

어가는 데 도움이 되는지 고려해야 한다.
- 상담에서 기도의 활용이 내담자와의 상담 관계 형성에 도움이 되는지 고려해야 한다.

McMinn(1996)은 낮은 수준의 개입(기도를 상담회기 외부의 숙제로 내주는 것 포함)부터 깊은 수준의 개입(여러 회기에 걸쳐 반복적으로 함께 기도하기)까지 연속선상에서의 기도 활용의 개념화를 시도하였다. 이와 관련하여 Richards와 Bergin(2005)은 다음의 세 가지 요건이 충족될 때에 상담자와 내담자가 상담회기 중에 함께 기도할 수 있다고 제안했다.

- 상담자가 숙련된 태도로 기도의 개입을 활용할 수 있는 경우
- 내담자에 의해 상담회기 내에서 기도의 활용이 구체적으로 요청되는 경우
- 기도의 활용이 상담의 역할 경계를 혼란스럽게 하지 않는다는 확신이 있고, 구체적으로 심리적 · 영적 · 종교적 평가가 이뤄진 경우

Worthington(2008)은 상담에서 기도를 활용하기 전에 내담자와 관련된 종교적 배경에 대한 상담자의 민감한 인식이 선행되어야 한다고 강조했다. 그는 비록 상담자들이 종종 영성을 내담자 개인의 종교적 전통과 별개로 독립적인 광범위한 영역으로 생각하지만 내담자는 그렇게 생각하지 않는다는 점을 지적했다. 그 대신에 대부분의 종교적으로 헌신된 내담자는 상담에서 자신의 고유한 종교적 전통과 그들의 개인적 영성의 측면(기도를 포함하여)을 존중받으면서 통합적으로 도움받기를 원한다.

우리가 이 장의 초반에서 언급하였듯이, 7~8세 미만의 어린 아동은 발달단계 특성상 기도가 상담 내에서 문제해결 방법으로 사용될 수 있는 점을 잘 이해하지 못할 수도 있다. 따라서 우리는 취학 전 아동과 취학 연령대 아동에 대한 개입의 하나로서 기도를 고려할 때, 상담자가 아동의 기도에 대한 발달적 이해 수준을 먼저 평가하도록 권장한다. 이와 더불어, 상담자는 아동이 기도할 때 기도의 내용을

주의 깊게 살펴볼 필요가 있다. Grossoehme 등(2010)은 6개월에 걸쳐 소아과 병원에서 800여 명의 아동이 작성한 기도 관련 문장들을 분석하였다. 그 결과, 아동 자신이 처한 상황을 바꿔 달라고 신에게 요청하는 내용으로 문제의 원인에 초점을 두는 기도와 아동 자신이 처한 상황을 이해하도록 지혜를 구하는 기도 간에 균형을 이루고 있음이 밝혀졌다. 비슷한 맥락에서 기도는 현재의 순간에 참여하는 것과 과거를 이해하는 것 사이에서 균형 있게 다뤄지는 경향이 있었다. 결과적으로, Grossoehme 등은 아동 내담자들이 기도할 때 상담자가 기도의 초점을 바꾸지 않도록 주의를 기울여야 한다고 언급하였다. 예를 들어, 아동 내담자가 변화를 받아들일 준비가 되지 않은 상태에서, 스트레스 해결이라는 당장의 결과에 초점을 두고 기도를 하는 것에 대하여 존중해 줄 필요가 있으며, 아동이 자신이 처한 스트레스 상황에 대한 통찰력을 갖도록 상담자가 초점을 바꾸지 않도록 해야 한다고 제안했다.

상담에서 기도의 활용 관련 유의사항

앞에서 우리는 내담자가 자신의 영적 삶의 한 부분으로 기도하지 않거나, 상담에서 기도를 포함하기를 원하지 않을 때, 상담에서 기도의 활용을 고려하지 않도록 주의하기를 제안하였다(Walker & Moon, 2011). 우리는 이를 아동 대상 상담에서도 적용하기를 제안한다. 부모가 아동 자녀의 상담 과정에서 기도를 활용하도록 요청하였지만 아이는 원하지 않을 때, 또는 그 반대의 경우에 상담자는 부모와 아동 내담자와 함께 논의하면서 이 상황을 사려 깊게 다루어야 한다. 우리는 또한 이 장의 앞 부분에서 정치와 종교의 분리에 연관된 법규들로 인하여 상담에서 기도의 활용이 일부 세속적인 상담 세팅에서는 부적절할 수 있으며, 또한 공립학교 세팅에서는 의심의 여지없이 적절하지 않다고 강조한 바 있다(Walker & Moon, 2011).

내담자의 신앙 배경과 상담 세팅을 고려하는 것과 관련된 권고 사항들 외에도, 상담자는 내담자의 신앙 체계에서 차지하는 기도의 역할과 아동기·청소년기 내담자의 심리적인 기능 수준을 고려해야 한다. 예를 들어, 종교적인 가족 배경을 갖고 있으면서 불안이 많은 한 아동 내담자의 경우 본인도 종교적으로 헌신되어 있다고 본다. 상담에서 그 내담자는 종종 기도에 대하여 언급하거나 기도하기를 원한다고 이야기하면서도, 부적응적인 심리적 기능을 강화하는 태도를 유지한다. 만일 아동의 주 호소 문제들을 다루지 않고 상담에서 기도를 활용한다면, 아동의 문제를 해결하는 데 기도의 개입이 도움이 되지 않을 뿐 아니라 불안에 대해 기계적으로 접근하는 경험이 될 수도 있다. 반대로, 기도를 아동의 현재 증상을 다루는 영적 개입으로 고려한다면, 아동 내담자의 영성을 강화하는 측면에서 사용될 수도 있다. 예를 들어, 이러한 내담자의 경우 영적 개입으로서 기도를 효과적으로 사용하는 방법은 내담자 자신의 두려움이 단순히 사라지도록 기도하기보다는 자신의 불안을 견디면서 다룰 수 있는 힘을 구하는 기도로 나아가도록 돕는 것이다. 우리는 아동 내담자 또는 그 부모에게 기도의 영적 의미를 잘 찾아갈 수 있도록, 불안하지 않은 상황에서도 영적 훈련으로서 기도의 습관을 유지하는 것이 필요하다고 제안할 수 있다.

강박장애로 기도에 대한 강박을 갖는 내담자를 상담하는 경우에도 기도의 활용 시에 주의가 요구된다. Garcia(2008)의 사례 연구에 따르면, 가톨릭 배경의 십 대 대학생 소녀가 내담자로 소개되는데, 그 소녀는 주위에서 누가 욕하는 것을 들으면 그녀가 더럽혀졌다고 느끼거나, 성적인 생각이 떠오를 때마다 강박적으로 묵주 기도를 했다. 상담자는 그녀가 낮 시간 동안 기도해야 할 시간과 장소를 정해서 하도록 처방해 줌으로써 내담자의 기도에 대한 강박을 다루었다. 이 사례에서, 상담자는 내담자의 강박기도에 대한 예방적 반응 연습의 일환으로 상담 대기실에서 그녀가 공격적인 욕을 듣거나 기분 나쁜 상황 등에 노출되도록 하는 등의 일반적이지 않은 개입을 적용하였다. 상담자가 종교적으로 민감한 다른 방법으로도 상담 목적을 달성할 수 있다고 생각하더라도, 강박적 기도의 문제를 갖는 내담자의 경우, 이와 같은 예방적 반응 개입을 시도해 볼 수 있을 것이다. 특히, 우리는 기도에 대해 종교적 강박을 갖는 내담자를 위해서 그러한 처방의 타이밍을 적절히 고려할 것을 권유한다. 또한 상담자는 내담자의 어린 시절의 양육 정보를 탐색할 필요가 있으며, 아동이나 청소년 내담자가 속해 있는 종교의 지도자와 협력하기 위해서 아동 내담자로부터 동의를 얻을 필요가 있다. 우리는 아동 내담자에게 자신이 속한 종교의 성직자에게 조언을 얻도록 상담에서 격려하는 것이 내담자의 종교와 영적 신앙 전통 안에서 기도의 영적 의미에 대하여 건강한 관점을 유지하는 데 도움이 될 수 있다고 믿는다.

상담 초기에 정신병리를 보이는 내담자의 경우에는 기도의 활용을 주의해야 한다. 일부 내담자는 내담자 자신이 신과의 구체적 대화를 나누고 있다고 믿는 정신병리적 증상을 이야기하기도 한다. 이때 내담자에 의한 신의 묘사는 종종 매우 구체적이고 그들이 천국의 일부분을 보았다고 믿는 것을 포함한다. 우리는 적어도 그들이 항정신증 약물치료를 통해 안정이 될 때까지는, 그러한 내담자에 대한 상담 개입으로 기도의 사용을 고려하지 않도록 권장한다. 게다가 우리는 상담자에게 정신증적 증상으로 신과 대화를 했다는 내담자 믿음에 적극적으로 직면하여 다루도록 권유한다. 내담자 연령, 가족의 종교 배경, 종교의 가르침 등에 따라서 내담자가 속한 영적 전통 내에서 기도와 신비로운 경험에 대한 종교적 내용을 다루는 교육뿐만 아니라 많은 심리 교육이 필요할 수 있다. 이러한 경우에 우리는 대체로 내담자 연령에 적절한 방식으로 정신증 관련 심리 교육을 제공했고, 사람들이 어떻게 신을 경험하는지에 대하여 내담자가 속한 종교의 성직자로부터 더 많이 배워 오도록 의뢰하기도 하였다. 내담자가 속한 종교의 지도자에게 내담자를 의뢰하기 전에, 우리는 일반적으로 가족상담 회기를 통해 한 부모 또는 둘 다 참석하도록 하여 내담자로 하여금 자신의 정신증적 경험을 개방하도록 함으로써 부모가 자신의 종교에서는 사람들이 어떻게 신을 경험하는지에 대한 이해를 나눌 수 있도록 하였다.

기도가 상담 기법으로 활용되기 적합하지 않은 심리학적 문제 상황 외에도, 상담에서 활용되는 기도에 대해서는 여러 종교적·영적 맥락에서의 주의사항이 있다. 첫째, 우리는 내담자가 종교적이 되거나 그에 따르도록 강제하는 부모의 압력이 내담자의 주 호소 문제에 관련되는 경우에는, 상담적 개입으로서의 기도를 고려하지 않는다. 둘째, 기도의 활용이 단지 내담자의 문제 자체를 없어지도록 기도로 어떤 심리적 문제를 해결하려고 하는 경우 기도를 개입시키지 않도록 한다. 이러한 내담자에게 기도를 사용하는 것은 결함 있는 형태의 종교적 그리고 비종교적 해결 방법을 강화하고, 영적 가르침이나 실제에서의 기도에 대한 경험을 평가 절하하는 것으로 보인다.

아동과 청소년 상담에서의 기도 개입을 위한 사전 동의

기도를 상담적 개입으로 사용하기 전에 상담자는 내담자 부모에게 사전 승인과 아동의 동의를 얻어야 한다. Walker와 Moon(2011)이 제안한 것처럼 내담자가 속한 종교적·영적인 전통을 존중하면서 상담자가 기도를 상담의 한 개입 방법으로 활용하는 것과 관련하여 내담자에게 사전 안내를 할 필요가 있다. 상담자가 상담의 일부로 기도를 효과적으로 활용할 수 있음에 대하여 미리 알릴 필요가 있다. 내담자는 또한 상담의 일부로서 기도의 사용을 고려할 때 혹시 발생할 수 있는 잠재적 위험성에 대하여도 안내받을 필요가 있다. 예를 들어, 내담자에게 기도가 자신이 요청하는 방식대로 신이 응답해 줄 것을 보장하지 않는다는 것을 인식시킬 필요가 있다. 또한 상담에서 추구하는 변화는 궁극적으로 내담자 자신이 편안해지는 것임을 이야기해야 할 것이다. 마지막으로, 내담자에게 기도를 포함하지 않는 대안적 상담 방법을 선택할 권리에 대해 안내하고, 대안적 방법에는 어떤 접근이 있는지에 대하여 알려 줄 필요가 있다. 사전 승인과 동의의 과정은 이후 진행되는 상담 과정을 통해서도 꾸준히 업데이트되어야 하며, 상담자는 기도의 개입이 내담자의 상담 목표에 부합하고 있는지를 계속 점검할 필요가 있다.

종교가 있는 내담자를 대상으로 하는 기도 개입의 실제

여기에서는 다양한 종교단체에 소속된 내담자들을 대상으로 기도를 구체적으로 활용할 수 있는 여러 기법을 검토한다. 개인적으로 그리고 전문가로서 가장 많이 접하게 되는 기독교, 유대교 및 이슬람교 내담자들을 중심으로 한 기도의 활용에 대해 살펴보고자 한다. 주요 종교들의 전통 특성을 돌아보고, 종교들의 전통 맥락을 고려하면서 기도를 실제 상담에서 활용하는 것과 관련된 논의에 이어 예시 사례를 통해서 이를 설명하기로 한다.

기독교인 내담자 대상 기도의 활용

기독교는 신약성경에서 기술하고 있는 것처럼 나사렛 예수의 가르침과 삶을 토대로 하는 유일신 종교이다. 기독교인은 아버지, 아들, 그리고 성령 하나님의 세 형상으로 이루어진 삼위일체로서의 하나님을 믿는다. 많은 다양한 기독교 종파가 존재하는데 정통파, 로마 가톨릭, 개신교 등의 종파로 크게 나눌 수 있다. 개신교는 또한 근본주의자로부터 보수주의, 복음주의, 주류 신학 및 진보주의 신학까지 다양하게 분류될 수 있다. 교파를 통틀어 개신교 믿음의 핵심은 예수가 신의 아들이라는 점이며 예수의 죽음과 부활에 대한 믿음은 구원의 토대가 된다.

기독교인은 기도에 대해 "삼위일체의 하나님을 믿는 모든 교인 또는 일부가 함께 예배하며 경험하는, 그리고 대화를 나누는 행위"라고 본다(Walker & Moon, 2011, p. 155). 기도는 여러 의미를 담아내는 경험이 되면서 상담 상황 밖에서 여러 교파에 따라 다양한 방식으로 경험된다. 예를 들어, 로마 가톨릭교도는 전통적으로 성인이나 천사에게 자신을 위한 중보자로 기도하도록 배우는 반면, 개신교도는 직접 신에게 기도하도록 배운다. 기독교의 다양한 종파에 따른 기도 양식에 대하여 보다 구체적으로 알고 싶은 경우, Richards와 Bergin(2000)의 책을 참조하기 바란다.

상담에의 적용

Foster(1992)에 따르면 기독교인은 21종류의 기도 방법을 사용한다. 앞으로 제시되는 예시 사례에서는 두 가지 형태의 기도, 즉 단순 기도와 명상 기도를 중심으로 다루었다. Foster가 '단순 기도'로 언급한 방식은 기독교 배경의 아동 및 청소년의 상담에 기도를 논리적으로 통합하는 방법으로 보인다. 단순 기도의 실제는 말 그대로 성찬식 기도나 대화식 기도를 포함하지 않으면서 하나님에게 이야기하는 것을 의미한다. Walker는 일반상담 세팅에서뿐만 아니라 명백하게 종교적인 상담 세팅에서도 상담회기 내에서 또는 회기 밖에서 아동 또는 청소년 내담자 대상으로 단순히 하나님에게 이야기하도록 하는 개입을 활용하였다. 단순 기도의 활용은 다음과 같은 주 호소 문제들, 즉 사별 트라우마, 불안 대처, 분노 다루기, 가족 관계 내에서의 용서 문제 등을 다루는 데 적절한 개입으로 보인다.

Foster에 따르면(1992), 명상 기도는 침묵 상태에서 "주 예수 그리스도 하나님의 아들이시여, 저에게 자비를 베푸소서."(누가복음 18:10-14)처럼 신약성서에 나오는 '예수의 기도'와 같은 구절들 또는 '하나님', '사랑'이라는 단어를 반복함으로써 하나님에게 집중하는 것을 포함한다. 영적 훈련으로 명상 기도의 활용은 자신의 삶에서 신의 존재를 보다 민감하게 자각하도록 돕는 데 도움이 된다. 상담에 명상 기도의 활용이 가져오는 추가적인 장점은 이러한 기도의 연습을 통하여 고요함 가운데 평안을 누리도록 돕는다는 점이다.

사례 연구: 어린 소녀의 외상 경험 애도에 기도 활용하기

Walker는 일반상담 세팅에서 트라우마 애도의 문제를 갖는 여러 연령대의 아동들을 대상으로 상담한 적이 있다. 다음 사례는 그러한 몇몇 사례로부터 재구성되었다. 개인 정보는 내담자 보호를 위해 가명처리되었다. 7세의 백인 소녀인 제인은 아버지가 살해된 후에 어머니를 통해 상담센터에 보내졌다. 상담에 의뢰된 초기의 상태는 집과 학교에서 반항적 행동이 증가하였고, 지침을 따르기 거부했으며 분노 폭발 행동 등을 보였다. 그녀는 또한 불면증, 우울증 증상을 나타냈다. 그녀는 정서적 혼란과 행동 장애가 혼합된 적응장애 진단을 받았다.

상담의 초기 단계에서 제인 어머니와의 개별적 추가 면담을 통해서 제인이 아버지의 사망에 대한 상황을 듣게 된 과정을 탐색하였다. 어머니는 제인의 할머니와 함께 경찰에게서 남편이 살해된 상황에 대해 설명을 들었다고 하였다. 어머니는 살인사건이 어떻게 발생했는지를 제인이 듣지 않았을 거라고 생각하였다. 하지만 어머니가 살인 사건의 정황에 대해서 할머니와 이야기하는 것을 제인이 엿

들었다는 사실이 제인과의 계속된 상담회기를 통해 분명해졌다. 제인이 외상 후 스트레스 장애의 공식 진단기준에 부합되지는 않았지만, 그녀의 분노와 우울증은 명백히 그녀가 아버지의 사망에 대해 알고 나서 촉발되었다.

트라우마 애도에 대한 최근 논문에서 Cohen과 Mannarino, Deblinger(2005)는 상담에서 트라우마 애도를 돕는 것의 중요성을 강조하였는데, 이는 상담자가 아동의 트라우마 내러티브를 들어 주면서 내담자의 삶에 통합해 가도록 돕는 데 초점을 둔다. 일반상담장면에서의 트라우마 초점 인지행동상담뿐만 아니라, Walker는 또한 아버지 사망에 대해 아동이 하나님과의 대화를 통하여 트라우마 내러티브를 통합하도록 도왔다. 구체적으로, Walker는 제인에게 이젤 위에 물감과 종이를 주면서 제인의 마음속에 있는 것을 무엇이든지 그려 보라고 했다. 회기가 진행되는 동안 제인은 종종 천국에 대한 생각을 그렸다. Walker는 제인이 생각한 천국은 무엇인지를 물었고 무슨 일이 일어났는지에 대해서 하나님과 대화를 했는지를 물었다. 제인은 종종 하나님에게 왜 아버지를 데리고 갔는지를 물었다. 제인은 하늘에 있는 아버지에게 종종 이야기를 했으며, 자신이 이야기하는 것을 아버지가 들을 거라고 믿었다.

Walker는 제인, 신, 그리고 그녀의 아버지 간에 대화를 활성화시키면서 상담자로서의 역할을 개념화했다. 그리고 상담 회기 동안 제인이 살인 사건, 신, 그리고 아버지에 대한 자신의 감정을 이야기하고 그림으로 표현하도록 격려하였다. Walker는 또한 그녀의 고통을 타당화해 주고 그 슬픔과 아버지와의 관계를 존중해 주는 것이 상담자로서의 역할이라고 보았다. 상담 기간 동안 제인에게 애도하는 방법이나 그녀의 고통을 어떻게 바라보아야 하는지를 말하기보다는, 그녀의 고통에 귀 기울이고 내담자와 함께 머물러 주는 것에 보다 초점을 맞추었다.

사례 연구: 기독교인 아동 내담자 부모를 대상으로 하는 묵상 기도 활용

또한 Walker는 세 아이와 함께 사는 홀어머니 안나에게 가족상담을 제공하였다. 세 아이 가운데 둘째인 빌리는 사춘기 직전의 아동으로 적대적 반항성 장애로 진단받았다. 빌리는 종종 남동생과 싸웠고, 어머니의 말을 듣지 않았고, 싸움을 말리거나 훈계를 하면 어머니에게 고함을 쳤다. 안나는 점점 더 걱정이 많아졌다. 빌리는 자신이 더욱 힘이 세지고 있는 것을 스스로 알고는 어머니가 그를 제재하려고 할 때에는 위협적으로 나왔다. 가족 형편이 매우 어려워서 가끔은 상담료가 부족해서 상담에 참석하는 것이 어려울 정도였다. 게다가 그녀는 우울증을 앓고 있었고, 스스로 이겨 내려고 애쓰는 상황이었다. 빌리가 형제들과 다툴 때, 그녀는 종종 손을 치켜 들었다가 그들 스스로 해결하도록 버려 두고 방을 나갔다(그들은 종종 비명을 지르면서 싸웠고, 그런 후에 각자 흩어지면서 빌리는 문을 쾅 닫고 농구를 하러 갔다). Walker는 안나에게 우울증을 상담 받도록 격려하였다. 상담 목적 가운데 하나는 그녀가 가족 문제에 다시 개입하고 자녀들 간의 싸움을 중재하도록 함으로써 빌리와 형제 간의 싸움이 있을 때마다 적용될 규칙을 정하도록 하는 것이었다. Walker가 안나에게 물었던 질문 중 하나는 그녀가 압도당하는 순간 무엇이 그녀를 진정시키도록 돕는지에 관한 것이었다. 안나는 때때로 자신이 기도했을 때 진정되고 자신에게 집중할 수 있게 되는 것 같다고 말했다. 그녀는 또한 자신에게 집중하는 시간 동안 신에게 초점을 맞추게 된다고 언급했다. 굳이 길게 목록을 나열하지 않고서도, 그녀는 Foster(1992)가 언급한 명상 기도의 과정에 참여하고 있었다. Walker는 그녀가 압도당하는 상황 초기에 뒤로 물러나서 집중하여 기도하고 난 후에 빌리와 형제들의 문제에 개입하도록 하였다.

이후 몇 달 동안의 가족상담 과정 동안 안나는 집에서 빌리와 형제들이 싸울 때 종종 그 상황을 스스로 벗어나 집중적으로 기도를 하고 나서 형제 간 싸움을 중재하곤 하였다. 그녀는 우울증을 다루어가는 노력과 더불어, 가족 내에서 엄격한 개입을 하는 역할을 보다 잘 소화해 낼 수 있게 되었다. 어머니가 자녀들의 행동을 모니터링할 수 있게 됨을 자녀들이 알게 되면서 그들의 행동 문제도 차츰 향상되었다.

유대교의 기도 접근법

유대교인 내담자를 대상으로 하는 상담자는 유대교 내의 다양한 교파의 신자들 간에 존재하는 구체적인 차이점에 대해 이해하는 것이 필요하다(Bilu & Witzum, 1993; Langman, 1995, 1999). 유대교에는 정통파, 보수파, 개혁파 등 세 교파로 나뉜다. 정통파 유대교도는 거룩하게 새겨진 율법의 해석에 따라 신이 토라, 히브리어 성경을 시내산에서 이스라엘 민족에게 주었다고 받아들인다(Schnall, 2006, p. 277). 정통파 유대교도는 성경과 탈무드의 가르침을 모든 삶의 측면, 즉 일상생활, 개인적인 상호작용, 가정생활, 그리고 사업 문제 등에 적용한다. 보수파 및 개혁파 유대교도는 보다 평등주의에 입각한 유대교를 실천하고, 모더니즘의 맥락에서 유대교 율법을 바라보도록 강조한다(Schlosser, 2006). 보수파 유대교도는 개혁파보다 성경의 거룩한 속성에 보다 의미를 부여하는 것으로 보인다. 그럼에도 두 교파 모두 탈무드를 역사적으로 논의할 가치가 있다고 여기지만, 합법적인 권위를 부여하지는 않는다(De Lange, 2000).

유대교 종파 간에 이러한 차이는 기도에 대한 접근에서도 이어진다. 전통적으로 유대교 신앙 안에서의 기도는 공공 장소에서 행해진다. 민얀(minyan; 유대교 예배의 정족수)이라는 최소 10명의 13세 이상의 유대교 남성의 숫자가 채워져야 이상적인 기도가 된다고 믿는다. 또한 읊조리는 기도문이 꼼꼼하게 작성되어 시더(siddur, 일용 기도서)라는 기도서에 정리되어 활용된다. 유대교 회당에서 공동으로 하는 기도에 참석할 수 없는 경우에는 개인이 기도를 개별적으로 읊조릴 수 있다. 오직 민얀과 더불어 읊조릴 수 있는 공통적인 몇 부분을 제외하고는, 개인적으로 읊조리는 기도문 내용은 거의 같다. 보수파 및 개혁파처럼 보다 평등주의에 입각한 유대교 교파에서 관찰되는 상징적인 전통의 변화로는 정리된 기도문에 국한되지 않는 즉흥적이고도 개인적인 기도가 행해지고, 공공의 기도 예배에 여성 대표를 세우는 것 등이 해당된다.

유대교 내담자 상담에서 기도 활용하기

유대교 내담자와의 상담에서 기도를 통합하려고 시도할 때는 몇 가지 유의사항을 고려해야 한다. 첫째, 종교적으로 독실한 유대인 내담자의 경우 유대인이 아닌 상담자나 정신건강 전문가를 신뢰하지 않을 수 있다(Strean, 1994). 상담자는 유대교 맥락에서 종교적으로 허용되는 상담적 개입을 중심으로 활용하면서 내담자가 편안할 수 있도록 가족의 랍비와 자문이 필요할 수 있으며, 사전에 내담자에게 이에 대한 동의를 얻도록 권장된다(Schnall, 2006).

둘째, 공동체적인 그리고 정리되어 있는 기도문을 중요시하는 종교적 전통 성향을 고려할 때, 정통파 유대교 내담자는 개인적 기도나 상담회기 중에 하는 기도 개입에 대하여 부적절한 것으로 여길 것이다. 이를테면, 실제로 상담 회기 기간 동안 기도 개입을 활용하는 대신에 상담자는 내담자와 더불어 오히려 공동체 기도의 경험이나 생각을 나누도록 할 수 있다(Miller & Lovinger, 2000). 전통적인 기도의 규율에 집중하는 것의 중요성을 고려해 가면서, 유대교 내담자들로 하여금 개방적으로 자신의 기도 수행과 관련된 생각을 나누도록 촉진해야 한다. 카바나(kavanah: 마음의 의식)에 언급된 것처럼 기도 의식에 참여하는 개인은 기도를 하는 동안 그것에 생각을 집중하면서 기도문의 단어와 의미를 되새겨야 한다. 카바나 의식을 행하는 중요성에 대한 전통적인 이유뿐만 아니라, 신과 인간 사이에 나누는 대화의 중요성, 그러한 대화에 적합한 생각들로 채워 가야 할 필요성과 기도의 수행 동안 적절한 카바나를 행하도록 돕는 논의를 상담에 포함시키는 것은 치료적 도움으로도 연결될 수 있다. 기도하면서 내담자가 말했던 내용을 다루는 것은 명상으로 얻어지는 이완 경험과 유사한 편안한 상태를 경험하게 한다(Kaplan, 1985). 많은 전통적인 명상에서 이완 경험은 명상의 목적에 집중하는 과정에서 이뤄진다. 이 목적은 냄새나 느낌과 같은 감각의 경험에 초점을 맞추는 것이 될 수도 있고, 또는 특정한 단어에 초점을 맞추도록 하는 것이 될 수도 있다. 내담자로 하여금 기도를 하면서 카바나 의식을 지향하도록 격려하는 것은 정신건강을 방해하는 불안과 방해물을 다루기 위한 개입으로서, 또는 명상의 분위기를 조성하는 사전 개입의 형태로 활용될 수 있다(Marlatt & Kristeller, 1999).

보다 개혁적인 유대교 내담자를 대상으로 할 때는, 실제 상담 회기에서 일부 적절한 기도의 개입을 시도할 수 있을 것이다. 기도의 방식과 유형은 내담자가 속해 있는 전통적인 기도의 방식을 존중하면서 의미 있는 개입이 되도록 사전에 내담자와 논의가 필요하다. 일부 내담자는 본인이 속해 있는 전통적인 방식과 조화롭지 않은 기도의 개입에 대해서는 거리감을 가질 수 있다. 그러므로 유대교도 내담자를 대상으로 하는 상담에서 기도의 개입은 내담자가 거리감을 느끼지 않도록 주의 깊게 고려될 필요가 있으며, 적절한 개입은 종교적으로도 새로운 깨달음으로 나아가게 도울 수 있다(Miller & Lovinger, 2000).

사례 연구: 상실의 문제로 내방한 유대인 청소년 내담자를 대상으로 한 기도 개입

16세의 유대인 소녀 마야가 여동생과 함께 어려움을 대처하는 데 도움받기 위해서 가족과 함께 상담자(Milevsky)를 찾아왔다. 14세의 여동생은 어렸을 때 입양되었고 최근에 전반적 발달장애 증상을 보이고 있었다. 이 시기에 여동생의 생모가 다시 나타났고 자신의 아이를 다시 찾아가겠다고 말했다. 양부모는 아이를 포기하려고 하지 않았지만, 결국은 입양자녀로 인해 야기된 가족의 혼란감을 고려해서 양육권을 생모에게 다시 양도하기로 동의했다. 마야는 부모가 여동생을 생모에게 되돌려 보내려고 했다는 사실로 인해 매우 불안해 했고 깊은 상실감을 경험했다. 마야는 또한 여동생이 생모에게 간 후에 생모가 여동생에게 좋지 않은 영향을 주게 될 수 있다는 것과 여동생에게 좋지 않은 일이 일어날 수도 있다는 사실을 두려워했다.

Milevsky는 내담자 가족에게 여러 도시 여행을 시작하기 전에 안전한 여행을 기원하는 여행자 기도 의식을 포함하는 전통적인 파송식을 준비하도록 제안하였다. Milevsky는 그 가족이 다음의 내용을 포함한 기도를 하면서 14세 딸이 생모와 함께 떠나는 여행을 위한 기도에 집중하도록 격려하였다.

"하나님의 뜻대로, 하나님 곧 우리의 조상인 신이시여, 그녀를 평화로 인도하여 주시고, 그녀의 발이 평화의 길로 향하게 해 주시고, 기쁨과 평화의 삶으로 인도하여 주시옵소서. 모든 적의 손아귀와 어려움에서 그녀를 구해 주시고, 이 땅의 모든 형벌에서 그녀를 늘 구해 주시옵소서. 신께서 그녀의 걸음에 축복을 내려 주시고, 그녀를 보는 모든 이의 눈에 신께서 은총, 친절 그리고 자비를 베풀어 주시옵소서. 우리의 기도와 간구를 들으심으로 미천한 자의 소리에도 귀기울여 들으시는 하나님, 기도를 듣는 하나님, 축복하시는 하나님께 기도합니다. 아멘."

파송식과 기도는 상담자와 가족이 함께하는 회기 중에 행해졌다. 마야는 여행자의 기도를 읊조렸다. 가족의 일부를 떠나보내는 중요한 경험으로 마야에게는 여동생을 보내는 상황에 대해 수용하는 전환점이 되는 시간이었음을 그다음 회기에서 들을 수 있게 되었다. 이 사례는 상담 과정에서 유대교 내담자를 대상으로 활용할 수 있는 다양한 기도 개입의 방법 가운데 한 예를 보여 준다.

이슬람교도의 기도에 대한 접근

이슬람교도에게 기도는 삶의 필수적인 부분으로 간주되는데, 주로 살라(salah)와 두아(du'a) 두 형태로 구성된다. 살라는 '연결'이라는 뜻을 갖는 아랍어 실라(silah)에서 비롯되었다. 살라의 목적은 개인에게 하루의 특정 시간대에 정기적인 기도의식, 명상, 반성을 통해 신의 존재를 일깨워 주는 것이다. 살라는 신 앞에 규칙적으로 엎드려 절하고 일어서는 일련의 동작들을 포함하는 의식적인 기도이다. 기도 의식을 하는 동안 코란의 구절과 신을 칭송하는 기도문을 암송하고 일련의 기도 동작을 따라 움직인다. 이슬람교도는 새벽, 정오, 늦은 오후, 일몰 후, 저녁 시간 등 특정 시간대에 하루 5번의 기도를 해야 한다. 일부 이슬람교도는 5번 이상의 특정 시간대에 기도를 하기도 하며, 다른 이슬람교도는 기도에 포함된 종교적인 요구 사항을 따르지 않을 수도 있다. 기도에 소요되는 시간은 특별 기도, 코란 경전의 암송, 개인 기도 등의 유형에 따라 달라진다. 이슬람교도는 단체 기도를 주로 권하지만, 기도는 개인적으로 또는 단체 형태로 각각 수행될 수 있다. 사춘기 나이에 이를 때까지 개인에게 종교적으로 기도에 참여하기를 요구하지는 않지만, 어린 나이의 아동에게도 기도를 배우도록 권장한다.

두아는 신과 대화하거나 의사소통을 포함하는 간구이다(예: 도움이나 인도하심,

간구, 감사 등). 두아는 신과의 개인적인 연결을 발전시키고 유지하기 위한 한 방법으로, 행동이 요구되는 것은 아니지만 권장된다. 살라처럼 두아는 의무적인 지침을 포함하고 있지 않다. 이슬람교도는 하루에 다른 활동(예: 식사 전에 일어나기, 옷 입기 등)을 위해서 예언자 마호메트가 사용한 아랍어의 특정한 두아를 이용할 수 있으며, 이는 개인에게 창조자를 상기시키도록 돕는 의미가 있다. 두아는 어떤 언어로든지, 언제나, 그룹이나 개인에게서, 어느 지역이든 상관없이 다양한 주제나 문제에 대하여 이뤄질 수 있다. 두아는 개인이 다른 활동에 잠여하는 상황에서도 동시에 행해질 수 있으며, 어떤 구체적인 행위가 요구되는 것은 아니다.

이슬람교도 내담자와의 상담에서 기도의 활용
살라를 상담에 활용하기

기도의 힘과 강도는 개인이 신과 접촉하려고 시도하는 행위들이 의미하는 것과 개인이 기도를 이해하는 정도에 영향을 받는다. 아동의 나이와 종교 지식의 정도에 따라 기도로 자신이 읊조리는 것이 의미하는 것들에 대하여 잘 알지 못할 수 있다. 이를 테면, 상담자는 부모나 종교적 이해가 깊은 대상을 통해서 아동 내담자가 기도의 의미를 이해하도록 도울 필요가 있다. 내담자 개인이 영적인 방식으로 신과 연결될 수 있다면, 불안과 외로움의 문제를 대처하는 데 기도는 강력한 도구가 될 수 있다. 모든 살라에서는 일반적인 안내로 신에게 직접 간구하는 내용을 담은 첫 장(Al-Fatiha)을 암송해야 한다. 첫 장의 구절들을 암송한 후에는 그 의미를 묵상하면서 개인적인 간구로 이어지는데, 이러한 시간을 통해서 개인적인 외로움을 줄이는 데 도움을 받을 수 있다. Al-Faitha 암송이 끝나면 내담자에게 그 구절들에서 자신의 고통에 관련된 개인적인 의미들을 찾도록 격려할 수 있다. 기도의 개인화는 개인이 신에게 더욱 강력하게 접촉될 수 있게 하며, 스트레스로부터 편안해질 수 있도록 돕는다. 살라에서 요구되는 행동과 기도를 통해 내담자로 하여금 신에게 간청하도록 격려할 수 있는데, 이는 각각의 의식을 행한 후에 아랍어나 모국어로 두아를 하는 것이다. 5번의 일상적인 기도 의무에 덧붙여서, 이슬람교 내담자로 하여금 중요한 결정을 앞두고 신의 인도하심을 구하는 개인적이고도 선택적인 기도 안내서로 Salah-tul-Istikhara를 활용하도록 격려할 수 있다. 신의 인도를 구하는 내용은 구체적으로 특정 활동에 참여해야 할지를 묻는 것일 수도 있고, 왕따를 어떻게 대처하여야 할지 등에 대한 인도를 간구하는 것일 수도 있다. 개인이 행할 수 있는 선택적인 기도로는 예를 들어, 돈이나 아이, 직업 등을 구하는 간청 기도를 Salah-tul-Hajah로 도움받도록 격려할 수 있다.

종교적으로 관심이 있는 내담자를 대상으로 불안의 대처나 스트레스 정도를 줄이는 데 살라를 활용하여 도울 수 있다. 특히 아동 내담자에게 있어 하루 5번의 특정 시간대에 기도를 하는 것은 하루를 일정 단위와 시간대로 나누어서 보다 효율적으로 사용하도록 하는 데 도움이 된다.

두아를 상담에 활용하기

두아는 개인의 생각, 감정 및 모든 문제를 언어화하는 데 도움이 되며, 어려움을 겪고 있는 문제에 대하여 강력하게 개입할 수 있는 전지전능한 신과의 접촉을 강화하는 것이다. 이를 통해 내담자는 감정적으로 카타르시스를 경험할 수 있다. 즉, 살라를 하는 것과 아주 유사하게 두아를 통해서도 하늘 위의 높은 권위자와 내담자 자신의 문제를 나눔으로써 카타르시스를 경험하게 되고 이는 불안, 스트레스, 긴장감을 줄이는 데 도움이 된다. 상담에서 이러한 기도의 통합은 불안의 문제를 호소하는 이슬람교 내담자에게 특히 유용하다.

사례 연구: 불안을 호소하는 청소년 이슬람교 내담자를 대상으로 한 기도 개입

Ahmed는 미국에서 자란 14세의 후세인을 상담한 적이 있었다. 그는 범불안 장애, 특히 과도한 불안, 휴식과 집중의 문제, 수면장애 등의 문제로 상담에 의뢰되었다. 후세인의 어머니에 따르면, 그는 항상 불안해하는 아이였다. 최근 몇 달 동안은 밖에도 나가지 않고 TV나 인터넷 서핑도 하지 않았으며 가족과의 상호작용도 거의 이뤄지지 않았다. 그의 부모는 신앙에 많은 중요성을 부여하지 않았음에도 후세인은 종교적 믿음이 그에게 매우 중요하며 이를 상담에 통합해서 도도움받기를 원했다. Ahmed는 후세인의 불안과 관련한 근본적인 문제를 탐색하기 시작했다. 후세인은 자신의 불안문제로 부모가 또 다른 문제를 야기시키지 않기를 바랐지만, 그의 부모는 항상 소리치고 싸우면서 결혼 생활을 유지해 왔다. 부모의 갈등관계는 늘 변화가 없었다. 스트레스의 다른 원인으로, 후세인이 새로운 고등학교에서 오직 자신만이 이슬람교도라는 점 때문에 보다 많은 불안을 경험하게 되었음을 알게 되었다. 그는 최근 미디어를 통해 퍼지고 있는 이슬람 혐오증에 대한 여파로 다른 학생들이 자신을 괴롭힐 것이라고 걱정하고 있었다.

　Ahmed는 후세인을 도울 영적인 자원들에 대한 탐색을 통해 일반적인 상담 개입에 통합적으로 접근이 이뤄질 수 있도록 시도하였다. 특히 그가 수주드(sujud) 자세로 신 앞에 이마, 코, 양손, 무릎 발가락이 땅에 닿도록 엎드려서 일상의 기도를 올리는 동안, 신에게 그의 감정을 표출하도록 격려하였다. 이슬람교도의 기도에서 이 자세는 인간이 신에게 가장 가까이 가는 자세로 여겨지며, 상담에서 이를 활용하여 후세인이 대인 관계의 결과에 대한 두려움 없이 위에 있는 높은 권위자에게 자신의 감정을 표출하도록 도울 수 있었다. Ahmed는 부정적인 자기 대화로 반복되는 주제를 후세인이 이해하도록 상담 과정에서 다루면서, 영적이면서 동시에 개인적 의미를 갖는 두아를 행하도록 도왔다. 두아를 행하는 동안 후세인은 불안을 유발하는 상황에서의 부정적인 자기 대화를 인식하고 반복적으로 다룰 수 있게 되었다. 후세인은 상담에서의 기도 개입을 통해 불안에 대처하도록 도움을 받게 되었고, salahtul-shukr의 감사 기도를 통해서 신과의 친밀감을 더욱 키워 갈 수 있게 되었다.

결 론

　이 장을 시작하면서 우리는 기도를 아동과 청소년 내담자를 대상으로 상담할 때 사용할 수 있는 영적 개입의 하나라고 소개하였다. 이어서 상담적 개입으로서 기도를 활용하기 전에 검토해야 할 윤리적이고 임상적인 고려사항에 대하여 기술하였다. 상담자는 내담자의 주 호소 문제를 포함하여 다루게 되는 기도의 개입과 관련한 주의사항을 사전에 충분히 고려할 필요가 있다. 내담자의 발달 특성에 대한 고려와 더불어 종교적인 전통을 존중하면서 활용되는 기도 개입은 내담자에게 영적으로 의미 있고 동시에 상담의 효과를 높이는 데 도움이 될 수 있다. 우리는 그동안 만나 왔던 내담자들을 포함하여 사례 연구들을 통해 상담장면에서의 기도 개입이 가져오는 효과를 발견해 왔다. 우리는 앞으로도 아동과 청소년 대상의 상담에서 기도를 포함한 임상 연구들이 지속적으로 이뤄지고, 영적인 전통 맥락에서뿐만 아니라 상담의 실제에서 다양하게, 보다 많이 활용되기를 기대한다.

참고문헌

American Psychological Association. (2010). *Ethical principles of psychologists and code of conduct* (2002, amended June 1, 2010). Retrieved from http://www.apa.org/ethics/code/index.aspx

Bamford, C., & Lagattuta, K. H. (2010). A new look at children's understanding of mind and emotion: The case of prayer. *Developmental Psychology, 46,* 78-92. doi:10.1037/a0016694

Barnett, J. E., Hillard, D., & Lowry, K. (2001). Ethical and legal issues in the treatment of minors. In L. VandeCreek & T. Jackson (Eds.), *Innovations in clinical practice* (pp. 257-272). Sarasota, FL: Professional Resources Press.

Barnett, J., & Johnson, W. B. (2010). *Ethics desk reference for psychologists.* Washington, DC: American Psychological Association.

Basit, A. (1997). *The essence of the Quran.* Chicago, IL: ABC International Group.

Beach, S. R., Fincham, F. D., Hurt, T. R., McNair, L. M., & Stanley, S. M. (2008). Prayer and marital intervention: A conceptual framework. *Journal of Social and Clinical Psychology, 27,* 641-669. doi:10.1521/jscp.2008.27.7.641

Bilu, Y., & Witzum, E. (1993). Working with Jewish ultra-orthodox patients: Guidelines for a culturally sensitive therapy. *Culture, Medicine and Psychiatry, 17,* 197-233. doi:10.1007/BF01379326

Canter, M., Bennett, B., Jones, S., & Nagyn, T. (1994). *Ethics for psychologists: A commentary on the APA Ethics Code.* Washington, DC: American Psychological Association. doi:10.1037/10162-000

Cohen, J. A., Mannarino, A. P., & Deblinger, E. (2006). *Treating trauma and traumatic grief in children and adolescents.* New York, NY: Guilford Press.

Corey, G., Corey, M. S., & Callanan, P. (2010). *Issues and ethics in the helping professions* (8th ed.). Belmont, CA: Brooks/Cole.

De Lange, N. (2000). *An introduction to Judaism.* London, England: Cambridge University Press.

Foster, R. J. (1992). *Prayer: Finding the heart's true home.* San Francisco, CA: HarperSanFrancisco.

Garcia, H. A. (2008). Targeting Catholic rituals as symptoms of obsessive compulsive disorder: A cognitive–behavioral and psychodynamic, assimilative, integrationist approach. *Pragmatic Case Studies in Psychotherapy, 4,* 1–38.

Goldman, R. (1964). *Religious thinking from childhood to adolescence.* London, England: Routledge & Kegan Paul.

Green, A., & Holtz, B. W. (2006). *Your word is fire: The Hasidic masters on contemplative prayer* (4th ed.). Woodstock, VT: Jewish Lights.

Grossoehme, D. H., VanDyke, R., Jacobson, J., Cotton, S., Ragsdale, J. R., & Seid, M. (2010). Written prayers in a pediatric hospital: Linguistic analysis. *Psychology of Religion and Spirituality, 2,* 227–233. doi:10.1037/a0020035

Hage, S. M. (2006). A closer look at the role of spirituality in psychology training programs. *Professional Psychology: Research and Practice, 37,* 303–310.

Hathaway, W. L., Scott, S. Y., & Garver, S. A. (2004). Assessing religious/spiritual functioning: A neglected domain in clinical practice? *Professional Psychology: Research and Practice, 35,* 97–104. doi:10.1037/0735-7028.35.1.97

Iyengar, B. K. S., & Menuhin, Y. (1995). *Light on yoga: The Bible of modern yoga.* New York, NY: Schocken Books.

James, W. (1936). *The varieties of religious experience.* New York, NY: Random House. doi:10.1037/10004-000 (Original work published 1902)

Kaplan, A. (1985). *Jewish meditation: A practical guide.* New York, NY: Random House Digital.

Keating, T. (2002). *Foundations for centering prayer and the Christian contemplative life: Open mind, open heart, invitation to love, mystery of Christ.* London, England: Continuum International.

Kirzner, Y., Kirzner, Y., & Aiken, L. (2003). *The art of Jewish prayer.* New York, NY: Judaica Press.

Kushner, L., & Polen, N. (2004). *Filling words with light: Hasidic and mystical reflections on Jewish prayer.* Woodstock, VT: Jewish Lights.

Langman, P. F. (1995). Including Jews in multiculturalism. *Journal of Multicultural Counseling and Development, 23,* 222–236. doi:10.1002/j.2161-1912.1995.tb00278.x

Langman, P. F. (1999). *Jewish issues in multiculturalism: A handbook for educators and clinicians.* Northvale, NJ: Jason Aronson.

Lawrence, G., & Kurpius, S. (2000). Legal and ethical issues involved when counseling minors in a non-school setting. *Journal of Counseling and Development, 78,*

130-136. doi:10.1002/j.1556-6676.2000.tb02570.x

Long, D., Elkind, D., & Spilka, B. (1967). The child's conception of prayer. *Journal for the Scientific Study of Religion, 6*, 101-109. doi:10.2307/1384202

Magaletta, P. R., & Brawer, P. A. (1998). Prayer in psychotherapy: A model for its use, ethical considerations, and guidelines for practice. *Journal of Psychology and Theology, 26*, 322-330.

Marlatt, G. A., & Kristeller, J. L. (1999). Mindfulness and meditation. In W. R. Miller (Ed.), *Integrating spirituality into treatment: Resources for practitioners* (pp. 67-84). Washington, DC: American Psychological Association. doi:10.1037/10327-004

McMinn, M. (1996). *Psychology, theology, and spirituality in Christian counseling.* Wheaton, IL: Tyndale House.

Merton, T. (2007). *New seeds of contemplation.* New York, NY: New Directions.

Miller, L., & Lovinger, R. J. (2000). Psychotherapy with conservative and reform Jews. In P. S. Richards & A. E. Bergin (Eds.), *Handbook of psychotherapy and religious diversity* (pp. 259-286). Washington, DCL American Psychological Association. doi:10.1037/10347-011

Mooney, K. C., Graziano, A. M., & Katz, J. N. (1985). A factor analytic investigation of children's nighttime fear and coping responses. *Journal of Genetic Psychology, 146*, 205-215. doi:10.1080/00221325.1985.9914448

Paramananda. (2006). *Change your mind: A practical guide to Buddhist meditation.* Birmingham, England: Windhorse.

Remley, T. P., Jr., & Herlihy, B. (2010). *Ethical, legal, and professional issues in counseling* (3rd ed.). Upper Saddle River, NJ: Pearson.

Rew, L., Wong, Y. J., & Sternglanz, R. W. (2004). The relationship among prayer, health behaviors, and protective resources in school-age children. *Issues in Comprehensive Pediatric Nursing, 27*, 245-255. doi:10.1080/01460860490884156

Richards, P. S., & Bergin, A. E. (Eds.). (2000). *Handbook of psychotherapy and religious diversity.* Washington, DC: American Psychological Association. doi:10.1037/10347-000

Richards, P. S., & Bergin, A. E. (2005). *A spiritual strategy for counseling and psychotherapy* (2nd ed.). Washington, DC: American Psychological Association. doi:10.1037/11214-000

Schnall, E. (2006). Multicultural counseling and the orthodox Jew. *Journal of Counseling*

& *Development, 84,* 276–282. doi:10.1002/j.1556–6678.2006.tb00406.x

Schlosser, L. Z. (2006). Affirmative psychotherapy for American Jews. *Psychotherapy: Theory, Research, Practice, Training, 43,* 424–435.

Strean, H. (1994). *Psychotherapy with the Orthodox Jew.* Northvale, NJ: Jason Aronson.

Sullivan, K. T., & Karney, B. R. (2008). Incorporating religious practice in marital interventions: To pray or not to pray? *Journal of Social and Clinical Psychology, 27,* 670–677. doi:10.1521/jscp.2008.27.7.670

Walker, D. F., Gorsuch, R. L., & Tan, S. Y. (2005). Therapists' use of religious and spiritual interventions in Christian counseling: A preliminary report. *Counseling and Values, 49,* 107–119.

Walker, D. F., Gorsuch, R. L., Tan, S. Y., & Otis, K. E. (2008). Use of religious and spiritual interventions by trainees in APA–accredited Christian clinical psychology programs. *Mental Health, Religion, and Culture, 11,* 623–633.

Walker, D. F., & Moon, G. W. (2011). Prayer. In J. D. Aten, M. R. McMinn, & E. L. Worthington Jr. (Eds.), *Spiritually oriented interventions for counseling and psychotherapy* (pp. 139–167). Washington, DC: American Psychological Association. doi:10.1037/12313–006

Welful, E. R. (2006). *Ethics in counseling and psychotherapy: Standards, research, and emerging issues* (3rd ed.). Belmont, CA: Brooks/Cole.

Wilson, K., Lipscomb, L. D., Ward, K., Replogle, W. H., & Hill, K. (2000). Prayer in medicine: A survey of primary care physicians. *Journal of the Mississippi State Medical Association, 41,* 817–822.

Woolley, J., & Phelps, K. E. (2001). The development of children's beliefs about prayer. *Journal of Cognition and Culture, 1,* 139–166. doi:10.1163/156853701316931380

Worthington, E. L., Jr. (2008). Prayer and marital intervention: Can it be long and strong enough to matter? *Journal of Social and Clinical Psychology, 27,* 686–692. doi:10.1521/jscp.2008-27.7.686

Zaleski, P., & Zaleski, C. (2005). *Prayer: A history.* Boston, MA: Houghton Mifflin.

Zur, O. (2007). *Boundaries in psychotherapy: Ethical and clinical explorations.* Washington, DC: American Psychological Association. doi:10.1037/11563–000

9장 신에 대한 이미지

– LYNN OLSON, VICKEY MACLIN, GLEN MORIARTY,
AND HEATHER BERMUDEZ

대부분은 신약 성경에 나오는 탕자 이야기(누가복음 15:11-32)를 들어 알고 있을 것이다. 그 이야기는 아버지에게 유산을 미리 달라고 요구하는 막내 아들의 이야기로 시작한다. 이 비유에 대해서 막내 아들이 유산 때문에 아버지가 죽기를 바라는 것으로 설명하는 사람도 있지만(Hultgren, 2002), 막내 아들은 최소한 아버지가 살아 있는데도 유산을 요구하는 무례하고 고집스러운 캐릭터로 그려진다. 아버지는 아들의 원하는 바를 들어주고, 재산의 일부를 떼어 준다. 그리고 아들은 그 돈을 가지고 방탕한 삶을 추구하며 멀리 도시를 찾아 떠나간다. 그 뒤로 아들은 결국 모든 돈을 잃고, 거지가 된다. 그 도시에서 심각한 가난에 허덕이게 되면서, 아들은 어쩔 수 없이 돼지를 돌보는 노동자로 살아간다. 그는 매우 비참하고 굶주리고 가난하다. 그는 과거와 현재의 운명 사이에서 그 차이를 생각하며 아버지의 종들이 자신의 현재 삶보다 더 풍족한 삶을 살고 있으리라는 것을 떠올린다. 아버지의 종들은 음식을 마음껏 먹으며 안락한 삶을 살고 있다. 그는 가난에서 벗어날 수 없었고 매우 궁핍한 삶이 이어진다. 그 탕자는 아버지에게 자신을 종으로 고용하거나 일꾼으로 받아 달라고 설득해야겠다고 생각하며 가족이 머무는 집으로 돌아가기로 결정한다. 집으로 돌아가는 먼 길을 걸어 그는 마침내 아버지의 집 가까이에 이른다. 그의 아버지는 멀리서 그를 발견하고 알아보게 된다. 누가는 그것을 이렇게 기록하였다(누가복음 15:20-24).

> 아직도 거리가 먼데 아버지가 그를 보고 측은히 여겨 달려가 목을 안고 입을 맞추니, 아들이 이르되 "아버지, 내가 하늘과 아버지께 죄를 지었사오니 지금부터는 아버지의 아들이라 일컬음을 감당하지 못하겠나이다." 하나 아버지는 종들에게 이르되 "제일 좋은 옷을 내어다가 입히고 손에 가락지를 끼우고 발에 신을 신기라. 그리고 살진 송아지를 끌어다가 잡으라. 우리가 먹고 즐기자. 이 내 아들은 죽었다가 다시 살아났으며 내가 잃었다가 다시 얻었노라" 하니 그들이 즐거워하더라.

그 아버지는 믿을 수 없을 만큼 은혜롭고 넘치는 사랑과 관대함을 지닌 인물이다. 아들은 용서를 구하고 싶어 하나, 아버지는 이미 그를 용서하고 껴안으며 집으로의 귀환을 환영한다. 아버지는 기쁨에 겨워 소유한 소 떼 가운데서 최고로 살찐 송아지를 잡아 대접하도록 준비한다.

이 이야기는 여러 의미로 가득 차 있다. 대개는 기독인 내러티브에서 탕자 아들은 배신하는 불성실한 인간을 대표하고, 아버지는 은혜로운 하나님 이미지를 대변한다. 이러한 맥락에서 보면, 인간은 치우친 결정을 내리기 쉽고, 자신을 다른 사람과 하나님으로부터 분리시키는 속성을 갖는다. 하지만 하나님은 탕자가 잘못을 뉘우치며 돌아올 때 축복으로 맞아 주고 무조건적 사랑을 보여 준다. 이 이야기는 한 개인의 경험과 자신의 하나님과 믿음에 대한 신념에서의 차이를 잘 보여 주고 있다. 탕자는 다른 시나리오를 상상하고 있었다. 아버지가 자신을 멀리하거나 부끄러워할 것으로 상상하고 있었다. 하지만 아버지는 따뜻하고 용서를 베푸는 분이었다. 많은 사람이 하나님을 사랑의 하나님으로 경험하는 것을 어려워한다는 점을 이 이야기는 확인해 준다. 사람들은 인지적으로 하나님은 사랑이라고 믿지만, 하나님을 사랑으로 경험하진 않는다. 그들은 인지적으로 은혜(무조건적인 호의)의 개념을 가지고 있지만, 여전히 하나님의 사랑을 얻기 위해 노력해야 한다고 느낀다. 비슷하게 사람들은 용서받았다고 믿지만, 여전히 하나님이 자신에게 화가 나 있으며 용서받지 않은 것처럼 느낀다.

우리가 기독인 내러티브의 한 예로 돌아온 탕자 이야기를 사용했는데, 신에 대해 믿는 것과 신의 존재에 대해 느끼는 것의 차이 또는 머리로 이해하는 신의 이미지와 마음으로 느끼는 신의 이미지 간의 차이가 어느 한 개인의 믿음에만 국한되는 현상은 아니다. 우리가 알고 있는 것 또는 믿는 것과 느끼거나 경험하는 것의 차이는 세계 어느 곳에서나 많은 사람에게서 발견된다.

이 장에서 우리는 발달 과정이나 영적인 측면을 고려하면서 신의 이미지 경험의 영향을 받는 아동 및 청소년 대상 상담 개입과 전략을 소개할 것이다. 아직 아동을 대상으로 신의 이미지 개입 상담에 대한 경험적 연구가 충분하지는 않은 상황이지만, 최근 연구들은 신의 이미지 개입과 관련된 요인들이 점수 평가와 상담에 의미 있는 요인이 됨을 언급하고 있다(Moriarty & Davis, 2012). 이러한 상담 접근을 통해 신과의 관계에 어려움을 겪는 아동에게 어떠한 도움을 제공할 수 있는지 보여 주고 있다. 사실 이론적 배경과 연구는 매우 유사하게 연결된다. 그 가운데 아동 대상의 상담 개입과 적용은 다르게 이뤄질 수 있다(Moriarty, 2006; Moriarty & Davis, 2012). 여기서 우리는 관련 용어들의 개념을 정의하고, 신의 이미지 개입 상담과 관련된 이론적 배경을 개관할 것이다. 또한, 이론적 접근과 연구 결과를 토대로 부적응적인 신의 이미지로 고통당하는 아동과 청소년을 돕는데 어떤 개입이 가능할지에 대한 이해를 돕게 될 것이다. 끝으로, 아동과 청소년 대상 상담에서 신의 이미지 개입 활용에 대한 구체적 논의와 상담에서의 실제 적용을 돕는 연구 사례가 제시될 것이다.

개념 정의

이 장에서 사용되는 신(God)이라는 용어는 지구상의 많은 종교적이고도 영적인 전통에 보편적으로 존재하는 신성한 애착 대상을 의미한다(Davis, 2010; Granqvist & Kirkpatrick, 2008). 또한 특히 그 대상은 물리적 의미에서 만지기 어려우며, 천상에 존재하는, 신성한 존재로, 완전히 이해하는 것은 불가능하다. 그 결과 인간은 자신들이 상호작용하는 신에 대한 표상을 각기 다르게 만들어 낸다. 일부 저자들은 이런 다양한 표상들의 특성에 대하여 기술해 왔다. 특히 신에 대한 이미지(God images)는 개인이 신과 맺는 개인적이고도 주관적인 관계의 내적 표상을 의미한다. 대개 신에 대한 이미지는 무의식 수준에서 개인의 정서적이고 구체적인 경험에 영향을 주는 속성을 갖는다(Moriarity & Davis, 2012; Rizzuto, 1979). 이와 비슷한 맥락에서, Gibson(2006)은 신의 이미지는 개인의 정서적 경험, 또는 마음으로 아는 지식(heart knowledge)이라고 가정한다. 마음으로 아는 지식은 내적 작동 모델로 기능하는데, 관계를 맺어 가는 개인의 행동에 영향을 주며, 관계에 대한 신념과 감정에 영향을 미친다. Gibson(2006)의 연구는 삶에서 경험하는 신에 대하여 개인마다 다르게 인식하는 현상을 설명해 주는 도식이 존재함을 보여 주는 연구로, 신의 이미지 주제의 연구 수행 시에 참고할 수 있는 선행 연구들의 한 예로 활용될 수 있을 것이다.

신의 개념(God concepts)은 신에 대한 또 다른 정신적 표상이다. 마음으로 느끼는 앎과 관련된 신의 이미지와는 대조적으로, 신의 개념은 신에 대한 인지적 이해 또는 두뇌 지식으로, 개인이 접한 신학적 가르침을 기초로 한다(Gibson, 2006). 신의 개념은 개인이 어떻게 신과 관계를 맺으며 상호작용해야 하는지와 신의 속성에 대한 교리적 이해에 대한 신념을 포함한다. 요약하면, 신에 대한 이미지는 정서적 측면과 관련되는 반면에 신에 대한 개념은 인지와 사고의 측면과 관련된 것이다.

아동기 신의 이미지에 영향을 미치는 요소

신에 대한 이미지 연구들을 검토한 결과(Moriarty & Davis, 2012)에 따르면, 아동 상담의 이론적 개념들과 더불어 아동 내담자가 갖는 신에 대한 이미지와 통합적으로 다뤄질 때 보다 깊은 통찰을 제공하는 것으로 보인다. 이 장은 아동기 인지 발달과 부모와 아동 간 애착에 초점을 두고 아동 내담자가 갖는 신의 이미지 발달에 관한 안내를 제공하는 중요한 두 연구를 토대로 논의해 갈 것이다.

신의 이미지에 영향을 미치는 발달적 특성

신에 대한 이미지 발달이 아동의 심리적 발달과 함께 이뤄진다는 것은 흥미로운 연구의 주제가 될 수 있다. 아동의 영성 발달이 아동기 성장 발달 시기에 일어난다는 관점은 새로운 것이 아니다. 과거 초기 영성 발달에 대한 이해(Fowler, 1981, 1996)로부터 최근의 관점(Johnson & Boyatzis, 2006)에 이르기까지 기본적으로 인간의 발달 과정은 사람들의 영성과 신앙 발달, 즉 신에 대한 이해와 표상의 발달과 함께 간다는 가정을 기초로 한다. 사실 초기의 이론적 개념화에 의하면 신에 대한 개념은 6세 무렵에 발달(Williams, 1971)을 시작하며, 이 시기는 피아제의 인지 발달 모델(Nye & Carlson, 1984)에서처럼 이전 단계보다 성숙한 이해력을 가지고 발달해 가는 시기이다. 그러나 신의 개념(Barrett & Richert, 2003)과 신의 이미지에 대한 초기 인식은 6세보다 어린 시기에 형성된다고 보고되었다(Goldman, 1964; Harms, 1944; Wilber, 1996). 더욱이 신의 이미지 경험은 신에 대한 성숙한 인지 발달과는 별도로 아동기보다 이른 시기에도 존재할 수 있기에, 초기의 이론적 주장과 같은 발달 과정을 따르지 않을 수도 있다(Barrett & Keil, 1996; Barrett & Richert, 2003; Dillon, 2000).

좀 더 주의 깊게 살펴보아야 하는 신에 대한 이미지가 초기 아동기에 존재하는지 여부보다는 그 이미지가 어떻게 존재하는가에 대한 문제이다. 즉, 일련의 발달

단계를 갖는지 아니면 범주화되는 속성을 갖는지의 여부는 여전히 확실하지 않다. 초기 연구는 연속적 발달단계 모델을 가정하여 이뤄졌다. 예를 들어, 초기 연구자 가운데 Harms(1944)는 3세에서 18세에 속하는 4천명 이상을 대상으로 하여 그들이 그려낸 신의 이미지 경험들을 분석하였는데, 내용 면에서 발달단계별로 분명한 차이들이 발견되었다. 그리하여 그는 종교적 경험의 발달은 3단계를 거쳐 이뤄진다고 보았다. 첫 단계는 신을 '왕'이나 '아버지'로 인식하는 동화적 단계로, 3세에서 6세까지 해당하는 시기이다. 두 번째 단계는 신, 예수 또는 목사 등의 종교적 인물에 대한 상징과 같은 상세한 특징을 강조하는 현실적 단계로 7세에서 12세까지에 해당한다. 마지막 단계는 개별화 단계로서, 청소년기 아동은 다음 세 그룹 중 하나에 속하는 표상을 갖는 것으로 보인다. 첫째, 교리적 표상, 둘째, 보다 정서적이고도 개인적인 상징 의미를 갖는 표상, 셋째, 오래되고 철학적이고 불가사의한 신의 이미지 경험에 대한 표상이다. 앞에서 언급된 바와 같이 후속 연구(Nye & Carlson, 1984)에 의하면 이러한 발달의 1차원적 발달단계 모델을 기본으로 하여 신의 이미지나 표상, 인지 발달 또는 피아제의 인지발달이론 등을 함께 고려하면서 이뤄졌다.

그러나 최근 들어서 수행된 연구들에서는 신에 대한 이미지 발달이 인지적 발달단계에 따라 이뤄진다고 보는 발달단계 모델에 의문을 제기하고 있다(Barrett, 2001; Hart, 2006). 일련의 이러한 연구들은 발달의 범주화 모델을 지지하고 있다. 예를 들어, T. Hart(2003, 2006)는 연구에서 아동의 영적 경험의 용량이나 경험의 종류에는 다음 네 가지 유형이 있음을 밝혀 냈다. 첫째, 경이로움(자각, 경험, 태도), 둘째, 낯설은 경험(인식론적 문제제기), 셋째, 지혜(심오한 통찰과 깨달음의 확장), 넷째, 타인과 나 사이(관계맺음 능력) 등이 있다. 이 연구에서 Hart(2006)는 신에 대한 경험은 아동의 인지와 영적 발달의 결과로 얻어지기보다는 선천적으로 내재되어 있는 요인에 의해 얻어지는 것일 수 있다는 주장을 펼쳤다.

다른 연구로는 아동의 신에 대한 표상에 있어 상징이나 의인화 속성에 관련된 연구가 있다(Barrett & Richert, 2003; Goldman, 1964; Richert & Barrett, 2005). 초기 연구에서는 아동기의 신에 대한 이해는 인간의 타고난 속성에 기반하여 이뤄진다고 강조하였다(Goldman, 1964). 그러나 다른 연구(Tamminen, 1994)에서는 아동의 개넘화 특성은 인간의 생물학적 속성을 넘어서는 것이라고 하였다. 결과적으로 선천적으로 타고난다고 보는 가설에 따르면, 신에 대한 이미지 경험은 내재적으로 존재하는 인식론적·관계론적 발달 기제에서 얻어지는 것으로, 아동기 인지 발달의 단계와 별도로 신에 대한 애착이나 표상의 능력이 발달해 간다고 본다(Barrett & Richert, 2003; Richert & Barrett, 2005).

종합해서 정리하자면, 아동기의 신에 대한 이미지 경험의 발달 측면에 대한 연구가 앞으로도 많이 수행될 필요가 있다. 신에 대한 이미지 형성이 발달단계를 거치면서 이뤄지는 것인지, 인지적 또는 영적 영역을 넘어서서 발달되는 것인지에 대해서는 아직 의견이 분분하다. 또한 부모에 대한 아동기 애착의 질과 같은 다른 요소들에 대하여도 살펴볼 필요가 있다.

애착 경험과 신에 대한 이미지

Bowlby(1969/1982, 1973, 1980)의 선구적인 애착이론은 신에 대한 이미지 특성의 연구와 개념화를 위한 하나의 틀을 제공했다(Granqvist & Kirkpatric, 2008; Kirkpatrick, 2005; Noffke & Hall, 2007). 내적 작동 모델은 일차 양육자와의 초기 관계를 통해 학습하게 되는 것으로 다른 사람들이 자신에게 어떻게 반응할지를 예측하는 심리적 기대를 발전시킨다. 동시에 내적 작동 모델은 인생 전반에 걸쳐 이어지는 애착 관계 경험을 통하여 바뀌어 갈 수 있다고 본다(Badenoch, 2008; Davis, 2010; Siegel, 1999). Bowlby(1973)에 따르면, 내적 작동 모델은 다양한 인간 관계, 신성한 애착 대상과의 관계 형성에 영향을 주는 동기, 정서, 생각, 행동, 감각 등의 기저에 깔려 있는 마음의 표상을 제공한다. 내적 작동 모델은 타인과 자신의 표상을 포함한다(Bowlby, 1973).

최근 연구에서는(Moriary & Davis, 2012), 네 종류의 애착에 기반을 둔 모델을 바탕으로 하여 개인이 신의 이미지를 형상화하는 데 있어 부모 애착의 역할을 설명하고 있다. 내적 작동 모델의 대응 가설(Kirkpatrick, 1992; Kirkpatrick & Shaver, 1990)에 따르면, 신과의 관계는 초기 관계로부터 형성된 부모 애착과 비슷하게 경험된다고 말한다. 정서적 보상 가설(Kirkpatrick, 1992; Kirkpatrick & Shaver, 1990)에 따르면, 신과의 관계는 '인간과 불안전한 세계의 애착 방식'을 보완하는 기능을 한다(Moriarty & Davis, 2012, p .8). 사회적 보상 가설(Granqvist, 1998, 2002; Granqvist & Hagekull, 1999)에서는 유년기에 경험된 안전한 종교적 양육자와의 애착 경험은 신과의 안정된 관계 형성으로 이어진다. 마지막으로, 내재적 관계 지식의 보상 가설(Hall, 2004; Hall, Halcrow, Hill, & Delaney, 2005)은 외현적 종교적·영적 기능과는 구별되며 사람들과의 내재적 정서 경험을 반영하여 신과의 관계 형성이 이뤄진다고 주장한다(Moriarty & Davis, 2012, p. 9). 내재적 관계 지식 모델은 보상적 개념의 틀에서 발견되는 외현적 불일치를 설명해 준다는 점에서 주목할 만하다. 즉, 보상적 개인은 마치 교회 출석률이나 종교적 헌신도 등을 신과의 친밀한 관계를 맺는 판단의 기준으로 생각하는데, 이러한 외현적 행동은 종종 보다 근원적인 불안에 기인하는 것이다. 내재적 관계 지식 모델은 어떻게 이러한 개인이 외현적으로 신에게 다가가는지, 그러면서도 신과의 내재적 관계에서 왜 불안정한지 그 이유를 설명해 준다. 최근의 성인 대상 예비 연구에 따르면 이러한 내재적 관계 지식 보상 가설을 지지하고 있다(Hall et al., 2005; Moriarty & Davis, 2012).

보다 구체적으로 부모-아동 애착은 특별히 신에 대한 이미지 형성에 중요한 영향을 미치는 것으로 보인다. Gerkin(1994)이 내린 중요한 결론은 유아와 엄마의 관계는 신의 존재에 대한 이미지 형성에 결정적 영향을 미친다는 것이다. 신에 대한 인식의 발달은 아동 개인의 발달단계를 따라서 그리고 부모와 아동 간의 상호관계 경험의 발달을 통해서 역동적으로 이뤄진다(Dickie et al., 1997; Kirkpatrick, 1992, 1997). 또한, 발달 과정의 인식은 특히 아동과 부모에게 특별한 경험이다(Gerkin, 1994). 즉, 한 가족 내에서도 아이마다 개인적으로 경험하는 부모와 자녀 간의 고유한 경험을 바탕으로 같은 부모를 다르게 인식할 수 있다. 한 가족의 형제와 또는 다른 가족의 비슷한 나이의 아동이 공통적으로 신에 대해 갖는 이미지 특성은 신의 이미지 발달이 갖는 과정 지향적 특성(Gerkin, 1994)뿐만 아니라 신의 이미지 형성에 지대한 영향을 미치는 양육 방식과 부모 아동 간 역동에 따라 달라진다(Hertel & Donahue, 1995).

아동과 청소년 대상 신의 이미지 개입

신의 이미지에 대한 관점을 변화시키거나 다루기 위해 내담자들과 작업할 때, 여러 이론적 입장에서 그와 관련된 기법이 활용될 수 있다(Moriarty & Hoffman, 2007). 예술치료, 인지행동상담(CBT), 대상관계 상담이 특히 아동의 생각, 태도, 행동을 바꾸는 데 도움이 되는 접근법으로 밝혀졌다(K. J. Hart & Morgan, 1993; Reinecke, Dattilio, & Freeman, 1996; Waller, 2006).

Norcross와 Goldfried(2005)는 통합적 상담 접근을 제안하였으며, 이러한 접근은 Moriarty와 Davis(2012)가 신의 이미지 변화를 촉진하기 위해 다양한 이론적 접근과 기법을 의도적으로 통합하는 데 적용되었다. 아동과 청소년 상담에서, 내담자들은 다양한 차원의 호소 문제를 가지고 오기 때문에 그에 맞는 효과적 상담 접근이 필요하다(Ollendick & King, 2004). 우리는 특히 아동과 청소년의 내면화된 신의 이미지를 변화시키는 목적으로 상담을 진행할 때, 이러한 통합적 접근이 도움이 된다고 본다. 이 장에서 우리는 인지행동 기법을 절충하여 상호작용 중심의 상담을 통합적으로 상담에 활용하면서 예술치료, CBT, 대상관계 상담의 적용 사례를 제시할 것이다.

구체적 신의 이미지 개입 방법으로 신을 그려 보는 것과 신의 이미지 자동적 사고 기록지(GIATR; Moriarity, 2006; Moriarity & Davis, 2012)와 같은 개입은 특정 종교적 배경과 문화에 속한 내담자에게는 적절하지 않을 수 있다. 이슬람교와 같은 몇몇 종교는 신을 그림으로 표현하거나 이미지를 그리도록 하는 것을 부적절하게 느낀다. "이슬람에서 신의 이미지를 표현하는 것은 불가능하며, 불신 행위에 해당한다. 코란에서 신이 우리에게 신을 닮은 것은 어디에도 있지 않다: '신과 같은 존재는 어디에도 있지 않다. 하지만 신은 전지전능하시다.'"(Qur'an 42:11). 또한, 몇몇 아시아와 아메리칸 원주민 문화에서는 눈으로 누군가를 응시하는 것은 공손하지 않게 생각한다. 다양한 문화적 인식을 고려하면서, 개인의 종교적 믿음과 배경적 특성에 따라 적절한 개입을 선택하는 것이 중요하다.

예술치료

예술치료 기법은 Eidth Kramer에 의해 1940년대 초부터 상담에 활용되기 시작하였다(Waller, 2006). Kramer는 아동 상담 과정에서 처리하기 어려운 감정을 확인하고 표현하는 개입으로 예술치료가 특히 효과적이라고 보았다. 예술치료는 부분적으로 아동이 감정을 상징적인 방법으로 인식하고 표현하도록 돕는 데 적절하게 활용될 수 있다(Waller, 2006). 비언어적 예술치료 기법을 통하여 특히 신의 부정적 이미지로 힘들어하는 경우 그 어려움을 극복하는 데 도움이 될 것이다. 예술치료는 아동이 판단이나 평가에 대한 두려움 없이 신의 이미지로 인한 어려움을 해결해 가면서 안전감을 갖도록 편안한 장소를 제공한다. 이러한 상징화 과정을 통하여 아동이 신과의 관계에서 경험하는 어려움을 확인하고 처리해 가도록 도울 수 있다.

'신에 대한 그림 그리기'와 관련된 예술치료의 실제(Moriarty, 2006; Moriarty & Davis, 2012)에서는 3개의 그림을 그리도록 한다. 이 그리기 작업을 통해서 아동과 청소년으로 하여금 신의 이미지와 신의 개념 또는 마음을 통한 신에 대한 앎과 인지적 이해 사이에 있는 차이를 인식하게 도와준다. 첫 번째 그림은 "당신이 생각하는 신에 대한 그림을 그려 보세요."라는 안내로 시작되는데, 대개는 사랑과 친절에 대한 주제를 담는다. 두 번째 그림은 "당신이 어떤 일을 잘못했을 때, 당신이 생각하는 신에 대한 그림을 그려 보세요. 무엇을 생각하는지가 아니라 무엇을 느끼는지를 그리세요."라는 지시와 함께 시작한다. 두 번째 그림은 대체로 신으로부터 분리와 화나는 감정 등을 담아낸다. 상담자는 이 그림에 대해서 구체적으로 접근하기 위해서 신과 가까운 느낌을 그린 것인지 멀리 있는 느낌을 그린 것인지 등 탐색을 위한 질문을 한다. 내담자가 멀리 있는 느낌이라고 이야기하면, 상담자는 스스로 다시 신과 가까워질 수 있으려면 어떻게 하면 되는지에 대해서 질문한다. 마지막 그림은 "당신이 잘못된 행동을 했을 때 신이 어떻게 볼 것 같은지 그리고 자신 스스로 어떤 감정을 느끼게 되겠는지에 대한 그림을 그려보세요."라는 지시로 안내한다. 마지막 그림의 목적은 신에 대한 믿음과 이해에 개인의 전통적인 믿음을 개입시키는 것이다. 이러한 미술치료의 목적은 아동 내담자가 자신의 실수나 실패에 대해서조차 신이 용납하거나 함께한다는 것을 이해시키기 위해서다. 처음에 그린 두 그림에서 나타난 신은 실제 존재하는 신과 차이가 있을 수 있다는 점을 이야기해 줌으로써 아동에게 신의 존재 특성을 가르칠 수 있다. 두 번째 그림은 종종 주 양육자와의 애착과 훈육 경험이 어떻게 아동의 신에 대한 이미지 형성에 기여했는지를 탐색하는 데 좋은 도구가 된다. 세 번째 마지막 그림은 아동에게 자신의 믿음 안에서 신을 경험하고 마음속에 그려 볼 수 있는 기회를 준다. 단지 세 장의 종이와 연필 하나로 이뤄지는 이 접근은 개입절차가 간단하고 비용이 많이 들지 않는 장점이 있다.

인지행동적 접근

많은 연구에서 CBT 기법들은 주의력결핍과잉행동장애(ADHD)와 우울증, 불안, 그리고 특정 공포증 등을 상담하는 데 효과적임이 밝혀졌다(Ollendick & King, 2004; Spirito & Kazak, 2006; Wolfe & Mash, 2006). CBT 기법들이 아동에게 적용될 때, 아동의 발달 상태와 인지 기능 수준을 고려하는 것은 중요하다. 어린 아동의 정보처리 과정은 성인과 다른 방식으로 이뤄지며, 나이가 올라갈수록 정보를 생각하고, 평가하며 처리하는 데 요구되는 보다 복합적인 능력을 갖게 된다(Evans & Sullivan, 1993; Pellegrini, Galinski, Hart, & Kendall, 1993). 10세 이상인 아동의 경우에는 신의 이미지 자동적 사고 기록지(GIATR; Moriarty, 2006; Moriarty & Davis, 2012) 활용을 통해 보다 효과적으로 도움을 제공할 수 있다.

신의 이미지 자동적 사고 기록지

신에 대한 이미지 관련 자동적 사고 기록(〈표 9-1〉 참조)은 인지행동적 기법 가운데 하나로, 신의 이미지 및 자기 이미지와 관련된 사고 과정에 개입할 수 있도록 돕는 유용한 접근이 된다(Moriarty & Davis, 2012). 신의 이미지 자동적 사고 기록의 개념은 아동으로 하여금 자신의 이미지와 신에 대한 진실된 믿음의 경험을

| 표 9-1 | 신의 이미지 자동적 사고 기록지

상황	정서	자동적 사고	실제 신의 반응	결과
신이 당신에게 부정적으로 생각하거나 느끼는 것으로 생각되는 실제 사건을 짧게 기술하라.	그 결과로 느끼게 되는 부정적 정서 경험을 기록하라. 그 강도를 0~100으로 평가해 보라.	실제 사건을 떠올리면서 신이 당신에게 어떤 생각이나 감정을 가졌을 거라고 보는지 자기 안에 있는 부정적 생각이나 감정을 기록하라. 그 순간에 당신을 향해 신이 그런 방식으로 생각하고 느끼리라고 믿는 정도의 비율을 0~100% 가운데 스스로 점수를 매겨 보라.	성경이나 경건서적들, 가르침, 영적 지도자를 통해 배운 실제 신에 관해 아는 바를 기록해 보라. 그 순간에 보다 실제적인 신은 당신을 향해 어떻게 느끼고 생각할 거 같은가. 실제 신의 그러한 반응이 당신에게 어느 정도로 믿어지는지 0~100% 가운데 스스로 점수를 매겨 보라.	방금 떠올린 사건에 대한 결과로 처음에 느꼈던 부정적인 감정을 다시 기록해 보라. 이번에는 실제 신이라면 나에 대해 어떻게 생각하고 느낄지를 상상해 본 후에 자신의 감정의 강도를 0~100으로 평가해보라.

방해하는 자동적 사고를 인식하도록 도울 수 있다. 신의 이미지 자동적 사고 기록지의 주된 목적은 자신이 믿는 신에 대해 의미 있는 방식으로 경험하지 못하도록 방해하는 신에 대한 부적응적 사고에 대하여 아동 스스로 질문을 제기하도록 가르치는 것이다. 아동은 여러 차례에 걸쳐 종이 위에 신의 이미지에 대한 자동적 사고 기록지를 작성할 기회를 갖기 때문에, 부정적인 감정과 생각이 어떻게 신에 대한 경험에 영향을 주는지를 볼 수 있다. 수차례 이러한 연습을 통하여 아동들은 상담에서 이제 부적응적 감정과 생각에 집중하기보다는 합리적인 사고와 믿음에 도전해 보는 습관을 기르도록 도움받는다. 그 결과, 아동은 신과의 관계에서 보다 긍정적인 감정(사랑, 행복, 평화, 친절, 안전, 친밀함) 등을 경험하기 시작한다 (Moriarty & Davis, 2012). 성인 내담자를 대상으로 하는 경우에도, 신의 이미지 자동적 사고 기록지를 활용하여 신에 대해 생각하는 방식뿐만 아니라 일상생활에서의 신을 경험하는 방식에도 변화를 경험하도록 실제적인 도움을 제공할 수 있다.

　　신의 이미지 자동적 사고 기록지는 신에 대한 긍정적 정서 경험을 갖지 못하도록 방해하는 자동적 사고를 인식하고 변화시키도록 돕는 방법으로 개발된 것이다. 다음은 신의 이미지 자동적 사고 기록지의 활용에 도움이 되도록 요약 정리된 가이드라인으로 참고하기 바란다(Moriarty & Davis, 2012).

1. 상담자는 마치 신이 아동 자신에 대해서 부정적인 사고와 감정을 가진 것으로 경험한 상황을 묘사하도록 아동에게 안내한다.
2. 상담자는 아동에게 일련의 감정 단어를 알려 주고, 그 사건의 결과로 인해 가졌던 모든 감정에 대해 질문한다(예: 슬픔, 부끄러움, 거절, 불안, 화 등). 상담자는 아이에게 감정 등급을 매기도록 한다(범위: 0~100, 0＝감정의 부재, 100＝압도적 감정의 경험).
3. 상담자는 아동에게 그 사건이 일어났을 때 신이 자신에게 가지고 있다고 생각한 부정적인 사고 또는 감정 목록을 작성하게 한다. 상담자는 아동이 생각하는 자신에 대한 신의 감정과 생각의 정도에 대하여 점수 등급을 매긴다(범위: 0~100, 0＝나는 신이 나를 생각하거나 느끼고 있다고 전혀 생각하지 않았다, 100＝나는 신이 나를 생각하고 느끼고 있다고 100% 확신이 있었다).
4. 상담자는 아동이 실제 삶에서 성경, 영적 교훈, 영적 지도자 등을 통해 알고 있는 실제 신에 대한 지식을 바탕으로 해서, 그 사건이 발생했을 경우 실제로 신은 자신을 어떻게 생각하고 느끼겠는지에 대해 적어 보도록 한다. 그리고 나서 그에 대한 등급을 매기도록 한다(범위: 0~100, 0＝나는 실제로 신이 나를 그렇게 생각하고 느끼고 있다는 생각이 전혀 믿어지지 않는다, 100＝나는 실제로 신이 나를 그렇게 생각하고 느끼고 있다는 생각에 100% 긍정적이다).
5. 상담자는 그 후 아동에게 눈을 감으라고 지시한다. 『나니아 연대기』의 아슬란 같은 신화 인물이든 개인이든 상관없이 신이 어떤 모습으로 나타나든지, 실제 신에 대하여 마음의 그림을 그리라고 지시한다. 상담자는 아동에게 실제 신의 눈을 들여다보는 상상을 해 보도록 요청한다. 그리고 앞에서 묘사했던 방법으로 아동에게 응답하는 실제 신의 경험을 상상해 보도록 요청한다.

상담자는 아동에게 1~2분 동안 그대로 있으라고 지시하고 천천히 눈을 뜨
도록 지시한다.

6. 아동이 눈을 뜬 후에 상담자는 아동에게 앞의 사건의 결과로서 처음에 느꼈
   었던 부정적인 감정들에 대하여 마지막으로 다시 리스트업 하도록 지시한
   다. 그런 후에 아동은 실제 신이 아동을 향해 갖고 있는 사고와 감정을 상상
   해 본 후에 그 감정들에 각각 등급을 매기도록 한다(범위: 0~100, 0=감정의
   부재, 100=압도적 감정의 경험).

신의 이미지에 대한 자동적 사고 기록지를 활용하는 연습은 화, 좌절, 분노 및
우울증 같은 많은 부정적 정서로 연결되는 비논리적인 사고를 다루도록 돕는 것
으로서 몇 주에 걸쳐 꾸준하게 실시할 때 대체로 내담자에게 효과가 있다. 아동에
게 이 기술을 적용하는 것에 한계는 있지만, 상담자가 신의 이미지 자동적 사고
기록지를 꾸준히 아동과 함께 활용했을 때, 성인 내담자들이 보고했던 것과 비슷
한 긍정적 변화를 경험하게 된다고 보여진다.

대인관계 상담 및 대상관계 상담

대상관계 이론 및 그 개념들에 기반을 두는 상담은 초기 유년기 사건 경험에 대
하여 의미 있게 개입한다. 대상관계 상담을 적용하는 상담자는 사람을 대상으로
간주한다(St. Clair, 2000). 상담자는 내담자과 함께 삶의 초기에 영향을 미쳤던 사
건을 탐색하고 현재의 대인관계 방식과 관계에서의 경험을 바라보는 시각에 어떻
게 영향을 미치고 있는지를 인식하도록 돕는다. 아동을 대상으로 대상관계 상담
을 적용하는 데 있어 발달단계 특성과 언어표현 능력을 고려하는 것은 중요하다.
Melanie Klein은 아동 대상 상담에서 놀이 치료를 통해 대상관계 상담의 개입이
이뤄질 수 있도록 새로운 시도를 하였다. 그녀는 아동의 핵심적 자기 인식은 엄마
와의 관계 경험으로부터 가장 강력하게 영향을 받는다고 보았다(St. Clair, 2000).
그와 같이 상담자가 아동이나 청소년을 대상으로 대상관계 이론을 적용하고자 할

때, 특히 아이의 삶에서 엄마와 함께 한 초기 유년기 관계 경험, 어머니상을 탐색하는 것은 필수적이다.

대상관계 이론은 대인관계상담의 광범위한 범주에 포함되는 상담적 접근의 하나이며, 공통적으로 아동의 삶에서 유년기의 의미 있는 타자나 부모와의 상호작용 문제에서 원인을 탐색해 가며, 이를 통해 아동의 문제에 대한 사례개념화를 한다(Teyber & McClure, 2010). 나이가 있는 아동 및 청소년과의 상담에서, 상담자는 내담자 아동에게 위협적이거나 평가적이지 않은 수용적 분위기에서 자신의 부모와의 관계에 대해서 이야기하도록 격려할 것이다. 대인관계상담 접근의 한 부분으로, 상담자는 때때로 내담자들이 관계하는 부적응적 방식을 다루기 위해서 과정 평가를 할 수 있다. 이를 통해 상담자는 일반적으로 내담자가 보이는 부적응적인 관계 패턴을 인식하고 바꾸어 가도록 도와준다.

통합적 상담 접근의 요약

통합적 상담 접근은 아동과 청소년 대상으로 신의 이미지 문제를 다루는 데 도움이 된다. 부가적으로, 상담자는 아동기 전반적 기능의 발달 및 인지 발달 수준을 고려하여야 한다. 대상관계 이론을 바탕으로 사례개념화를 하면서, 상담자는 아동 상담에서 '신의 이미지 그려 보기' 연습이나 신의 이미지에 대한 자동적 사고 기록지를 통합적으로 활용할 수 있다. 상담에서 힘든 사건 경험을 다룰 때 이러한 기법들을 활용해서 초기 양육자와의 관계 경험이 현재 아동이 경험하는 신에 대한 이미지에 어떻게 영향을 미치고 있는지를 연결시켜 보도록 도울 수 있다.

사례 연구

구체적 사례 적용의 예로, 우리는 CBT, 대인관계상담 및 예술치료와의 통합적 접근을 잘 보여 주는 사례들을 제시하고자 한다. 각각의 사례는 Vickey Maclin(예술치료와 대상관계 상담을 통합하여 적용한 사례), Glen Moriarty(CBT 및 대인관계 상담의 개념을 통합적으로 적용한 상담 사례)에 의해 제시된 사례로 내담자 비밀 보호를 위해 인적 사항은 적절하게 변경하였다.

예술치료를 활용하여 신에 대한 이미지 다루기

Maclin이 제시한 일부 내담자 사례에 기초하여 소개되는 내담자 자우리 탄 비는 9세의 중국계 미국인 3세로, 부모와 조부모가 함께 사는 집에서 성장했다. 자우리와 그녀의 부모는 기독교 믿음을 가졌지만, 그들의 확대가족 대부분은 불교도에 해당하는 전통적인 믿음도 인정했다. 자우리의 부모 둘 다 내과 의사였고, 그녀는 외동딸이었다. 자우리는 교회를 다니면서 성장했고, 매우 어린 나이에 기독 신앙심을 갖게 되었음을 언급했다. 상담회기 시작 10개월 전, 생활지도 상담자는 자우리의 부모에게 학교 방문을 요청했다. 상담자는 학교에서 상급생 남학생이 자우리의 음부를 만지는 성희롱 사건이 일어났음을 부모에게 알려 주었다. 생활지도 상담자는 자우리가 했던 말을 부모에게 함께 전달하였다. 자우리는 신이 그 소년에게서 자신을 보호하지 않았다고 느꼈고 더 이상 신과 아무것도 하고 싶지 않다고 말했다. 자우리의 부모는 자우리와 함께 상담을 받아 보려고도 했지만, 자우리를 참여시키는 것은 잠시 뒤로 미루었다. 자우리의 부모는 딸과 함께 이 문제를 대처해 갈 수 있다고 느꼈고 딸이 다시 기독교 신앙심을 되찾도록 도울 수 있다고 생각했기 때문이었다. 하지만 자우리의 부모는 자우리의 태도가 몇 주 동안 지속적으로 더욱 불안해하고, 우울해지자 상담자에게 데리고 가기로 결정했다. 첫 회기에서, 자우리의 부모는 자우리가 사건 발생 전의 기독교 신앙심으로 돌아가기를 원한다고 부모로서의 입장을 표명했다. 또한 부모는 어떠한 믿음 생활도 하고 싶지 않다는 자우리의 결정에 대해 심리학적으로 어떻게 이 문제를 다룰 수 있는지 그 방법에 대해 도움받고 싶다고 했다. 자우리와 함께한 첫 회기에서 Maclin은 자우리가 그림 그리기를 좋아한다는 것을 알았고 그녀에게 몇 개의 그림을 그려 보라고 요청했다. 예술치료를 활용하면서 상담자는 자우리와 좋은 관계를 만들었고, 그림을 통해서 자우리는 충분히 편안함을 느끼기 시작했다. 상담자는 자우리에게 학교에서 그 소년이 그녀를 만졌던 이후로 자신에 대해서 어떻게 느꼈고 그녀가 경험한 것을 어떻게 표현할 것인지 그림으로 그려 보도록 했다. Maclin은 자우리가 자신에 대해서 그림을 그려 보도록 했을 뿐만 아니라, 사건 이후로 그녀가 가졌던 몇 가지 감정에 대한 이야기를 써 보도록 도왔다. Maclin은 두 가지 개입 과정을 통해 자우리와 함께 상담을 진행하였다. Maclin은 불안과 우울감을 완화시키는 데 초점을 두는 동시에 그녀에게 의미가 있었던 신과의 관계가 성희롱 사건에 의해 어떻게 영향을 받았는지의 측면에서도 자우리를 돕고 싶었다.

자우리와의 몇 회기가 진행된 후에, Maclin은 문제의 소년이 그녀를 불쾌하게 만드는 방법으로 그녀를 만지기 전에는 신과의 관계가 어땠는지에 대해서 그림을 그려 보도록 요청했다. 자우리가 그림을 완성했을 때, Maclin은 그녀에게 또 다른 종이를 주고, 문제의 사건 이후에는 신이 어떻게 그녀를 바라본다고 생각했는지를 그림에 담아 보라고 하였다. 자우리는 소년이 그녀에게 했던 일에 대한 감정뿐만 아니라 그림에 대해서도 이야기했다. 2개의 그림을 그리고 그 경험에 대해서 이야기하고 나서, 자우리는 신에 대해 가졌던 몇 가지 감정을 표현할 수 있었다. 그 소년이 그녀를 만지기 전에는 신과 그녀의 관계는 가깝고 신이 그녀를 돌보아 준다고 느꼈다. 하지만 그 사건 후에 그녀는 신에게 화가 났고, 그렇기 때문에 그녀는 신이 그녀와 가까워질 거라고 생각하지 않았다. 자우리는 그 사건 전에 그녀가 느꼈던 신과 그녀의 관계를 묘사했던 그림을 나중에 그릴 수 있었다. 그리고 그녀가 당했던 불편한 사건 전의 신과의 관계로 예전처럼 다시 돌아가고픈 내용을 담은 그림을 그릴 수 있었다. 자우리가 몇 회기를 더 진행하기 위해 찾아왔을 때 신의 이미지 삽화를 통해 이 부분에 대해 작업하였는데, 그녀는 신에 대해서 더욱 긍정적으로 느끼기 시작했으며, 그 사건으로 인해 자신에 대해 가졌던 부정적 감정도 다루기 시작했다. 그녀가 신과의 관계를 보다 긍정적으로 바라볼 수 있게 되었을 때, 그리고 그 성희롱 사건에 대해 충분히 이야기할 수 있었을 때, 그녀는 자신에 대한 긍정적 감정이 증가하였고 불안하고 우울한 시간이 감소하게 되었음을 이야기했다.

통합적 상담을 활용한 신의 이미지 다루기

다음은 Moriarty가 실제 상담한 내담자를 재구성한 16세 청소년 세라 뉴베리의 사례로 오순절 교회(하나님의 성회) 배경에서 자랐다. 그녀는 부모가 주변에 가까이 있지 않으면 약간 불안 증세를 보였고, 자신의 신앙생활에서의 헌신에 대한 회의감을 겪고 있었다. 세라는 부모로부터 개별화 과정의 초기 단계를 겪고 있었다. 그녀는 부모를 이상적이지 않은 대상으로 생각하기 시작했고 그들의 개인적 약점과 한계를 더욱 지각하게 되었다. 더욱 구체적으로, 그녀는 부모의 삶의 부분들과 경제 문제의 결정에 대해 의구심을 갖기 시작했고, 이러한 결정이 어떻게 그녀와 형제들의 삶에 영향을 미치게 되었는지를 질문하기 시작했다. 그리고 세라는 신과 그녀의 관계에 대한 불안을 표현했다. 세라는 신이 그녀를 무조건 사랑한다고 믿었다고 이야기하였다. 하지만 동시에 그러한 신을 기쁘게 하기에는 거리감과 어려움을 느낀다고 표현했다. 그녀는 자신이 '충분한 영적 헌신'을 하고 있는지, '열정을 잃은' 것은 아닌지를 의심하였다.

세라는 부모와 함께 위로 세 명의 형제들과 전형적인 일반 가정에서 성장했다. 그녀의 어머니는 전업주부였고 아버지는 자영업을 했는데, 누군가로부터 일 의뢰가 들어올 때 불규칙하게 수입이 있었다. 세라는 자신이 꽤 긍정적인 유년기와 청소년기를 거쳤다고 생각했다. 어머니에 대해서는 사랑스럽고, 차분하며, 매우 신앙심이 깊은 대상으로 인식했다. 세라는 또한 어머니가 주변의 영향을 받기 쉬운 성격으로, 가정을 관리하는 데 어려움이 있다고 생각했다. 그녀의 아버지는 스포츠 활동에 참여하는 것이 1순위였기 때문에 자주 집을 비웠다. 아버지가 집에 있었을 때, 그는 세라가 거슬리게 행동하지 않으면서 아버지의 시간이나 돈의 사용에 대해 질문하지 않고 불평하지 않을 때에만 정서적으로 접촉될 수 있었다. 세라가 더 좋은 옷을 사달라고 하거나 고민할 때, 어머니는 가진 옷으로도 충분하다고 대답하곤 했다. 비슷하게, 그녀의 아버지는 더 좋은 것을 바라는 것은 탐욕스러운 것이라고 딱딱하게 대답하곤 했다.

세라는 부모와의 관계와 신과의 관계에서 혼란스러움과 불안을 경험했기 때문에 상담을 시작했다. 세라는 통합적 상담으로 진행된 15회기에 참여했다. 상담이 진행됨에 따라 세라의 불안은 감소했고 부모와 신과의 관계에서의 혼란스러움도 감소했다.

상담 초기 단계는 치료적 동맹 관계를 구축하는 것과 평가에 초점을 두었다. Moriarty는 신의 이미지에 대한 구체적인 질문들을 중심으로 접수면접 평가를 실시했다. 추가적으로, 첫 회기 이후에 세라는 신에 대한 이미지와 신에 대한 개념을 보다 잘 구분하기 위해서 신의 이미지에 대한 평가 질문지를 작성하였다. 세라는 몇 개의 자기보고식 질문지와 신의 속성과 부모의 특성을 비교하는 형용사 체크리스트를 완성했고, 신에 대한 이미지를 그림으로 표현했다. 이러한 도구들은 신의 이미지에 있어 인지적 요소와 정서적 요소를 구분하는 데 도움이 되었다.

다음 몇 회기에서, 세라는 부모와의 관계에서의 몇 가지 문제에 대해 개방하기 시작했다. 처음에 그녀의 불만은 사소한 것이었다. 자신의 고통에 대하여 상담자가 진심으로 귀 기울이는지를, 마치 그녀는 Moriarty를 테스트하고 있는 것처럼 보였다. 차츰 세라는 부모와의 관계, 무계획적인 그들의 히피 라이프 스타일에 대한 그녀의 갈등에 대해 이야기를 꺼낼 수 있게 되었다. 세라는 어떻게 그녀가 부모와 다른지 자세히 설명하기 시작했는데 그녀는 이러한 상황을 부끄러워하기보다는 적극적으로 솔직하게 나누었다. 비슷한 과정이 신과 그녀와의 관계에서도 발생했다. 세라의 전통적인 종교 배경에서는 신에 대한 정서적 체험이 강조되었다. 세라는 일요일과 수요일 밤에 청년부의 많은 정서적 교류 경험에 함께해 왔다. 예를 들어, 그녀는 찬양을 할 때 손을 들어 올렸고, 신과 더욱 친밀한 만남과 기도를 하기 위해 정기적으로 성찬식에 참여하였다. 그녀의 신앙생활에서 이러한 측면은 늘 중요하게 간주되었으나, 이제 그녀는 더 이상 항상 그렇게 유지해야 할 필요성을 느끼지 않게 되었다. 오히려 그녀는 믿음에 있어 인지적인 요소를 중요하게 여기기 시작했다. 부모와의 관계와 그녀 자신의 이해에서 나타난 변화는 신과 그녀의 관계에서도 일어났다.

상담 중간 단계에서 Moriarty는 과정 중심으로 세라와 부모 관계 및 신과의 관계를 더욱 깊이 탐색하였다. 세라는 자신의 강점을 더 많이 알게 되었고, 그녀의 존재 방식이 틀린 것이 아니라 단지 부모가 삶을 살아가는 방식이 자신과 다름을 이해하게 되었다. 목표 중심의 완벽 추구 성향을 스스로 수용할 수 있게 되었을 때, 그녀의 불안은 감소했다. 그녀가 갖고 있는 신의 이미지에 대한 탐색도 계속 이뤄졌다. 세라는 몇 차례 선교 여행을 다녀왔고, 고통당하는 현장을 직접 보았다. 이전의 그녀는 자신이 보았던 고통과 혼란스러움을 마주하기를 주저했다. 왜냐하면 그녀에겐 너무 무섭고 다소 그녀의 믿음과 일치하지 않는 것으로 느껴졌기 때문이다. 세라는 악의 문제를 생각하는 것에 대하여 정서적으로 불편감을 느꼈다. 신이 그녀에게 화를 낼지도 모른다는 생각에 두려웠으며, 그녀가 믿음이 충분하지 않다는 것이 하나의 이유인 것처럼 두려움을 느꼈다. 상담이 진행되면서, 세라는 목사와의 관계와 신과의 관계 문제를 탐색하는 데 보다 편안함을 느끼게 되었다. 세라가 다니는 교회의 목사는 그녀에게 신학적 관점에서 자신의 문제를 이해하도록 도왔다. 그녀는 쉬운 답이 없다는 것을 알게 되었고, 많은 기독교인이 혼란스러워 하는 질문, 즉 '신은 선하고 사랑이시다. 그런데 왜 고통이 존재하는가?'와 같은 문제를 회피하지 않아도 됨을 느꼈다. 차츰 세라의 신에 대한 이미지는 그녀가 예배에서 덜 감정적이 되거나 의심하면서 멀어졌던, 의심과 돌아봄의 시간에서조차도 함께하는 신의 이미지로 변화되었다.

상담을 진행해 가는 동안 Moriarty는 신의 이미지 자동적 사고 기록지를 사용했다. 세라는 또래들처럼 예배에서 정서적으로 뜨거워지지 않으면 신은 그녀에게서 멀어졌다고 느꼈다. 비슷하게, 그녀는 고통을 당하는 사람들을 실제 만나기 시작했던 시간에도 신은 저 멀리 있는 것으로 느꼈다. 신의 이미지 자동적 사고 기록지를 이용하여 세라는 단지 감정적인 측면에 지나치게 좌우되지 않으면서 신은 그녀를 온전한 대상으로 소중하게 본다는 것을 깨닫기 시작했다. 또한 성경에서 예를 찾아보면서 그녀는 많은 등장인물과 믿음의 사람들조차도 자신의 믿음에 대하여 의심하고 갈등을 겪었다는 것을 깨달았다. 신은 그들의 고통스러운 시간에 함께했다는 것을 보게 되었다.

Moriarty는 또한 상담 관계에서 즉시성을 활용하는 대인관계 상담 기법을 활용했는데, 이는 내담자가 묵인하고 지나가는 패턴이 다른 관계에 어떻게 영향을 미치는지를 볼 수 있게 돕기 위해서였다. 다음의 발췌문은 상담 관계에서 즉시성을 적용한 예이다.

세라, 부모님에게 네 생각을 표현하기가 힘들었던 시간들이 있었던 것으로 보인다[과거 관계]. 비슷하게, 네가 친구들에 대해서 이야기할 때, 나는 네가 그들과 함께 잘 어울리면서, 나누는 대화에서 좋은 생각과 힘이 더해지고 있어 가끔씩 감동을 받는다[현재 관계]. 또한 나는 신과 네 관계에서도 이와 같은 일이 일어나는 것을 본다[신의 이미지 관계]. 너는 네 종교적 신념에 대한 생각과 질문들이 있는데, 너의 그 생각과 질문에 대해서 머무르거나 신에게 물어보기를 주저하는 것 같다. 지금 너와 함께 여기에서[상담 관계], 나는 네가 이해력이 좋고, 때때로 내가 말하는 것에 대해 질문하는 것을 안다. 너는 보통 나에게 네 사고를 공유하지만, 내가 오직 그렇게 하도록 이야기한 직후에만 그렇다. 이런 패턴이 네게도 보이니?

이러한 종류의 대인 간 상호작용은 상담자가 현재의 관계에서 일어나는 패턴을 활용하여 세라가 상담에서 자신을 표현하기 시작하는 시점에서 확신을 갖도록 돕는 데 사용되었다. 초기에 세라는 자신의 생각에 대해 표현하기를 꺼려 했다. 상담이 진행되면서 그녀는 점점 자신감을 갖게 되었다. 그녀는 더 이상 자신의 관점을 최소화시키지 않았고, 대신에 기꺼이 그것을 자발적으로 공유하려고 했다. 상담에서 나타난 관계의 변화는 신과 그녀의 관계에 영향을 끼쳤다. 그녀가 신에게 다가갔을 때, 신은 멀리 있지 않았으며 불안정하지도 않았다. 오히려 그녀가 의심하고 문제를 제기하는 시간들에서조차도 신은 함께했고 진실되게 그녀와의 살아 있는 관계를 환영했다.

상담의 마지막 몇 주는 초기와 중간 단계의 상담 과정 동안 세라가 보였던 변화를 강화시켰다. 상담자는 삶에는 다양한 접근이 있다는 것, 그리고 세라의 접근은 잘못된 것이 아니었다는 것, 단지 그녀의 부모가 선택했던 것과는 다르다는 것을 이해하도록 돕는 데 중점을 두었다. 비슷하게, 신과 그녀의 관계와 그녀의 믿음에 개입하는 다양한 방법들이 활용되었다. 세라의 믿음이 변화되었고, 사유하는 것에도 개방적이 됨과 함께 신에 대해서 여전히 '열정적인' 관계로 머무를 수 있음을 알게 되었다. 그녀는 관계에서 보다 정직하고 진실되게 나아갈 여유를 갖게 되었다. 그녀는 더 이상 마치 그녀가 자신의 질문을 최소화해야 한다고 느끼지 않게 되었고, 대신에 주변 사람들, 목사, 심지어 신과의 관계에서도 질문들과 함께 머무르며 지지적으로 관계를 맺을 수 있게 되었다.

대상관계 상담을 통한 신의 이미지 다루기

Maclin이 상담했던 청소년 내담자 가운데 몇 사례를 혼합한 가상 사례로, 16세의 말릭 포스터는 두 살 어린 여동생과 부모와 함께 살고 있는 아프리카계 미국인 소년이다. 말릭은 대부분의 시간을 교회에서 보냈고 상담을 받으러 오기 약 6개월 전까지 청년부에 활발히 참여했다. 말릭의 부모는 그가 집과 교회에서 부정적인 행동을 나타내고 성적이 떨어지자 걱정이 시작되었다. 접수면접 회기에서, 말릭은 부모에게 교회에 가고 싶지 않다는 것과 신은 사랑이 넘치는 대상이라는 것을 더 이상 믿지 않는다고 말했다. 그는 신이 무엇을 생각하든지 자기에게 더 이상 중요하지 않기 때문에 자신이 하고 싶었던 것을 하기 시작했다고 이야기했다. 게다가 부모가 항상 그를 돌보아 주는 것도 아니고, 필요할 때 주변에 있지도 않았고, 그에게 더 이상 투자하는 것 같아 보이지 않기 때문에 말릭은 부모가 원하는 것에는 관심이 없다고 말했다.

말릭과 개별 상담을 시작한 후에, Maclin은 최근 8개월 전에 말릭에게 가장 친한 친구 두 명이 각각 차 사고로 목숨을 잃었다는 것을 들었다. 또한, 친했던 친구네 가족이 다른 주로 이사 갔고, 여자 친구는 다른 소년의 아이를 임신했다고 그에게 이야기하며 결별하게 되었음을 알려 주었다. 말릭은 이 모든 나쁜 일이 일어난 것과 관련해서 부모의 신을 비난했다고 이야기했다. 말릭은 "만약 신이 사랑의 신이라면, 신은 나에게 그렇게 많은 나쁜 일이 일어나도록 허락하지 않았을 거예요. 그래서 나는 신이 사랑이라는 것과 나를 돌본다는 것을 믿지 않아요."라고 말했다.

Maclin은 탐색 과정을 통해서 교회를 다니는 것이 부모를 기쁘게 해 주는 것이 었기 때문에 말릭이 교회를 다니면서 성장했음을 알게 그는 사실상 교회 가는 것은 즐거웠다고 말했다. 하지만 여자 친구가 임신을 했고 그녀와 결별하고 난 후에 교회를 향한 그의 태도는 바뀌기 시작했다. 그는 신이 모든 것을 주관하고 있다고 더 이상 믿을 수 없었고, 만약 그렇다 하더라도 자신에게 일어났던 모든 고통스러운 일들로 인해 신이 자신에게 관심을 기울이지 않는다고 믿게 되었다.

말릭은 신과의 관계와 부모와의 관계에 대하여 모두 나쁘거나 모두 좋은 것으로 이분법적인 생각을 하고 있었고, 그러한 생각이 두 관계에 동시에 작용하고 있었다는 것을 받아들이기 어려워했다. Maclin은 이러한 사례 개념화를 바탕으로, 내담자의 분열되고 파편화된 내면화된 경험을 다루기 위해 대상관계 상담을 활용했다(St. Clair, 2000). 이러한 파편화된 내적 경험은 말릭이 유아기에 경험한 부모와의 초기 관계를 통해 영향을 받게 된 것으로 볼 수 있다.

Maclin은 부모와의 관계에서 비롯된 초기 몇몇 경험을 말릭과 함께 탐색해 가면서 개입을 시작했다. 말릭의 아버지는 그가 성장하는 여러 해 동안 멀리 있었고 말릭은 결과적으로 어머니와 친밀한 관계를 가져 왔다고 말했다. 말릭은 어머니와 함께 어린 시절 많은 시간을 보냈던 것을 회상했다. 그리고 어머니가 정기적으로 그와 함께 시간을 보내기를 즐겼고 그를 사랑한다고 믿었다. 하지만 그가 6세 였을 때, 어머니는 학업을 다시 시작했고 이전처럼 그와 누나들에게 많은 시간을 할애할 수 없었다. 말릭은 그때를 엄마와 떨어져 있기 힘든 시간이었다고 회상했다. 또한 몇 명의 베이비시터와 함께 그를 남겨 둔 어머니에게 화가 났지만 어머니로부터 멀어지고 싶지 않았기 때문에 자신이 화났다는 것을 결코 엄마에게 알리지 않았다고 말했다. 접수면접 회기 동안 말릭은 부모에게 그들이 자신을 잘 돌보지 않았음을 처음으로 이야기한다고 하였다. 말릭은 부모가 자신을 얼마나 사랑하는지 모르겠고, 어렸을 때처럼 엄마가 자신과 함께 시간을 보내지 않는다고 이야기했다. Maclin이 말릭에게 부모가 동시에 좋고 싫은 것이 가능한지를 물었을 때, 그는 강력히 "아니요."라고 했다. 말릭은 상담에서 엄마에게 화가 났었다고 말했지만 그 상담 회기 전에는 결코 화를 낸 적이 없다고 이야기했다.

몇 차례 회기가 진행된 후에 Maclin은 말릭 자신과 부모에 대한 이미지를 탐색하였으며, 부모 경험이 신과의 관계 및 다른 사람들과의 관계에 어떻게 영향을 미쳤는지를 함께 살펴보았다. 자신의 관계 패턴을 보다 잘 이해하도록 도운 후에, 말릭이 신에 대해서 가져 왔던 이미지와 개념을 깊이 있게 다루기 시작했다. '신의 이미지 그리기' 연습을 통해서 말릭은 자신의 신앙 상태에 대해 객관적으로 볼 수 있도록 도움을 받았다. 그는 모두 좋거나 또는 모두 나쁘다는 이분법적인 왜곡된 사고를 해 온 자신에 대해 인식하게 되었고, 그러한 사고 경향에 치우치지 않도록 도움을 받았다. 신의 이미지 그리기 연습에 덧붙여 Maclin은 말릭에게『오두막』(Young, 2007)이라는 베스트셀러 도서를 읽어 보도록 함으로써 한 개인의 삶에서 일어난 상실과 고통스러운 경험을 통해서 갖게 된 신에 대한 부정적인 관점을 다루는 생생한 이해를 갖도록 도왔다.

여러 회기에 걸쳐 어머니와의 초기 관계 경험을 토대로 발전시켜 온 관계 패턴을 다루면서, 말릭은 그가 화났다는 것을 어머니에게 알릴 수 없었던 시기에는 신을 향한 화를 표현할 수 없었음을 인식하게 되었다. 그의 초기 관계 경험을 상담 회기에서 다루면서 그와 비슷한 방식으로 신과의 관계를 맺어 왔음을 이해하게 된 이후로, 말릭에게는 부모와의 관계를 이어갈 수 있는 마음의 여유 공간이 생겨났고, 동시에 신과의 관계에서도 비슷한 마음의 공간이 생겨났다. 말릭은 초기 어머니와의 관계 경험과 그로 인해 영향을 받은 신에 대한 관점에 기초하여, 오랜 시간 동안 자신이 친밀하게 지내고 싶었던 사랑하는 사람들에게 부정적인 경험을 표현하면 안 된다는 신념 체계를 발달시켜 왔다.

혼란감과 갈등으로 가득찬 임계치에 도달했을 때, 말릭은 내적인 고통과 혼란을 다루기 위한 방법으로 부적응 행동을 나타내기 시작했던 것이다. 외부 상황들로 인한 좌절을 다루기보다는 부정적으로 내면화하는 법에 익숙해졌고, 자신을 함부로 대하고 있었다. 그는 당면한 어려운 상황을 해결하려고 노력하기보다는 신을 나쁜 이미지로 내면화하며 거부했다. 신의 이미지 작업을 통해서 Maclin은 말릭과 함께 초기 관계 경험을 통한 학습을 통해 신에 대한 이미지에 어떻게 영향받는지를 보다 잘 이해하게 도울 수 있었고, 말릭은 이제 진실되고 덜 불안한 방식으로 부모 및 신과의 관계를 맺어갈 수 있게 되었다. 특히 Maclin은 여러 해에 걸쳐 말릭이 교회에서 배워 온 신의 실제 성품에 대해서 탐색하여 신의 존재를 있는 그대로 바라볼 수 있게 도왔고, 말릭이 신에 대한 감정을 내면화하거나 재조정하지 않으면서 솔직하게 자신의 화, 좌절, 원망 등의 감정들을 표현할 수 있게 도왔다. 몇 회기가 더 진행되면서 말릭은 두려움 때문에 신을 멀리 하지 않으면서 자신의 감정을 인식할 수 있게 되었고, 신은 그의 나쁜 감정들에 대하여 수용해 주는 대상으로 여전히 그와 함께하고 있음을 깨닫게 되있다.

결 론

이 장에서 우리는 아동과 청소년 상담에서 내담자에게 신의 이미지 작업을 다루는 상담 개입, 신의 이미지 발달에 영향을 미치는 요인들, 신의 이미지 관련 이론적 근거에 대하여 논의하였다. 우리는 신의 이미지와 신의 개념들에 대한 정의와 더불어 이 장을 시작했다. 요약하자면, 신의 이미지는 신에 대한 정서적이고 마음에 기반을 둔(heart-based) 내재적 이해를 의미하는 반면 신의 개념은 신에 대한 인지적이고 두뇌에 기반을 둔(head-based) 외현적 이해에 해당된다. 주요 접근들로 예술치료, CBT, 대인관계(특히 대상관계)상담을 중심으로 한 임상적 활용에 대하여 살펴보았다. 우리는 신의 이미지 관련 이론과 개입이 어떻게 아동과 청소년의 종교적·영적 상담에 활용될 수 있는가를 보여 주는 사례를 끝으로 이 장을 마무리하였다. 앞으로도 여러 연구를 통해서 임상의 실제와 이론적 이해의 측면에서 발전이 이뤄지고 아동 대상 상담에서 영적 개입의 하나로 신의 이미지 작업이 보다 효과적으로 활용되기를 기대한다.

참고문헌

Badenoch, B. (2008). *Being a brain-wise therapist: A practical guide to interpersonal neurobiology.* New York, NY: Norton.

Barrett, J. (2001). Do children experience God as adults do? In J. Andresen (Ed.), *Religion in mind: Cognitive perspectives on religious belief, ritual, and experience* (pp. 173-190). New York, NY: Cambridge University Press.

Barrett, J. L., & Keil, F. C. (1996). Conceptualizing a non-natural entity: Anthropomorphism in God concepts. *Cognitive Psychology, 31,* 219-247. doi:10.1006/cogp.1996.0017

Barrett, J. L., & Richert, R. A. (2003). Anthropomorphism or preparedness? Exploring children's God concepts. *Review of Religious Research, 44,* 300-312. doi:10.2307/3512389

Bowlby, J. (1969). *Attachment and loss: Vol. 1. Attachment.* New York, NY: Basic Books.

Bowlby, J. (1973). *Attachment and loss: Vol. 2. Separation.* New York, NY: Basic Books.

Bowlby, J. (1980). *Attachment and loss: Vol. 3. Loss, sadness and depression.* New York, NY: Basic Books.

Bowlby, J. (1988). *A secure base: Parent-child attachment and healthy human development.* New York, NY: Basic Books.

Davis, E. B. (2010). *Authenticity, inauthenticity, attachment, and God-image tendencies among adult evangelical Protestant Christians* (Unpublished doctoral dissertation). Regent University, Virginia Beach, VA.

Dickie, J. R., Eshleman, A. K., Merasco, D. M., Shepard, A., Vander Wilt, M., & Johnson, M. (1997). Parent-child relationships and children's images of God. *Journal for the Scientific Study of Religion, 36,* 1, 25-43. Retrieved from PsycINFO database.

Dillon, J. J. (2000). The spiritual child: Appreciating children's transformative effects on adults. *Encounter: Education for Meaning and Social Justice, 13*(4), 4-18.

Evans, H. L., & Sullivan, M. A. (1993). Children and the use of self-monitoring, self-evaluation, and self-reinforcement. In A. J. Finch, Jr., N. W. Michael III, & E. S. Ott (Eds.), *Cognitive-behavioral procedures with children and adolescents: A practical guide* (pp. 67-89). Needham Heights, MA: Allyn & Bacon.

Fowler, J. W. (1981). *Stages of faith: The psychology of human development and the quest for meaning.* New York, NY: HarperCollins.

Fowler, J. W. (1996). *Faithful change.* Nashville, TN: Abingdon Press.

Gerkin, C. (1994). Projective identification and the image of God: Reflections on object relations theory and the psychology of religion. In B. H. Childers & D. W. Waanders (Eds.), *The treasure of earthen vessels: Explorations in theological anthropology in honor of James N. Lapsley* (pp. 52–65). Louisville, KY: Westminster John Knox Press. Retrieved from PsycINFO database.

Gibson, N. J. S. (2006). *The experimental investigation of religious cognition* (Unpublished doctoral dissertation). University of Cambridge, Cambridge, England. Retrieved from http://divinity.npsl.co.uk/prrg/people/staff/staff.acds?context =1609849&instanceid=1609850

Gibson, N. J. S. (2007). Measurement issues in God image research and practice. In G. L. Moriarty & L. Hoffman (Eds.), *God image handbook for spiritual counseling and psychotherapy: Research, theory, and practice* (pp. 227–246). Binghamton, NY: Haworth Press.

Goldman, R. (1964). *Religious thinking from childhood to adolescence.* London, England: Routledge Kegan & Paul.

Granqvist, P. (1998). Religiousness and perceived childhood attachment: On the question of compensation or correspondence. *Journal for the Scientific Study of Religion, 37,* 350–367.

Granqvist, P. (2002). Attachment and religiosity in adolescence: Cross–sectional and longitudinal evaluations. *Personality and Social Psychology Bulletin, 28,* 260–270.

Granqvist, P., & Hagekull, B. (1999). Religiousness and perceived childhood attachment: Profiling socialized correspondence and emotional compensation. *Journal for the Scientific Study of Religion, 38,* 254–273. doi:10.2307/1387793

Granqvist, P., & Kirkpatrick, L. A. (2008). Attachment and religious representations and behavior. In J. Cassidy & P. R. Shaver (Eds.), *Handbook of attachment: Theory, research, and clinical applications* (2nd ed., pp. 906–933). New York, NY: Guilford Press.

Hall, T. W. (2004). Christian spirituality and mental health: A relational spirituality framework for empirical research. *Journal of Psychology and Christianity, 23,* 66–81.

Hall, T. W., Halcrow, S., Hill, P. C., & Delaney, H. (2005, August). *Internal working model correspondence in implicit spiritual experiences.* Paper presented at the 113th Annual Convention of the American Psychological Association, Washington, DC.

Harms, E. (1944). The development of religious experience in children. *American Journal of Sociology, 50,* 112–122. doi:10.1086/219518

Hart, K. J., & Morgan, J. R. (1993). General issues in cognitive-behavioral treatment of children and adolescents. In A. J. Finch Jr., W. M. Nelson III, & E. S. Ott (Eds.), *Cognitive-behavioral procedures with children and adolescents: A practical guide* (pp. 1–24). Boston, MA: Allyn & Bacon.

Hart, T. (2003). *The secret spiritual world of children.* Makawao, HI: Inner Ocean.

Hart, T. (2006). Spiritual experiences and capacities of children. In E. C. Roehlkepartain, P. E. King, L. M. Wagener, & P. L. Benson (Eds.), *The handbook of spiritual development in childhood and adolescence* (pp. 163–177). Thousand Oaks, CA: Sage.

Hertel, B. R., & Donahue, M. J. (1995). Parental influences on God images among children: Testing Durkheim's metaphoric parallelism. *Journal for the Scientific Study of Religion, 34*(2), 186–199. doi:10.2307/1386764

Hultgren, A. J. (2002). *The parables of Jesus: A commentary.* Grand Rapids, MI: William B. Eerdmans.

Johnson, C. N., & Boyatzis, C. J. (2006). Cognitive-cultural foundations in spiritual development. In E. C. Roehlkepartain, P. E. King, L. M. Wagener, & P. L. Benson (Eds.), *The handbook of spiritual development in childhood and adolescence* (pp. 211–223). Thousand Oaks, CA: Sage.

Kirkpatrick, L. A. (1992). An attachment-theory approach to the psychology of religion. *International Journal for the Psychology of Religion, 2,* 3–28. doi:10.1207/s15327582ijpr0201_2

Kirkpatrick, L. A. (1997). A longitudinal study of changes in religious belief and behavior as a function of individual differences in adult attachment style. *Journal for the Scientific Study of Religion, 36,* 207–217. doi:10.2307/1387553

Kirkpatrick, L. A. (2005). *Attachment, evolution, and the psychology of religion.* New York, NY: Guilford Press.

Kirkpatrick, L., & Shaver, P. (1990). Attachment theory and religion: Childhood attachment, religious beliefs, and conversion. *Journal for the Scientific Study of*

Religion, 29, 315–334. doi:10.2307/1386461

Moriarty, G. L. (2006). *Pastoral care of depression: Helping clients heal their relationship with God*. Binghamton, NY: Haworth Press.

Moriarty, G. L., & Davis, E. B. (2012). Client God images: research, theory and practice. In J. Aten, K. O'Grady, & E. Worthington Jr. (Eds.), *Psychology of religion and spirituality for clinicians: Using research in your practice* (pp. 131–160). New York, NY: Routledge.

Moriarty, G. L., & Hoffman, L. (Eds.). (2007). *God image handbook for spiritual counseling and psychotherapy: Research, theory, and practice*. Binghamton, NY: Haworth Press.

Noffke, J. L., & Hall, T. W. (2007). Attachment psychotherapy and God image. In G. L. Moriarty & L. Hoffman (Eds.), *God image handbook for spiritual counseling and psychotherapy: Research, theory, and practice* (pp. 57–78). Binghamton, NY: Haworth Press.

Norcross, J. C., & Goldfried, M. R. (2005). The future of psychotherapy integration: A roundtable. *Journal of Psychotherapy Integration, 15*, 392–471. doi:10.1037/1053-0479.15.4.392

Nye, W. C., & Carlson, J. S. (1984). The development of the concept of God in children. *Journal of Genetic Psychology, 144*, 137–142.

Ollendick, T. H., & King, N. J. (2004). Empirically supported treatments for children and adolescents: Advances toward evidence-based practice. In P. M. Barrett & T. H. Ollendick (Eds.), *Handbook of interventions that work with children and adolescents: Prevention and treatment* (pp. 3–25). New York, NY: Wiley.

Pellegrini, D. S., Galinski, C. L., Hart, K. J., & Kendall, P. C. (1993). Cognitive-behavioral assessment of children: A review of measures and methods. In A. J. Finch Jr., W. M. Nelson III, & E. S. Ott (Eds.), *Cognitive-behavioral procedures with children and adolescents: A practical guide* (pp. 90–147). Boston, MA: Allyn & Bacon.

Reinecke, M. A., Dattilio, F. M., & Freeman, A. (Eds.). (1996). *Cognitive therapy with children and adolescents: A casebook for clinical practice*. New York, NY: Guilford Press.

Richert, R., & Barrett, J. (2005). RESEARCH: Do you see what I see? Young children's assumptions about God's perceptual abilities. *International Journal for the Psychology of Religion, 15*, 283–295. doi:10.1207/s15327582ijpr1504_2

Rizzuto, A. (1979). *The birth of the living God.* Chicago, IL: University of Chicago Press.

Siegel, D. J. (1999). *The developing mind: How relationships and the brain interact to shape who we are.* New York, NY: Guilford Press.

Spirito, A., & Kazak, A. (2006). *Effective and emerging treatments in pediatric psychology.* New York, NY: Oxford University Press.

St. Clair, M. (2000). *Object relations and self psychology: An introduction* (3rd ed.). Belmont, CA: Brooks/Cole.

Tamminen, K. (1991). *Religious development in childhood and youth: An empirical study.* Helsinki, Finland: Suomalainen Tiedeakatemia.

Tamminen, K. (1994). Religious experiences in childhood and adolescence: A view-point of religious development between the ages of 7 and 20. *International Journal for the Psychology of Religion, 4,* 61–85. doi:10.1207/s15327582ijpr0402_1

Teyber, E., & McClure, F. H. (2010). *Interpersoanl process in therapy: An integrative model* (6th ed.). Pacific Grove, CA: Brooks/Cole.

Waller, D. (2006). Art therapy for children: How it leads to change. *Clinical Child Psychology and Psychiatry, 11,* 271–282. doi:10.1177/1359104506061419

Wilber, K. (1996). *The Atman Project: A transpersonal view of human development.* Wheaton, IL: Quest.

Williams, R. (1971). A theory of God-concept readiness: From the Piagetian theories of child artificialism and the origin of religious feeling in children. *Religious Education, 66,* 62–66.

Wolfe, D. A., & Mash, E. J. (Eds.). (2006). *Behavioral and emotional disorders in adolescents: Nature, assessment, and treatment.* New York, NY: Guilford Press.

Young, W. P. (2007). *The shack.* Newbury Park, CA: Windblown Media.

10장 아동 및 청소년, 가족 상담에서의
용서 개입

- FREDERICK A. DIBLASIO, EVERETT L. WORTHINGTON JR.,
AND DAVID J. JENNINGS II

사랑과 용서는 친밀한 대인관계에서 흔히 적용되는 가치들과 연관된다. 아동과 청소년, 부모들은 상처와 갈등을 함께 겪다가 심각한 부정적 정서로 문제가 될 때 상담실을 찾는다. 용서 개입은 아동이 부모의 결정들(예를 들어, 이혼 결정)로 야기된 환경 변화와 고통에 대하여 부모를 용서하도록 돕는 데 필수적인 개입이 될 수 있다. 상담자들은 또한 아동이 용서를 하도록 돕는 것이 부모에 의한 아동 학대 문제를 해결하는 데 필수적인 개입이 된다는 면에서 인식을 같이한다. 대안적으로 상담에서의 용서 개입은 고통과 상처를 입히는 파괴적 행동장애를 보이는 아동을 대상으로 상담할 때 상처를 입은 부모와 형제자매들의 용서를 구하는 것이 필요한 경우에도 활용될 수 있다.

선행 연구들과 실제 사례 경험에 따르면, 용서 작업은 관계에서의 화해를 가져오고 정서적·영적 건강을 회복시키는 데 효과적인 상담 개입으로 밝혀져 왔다(Worthington, Jennings, & DiBlasio, 2010). 하지만 용서 개입을 상담장면에서 아동과 청소년 부모에게 어떻게 효과적으로 활용할 수 있을지에 대한 연구는 아직 미흡하다. 이 장의 목적은 상담장면에서 일하는 전문가에게 아동·청소년과 부모를 대상으로 하는 상담에서 용서 개입을 보다 깊게 이해하고 실제 활용할 수 있도록 돕는 데 있다.

용서 이론과 연구 관련 문헌은 세 종류의 용서 모델―과정(Enright, 2001), REACH (Worthington, 2006b), 결정 기반(DiBlasio, 2000)―을 중심으로 개관하였다. 이 세 모델들로부터 아동과 청소년 상담 또는 개인상담이나 가족상담의 영역에 이르기까지 도움이 될 수 있는 구체적 개입 방법을 예시와 더불어 제시하고, 그와 관련된 상담의 개념들을 소개할 것이다. 2개의 사례―9세 아동, 14세 청소년과 가족―도 제시되는데, 사례 관련 개인 정보는 내담자 보호를 위해서 모두 익명으로 처리하였다.

정서적인 용서와 결단적인 용서

Worthington(예: Worthington 1998, 2003, 2006b)은 두 종류의 용서에 대해 언급했다. 정서적 용서는 부정적인 감정(즉, 상처와 화)이 타인을 생각하는 긍정적인 감정, 예를 들어 공감, 동정, 연민 또는 사랑으로 감정적인 변화가 일어나는 것이다. 사람들이 용서를 할 때, 그들의 부정적인 감정은 진정된다. 사람들이 가해자를 피하거나 복수하려고 애쓰지 않고 완전하게 용서를 한다면, 그들은 가해자를 위한 사랑, 연민, 동정, 공감을 느낄 수 있다. 사람들은 또한 결단적인 용서(decisional forgiveness)를 할 수 있다. 용서는 가해자를 향한 의도적인 행동에 적용된다. 그들은 복수를 하지 않기로 결정하고, 가해자를 피하지 않기로 하며(지속적인 상호교류가 잠재적인 위험이 없다면), 그리고 부정적인 감정이 여전히 남아 있지만 가해자를 소중한 사람으로 대한다. 본질적으로, 결단적인 용서는 복수하는 행동을 하지 않는 등의 미래 행동을 통제하는 의도적 표현을 담고 있다(DiBlasio, 2000; Worthington, 2006b). 용서는 원인을 생각하는 추론의 과정에 의해 촉진될 수 있으며, 단순히 타

인을 생각하는 마음이 가해자를 향해 긍정적 감정이 일어나는 경험을 하고, 가해
자에 대하여 친절을 베풀고, 공감, 동정, 연민, 또는 사랑의 감정을 불러일으키며,
결과적으로 가해자가 깊이 뉘우치는 행동을 하도록 하는 것이다.

　우리는 용서하는 사람의 입장에서 용서는 유익하다고 기술했다. 하지만 용서는
모든 상황에서 적절한가? 누군가가 용서로 이끌고 개입하는 것을 원하지 않는다
면, 상담자는 내담자의 자기결정을 도덕상 존중할 의무가 있다. 내담자의 가치와
신념은 용서가 적절하다고 생각하는 것에 상당히 중요한 역할을 한다. 내담자의
신념은 또한 용서하는 사람이 가해자에게 어떻게, 언제 용서를 선택할지에 대하
여 영향을 미치게 된다. 상담자는 이러한 문제에 대한 의견을 줄 수 있으나, 궁극
적으로 결정은 내담자의 몫이다. 하지만 상담 과정에서의 논의를 통해서 가족구
성원들로 하여금 용서는 필요한 형태의 화해를 통해서 자신을 보호하기 위한 경
계를 설정하는 선택임을 이해하도록 돕는 것은 중요하다. 예를 들어, 한 아동이
학대하는 부모를 용서할 수 있으나, 부모의 학대에 대하여는 아동과 함께 외부의
지도감독을 항상 받아야 하는 형태의 화해로 나아가도록 도울 수 있다.

아동기 용서의 발달

　아동이 용서에 어떤 반응을 보이게 될지 알기 위한 노력의 첫 단계는 그것을 발
달적 관점에서 바라보는 것이다. 발달 심리학의 체계적 이론에 따르면, 아동은 뇌
의 발달에 따라 사고 과정에 특징적 발달 변화를 경험하게 된다. 예를 들어, 한 어
린 유아는 차를 타고 갈 때 달은 자기를 따라오는 사람과 같다고 생각할 수 있다.
하지만 십 대 아동은 지구와 달의 궤도와 관련된 과학을 이해할 뿐만 아니라, 빛
을 반사하는 천체는 예측 가능한 궤도가 있다고 생각할 수 있다. 이 천체는 신성
한 신이 만들어 냈다는 추상적인 사고를 할 수도 있다. Enright와 동료들(Enright,
1991; Enright & Fitzgibbons, 2000)은 아동이 어떻게 조건적 용서에서 무조건적 용서
로 발달해 가는지를 설명하는 여섯 단계의 모델을 제시함과 동시에 인지의 성숙

과정에 대하여 기술하였다.

아동은 아주 어린 나이에 부모에게 용서를 구하고 가족 구성원에게 용서를 인정받도록 가르침을 받을 때 용서를 처음 배운다고 우리는 가정한다(Worthington, 2006a). 아동기 초기 단계들에서의 용서는 조건적일 수 있다. 그러므로 어쩌면 부모를 불쾌하게 하고 그로 인해 부정적인 결과, 즉 처벌이 따른다는 염려로 인해서 아동은 부모에게서 배웠던 용서의 언어를 사용하여 표현함으로써 용서의 기술을 배운다. 3세 아동이 숫자 10까지 셀 수 있기는 하지만, 실제로 10이 의미하는 수학 연산을 이해하지는 못한다. 마찬가지로 어린 아동이 용서의 절차를 배울 수 있지만 내적인 용서의 깊은 의미를 느끼거나 전적으로 이해하기는 어렵다. 두뇌와 언어 능력이 발달함에 따라, 아동은 용서와 관련된 요구 조건이 자신의 결정이나 감정 상태와 항상 연관되지는 않을 수 있음을 알아가기 시작한다. 부모는 아이가 용서와 관련된 언어를 사용하여 소통하게 됨을 알아가지만, 때때로 아이가 진심을 담아 용서를 구하지 않는 경우에 그 태도가 비언어적 대화에 반영된다. 예를 들어, 아이는 어머니에게 용서를 구하도록 요청받고 그 소년은 마지못해, "죄송해요."라고 말했다. 아버지가 이때 개입하면서 아들에게 완전한 문장으로 용서를 구하라고 가르쳤다. 아들이 "제가 잘못했어요."라고 마지못해 응답한 이후에도, 아버지는 아들을 꾸짖었다. 아들은 "제가 잘못했어요."라는 문구는 주어와 동사가 갖추어진 완벽한 문장이었으므로 기술적인 요구 조건을 충족시켰다고 반발했지만, 아들은 아버지가 기대했던 진심어린 뉘우침을 명백히 빠뜨린 것이다.

아동을 대상으로 하는 용서 개입과 관련해서는 다음과 같은 여러 요인들이 미치는 영향을 이해할 필요가 있다. 즉, 부모와 아이의 관계, 아이의 기질, 감정 조절 능력, 부모의 양육 철학, 정의와 용서에 관해 추론하는 능력과 관련된 인지 발달, 스트레스 대처 전략, 그리고 종교적·영적 환경 등이 충분히 탐색될 필요가 있다(Worthington et al., 2010). 이 같은 맥락적 요소들과 용서의 결단적 측면과 정서적인 측면, 그리고 아동 발달단계 특성을 고려한 용서의 개입은 가족 구성원 서로에게 건강한 용서가 이루어질 수 있도록 효과적으로 도울 수 있게 된다.

용서에 대한 연구 개요

아동, 청소년, 부모 그리고 가족에 대한 용서 개입 연구 문헌은 그다지 많지 않다. 우리는 관련 학술지에서 소수의 연구 자료를 찾을 수 있었는데, 아동과 청소년 대상으로 구체적 연구는 여전히 많이 부족하다. 게다가 아동과 관련한 용서 개입 연구에서 검증된 상담 관련 연구는 거의 이뤄지지 않고 있으며, 집단 교육과 경험적 개입에 관한 연구는 일부 존재하지만, 아동과 용서 개입을 다룬 가족상담 연구는 거의 없다.

용서를 주제로 하는 집단 개입과 관련된 연구에서는 특히 청소년 집단을 대상으로 이뤄질 때 효과적이라는 것이 밝혀졌다. 전반적으로, 용서로 인한 유익이 그리 대단한 것은 아니지만, 용서 개입은 대부분의 문화에 보편적으로 적용될 수 있으며 실제적이고도 긍정적인 결과를 가져오는 것으로 밝혀지고 있다. 용서 개입은 주로 용서의 깊이와 태도에 영향을 미치며, 때로는 행동 변화를 이끌어 내는 효과적인 개입이 된다(Worthington et al., 2010). 부모를 대상으로 아동에 대한 용서와 아동에게 용서를 촉진하도록 돕기 위한 목적으로 실시된 연구에서는(Keifer et al., 2010), Worthington(2006b)의 공감 모델을 탐색해 가면서 용서와 화해에 이르도록 돕기 위하여 부모를 대상으로 아동으로 인한 실망에 대해서 그리고 양육 과정에서 오해가 발생했을 때, 상대 배우자를 어떻게 용서할 수 있는가에 대해 훈련하였다. 교육 상담과 3주간의 추수지도를 통해서 화나게 하는 대상에 대한 용서 및 전반적인 용서가 상당히 늘어났다.

아동과 가족을 대상으로 하는 개입 연구와는 대조적으로, 성인 대상으로 특히 부부 관계에서 용서를 촉진하는 개입에 관한 연구는 보다 많이 이뤄지고 있다. 일부 다른 모델을 적용하여 이뤄진 용서 개입 연구들을 통해서도 대체로 성인과 부부상담에 효과적인 개입으로 밝혀졌다(Worthington et al., 2010). 이러한 결과는 아동과 가족 상담에서의 용서 개입을 확장하여 적용해 갈 수 있는 많은 가능성을 보여 주고 있으며, 앞으로도 이와 관련하여 용서 개입의 효과를 보여 주는 연구들이 보다 많이 수행될 필요가 있다.

용서를 촉진하는 개입 모델

아동을 대상으로 하는 개인 상담과 가족 상담에서 용서의 개입을 촉진하는 연구들을 통해 제시된 세 종류의 모델을 살펴보기로 한다. 여기에서 소개되는 모델들을 참고하여 상담장면에서 아동과 가족을 대상으로 하는 용서 개입과 관련해 실제적 효과를 검증하는 연구가 앞으로도 꾸준히 수행되기를 바란다.

과정 모델

Enright와 동료들(Enright & Fitzgibbons, 2000; Freedman, Enright, & Knutson, 2005)은 용서를 위한 과정 모델을 제안했다. 이 모델은 20개 장으로 구성되며 전체적인 구성은 크게 4단계로 진행될 수 있게 하였다. 1장부터 8장까지는 개방 단계(uncovering phase)로 구성된다. 개방 단계 동안 사람은 개인적인 고통에 맞닥뜨리게 되며, 이 과정은 매우 고통스러울 수 있다. 화는 가장 많이 고통스러워하는 부정적인 감정으로, 이러한 고통의 과정을 개방적으로 나눌 수 있게 됨으로써 치유가 시작된다.

9장부터 11장에서는 결정 단계(decision phase)를 다룬다. 용서를 정의하고, 개인으로 하여금 용서의 시작 전에 그와 관련된 것들을 고려하도록 한다. 개인은 치유를 향한 긍정적인 변화의 가능성을 생각하고, 상처를 준 사람에게 복수할 생각을 접을 수 있게 된다. 상처를 받은 개인은 이 단계에서 용서를 향한 첫걸음을 내딛게 된다.

12장부터 15장은 작업 단계(work phase)에 대한 내용으로 구성되어 있다. 작업 단계에서 개인은 고통을 받아들이고 수용한 후에 상처를 준 사람과 그리고 그렇게 할 수밖에 없었던 상대의 잘못을 이해하려고 시도한다. 이 단계는 개인의 삶에 상처를 입힌 대상 때문에 갖게 된 문제들의 맥락에서 공격적인 행동을 이해하려고 시도하며 가해 대상을 새롭게 바라보는 방법을 개발해 간다. 이러한 노력 가운데 하나는 인간 공동체의 한 일원으로 가해자를 바라보는 것이다. 윤리적인 삶으로의 헌신은 가해자에 대한 인격적인 사랑과 자비를 베푸는 것이다.

16장부터 20장은 성과 단계(outcome phase)에 대한 내용으로, 개인은 치유의 감정을 갖게 되고 그 결과로 가해자에게 용서라는 선물을 주게 된다. 이 과정에서 용서를 하는 사람은 정서적인 안도감과 공감 및 연민의 감정이 커진다. 이러한 용서의 태도는 주변에 긍정적 영향을 주고, 더 나은 개인이 되는 밑바탕이 된다.

과정 모델은 대체로 다양한 호소 문제를 갖는 성인을 대상으로 실시되어, 그 효과성이 검토되어 왔다. 예를 들어, 근친상간 피해자, 약물남용과 중독으로 고통을 겪는 사람들, 그리고 낙태 경험이 있는 아내를 둔 남성들, 건강에 문제가 있는 사람들(암환자, 심혈관계 질환자 등)을 대상으로 과정 모델을 적용한 연구들이 이루어졌다(Baskin & Enright, 2004; Freedman et al., 2005).

REACH 용서 모델

Worthington(2006b)은 REACH라는 용서를 위한 다섯 단계를 개발했다. R(recall fo the hurt)은 상처에 대한 회상으로, 평상시의 반추 사고와는 다른 방식으로 자신도 누군가에게 가해자가 되었던 때를 회상해 보도록 하는 것이다. 즉, 개인은 자기연민 또는 그 가해자를 비난하지 않고 회상하도록 안내를 받는다. 용서하기로 의식적으로 결단을 내린 후에 E(emphathize to emotionally replace) 시도를 하게 되는데, 이 모델에서 가장 많은 시간을 할애하게 되는 단계이다. 정서적 치환은 분개, 비통함, 적대감, 증오, 화, 그리고 두려움 등의 용서할 수 없는 감정을 공감, 동정, 연민이나 사랑으로 바꿀 수 있게 한다. A(altruistic gift of forgiving)는 용서라는 이타적인 선물을 의미한다. 다시 말해, 자기 비움과 공감을 통해서 개인은 마음속에서 용서를 결심하게 되고 용서를 경험하게 된다. C(commit to the forgiveness experienced)는 용서를 경험하는 것에 전념하는 것을 의미한다. 개인은 정서적으로 받아들인 용서하는 마음과 결심을 확고히 하기 위해서 공개적으로 다른 사람들에게 말하거나, 직접 가해자에게 편지나 메모를 보내는 등의 공개적 노력을 기울이게 된다. 이러한 공개적 노력은 H(hold onto forgeveness), 즉 용서를 개인의 삶에서 공고히 하도록 돕는다. 이 모델과 관련된 자세한 매뉴얼 내용은 http://www.people.vcu.edu/~eworth(Worthington, 2010)에서 별도의 비용 없이 다운로드해서 이용할 수 있으므로 참조하기 바란다.

REACH 모델은 심리 교육 집단 세팅에서 활용할 수 있도록 만들어졌지만, 그 개념들은 아동과 청소년 대상의 상담 전략을 수립하는 데에도 의미 있게 활용될 수 있을 것이다. Worthington(2006b)의 이 모델은 그동안 종교적 또는 세속적인 세팅에서 다양한 사람에게 적용되어 꾸준히 그 효과성이 검증되어 왔다(Lampton, Oliver, Worthington, & Berry, 2005; Stratton, Dean, Nooneman, Bode, & Worthington, 2008; Worthington et al., 2010).

선택 기반 모델

DiBlasio(1998, 2000)는 자발적인 내담자들을 대상으로 자신의 잘못을 생각해 볼 기회를 제공하며 왜 그러한 일이 발생했는지 이해하도록 돕는 단계로부터 시작되는 선택 기반 모델을 발전시켜 왔다. 그리고 여러 회기에 걸친 단계별 상담 회기를 통해 용서를 인정하고 구할 수 있는 기회를 갖도록 하였는데, 그 단계는 다음과 같다.

- 용서의 정의에 대해 토론해 본다.
- 개인의 잘못된 행동에 대해 용서를 구할 기회를 찾는 각 개인에게 초점을 둔다.
- 용서 개입 상담에 대하여 안내하고 참여 여부를 결정하도록 한다.
- 잘못된 가해 행위를 기술한다.
- 가해자는 가해 행위에 대하여 설명하도록 준비한다.
- 잘못된 행위에 대한 질의응답이 이뤄지도록 한다.

• 가해 행위로 피해를 입은 개인은 감정적인 반응을 표현한다.
• 가해자는 타인에게 주었던 상처에 대한 공감과 후회를 표현한다.
• 가해자는 가해 행위를 중단하고 예방하기 위한 계획을 세운다.
• 피해를 입은 사람은 가해자의 상처 입은 감정에 대한 공감을 표현한다.
• 마음을 비우기 위한 선택과 노력에 집중한다.
• 공식적인 용서 구하기를 요청한다.
• 공식적인 용서 의식을 계획한다.

이 상담 모델에 대한 상세한 내용은 DiBlasio(1998, 2000)의 연구들에서 얻을 수 있으며, 기독교 내담자들을 대상으로 하는 적용은 Cheong과 DiBlasio(2007), DiBlasio(1999, 2010)와 DiBlasio와 Benda(2008) 연구 등을 참조할 수 있다.

이 모델의 초기 초점은 선택 기반의 용서, 즉 결과적으로 인지적 선택에 의한 용서가 강조된다. 그럼에도 상담 단계를 거치면서 정서적 용서와 의사소통과 관련된 행동 변화를 촉진시키고 있음에 주목해야 할 것이다. 1980년 이후로 DiBlasio는 성인, 커플, 청소년, 가족, 그리고 원가족과 관련있는 상담 세팅에서 이 모델을 성공적으로 적용해 왔다(Worthington & DiBlasio, 1990). 경험적으로, 이 모델은 통제 집단 연구(DiBlasio & Benda, 2008)에서 특히 부부 커플에 적용될 때 효과적임이 드러났다. 이 모델은 검증된 용서 개입 요인들, 즉 잘못된 행동을 인식하는 통찰, 정서적 상처의 표현, 가해자와 피해자 서로를 향한 공감, 용서에 대한 선택을 유지하기 위한 노력에 집중하기 등을 포함하는 단계에 대해 강조한다. 앞으로도 더 많은 연구자에 의해 선택 기반 모델을 적용한 연구가 이뤄지고, 기존의 알려진 모델들과의 비교 연구도 이뤄지기를 희망한다.

상담에의 용서 적용 및 개입 기술

확실히 상담자들은 이론과 연구를 중요하게 여긴다. 그럼에도 우리는 상담자들이 또한 "다음 회기에서 글로리아와 무엇을 해야 하나요?" 그리고 "스미스 가족을 대상으로 하는 상담 동안 용서를 고취시키기 위해 어떻게 도울 수 있을까요?"라는 질문에 대한 답을 알고 싶어 한다고 생각한다. 용서의 상담에의 적용에 관한 초기 연구에서도 상담자들이 구체적 적용 기법에 대해 보다 알고 싶어 한다는 것이 드러났다(DiBlasio & Proctor, 1993). 지난 20년 동안 용서에 관한 연구가 빠르게 확장되어 왔음에도 불구하고, 아동과 가족 상담에서의 적용 연구는 여전히 부족한 상태이다. 다음으로, 우리는 문헌 자료에서 제시된 모델을 통해 선택된 개념들을 도출해 내고 임상 적용을 안내하는 초기 노력에 대해 기술한다.

상담실에서 REACH와 Enright(2001)의 과정 모델은 몇 주에 걸쳐 실시될 수 있다(예를 들어, 과정 모델은 20주에 걸친 회기가 요구된다). 과정 모델은 정서적 용서와 결심에 의한 용서 간의 차이를 강조하고, 상담 과정 동안 두 용서가 점진적으로 다루어진다. 흥미롭게도, 결단 기반 모델도 비슷한 과정을 포함하고 있으며, DiBlasio(2010)는 시간이 가면서 용서 회기의 어느 시점에서 용서를 직접 선택하게 되는지에 대하여 내담자가 그 과정이 밝혀지기를 바라지는 않는다는 것을 알아냈다. 선택 기반 모델에서 내담자와의 1일 용서 회기들은 결국 용서 결심을 하게 도울 뿐만 아니라 시간이 경과된 후에도 지속되는 정서적·행동적 용서가 일어나게 됨을 보여 준다. 용서 회기들 이후 추가적인 상담 회기가 계획되며, 때로는 1일간 진행되는 용서 회기만으로도 지속적인 용서를 공고히 하기에 충분하다고 본다(DiBlasio, 2010). 3개의 용서 모델 모두 언제 용서를 결심하게 되는가와 상관없이, 상담이 행해지는 몇 주 동안 아동과 가족에게 주어지는 치료적 회복을 포함하고 있다.

영적 개입으로서의 용서 모델 개발

용서를 하나의 영적인 과정인 과정으로 볼 수 있는가? 그 질문의 대답은 응답자의 영적 지향에 따라 영향을 받는다. 그러므로 용서를 돕는 상담자는 내담자가 갖는 믿음의 관점을 탐색하고 이해하는 노력이 필요하며, 가능하다면 그 문제에 관한 내담자의 희망사항을 반영해야 한다. 용서가 대부분의 종교적 믿음에서 핵심 요소가 됨은 잘 알려져 있다. 미국의 경우, 단지 15%의 사람만이 무신론자, 불가지론자이거나 종교를 가지고 있지 않다(미국 인구 통계, 2012). 상담자가 일반적이거나 세속적 개념으로 국한시켜 용서의 문제를 다룰 경우 대다수를 차지하는 종교적 배경의 가족에 대한 고려를 빠뜨릴 수 있다. 또한 일반적인 영성 상담에서의 용서 개입을 줄이는 것은 유신론자, 영성을 추구하는 무신론적 종교인을 대상으로 하는 최소한의 공통 요소를 충족시킬 수는 있어도, 종교적 내용이 여전히 배제되는 한계를 노출한다. 상담자는 내담자의 영적 관점을 이해하는 노력을 기울일 필요가 있으며, 가능하다면 영적으로 의미 있는 방식으로 이 장에서 언급한 개입들에 대해 익히기를 추천한다. 예를 들어, 미국 인구의 76%는 기독교 또는 초교파 기독교를 배경으로 한다(미국 인구 통계, 2012). 용서의 개념은 죄의 용서를 위한 예수의 죽음과 부활, 속죄의 근거가 되며 기독교 믿음의 핵심이다(요한복음 3:16). 게다가 예수의 가르침은 그의 추종자들에게 타인들을 용서할 것을 강조하고 있다(마태복음 8:14-15). 결과적으로, 기독교 배경을 고려하는 상담을 바라는 내담자들을 대상으로 할 때, 상담자는 신의 사랑, 예수의 가르침, 전지전능한 성령의 힘을 논의할 수 있다. 상담자가 갖는 기독교 신앙 이해 정도에 따라 상담에서 이러한 논의가 쉽지 않을 수도 있다. 내담자에게 영적으로 유의미한 용서 개입을 시도하는 것은 일부 상담자에게는 전혀 가능하지 않을 수 있는데, 이는 자신의 영적 신념과 어긋나는 것으로 여기는 경우들이다. 내담자와 상담자 간의 영적 신앙에서 차이가 존재하더라도, 초기에 온전한 치료적 작업동맹의 형성과 내담자 이해의 노력은 용서의 개입 과정에 도움이 된다.

용서 개념의 실제 적용

상담자마다 용서 전략, 치료적 개념, 개입의 시기 등에 관련된 실제를 이론적으로 개념화하는 노력을 기울이게 된다. 실제로, 용서 개입은 종종 주 호소 문제 영역의 한 부분을 차지하기도 한다. 원망스러운 관계의 해결, 아동의 문제 행동, 장기간의 분노를 수반하는 자기파괴적 행동, 우울증, 불안, 그리고 많은 관련된 정신건강 문제를 해결하는 데 중요한 치료적 성과로 나아가게 하는 열쇠이다. 그러므로 우리는 내담자들이 가지고 오는 미해결된 용서의 문제와 관련하여 상담에서 용서의 개입을 원하는 경우, 상담자가 그러한 욕구에 맞게 개입을 시도할 수 있도록 준비되기를 권장한다. 때때로 용서는 상담의 주요 초점이 되기도 하며, 치료적으로 다른 여타의 문제들을 다룰 수 있도록 내담자를 돕는 하나의 도구로 사용될 수 있다.

이제부터 세 종류의 용서 모델에 일관되게 포함되어 있는 구체적 개념들을 간략하게 설명하고자 한다. 상담의 실제에서 각 개념은 아동 발달단계와 각 가족의 상황을 고려해서 적절하게 조정될 필요가 있다. 개별적으로, 용서의 개념은 숙련된 상담자에게 익숙한 것일 수 있으며, 상담자들은 이 개념들을 적용하기 위한 방법을 개발해 왔다. 상담에서 체계적인 용서의 개입에 관심이 있는 경우에, 최근 연구 결과를 참조해서 실제 사례에 적용해 볼 수 있을 것이다.

아동 대상의 가해 행동은 심각도가 낮은 수준에서부터 가장 파괴적인 폭력 행위까지 넓게 퍼져 있다. 비슷하게, 아동도 심각도에 있어 다양한 수준의 공격 행동을 보인다. 한편, 여기에서 제시되는 개입 내용은 아동 내담자 문제 행동의 심각도 수준에 맞추어 다양하게 적용될 수 있으며, 실제 개념과 적용에 관련해서는 문제의 내용 및 관련된 맥락에 충분히 적절한지를 평가해야 한다.

발달단계를 고려한 용서 개입의 실제

아동의 발달단계를 고려하여 적절하게 의미 있는 개입이 이뤄지도록 해야 한다. 대체로 성인 및 십 대 후반의 청소년 내담자는 상담에서 직접적인 언어소통 내용에 반응적이 되지만, 어린 아동은 비유적이거나 묘사적인 기법들을 요구한다. 청소년의 경우 보통 발달단계상 자기중심성이 강하기 때문에 상담적 개입 시 상황적 맥락을 고려하면서도 과도한 자기중심적인 사고에서 타인을 배려하는 사고로 전환해 가도록 도와야 한다. Enright와 Knutson, Hoter, Baskin, Knutson(2007)은 특히 유치원 아동을 대상으로 하는 12단계의 새로운 용서 커리큘럼을 개발하여 발달 문제를 다룰 수 있도록 하였으며, 이는 위스콘신과 아일랜드의 벨파스트를 중심으로 시행되었다.

상처를 인식하고 다루기

아동과 성인 모두에게 자신에게 발생했던 사건에서 경험한 정서를 인식하게 돕는 것은 필수적이며, 만일 그들이 누군가에게 상처를 주었다면, 그들이 주었던 상처를 인식하는 것이 필요하다. 잘못된 공격 행동은 종종 일시적 또는 장기간에 걸친 부정적 결과를 초래하는데, 이 경우 개인과 대인관계 회복을 위해 도움이 필요하다. 잘못된 침범 행위로 인해 가치 있는 무언가를 빼앗겼을 때, 상실감과 비통한 감정이 생기게 된다. 예를 들어, 아버지가 아들의 대학 등록금을 몰래 써버렸을 때, 아들은 아버지를 용서하거나 부자간 관계가 회복될 수는 있지만 아버지에 대한 이미지상은 완전히 바뀌게 된다.

통찰력 촉진하기

아동과 성인들을 대상으로 상담할 때 개인이 처한 상황의 맥락, 가해자(가족 구성원이거나 가족 외의 개인)에 대한 인식 및 과거 기억, 그리고 의도적이거나 우연에 의한 상처의 심각도 등을 통합적으로 이해하도록 도움으로써 통찰하는 힘을 키우도록 조력할 수 있다. 공격적 행위와 관련되어 있는 요인들을 탐색해 갈 때, 대개는 가족 구성원 서로에게 완전한 악의로 해를 가하지는 않음을 볼 수 있다. 통찰력은 보통 가해자와 피해자가 각각 어떻게 문제에 서로 기여했는지를 구체적으로 파악하게 될 때 주어진다. 아동이 부모나 어른들에게서 상처를 받았을 때에도, 아동이 기여한 부분에 대해 살펴보게 되는데 이때 발달단계의 민감성을 갖고서 접근할 때 상담적 돌봄이 이루어질 수 있다.

부정적인 감정 표현하기

아동의 경우 종종 부정적인 감정을 부적절하게 표출하거나 그러한 감정을 억압하면서 속에 담아 둔다(예를 들어, 부적절한 분노 표출, 자기 파괴적 행동, 우울증). 상담은 안전한 환경에서 부정적 감정을 표현할 수 있는 장소를 제공해 줌으로써 치료적 해결로 나아가도록 도울 수 있다.

공감 촉진하기

가족 관계 내에서 이뤄지는 공격적 행동은 가해자와 피해자 모두에게 상당한 상처가 된다. 공감 능력의 촉진은 가해자가 자신이 입힌 상처에 대해 인식하도록 도움으로써 결과적으로 피해자는 가해자를 통해 피해를 이해받게 되는 긍정적 경험을 갖게 한다. 가해자로부터의 피해에 대한 공감과 회한은 용서를 성공적으로 승인받기 위한 기회를 늘리게 된다. 비슷하게, 상처받은 아동과 성인이 공감 능력을 키우게 될 때, 그들은 가해자의 삶에서 잘못된 행동으로 야기된 상처와 고통을 개념화할 수 있게 된다. 또한 가해자는 사랑하는 사람에게 고통을 준 것에 대해 수치감과 죄책감을 경험하게 된다. 우리는 실수로부터의 깨달음과 겸손해지는 경험을 통해 공감 능력을 키워 가게 되는 기회를 얻을 수 있다.

용서 회기 진행하기

아동과 부모의 용서 의지가 확고할 때, 그들은 결심에 따른 용서를 받아들이거나 용서를 구하는 방식으로 나아가게 되며, 1회기 이상의 상담 회기를 통해서 잘못된 행동을 탐색해 가는 과정에서 도움을 받게 된다. 각각의 회기는 사전에 주의 깊게 계획해서 진행해 가되, 내담자 스스로 참여 여부를 결정하도록 돕는다. 용서 회기들은 사전에 철저하게 구조화된 형태로 집중적으로 진행될 때 가장 효과적이다. 가족 구성원과의 협상을 진행하고 치료적 판단을 내리는 과정에서 상담자의 능력은 중요하다. 몇 주간에 걸친 회기들을 통해서든지 또는 긴 시간에 걸친 단 1회기의 진행을 통해서든지 용서 회기의 진행 내용에는 이 장에서 논의된 용서와 관련된 개념들에 대한 설명을 포함하도록 한다.

역할극 활용하기

일부 상황에서는 아동과 가해자와의 직접적인 만남이 치료적으로 필요할 수도 있고, 바람직하지 않을 수 있다(사례 예시 참조). 역할극를 활용하여 상담자는 가해자의 역할을 취하기도 하고, 아동이 용서를 받기 원하는 가해자인 경우에는 상담자가 피해자의 역할을 취할 수 있다. 상담자는 이러한 역할극에서 가해자가 했어야 할 용서를 구하는 말을 대안적으로 제시하기도 하고, 역할극 수행 과정 동안 잠재적인 설명을 제공할 수도 있기에 상담적으로 유익한 개입이 된다. 상담자는 빈 의자 기법을 통해서 아동과 가족 구성원들이 가해자 또는 피해자에게 대화를 나누도록 돕는다(Worthington, 2010). 가해자와 피해자가 용서 회기들 가운데 한 회기에서 만나도록 계획하여 진행할 때 아동은 사전에 상담자와의 역할극을 통해 도움을 받을 수 있도록 한다.

상처를 주는 행동을 중단하고 예방 계획 세우기

가해자의 행동과 뉘우침 또는 회한과 관계없이 용서가 가능한 경우라 하더라도, 상담자는 가해자로 하여금 향후 공격적 행동을 중단하도록 그리고 예방 계획을 세우도록 격려해야 한다. 가해자는 공격적 행동의 중단 및 예방과 관련된 노력을 어떻게 기울일지 반드시 구체적으로 적용해 갈 필요가 있으며, 일부 항목은 피해자의 동의와 협조를 필요로 한다. 상담자는 가해자인 내담자가 작성한 예방 계획의 진행 상황을 검토하면서 내담자가 상담 과정에서 충분한 노력을 기울이고 있는지 또한 꼼꼼하게 점검할 필요가 있다. 예방 계획은 내담자의 직계가족을 제외한, 외부 사람을 통해 책임 있게 확인하는 과정을 거치고, 향후 위협들로부터 아동을 보호하는 방향으로 나아가야 한다. 아동이 가해자인 경우에는 자제력을 키워 주고 외부 환경에 대한 통제가 필요하며, 이는 공격적 행위가 반복될 가능성을 줄여 주고 용서에 대한 요청을 의미 있게 다뤄 갈 수 있게 만든다.

책임감을 갖도록 돕기

아동과 부모를 대상으로 하는 용서 개입은 내담자 스스로 상담을 통한 집중적인 도움을 받기를 원할 때, 상담 과정에서 선택한 결심과 노력을 지속해 갈 때 촉진된다. 또한, 신뢰할 수 있는 친척이나 외부 성인들로부터 책임 있는 도움을 받도록 하는 것이 도움이 된다. 대체로 종교적 환경 속에는 누군가에게 필요한 도움을 주려는 신뢰할 만한 독실한 성인들이 있다. 가해자와 이러한 도움을 주고자 하는 책임자 간의 정기적인 만남이나 전화 상담은 향후 공격적 행위를 억제하는 데 도움이 되며 이를 격려하는 롤 모델로서 기능할 수도 있다. 이러한 책임 있는 대상과의 면담과 만남은 가해자에게 필요한 도움과 모니터링을 제공하는 것으로, 피해자에게도 안도감을 갖게 한다.

용서를 선물로 이해하기

Enright(2001)은 "용서는 은혜를 베풀 가치가 없는 가해자를 향한 자비로운 행동이다. 우리 자신과 우리에게 해를 가한 가해자와의 관계를 변화시킬 목적으로 가해자에게 주는 선물이다."라고 언급하였다(p. 25). 상처 입은 아동과 가족 구성원에게 용서를 선물의 측면으로 연결시켜 보도록 도와줌으로써, 용서란 자신이 선물로 주기를 선택하거나 보류하기를 선택하는 어떤 것이라는 이해를 키워 갈 수 있다.

용서에 전념하기

아동 상담에서 가끔은 아동이 완전히 상담 과정에 전념하도록 돕는 데 실패하기도 하는데 이때는 효과도 떨어진다. 아동이 발달 과제를 이루어 가면서 마주하는 도전들을 받아들이고 목표를 성취하는 데 익숙해지는 것을 보는 것은 흥미로운 일이다. 아동들로 하여금 자신이 선택한 용서를 향한 노력에 전념하도록 격려하는 것은 내적 통제력을 키워 주고 아동의 참여를 촉진하는 데 도움이 된다. 어느 정도 나이가 있는 아동이라면, 용서를 위해서 바람직한 노력을 기울이는 목표를 강화하는 동의서를 만들어 서명하도록 하는 것이 효과적인 방법이 될 수 있다(Worthington, 2010).

용서를 고수하기

아동과 부모가 용서에 대한 결심을 지속해 갈 때, 이미 용서한 공격 행동에 대해 상처 입은 감정이 나중에 재현될 수도 있으며, 그 감정은 또한 그들의 용서를 의심하거나, 악화시키거나, 다시 분개하거나 냉혹한 행동을 부추길 수도 있다. 이 때의 상담은 상처 입은 감정을 돌보는 안전한 장소가 되고, 때때로 감정이 치유되는 시점에서 동시에 용서가 이뤄진다는 격려를 필요로 한다. 가해자를 상담할 때는 다른 사람들에 의해 선물로 주어진 용서를 받아들이고, 가능하다면 가해 행위에 대해서 신성한 영원한 용서를 받아들이도록 도움으로써 죄책감과 수치감에서 벗어나도록 도울 필요가 있다.

부모를 참여시키기

부모의 참여가 협력적으로 이뤄질 때 아동의 용서 상담에 많은 도움이 된다. 용서의 작업 과정에는 부모의 참여 격려와 이에 대한 상담자의 적절한 안내가 필요하다. 부모의 참여를 어떻게 촉진할지에 대한 결정은 공격적 행위가 가족 외의 누군가 또는 부모 한쪽에 의해 저질러졌는지 등의 여부에 따라 조절될 수 있다.

공식적인 요청하기

각 개인의 상황은 독특한 문제를 갖지만, 직접적으로 용서 회기를 통해서 또는 간접적으로 역할극을 통해서 아동과 부모는 용서에 대한 공식적인 요청을 받으면서 도움을 받게 된다. 상처받은 아이는 단지 고통을 가했던 사람에게서 진심어린 용서를 구하는 요청을 듣는 것만으로도 상당한 치유가 될 수 있다. 타인에게 상처를 입힌 아동에 관해서는 철저히 자신을 돌아본 이후에 용서를 요청하는 것이 수치감이나 죄책감 없이 앞으로 나아갈 수 있게 되는 회복을 돕는다.

개입 방법의 예

용서의 개념을 구체적 상담 방법으로 어떻게 연결시킬 수 있는지와 관련된 예들을 제공하기 위해서, 앞 부분에서 언급된 5개의 주요 개념들을 중심으로 적용해 보았다. 우리는 여기에서 각 영역을 종합한 상담의 예시보다는 몇 가지 제안과 더불어 창의적으로 접근하도록 아이디어를 제공하고자 한다. 일반적으로 가능성 있는 환경 설정 및 기법의 선택은 앞에서 언급된 개념들의 일부를 적용하고자 시도한 결과이다. 깊이 있는 개념 이해와 각 사례에 이러한 개념들을 효과적으로 적용하기 위해서는 보다 많은 문헌들을 참조하기를 바란다.

통찰을 촉진하기: 부모가 성격장애가 있는 경우

가족 구성원들의 경우 대부분 서로에게 상처를 의도적으로 가하지는 않으며, 특히 부모가 아이에 대해서 그러하다. 어떤 경우에, 부모는 까다로운 성격의 소유자이거나 성격장애인 경우가 있다. 이러한 부모는 그들의 잘못된 행위에 대해 겸손하거나 책임을 지기보다는 오히려 방어태세를 취하기 때문에 아이를 위한 용서과정을 복잡하게 만든다. 몇몇 부모는 상담의 노력에도 불구하고 계속 잘못된 행동을 반복함으로써 고통받는 아이에게 용서를 구하는 일을 어렵게 한다. 부모의 공격적인 행동은 특별히 영적 배경을 갖는 아동에게 더욱 혼란감을 부추긴다. 부모의 공격적인 행위는 사랑, 평화, 그리고 타인에 대한 인격적인 존중과는 거리가 멀기 때문이다.

『정신장애 진단 및 통계편람』, 즉 DSM-IV(APA, 2000)에서 언급된 정상 인구에서 성격장애의 유병률 통계에 따르면, 20% 이상의 성인이 성격장애를 갖고 있다. 임상 현장에서의 공통된 인식은 가족 내에서 발생하는 많은 폭력 행위, 특히 아동을 위협하는 행동들은 경증부터 중증에 이르는 성격장애를 가진 부모를 배경에 두고 있다. 성인이 그러한 진단평가를 받아들이거나, 최소한 그들이 타인에게 고통을 주는 일련의 증상이 있다는 것을 받아들인다면 용서 작업이 촉진될 수 있다. 예를 들어, DiBlasio(2001)는 자기애적이거나 경계선적인, 신경증적인, 그리고 반사회적인 성격장애를 갖는 사람들은 관계를 맺기 어렵고 정서적 교류가 안 되며 정체성 문제를 갖는다고 언급하였다. 성격장애의 원인이 밝혀져 있지는 않지만(Sadock & Sadock, 2007), DiBlasio는 성격장애를 두뇌에서 학습의 기능이 마비된 사람으로 실제 변화가 어렵다고 보았다. 아동에게 위협적 행동이 주어졌을 때, 상담자는 가해자가 성격장애인지 아닌지에 상관없이 그러한 행위는 잘못된 것이며 결코 정당화될 수 없다는 것을 아동과 부모에게 이해시키는 것은 중요하다. 상담자는 이러한 경우 세심하게 다가가야 한다. 다시 말해서, 아동에게 부모가 뇌 기능에 문제가 있다는 것을 이해시키는 것이 도움이 되며, 상담자는 그 부모와 협력적 관계를 구축해 가야 한다. 상담자가 부모의 강점(결과적으로 건강한 정체성을 촉진하는 것)을 부각시키는 지지적인 방식으로 부모의 역기능 행동을 다룰 수 있게 된다면, 성격장애가 있는 부모라도 부정적인 감정과 사고에 의존하지 않으면서 행동할 수 있을 정도의 힘을 회복하는 데 도움을 줄 수 있다. 이러한 시도에 반응적이었던 한 내담자는 상담 회기들을 통해 상태가 호전되었다. 한 내담자는 자기애적 성격장애로 진단받았는데 이 장애는 전형적으로 정기적인 상담에 잘 나타나지 않는다. 상담에서 다뤄진 강점을 키워 가는 방식으로 적용해 본 결과에 대해 물었을 때, 그는 간략히 대답했다. "아이가 잘못을 했을 때, 나는 스스로를 진정시키기 위해 내 방에 들어갑니다. 그리고 나서 돌아오면 그 문제를 민주적인 방식으로 다루는 것이 쉽다는 것을 알게 됩니다." 변호사라는 그의 직업에서 입증된 바와 같이, 이전 회기에서 이뤄진 강점을 활용하는 접근은 그의 뛰어난 협상 기술을 정교화하는 것이었다. 상담자의 이러한 접근으로 내담자는 집에서도 그러한 사회적 기술을 사용하도록 하는 도전을 받아들일 수 있게 되었다.

두 번째 예는 경계선 성격장애로 진단받은 어머니를 둔 사례이다. 초기 진단 회기에서 지지적 강점을 강화하는 방식으로 진행되었을 때, 존스 씨는 아이들에 대한 보다 합리적인 기대를 갖는 것에 대하여 동의했다. 상담자는 그녀의 강점 강화에 초점을 두었다. 예를 들어, 그녀의 가족에 대한 헌신, 가족 외의 타인과 대화하는 능력, 창의적인 생각, 통찰력 있는 아이디어 등에 대한 지지를 통하여 관계를 강화하였다. 아이들에 대한 그녀의 평가와 자신의 기대치에 못 미치는 아이들로 인한 좌절들(그리고 어머니에 대한 존경심 부족으로 더 불거진 문제)로 인해서 상담실을 찾은 존스 씨는 자신의 생각과 감정이 완벽하게 신뢰할 수 있는 것이 아님을 검토하도록 도움을 받았다. 이제 그녀는 자신의 기대치 등급을 하향 조정했다. 그녀는 정말 충실한 엄마였지만, 아이가 저지른 작은 사고들과 반항적 태도를 인내하지 못하고 부정적 감정과 인지 반응을 보임으로 인하여 현실적인 문제가 불거진 부분에 대해 받아들이게 되었다(상담이 그녀로 하여금 보다 정확하게 현실을 직시하도록 도왔다). 존스 씨와 아이들은 그녀가 감정적으로 화가 나고 상처를 받았을 때, 건강하게 반응하기 어려웠음을 받아들였다. 그러자 어머니로서의 자기통제 행동이 더욱 촉진되었고, 긍정적인 상담 효과를 가져왔다. 아동의 부모가 자신의 문제를 인정하고 상담을 통한 도움을 구할 때, 자신의 책임을 다할 때, 부정적인 사고방식에 의존하지 않는 모습을 보게 될 때, 아이들은 부모를 보다 쉽게 용서하게 된다.

용서 회기의 실시: 고려할 사항

상담자가 용서에 초점을 두는 회기를 계획하는 시점은 다양하지만, 대부분의 사례에서 상담 기간 동안 용서 회기를 갖는 것은 유익하다. 용서 회기는 여러 회기에 걸쳐 이뤄질 수도 있고 단회기에 걸쳐 이뤄질 수도 있다. 가해자와 피해자가 함께하는 회기 동안, 가족 구성원 누군가에게 용서를 구하는 경우에 잘못된 행위를 구체적으로 다루고 책임지도록 하는 것은 중요하다. 예를 들어, 잘못된 행위에 대하여 말로 설명하도록 요청받았을 때 아동은 "나는 엄마에게 나쁜 행동에 대해 용서를 구하고 싶어요. 엄마가 항상 내 일에 간섭하는 것은 문제예요."라고 말할 수 있다. 상담자는 "너의 잘못된 행위에 대해서 설명하면서, 네 자신을 방어하기 위해서 엄마의 잘못에 대해 생각한 내용을 이야기하고 있구나. 네 잘못에 대해서만 보다 분명하게 말할 수 있겠니?"라고 말함으로써, 자신의 과실에 대해 적절하게 책임을 가질 수 있도록 주의를 환기시켜 주어야 한다.

상담자는 용서 회기 동안 아동 및 부모와 협력적으로 향후 공격적 행동을 중단하고 예방하기 위한 계획 세우기에 집중해 가면서 이를 상세히 설명할 필요가 있다. 계획 세우기에는 가해자가 기꺼이 책임질 것을 동의하는 몇 가지 항목을 포함한다. 예를 들어, 여동생에게 화가 날 때 언어적으로 공격하는 십 대의 기독교인 내담자를 위한 예방적 계획에는 다음 세 가지 항목이 포함된다. 먼저, 여동생 때문에 화가 났을 경우에는, 자신의 방으로 가서 진정하도록 하고, 청소년 대상 분노조절 집단 상담에 매주 참여하고, 화를 누그러뜨리기 위해 아동이 선택한 성경 구절을 정기적으로 암송하고 기억할 것을 실행하도록 포함시킬 수 있다. 가까이에 사는 신뢰할 수 있는 대상인 삼촌이 매주 정기적으로 부모와 동생과 더불어 점검할 수 있도록 하는 것은 가족 외부의 책임자를 조화롭게 활용하는 것이 된다.

부정적인 감정 다루기: 상징적 '감정 표현' 연습

REACH 감정 표현 연습 프로그램(Worthington, 2010)은 원래는 심리교육적인 세팅에서 성인 그룹을 위해서 고안되었으나, 아동들을 대상으로 하는 상담에서는 서로 짝을 이루어 신체 활동을 통해 내적 작업을 격려해 주는 형태로 활용될 수도 있다. 움직임 동작, 그림 그리기, 연극 및 다른 활동들을 상담에 활기 있게 사용하는 것은 아동이 겪은 상처 경험을 내적인 영적ㆍ심리적인 과정으로 전환시키는데 중요한 역할을 한다. 아동이 추상적인 사고가 가능한 인지 발달단계에 있지 않더라도 이러한 기술은 긍정적으로 잠재의식에 영향을 미쳐 도움이 된다.

상담자는 부모에게 상처를 받고 자발적으로 상담에 온 아동 내담자에게 일어나서 몸 앞으로 팔을 뻗고 부모에 대한 원망감을 떠올리면서 품어 보도록 요청한다. 다음에 이어질 대화를 촉진하기 위해서 우리는 어린 소년과 엄마가 이러한 용서 개입에 함께하도록 할 것이다. 어떤 경우에는 원한을 품는 것이 무엇을 의미하는지 아동 나이에 맞게 설명이 필요하다. 상담자는 아동에게 얼마나 원한을 단단히 품었는지 표현하기 위해서 손을 꽉 쥐라고 한다. 그리고 상담자가 "쥐어."라고 할 때, 아동이 할 수 있는 한 원한을 품으려고 단단히 손을 꼭 쥔다. 상담자는 "너는 원한이 커질수록 힘도 커진다는 느낄 수 있어. 그리고 너는 계속 손을 꽉 쥐고 있기 힘들고, 중압감이 들기 때문에 원한을 버리고 싶을 거야."라고 말할 수 있다. 아동에게 계속 원한을 품으라고 권할 수도 있는데(아동이 급하게 끝내려 한다면, 상담자는 아동에게 다시 해 보도록 요청할 것이다), 아동 스스로 손을 꽉 쥐고 있을 때 중압감과 압박감을 느끼도록 하여 용서를 하지 않을 때 겪는 중압감에 대해 상징적 표현으로 설명할 수 있다. 발달 연령에 맞는 적절한 활동 후에 상담자는 다음과 같이 말한다.

"내가 숫자를 세면서 '내려놓으라.'고 이야기할 때까지 몇 초 동안 원망감을 품고 있으세요. 만일 용서할 결심을 한다면, 그리고 엄마가 너에게 상처를 주었다 할지라도 신이 사랑하는 소중한 사람으로 엄마를 대하고자 한다면, 원망감을 내려놓을 준비가 된 거예요. 내가 그것을 내려놓으라고 말할 때까지 그대로 있으세요. 원망감을 새장에 갇힌 새와 같다고 상상해 보세요. 내가 "그것을 놓아 주세요."라고 말할 때, 원망감을 내려놓았으면 좋겠어요. 지금 용서하기를 완전히 결심하지 않았을지라도, 그것을 어쨌든 놓아 주기를 바래요. 그리고 용서를 결심하는 것과 함께 오는 자유를 느껴 보세요. 3, 2, 1. 자, 이제 내려놓으세요."

상담자는 움켜쥔 손을 풀고 팔을 펴서 편안하게 했을 때 어떤 느낌이 들었는지를 아동에게 질문한다. 마지막으로, 상담자는 아이가 원망감을 품고 용서를 하지 못한 상태와 원망감을 내려놓고 용서를 할 때의 안도감을 연결해 볼 수 있도록 돕는다. Worthington(2010)은 종교가 있는 내담자를 대상으로 활용할 수 있는 용서의 전략과 관련된 유익한 접근 방법을 제시하고, 또한 일반적인 상담 세팅에서의 활용 지침을 함께 기술하고 있다.

역할극 활용하기: 사별 대상

상담에서 가능할 때마다 치료적으로 적절한 순간에 가족 구성원들은 자신을 표현할 기회를 갖는다. 하지만 어떤 경우에는 부모 중 한 명이 더 이상 아이의 삶에 관여할 수 없거나 때로는 사망한 경우가 있다. 이때는 상담자나 다른 가족 구성원이 잃어버린 부모의 역할을 대신하는 것이 적절하다.

상담자는 사별 대상의 역할을 하게 될 때, 가족 구성원에 의해 제공된 설명을 참조해서 사별 대상인 부모가 해 줄 말과 정확하게 책임을 다한 부모의 경우에 이야기할 수 있는 내용 간에 치료적 판단을 내리면서 역할을 옮겨가며 이야기할 수 있다. 아동에게는 질문을 하도록 요청한다. 상담자는 상처를 주는 행동을 깊이 생각할 수 있는 직접적인 대답을 제공할 기회를 갖는다. 게다가 상담자는 아동이 잃어버린 부모로부터 충분한 확인을 받지 못했던 부분에 대해 타당화해 줄 수 있다.

역으로, 일부 아동은 자신의 잘못된 행동에 대해 다루면서 사망한 부모의 용서를 구하고 싶어 한다. 상담자가 이 상황에서 부모의 역할을 할 때, 아동의 잘못된 행동에 대한 죄책감을 너무 빨리 지우려고 하지 않도록 한다. 자신의 잘못된 행동에 대해 적절한 책임을 지도록 허용해 줌으로써, 상담자와 함께하는 역할극을 통해 대리 용서를 받아들이도록 도울 수 있다.

발달단계를 고려한 용서 개입: 역할극과 스토리텔링을 통한 상처 다루기

역할극 및 스토리텔링과 같은 투사적 기법은 어린 아동이 상처를 돌아보게 돕고 분노로 인한 문제를 해결하도록 기여한다. 상담자에게 역할극 상담은 익숙한 접근이지만, 그에 비해 스토리텔링 기법은 덜 알려져 있다(Gardner, 1971). 스토리텔링이란 아동이 원래 지어낸 이야기 속에 나오는 등장인물들을 담아 내면서 상담자가 그와 똑같거나 유사한 인물들이 등장하는 교정적 스토리를 이야기하는 방법이다. 아동이 지어내는 이야기 속의 맥락과 인물들은 자신의 갈등과 문제가 투사되어 나타난다. 이야기 속의 주인공은 종종 아동이 되거나, 가족 구성원 누군가를 상징적으로 나타내는 다른 등장인물, 또래 그룹 등이 된다. 대체로 스토리는 주인공이 당한 억울한 사건을 포함하고, 결론이 우울하게 맺어진다. 아동이 자신이 지어낸 이야기를 말하고 나면, 상담자는 교정적 스토리로 나아가도록 돕기 위해서 같은 상황과 인물을 사용하여 이야기한다. 상담자는 주인공의 감정 및 사고에 중점을 둔다. 이러한 감정과 사고는 아동이 입은 상처를 연결하도록 돕는 간접적인 경로를 만들어 준다. 어린 아동은 종종 동물과 관련한 스토리를 말한다. 이와 관련된 내용을 보다 자세하게 알고 싶거나 스토리텔링에 관심 있는 상담자는 Gardner(1971)의 연구를 참조하길 바란다.

사례 연구

발달단계 특성을 반영하여 개입을 적용한 예시로 2개의 사례를 중심으로 살펴보고자 한다. 이 책의 저자인 Donald F. Walker가 제시한 9세 아동의 사례와 더불어 Frederick A. DiBlasio가 상담을 위해 만났던 14세 아동의 사례가 제시된다.

사례 1: 상실과 발견

존은 미국계 흑인과 백인의 혼혈로 태어난 9세 아동이다. 그의 아버지는 어머니와 이혼하고 가족을 떠났으며, 존이 상담을 받으러 오기 몇 년 전에 다른 주로 이사갔다. 존은 남동생과 누나와 늘 몸싸움을 했고 어머니에게뿐만 아니라 학교에서 선생님에게 말대꾸를 하면서 말썽을 일으켰기 때문에 상담에 의뢰되었다. 상담자는 존과 그의 어머니를 개별 인터뷰하여 초기 평가를 진행하였다. 접수면담 평가를 통해서 존은 적대적 반항장애 아동으로 진단되었다.

상담 개입 초기에 상담자는 행동 개입을 돕는 부모 교육에 존의 어머니를 참여시켰다. 존의 어머니는 기독교인 내담자로서의 자신을 소개하였으며, 상담자는 집에서 보이는 존의 문제 행동 특성을 다룰 수 있도록 격려하기 위해 성경의 참고 구절을 사용하였다(7장 참조). 이런 개입이 존의 행동을 바꾸는 데 성공적이었지만, 존은 여전히 화가 나 있었다. 시간이 지나면서 존은 격렬한 폭언의 형태로 화를 표출하지는 않게 되었지만, 가끔씩 수동적 공격성을 띠거나 다소 신경질적으로 짜증을 표출하곤 하였다.

존의 짜증스러운 상태를 탐색해 가면서 계속 반복되는 주제는 아버지를 향한 분노였다. 그의 화나는 감정을 탐색했을 때, 그는 아버지가 실제 떠나 버렸다는 것에 대한 분노와 아버지를 떠나게 만든 자신에 대한 자책감을 설명했다. 존은 또한 선천적으로 자신이 문제 행동을 저지를 수밖에 없게 만들어졌다고 믿는 어머니에 대한 분노를 표출했다. 상담자는 존의 이러한 분노를 개념화해 가면서, 존이 고통스러운 상처와 거절감, 아버지에게서 버림받음에 대한 방어기제로 아버지에게 화를 내고 있음을 이해하도록 하였다. 또한, 어머니에 대한 화나는 감정의 기저에는 거절당하는 고통스런 감정과 가끔씩 경험하는 학교 숙제를 끝내지 못하는 부적절감에 대하여 자신을 보호하기 위한 방어기제의 일부가 있다고 볼 수 있다.

존은 부모와 자신을 용서할 필요가 있었고 어머니에게 용서를 받을 필요가 있었다. Enright(2001)는 세 가지 차원의 용서(forgiveness triad)에 대하여 언급하면서, 각 차원 모두 개인의 치유를 위한 자원으로 적절하게 다뤄질 필요가 있다고 하였다. 이러한 용서의 세 차원 항목을 모두 다룰 수 있도록 돕는 과정은 존의 회복과 치유에 중요한 의미를 가졌다.

용서의 대상이 누구인지의 여부, 즉 타인, 본인, 그리고 다른 사람의 용서 받아들이기 등의 차이에 따라 용서 개입은 달라진다. 존이 아버지를 용서하는 과정을 돕는 과정에서 상담자는 존이 아버지에게서 배우고 싶은 점이 많았다는 것을 돌아보게 도왔다. 존은 이에 동의했으며 아버지와 같이 배우며 즐기고 싶었으나 더 이상 기회가 주어지지 않았던 것으로 축구, 농구 등을 언급하였다. 부분적으로 존은 자신이 생각하는 삶 속에서 아버지를 연관시키는 방식으로 화를 표출했다. 존이 비록 어린 나이에도 불구하고 상담을 통해 아버지로 인해 자신이 화가 나 있음을 인식할 수 있게 되었으며, 어떻게든 이 갈등을 극복하려고 했다. 상담자는 존이 아버지를 용서하도록 돕는 과정에서, 상처와 화를 내려놓도록 하면서 아버지와 관련된 긍정적인 기억들로 그 빈자리를 대치할 수 있도록 도왔다.

회기가 진행되면서, 존은 과거에 아버지가 가족을 남겨두고 떠났을 때의 깊은 상처를 인식하고, 동시에 과거에 떠날 수밖에 없었던 아버지의 선택에 대해 자신이 기여한 역할을 충분히 인식하게 되었다. 예를 들어, 존은 아버지가 집에 있었을 때 항상 좋지 않았다는 것을 인정했고, 가끔씩 자신이 아버지에게 말대꾸를 했고 형제들과 싸웠음을 기억했다. 존은 또한 자신이 아버지에게 나쁘게 대했기 때문에 그리고 아버지와 함께 많은 시간을 보낼 정도로 살갑게 대하지 않았기 때문에 아버지가 떠났다고 생각했음을 이야기했다. 존이 스스로를 용서하도록 돕기 위해서 상담자는 왜 존의 아버지가 떠날 수밖에 없었는가에 대한 몇 가지 다른 이유를 탐색하였다. 이 과정을 통해서 존은 아버지가 떠난 몇 가지 다른 이유를 알게 되었다. 첫째, 아버지는 거주지 근처에서 일자리를 찾기 어려워 더 나은 일자리를 찾기 위해서 떠났던 것이라고 말했다. 둘째, 존은 아버지가 엄마랑 자주 크게 말다툼을 했다고 지적했는데, 아버지가 단지 존과 함께여서 행복하지 않은 것보다는 엄마와 함께여서 불행했기 때문에 떠났을 것이라고 이야기했다. 셋째, 아버지가 다혈질로 불같이 화내는 성격 탓에 함께 살기 어려웠을 것이라고 말했다. 이러한 과정을 통해서 존의 부모에 대한 반항이나 형제들과의 다툼 등이 아버지가 떠나게 되는 이유에 얼마나 영향을 미쳤는지에 대해서 다시 돌아보고 적정 수준의 책임감을 갖도록 도왔다. 존은 어머니와의 화해와 용서 과정에 참여하기 위해 준비를 하는 동안 자신을 향한 분노가 줄어들었고 우울 증상도 감소했다.

상담자는 존의 어머니와 그의 관계를 탐색하면서 존이 엄마에게 용서받고 싶어하고 두 번째 기회가 주어지기를 원하는 것에 대하여 이야기했다. 존은 그러고 싶다고 동의했으며 한동안 자신이 반항적인 행동으로 어머니에게 상처를 주었다는 것을 깨닫게 되었지만 어머니와의 갈등 관계를 어떻게 다뤄야 할지 알지 못했음을 이야기하였다. 상담자는 존에게 어머니가 존과의 관계 회복을 위해서 그를 상담에 데리고 왔다고 이야기하면서, 이제 두 사람이 함께 회기에서 만나 최근 무엇이 경험되고 있는가를 나눌 수 있겠는지의 여부를 질문하였다. 존은 마지못해 제안을 수락하였고, 상담자는 어머니와 아들이 함께 참여하는 회기를 정기적으로 갖도록 계획했다.

초기 단계 동안 상담자의 도움으로 어머니와 아들은 서로 자신이 원했던 것이 다르다는 것을 확인했다. 초기 회기의 목적은 서로 기본적인 수준의 공감대를 형성하는 것이었다. 존은 아버지가 떠났을 때 어땠었는지에 대한 감정을 표출하였고, 아버지가 주변에 있지 않아 존이 원했던 스포츠 활동을 함께할 수 없었고 어떻게 남자가 되는지를 배울 수 없었던 상실감을 표현하였다. 어머니도 존이 어린 아이였을 때는 아버지와 기쁨을 같이 나누었는데, 지금은 존이 갖게 될 문제들에 대한 걱정되는 마음을 나누었다.

또한, 어머니와 아들은 혼혈 가족이기에 갖게 되는 어려움에 대한 상호 공감대를 갖는 것으로 보였다. 존의 어머니는 혼혈 부부가 됨으로써 그녀와 남편이 직면해야 했던 사회적 편견을 이야기했고, 존은 혼혈 가정 아이로서 학교에서 마주해야 했던 어려움을 나누었다. 이러한 공감대를 나누면서, 존은 어머니가 그의 부정적인 문제 행동을 다루기 위해서 얼마나 어려움을 겪었는지를 깨달았다. 존의 어머니가 존에게 용서를 베풀었을 때, 상담자는 존이 무엇을 용서받게 되었는지를 질문하여 용서의 과정을 이해하도록 도왔다. 존은 어머니에게 자신을 알아가도록 마음을 열 수 있었고, 용서의 의미는 존에게 어머니의 믿음 회복과 누군가 항상 자신을 감독하지 않더라도 자신의 일을 해 내는 것으로 연결되었다. 용서 개입 회기를 거치면서 존의 상실감은 자신에 대한 용서와 더불어 어머니와 아들 간의 용서로 인한 관계의 회복으로 종결될 수 있었다.

사례 2: 용 죽이기(Slaying Dragons)

24세가량의 던과 메리는 우울증과 부부 갈등을 다루고자 상담을 위해 DiBlasio를 찾아왔다. 몇 개월 전에 메리는 열 네살인 남동생 칼을 데려와 자신들과 함께 살게 하였다. 메리는 육남매 중 둘째였고, 칼은 위로 다섯 명의 누나를 둔 가장 어린 막내 동생이었다. 아버지와 칼이 격렬하게 다툰 이후로, 메리는 남편과 함께 자신이 칼을 데리고 사는 것이 최선의 방법이라고 아버지를 설득했다.

부부는 형편이 어려웠지만, 독실한 신앙을 배경으로 하는 홈 스쿨링으로 칼의 정서적·신체적 요구를 채워 주면서 그가 보이는 경미한 ADHD 증상을 다루는 방법을 찾아 가는 등 대체로 잘 지내고 있었다. 부부 상담 회기 동안 메리는 칼이 아버지에 대한 분노로 힘든 시간을 보냈으며, 칼을 위한 개인(또는 가족) 상담을 의뢰하기 위해서 DiBlasio를 찾아왔다고 하였다. 세 사람 모두 기독교 배경을 고려하는 상담을 원했다.

첫 번째 인터뷰 동안 DiBlasio는 칼과 라포를 형성하면서 그가 매우 예민하고, 표현력이 좋고, 지적인 것을 알게 되었다. 인터뷰를 통해서 칼이 추상적인 사고를 이해하고 소통하는 데 통찰력이 있다는 것을 알게 되었으며, 그는 인터뷰 동안 잘 집중하였다. 칼은 아버지가 자기에게 사랑을 베푸는 사람이 아니었기 때문에 아버지에게 화가 났다고 이야기했다. 칼의 설명은 처음에는 다소 모호했는데, 아버지의 성급함과 양육에서의 무관심 문제를 주로 이야기했다. 칼은 있는 그대로 이야기하며 상담에 임하였으나, DiBlasio는 칼이 아버지에 대해서 이야기할 때는 어느 정도 속마음을 감추고 있다는 것을 알아차리게 되었다. 대조적으로, 칼은 어머니에 대해 이야기할 때 활기찼다. 칼에 따르면, 아버지가 어머니의 바람피우는 장면을 목격했는데, 당시 칼은 두 살이었으며 자신은 어머니의 행동이 아버지에게 잘못된 것이라는 것을 알지 못했다. 어머니는 양육권 문제로 격렬한 법정 다툼을 벌였으나 패소했고 결국 다른 주로 이사를 갔다. 어머니는 삶에서 불안정한 부분을 보였지만, 칼은 어머니에 대해 긍정적으로 느꼈고 그녀와의 정기적 만남을 즐거워했다. 그러나 칼의 어머니는 칼의 삶에 관여하지 않았다.

두 번째 회기 동안 칼은 마음을 더욱 열었고 아버지에 대한 감정을 이야기했다. 하지만 칼에게 아버지가 어떻게 행동했는지에 대해 구체적으로 설명해 달라고 다시 요청하였을 때, 칼은 단순히 아버지는 성급하고 자신을 잘 돌보아 주지 않는다고 요약해서 이야기했다. 칼은 누나들과 아버지에 대한 반항과 조종하기, 속이는 행동 등과 같은 자신의 행동에 대해서 더욱 구체적으로 설명하였다.

이 회기 동안 일반적인 개념으로 용서가 이야기되었지만, 그의 아버지와 관련 짓지는 않았다. DiBlasio는 구체적인 상황을 다루기 전에 용서가 의미했던 것에 대해서 칼의 생각을 탐색하는 것이 최선이라고 믿었다. 칼은 다음과 같이 용서를 정의했다. 그는 용서란 가해자에게 당했던 것에 대해서 화가 나 있던 것을 멈추고 그 대상에게 다시 정상적으로 행동하기 시작하는 것이라고 생각했다. DiBlasio는 그 대상에 대한 부정적 생각과 마음의 상처와의 차이에 대해서 설명했다. 칼은 마음의 상처가 여전히 남아 있더라도 사람들이 부정적 생각을 통제하고 용서를 결심할 수 있다는 개념에 관심을 보였다. 게다가 그는 사람들이 어느 지점에 있든지 선택에 의해 용서를 결심할 수 있다는 것에 대해 흥미로워했다. 깊이 있게 탐색의 과정을 거친 후에 DiBlasio는 다가오는 용서 회기에 아버지를 초대하지 않기로 결정했다. 던과 메리의 설명에 따르면, 용서 회기에 참여하기 위해 칼의 아버지가 주를 건너 상담실로 오기는 어려울 것 같았다. 게다가 묘사된 아버지의 특성은 다소 심각한 성격장애 가능성을 나타냈다. 그런 상황을 고려해 DiBlasio와 내담자들은 아버지와 접촉하기 전에 우선 칼과 용서 문제에 대해 작업하기로 결정하였다.

메리는 아버지를 이해하고 있는 사람으로서 용서 회기에 합류하도록 요청받았고 용서 회기 동안 필요시에는 DiBlasio의 아버지 역할 연기를 보조할 수 있도록 요청 받았다.

　다음은 2시간가량 진행된 용서 회기를 간략히 요약한 것이다. 칼과 메리는 용서의 정의를 어떻게 내렸는지 설명하도록 요청받았다. 칼은 흥미롭게도 이전의 회기 내용을 잘 받아들였고, 선택 기반의 용서 개념을 취하기로 결정했다. 메리와 칼 모두 예수에 대한 믿음이 컸고 타인을 용서하라는 그의 가르침을 믿고 있었다. 그들은 자신의 종교적인 신념을 고려하면서, DiBlasio가 제안한 용서 회기 동안 성경 구절을 이야기하고 기도해도 좋다는 제안을 편안하게 환영하였다. 메리와 칼은 아버지가 잘못 행동한 공격적 행위들에 대하여 진술하면서, 아버지가 칼의 행동을 통제할 수 없자 좌절하여 아침부터 밤까지 2년 동안이나 바닥에서 6인치 높이의 스툴에서 칼을 움직이지 못하게 했다고 이야기했다(12~14세). DiBlasio는 이러한 진술이 과장되지 않았는지 확인하기 위해 수 차례 질문을 했다. 그 제약은 누나들과도 말할 수 없게 하는 것이었으며 결국 음식도 주지 않았다. 칼은 아버지가 다른 방에 있을 때나 멀리 나가 있을 때 몰래 부엌에 가서 음식을 훔쳐 먹고 아버지에게 들키지 않도록 스툴로 다시 돌아갔다. 상담을 통해서 상처, 고립, 외로움, 상실감에 대한 치유의 과정을 다루면서, 잠시 침묵이 흘렀다. DiBlasio의 눈에 눈물이 어렸다. DiBlasio가 질문을 하나 했다. "도대체 그렇게 오랫동안 그 스툴에 앉아 있으면서 무엇을 했나요?" "나는 많은 용을 죽였어요."(상상을 하며 보냈다는 것을 의미). 그 용서 회기는 가장 긴 시간 동안 진행되었고 칼이 당했던 공격적 행위에 대한 가장 깊은 이야기가 오가는 시간이었다. 이 경험은 다음 몇 회기 동안에 걸쳐 상당한 상담 시간을 요구하는 것으로, DiBlasio는 이어지는 회기에서 아버지의 행동에 대한 이해를 다루는 것을 포함하였다(설명이 정당화를 의미하지 않음을 깨달으면서). DiBlasio가 공식적으로 그 아버지에 대한 진단을 내릴 수는 없었지만, 이는 명백하게 자기애적 성격장애 증상과 일치했다. 그는 이러한 장애가 있는 사람들은 사실상 그들이 타인에게 가한 고통에 공감하거나 이를 기대하기 힘들다고 칼에게 강조했다. 그리고 칼의 아버지가 자기애적 성격장애를 가졌다고 하더라도,

그는 여전히 자신의 행동에 대해 전적으로 책임이 있다고 지적했다. 메리와 칼은 아버지의 행동이 의도는 좋았으며, 악의를 가진 충동행위가 아니었음을 믿게 되었고, 그다음 토론은 어떻게 선한 의도가 학대행위와 함께할 수 있는지를 이해하는 틀을 제공하였다.

그 회기의 다음 단계에서는 칼이 받은 정서적 상처에 대해 충분히 이야기하도록 도왔고, 이어지는 회기들의 상담에서 계속 다뤄 가도록 하였다. 그리고 향후에도 상담에 참여하기를 계획하고, 사랑하는 관계에서의 경계선 갖기, 미래에도 혹시 있을 공격적 행위들로부터 어떻게 메리와 칼이 자신을 보호할 수 있을지에 대한 내용도 포함되었다. DiBlasio는 만약 아버지가 이성적이고 명확하게 생각할 수 있다면 용서를 구하기 위해 아버지가 해야 할 말을 역할극에서 다루기 위해 승락을 구했다. DiBlasio는 칼이 아버지를 용서하기 위한 인지적 결정을 내리기를 원하는지에 대하여 완전히 자유롭게 선택할 수 있다는 것을 강조하였다. 역할 연기를 통해서 아버지가 용서를 요청하는 동안 칼의 얼굴에서는 눈물이 볼을 타고 흘러 내렸고 많은 감동을 받았다. 칼은 아버지가 결코 잘못된 행위를 완전히 책임지거나 용서를 구하려고 하지 않을 것임을 이해했고, 그럼에도 칼은 아버지로 인한 상처를 내려놓기로 결정했고, 더 이상 용서하지 않겠다는 부정적인 마음을 품지 않게 될 것이다. 용서 회기의 시간과 날짜를 기록해 두고, DiBlasio는 칼과 메리가 용서의 날을 기념할 방법을 생각해 보도록 했다(예를 들어, 칼이 식사나 토의, 또는 원하는 활동을 요청할 수 있는 특별한 밤). 칼은 다음 회기에 와서 용서 회기 이후로 아버지를 향한 감정이 좋은 방향으로 변했다고 이야기했다. "나는 더 이상 아버지에게 화가 나지 않아요. 이제는 나와 누나들에게 있었던 일을 생각하면 슬퍼져요."라고 말했다.

칼이 용서를 하기로 결정했을 때, 상담을 방해하거나 산만하게 했던 고통스러운 방어기제를 해제하였기 때문에 이후 상담에서 계속 진전이 이뤄졌다. 앞으로 남은 길과 지속해야 될 치료적 노력을 검토한 후에, DiBlasio는 "용 한 마리를 더 죽일 준비가 되었나요?"라고 물었다. 설명을 들은 후, 칼은 그가 상담 초기에 사용한 비유에 담긴 의미를 이해하였다. 칼은 웃으며 "예."라고 분명하게 대답하였다. 용서에 대한 칼의 결심은 남아 있는 몇 주간의 상담 회기를 거치면서 내적 고통으로부터 벗어나게 도왔다.

결 론

　상담 과정에서 용서의 개입은 아동과 부모 구성원들이 보다 치료적으로 그리고 영적으로 발전해 가도록 돕는다. 이 장에서는 그동안 진행된 용서 관련 이론과 연구를 통해서 치료적으로 용서를 구하고 수용하기를 촉진하는 데 도움이 되는 실제적 개념들이 언급되었다. 또한 성인을 대상으로 하는 많은 연구에서 검토된 용서하기와 용서를 요청하는 과정에서 중요한 개념들을 제시하였다. 앞에서 언급한 바와 같이, 이러한 개념들은 아동 내담자에게 적용될 수 있으며 상담적 맥락에서 효과적으로 작용하는 것으로 보인다. 하지만 아동과 청소년을 대상으로 한 용서 개입의 상담 연구는 아직 충분하지 않다. 우리는 이 장에서 제시된 내용이 용서 개입 전략들의 발전과 더불어 많은 관련 연구가 이뤄지도록 촉진하기를 바란다.

　우리는 상담 세팅에서 용서의 개입을 계획할 때 이 장에서 제시된 개념들을 내담자 가족의 배경 맥락과 공격적 가해 행위들의 특성에 따라 적절하게 활용할 것을 권한다. 아동 내담자와 가족 구성원들로 하여금 용서에 대한 통찰을 얻도록 돕는 전략들, 부정적인 감정과 분노를 표현하고 다루는 기법 등은 상담장면에서의 실제 적용에 도움이 될 수 있다. 용서의 개입이 체계적으로 이뤄지도록 하는 노력은 내담자가 가족 구성원들로 하여금 관계 회복을 돕고 치유를 가로막는 원망감과 분노로 가득한 용을 효과적으로 죽이도록 도와준다.

참고문헌

American Psychiatric Association. (2000). *Diagnostic and statistical manual of mental disorders* (4th ed., text rev.). Washington, DC: Author.

Baskin, T. W., & Enright, R. D. (2004). Intervention studies in forgiveness: A meta-analysis. *Journal of Counseling and Development, 82*, 79–90. doi:10.1002/j.1556-6678.2004.tb00288.x

Cheong, R., & DiBlasio, F. A. (2007). Christ–like love and forgiveness: A biblical foundation for counseling practice. *Journal of Psychology and Christianity, 26*, 14–25.

DiBlasio, F. A. (1998). The use of decision–based forgiveness intervention within intergenerational family therapy. *Journal of Family Therapy, 20*, 77–94. doi:10.1111/1467-6427.00069

DiBlasio, F. A. (1999). Scripture and forgiveness: Interventions with families and couples. *Marriage and Family: A Christian Journal, 3*, 257–267.

DiBlasio, F. A. (2000). Decision–based forgiveness treatment in cases of marital infidelity. *Psychotherapy: Theory, Research, Pr Training, 37*, 149–158. doi:10.1037/h0087834

DiBlasio, F. A. (2001). *Effective treatment of personality disorders*. Forest, VA: American Association of Christian Counselors.

DiBlasio, F. A. (2010). Christ–like forgiveness in marital counseling: A clinical follow–up of two empirical studies. *Journal of Psychology and Christianity, 29*, 291–300.

DiBlasio, F. A., & Benda, B. B. (2008). Forgiveness intervention with married couples: Two empirical analyses. *Journal of Psychology and Christianity, 27*, 150–158.

DiBlasio, F. A., & Proctor, J. H. (1993). Therapists and the clinical use of forgiveness. *American Journal of Family Therapy, 21*, 175–184. doi:10.1080/01926189308250915

Enright, R. D. (2001). *Forgiveness in a choice: A step–by–step process for resolving anger and restoring hope*. Washington, DC: American Psychological Association.

Enright, R. D., & Fitzgibbons, R. (2000). *Helping clients forgive: An empirical guide for resolving anger and restoring hope*. Washington, DC: American Psychological Association. doi:10.1037/10381-000

Enright, R. D., & Human Development Study Group. (1991). The moral development of forgiveness. In W. Kurtines & J. Gewirtz (Eds.), *Handbook of moral behavior and development* (*Vol. 1*, pp. 123-152). Hillsdale, NJ: Erlbaum.

Enright, R. D., Knutson, J. A., Holter, A. C., Baskin, T., & Knutson, C. (2007). Waging peace through forgiveness in Belfast, Northern Ireland II: Educational programs for mental health improvement of children. *Journal of Research in Education, Fall,* 63-78.

Freedman, S. R., Enright, R. D., & Knutson, J. (2005). A progress report on the process model of forgiveness. In E. L. Worthington Jr. (Ed.), *Handbook of forgiveness* (pp. 393-406). New York, NY: Routledge.

Gardner, R. A. (1971). *Therapeutic communication with children: The mutual story telling technique.* Northvale, NJ: Jason Aronson.

Keifer, R. P., Worthington, E. L., Jr., Myers, B. J., Kliewer, W. L., Berry, J. W., Davis, D. E., ··· Hunter, J. L. (2010). Training parents in forgiving and reconciling. *American Journal of Family Therapy, 38*, 32-49.

Lampton, C., Oliver, G., Worthington, E. L., Jr., & Berry, J. W. (2005). Helping Christian college students become more forgiving: An intervention study to promote forgiveness as part of a program to shape Christian character. *Journal of Psychology and Theology, 33*, 278-290.

Sadock, B. J., & Sadock, V. A. (2007). *Kaplan and Sadock's synopsis of psychiatry: Behavioral sciences/clinical psychiatry* (10th ed.). Philadelphia, PA: Lippincott Williams & Wilkins.

Stratton, S. P., Dean, J. B., Nooneman, A. J., Bode, R. A., & Worthington, E. L., Jr. (2008). Forgiveness interventions as spiritual development strategies: Work-shop training, expressive writing about forgiveness, and retested controls. *Journal of Psychology and Christianity, 27*, 347-357.

U.S. Census Bureau. (2012). *Statistical abstract of the United States* (131st ed.). Washington, DC: U.S. Department of Commerce.

Worthington, E. L., Jr. (1998). An empathy-humility-commitment model of forgiveness applied within family dyads. *Journal of Family Therapy, 20*, 59-76. doi:10.1111/1467-6427.00068

Worthington, E. L., Jr. (2003). *Forgiving and reconciling: Bridges to wholeness and hope.* Downer's Grove, IL: InterVarsity Press.

Worthington, E. L., Jr. (2006a). The development of forgiveness. In E. M. Dowling & W. G. Scarlette (Eds.), *Encyclopedia of religious and spiritual development in children and adolescence* (pp. 165–167). Thousand Oaks, CA: Sage.

Worthington, E. L., Jr. (2006b). *Forgiveness and reconciliation: Theory and application.* New York, NY: Routledge.

Worthington, E. L., Jr. (2010). *Forgiveness intervention manuals.* Retrieved from http://www.people.vcu.edu/~eworth

Worthington, E. L., Jr., & DiBlasio, F. A. (1990). Promoting mutual forgiveness within the fractured relationship. *Psychotherapy: Theory, Research, Practice, Training, 27,* 219–223. doi:10.1037/0033-3204.27.2.219

Worthington, E. L., Jr., Jennings, D. J., II, & DiBlasio, F. A. (2010). Interventions to promote forgiveness in couple and family context: Conceptualization, review, and analysis. *Journal of Psychology and Theology, 38,* 231–245.

나가는 글: 고찰과 미래 전망

– Donald F. Walker & William L. Hathaway

이 책의 서론에서 주요한 심리학 이론들(아동 임상심리학적 이론 기반의 실습과 종교 영성 심리학에서의 영적 개입에 대한 발달)의 통합에 대하여 논의하였다. 종교 영성 심리학에서의 아동 임상심리학은 아직 시작 단계에 있다고 할 수 있다. 다양한 영적 개입들의 경우, 그 효과성을 충분히 입증할 상담 사례들이 여전히 부족하다. 이 책에서 언급된 주요 영적 개입들의 효과성에 대한 증거는 각 장에서 논의된 사례들에서 설명되고 있다. 여러 문제 영역들과 연령대 및 종교적이고 영적인 다양한 배경을 가지고 있는 상담 사례들이 골고루 제시되었다.

향후 실습과 연구 관련 고찰

앞에서 언급된 주제들 가운데 미래 연구와 수련 실습과 관련된 고찰 내용을 좀 더 살펴보기로 한다. 즉, 상담 실습과 연구에 있어 중요하게 간주되는 포괄적 주제들, 첫째, 상담 전 접수면접 평가와 사례개념화, 둘째, 아동과 청소년 내담자를 대상으로 한 증거 기반의 일반적 실습 맥락에서의 영적 개입의 적용, 셋째, 일반 상담에서 임상적으로 상담에 효과적인 것으로 드러난 개입들과 독립적으로 활용되는 종교적이고 영적인 개입들을 중심으로 언급할 것이다.

평가와 사례개념화

과거 수십년에 걸쳐 영성과 종교가 상담의 치료적 요인으로 기능한다는 점을 뒷받침하는 연구들이 이루어져 왔으며, 역으로 심리적 문제와 관련되어 부정적 요인으로 기능한다는 점을 주장하는 결과들도 있다(Hathaway, 2003; Hathaway & Barkley, 2003; Raiya, Pargament, & Magyar-Russel, 2010; Richards & Bergin, 2005). 영성과 종교는 대체로 부모와 아동이 세상을 바라보는 관점에 영향을 주며, 현재의 문제를 이해하고 해결해 가는 방법을 찾아가는 데 영향을 준다(3장과 7장 참조).

아동(그리고 그 부모)의 영성과 종교가 호소 문제를 다루는 데 잠재적으로 연결되어 있음을 이해하고 접근하려는 노력은 흥미로운 작업이다. 이제 우리는 아동을 대상으로 상담할 때 영성과 종교가 갖는 기능을 평가하고 이해하는 데 도움이 되는 몇 가지 모델을 알고 있다. 3장에서 Mahoney 등은 상담에서의 영적 개입과 관련된 실제적이고, 임상적으로 유용한 사례개념화의 틀을 제시하였다. 이 개념화 모델은 가족 관계를 변화시키고 새롭게 조성하며 유지하는 노력을 기울이게 될 때 영성과 종교의 역할에 초점을 두고 있다는 점에서 고유한 특성을 갖는다. Mahoney 등의 틀은 부모의 영성이 상담적 개입이나 목표와 관련해서 상담에 대해 갖는 부모의 기대에 어떻게 영향을 미치게 되는지를 고려하도록 하고 있다. Mahoney 등은 그들이 개발한 모델의 요소들과 관련해서 계속해서 많은 양의 경험적 자료가 축적되어야 할 필요성에 대해 언급했다. 특히 상담센터에 의뢰된 부모들을 대상으로 하는 연구로 상담 결과에 영향을 미치는 부모의 종교가 갖는 역할에 대한 주제 등을 포함하여 다양한 연구들이 이뤄지기를 기대한다. 일반적으로 부모의 종교적 성향이 아동의 정신건강을 증진하거나 저해하는 것과 어떻게 관련되는지를 밝혀내는 연구들이 필요하다. 예를 들어, 신체적 훈육으로 체벌을 하는 부모의 양육 방식과 관련해서 상담센터에 의뢰된 경우와 의뢰되지 않은 경우를 비교 분석해 봄으로써 종교를 갖고 있는 부모들 사이에 다른 결과를 보이는 요인에 대한 탐색 연구와 어떤 조건에서 다른 결과들을 만들게 되는지와 관련된 연구가 수행될 수 있다.

2장에서 Hathaway의 진단과 사례개념화 모델은 아동과 청소년 대상으로 하는 상담에서 심리적 장애가 종교와 영적 기능에 미치는 영향을 고려하는 것의 중요성에 대해 강조한다. 이런 점에서 Hathaway의 모델은 독특한 점을 갖는다. 정신장애에 영적인 상태가 영향을 미친다는 점을 우리는 보다 잘 이해할 필요가 있다. Hathaway와 Barkley(2003)는 ADHD 아동과 관련된 과잉행동, 충동성, 부주의함 등의 증상 결과가 아동들의 종교적이고 영적인 기능에 영향을 미치게 되는 것을 체계적으로 고려하면서, 관련 사례개념화 모델을 제시했다. 유사한 접근들로 자폐스펙트럼 장애를 갖고 있는 아동이 종교적 · 영적으로도 손상이 있는 현상을 설명하기 위한 모델이 만들어지기도 하였다(Marker, Weeks, & Kraegel, 2007). 이러한 노력은 특히 신경증적 발달장애 증상을 띠면서 종교를 갖는 아동은 지역 교회 공동체의 종교적인 전통 안에서 훈련받을 때 보이는 어려움에 초점을 맞춰 왔다. 이 책에서 제시된 많은 다른 모델들에서와 같이 아동기 장애 때문에 종교적 · 영적 손상이 이뤄지게 됨을 보여 주는 것과 관련된 증거는 이미 발간된 사례들을 통해서도 찾아볼 수 있다. 이러한 개념화 모델은 유용하지만, 다양한 심리적 증상과 연결된 장애에서 비롯된 아동의 종교적이고도 영적인 손상을 보여 주는 추가 연구들로부터 더 확인될 필요가 있을 것이다.

이와 관련된 맥락에서, 과거 Richards와 Bergin(2005)은 내담자의 호소 문제에 연결된 영성과 종교의 역할을 평가하는 것과 관련된 한 모델을 발전시켰다. Richards와 Bergin에 의해 개발된 종교를 갖고 있는 아동과 부모를 대상으로 이 모델을 구체적으로 적용해 볼 수 있도록 돕는 후속 연구들이 필요한 상황이며, 우리는 종교적으로 몰입된 아동과 부모와의 상담에서 이 모델이 임상적으로 효과적

인 접근임을 발견해 가고 있다. Richards와 Bergin은 내담자의 종교와 영성을 평가
할 때 1, 2단계로 나누어 이뤄질 수 있도록 했다. 그들에 의하면 1단계 평가는 내담
자의 종교와 영성에 대한 전반적인 평가로 내담자의 신체적·사회적·행동적·
인지적·교육적·직업적·정서적 기능에 대한 심리사회적 평가의 한 부분으로
이뤄진다. 1단계 평가를 할 때 상담자는 일반적인 평가 질문들을 한다(예: "당신의
종교적·영적 신념은 당신에게 중요합니까?" "종교적이거나 영적인 소속 단체가 있나
요?" "상담의 한 부분으로 함께 이야기를 원하는 종교적이거나 영적인 주제가 있나요?")

　　Richards와 Bergin(2005)은 내담자들이 호소하는 문제와 그들의 신앙이 관련되
어 있다고 이야기할 때 영성과 종교 관련 2단계 평가를 하도록 권장하였다. 상담
자는 내담자의 세계관, 가치와 삶의 일치, 신의 이미지, 영적 정체성, 교리에 대한
지식, 종교적·영적인 건강 등과 같은 내담자의 종교와 영성의 측면이 임상적으
로 어떻게 관련되는가를 2단계 평가에서 다루게 된다.

　　Richards와 Bergin(2005)에 의해 개발된 모델이 내담자의 사례개념화에 영향을
주는 영성과 종교의 역할을 평가하는 데 있어 효과적이라는 점이 밝혀져 왔다
(Walker, Reese, Hughes, & Troskie, 2010). 우리는 또한 연구자들이 종교적으로 헌
신된 아동과 청소년 내담자를 포함하여 상담에 이 모델을 적용하는 것과 관련된
임상 연구가 늘어나고 있는 것에 반가움을 느낀다. 이 평가 모델이 유용한 것으로
밝혀지고 있는 연구 조사의 여러 결과들을 토대로 하여 볼 때, 가장 먼저는 이 모
델을 적용하여 내담자의 호소 문제에서 내담자 영성과 종교의 역할에 관한 임상
적으로 유용한 가설들이 발전해 간다는 점에서 기대가 된다. 둘째, 종교적 관점을
바탕으로 세계에 대한 인식을 갖는 종교적인 부모들의 관점을 고려하면서
Richards와 Bergin의 평가 모델을 활용하는 것이 상담에서 작업동맹을 발전시켜
가는 데 도움이 된다는 점이다. 이 가설들은 임상 연구를 통해 앞으로도 계속 검증
되어야 할 것이다. 이러한 맥락에서 청소년과 아동들을 대상으로 영적·종교적 기
능이 임상적으로 유용하게 작용하는 영역들에 대한 설명과 탐색 연구는 부모 대상
연구들에 비해 여전히 찾아보기가 어려운 실정이다. 이러한 개입 연구들과 더불어
임상적으로 신뢰성 있는 유용한 평가 도구가 계속 개발될 필요가 있다. 아동 대상

영적 · 종교적 기능을 평가하는 도구 개발 연구를 통해서 발달적으로 민감하게 활용될 수 있는 자기보고식 도구 등도 개발되어야 할 것이다.

　　Quaglina 등(4장)은 아동과 청소년 대상 상담에서 영적 개입을 고려할 때 다른 영역들과 종합적 평가가 이뤄지도록 하며 내담자의 발달 수준을 충분히 고려하는 것의 중요성을 강조하였다. 4장에서는 발달 연령에 따라 달라지는 영성과 종교에 관한 아동의 이해 특성을 설명하려고 시도하는 새로운 연구가 제시되고 있다. 만약 영적 개입이 종교적인 아동과 청소년에게 효과적이라면, 영적 개입은 발달적으로 민감하게 적용되어야 할 것이다. 그와 관련해서 다음 장들에서 미래의 영적 개입 관련 연구와 실제에 관하여 논의할 것이다.

아동 대상 일반 상담에서 영적 개입의 활용

　　아동 대상 영적 개입의 대부분은 적대 행동, 우울과 불안, 트라우마 상담에서 활용되는 부모 교육 프로그램 등에서 경험적으로 효과성이 입증되어 왔으며, 다양한 호소 문제에 대해 다루는 인지행동 상담에서의 경건 서적과 기도를 활용하는 것 등을 포함한다. 일반 상담장면에서 종교적이고 영적인 다양성을 고려하는 것에 대한 관심은 꾸준히 있어 왔다. 아동 대상 일반 상담에서 연구들을 통하여 경험적으로 효과성이 검증된 기도나 경건 서적의 활용을 고려함에 있어 전통적 형태의 상담 효과가 약화될 것으로 간주하여 여전히 많은 상담자들이 이러한 개입을 시도하는 것을 주저하고 있다. 하지만 아동 내담자의 종교와 영성에 대해 민감하게 존중하면서 상담에 임하는 윤리적 소명을 충실히 수행하게 돕는 기회를 간과하는 것이 될 수 있다는 점에서 다시 돌아볼 필요가 있다. 상담장면에서 종교적으로나 영적인 배경이 다양한 상담자들과 일하면서 저자들은 상담자들이 가끔은 영적 주제를 혼란스러워하거나 완전히 무시하거나 하는 경우들을 보아 왔다. 일반적인 상담의 틀 안에서 영적 개입을 활용하는 실습의 유익은 내담자의 종교와 영성과 관련해 문화적으로 민감하게 접근하는 배움의 기회가 될 수 있으며, 일반 상담 세팅 자체는 많은 상담 제공자들에게 익숙하다는 장점이 있다. 종교적으로 문화적으로 다양한 내담자에게 영적 개입을 활용하는 시도를 하는 것에 대해 수월하게 배울 수 있는 장이 된다.

일반적 세팅의 상담에서 영적 개입을 시도하는 것의 일차적 유익은 종교적인 내담자들과 가족들에게 일반적인 상담에 대해 보다 편안하게 느끼도록 하는 면에서 도움이 된다. 그 결과로 근거 기반의 일반 상담에서 7장과 8장에서 소개되고 있는 영적 개입을 조화롭게 활용할 때, 종교적인 아동과 가족에 대한 상담적 접근에서 보다 효과적이 될 수 있다고 본다. 이 장들에서는 종교적으로 다양한 배경의 사례 연구를 통해서 예시 증거들을 제공하고 있다. 여전히 이러한 접근들의 효과를 학문적으로 검증해 가는 노력이 앞으로도 요구되며, 종교적인 내담자를 대상으로 한 임의 표집을 통한 임상적 시도와 연구가 보다 많이 이루어질 필요가 있다.

근거 기반의 일반 상담 프로토콜에서 영적 개입의 적용 관련 개발 연구 수행의 유익 가운데 또 다른 하나는 이 영역에서의 연구 설계와 분석 등의 연구 지원을 받을 수 있는 기회가 상대적으로 많이 열려 있다는 점이다. 예를 들어, 7장에서 트라우마 관련 인지행동 상담에서의 영적 개입 적용 연구는 일반 상담에서의 영적 개입 적용 관련 연구결과와 프로토콜의 보급을 지원하는 연방정부의 예산 지원을 받아 왔다. 그 결과, 영적 개입을 활용하는 접근 방식이 상담의 효과성과 관련된 유의미한 요인으로 고려되었을 뿐만 아니라, 효과가 입증되는 과정으로서의 연구 자료를 확보하게 되었다. 아동심리학과 상담장면에서 종교와 영성 개입 관련 연구가 발전적으로 지속해서 이뤄질 수 있도록, 또한 연구자들이 지식을 보급하고 활발한 임상적 시도들을 더 많이 진행할 수 있도록 안정적인 재정 지원이 뒷받침되어야 할 것이다. 지금까지는 종교와 영성 관련 임상 연구들에서 특히 아동 대상 상담에서 영적 개입을 포함하는 임상적 시도를 수행하는 내용의 연구들이 거의 이뤄지지 않았다. 발전적으로 연구결과들이 하나 둘 나오게 될 때, 앞으로 아동과 청소년 상담에서 이러한 주제에 대한 연구들이 더욱 활발하게 성과연구들로 확장될 것으로 본다. 근거 기반의 일반 상담장면에서 영적으로 지향된 개입을 적용하는 것은 잠재적으로 지원금을 따는 데 있어 여전히 경쟁력이 있는 연구 분야가 된다. 종교적 · 영적 개입 연구 영역에서도 연구자들은 기존에 검증된 상담 접근 방식을 해치지 않는 연구를 수행할 수 있게 된다. 우리는 아동과 청소년 대상 상담에서 영적 개입의 시도와 관련된 범주를 포함하는 발전적인 연구결과들이 지속해서 나오게 되길 고대한다.

근거 기반의 일반 아동 상담과 관계없는 영적 개입들

각 장의 다양한 저자들에 의해 완성된 이 책을 통해 소개된 영적 개입은 적어도 초기에는 아동과 청소년 상담에 대한 고려 없이 개발되었다. 영성 자각, 기도의 활용, 신에 대한 이미지 작업, 용서(6장, 8~10장) 등과 같은 개입은 한동안 성인 내담자를 대상으로 하는 상담에서 환영받았으며, 최근 들어서야 아동과 청소년 내담자를 대상으로 적용하기 위한 노력이 이뤄지게 되었다. 이 책에서 설명된 대부분의 영적 개입은 각 장에서 논의된 바와 같이 여러 이론적 배경에 통합적으로 활용될 수 있을 것이다. 영적 개입들 가운데 신에 대한 이미지 작업, 용서, 기도의 활용은 예를 들어 인본주의적 · 정신역동적 · 정신분석적 상담 등에도 효과적으로 활용될 수 있다고 본다.

다음의 영적 개입들의 일부를 활용하는 것이 상담자에게 일반 상담 프로토콜에 매이는 것보다 다양한 범주의 영적 목표들을 성취해 가게끔 돕는다는 점에 주목할 필요가 있다. 영적 민감성과 내적 수용, 신에 대한 이미지의 교정 작업, 기도의 활용을 통해서 경건한 대상과 맺는 관계에의 의존 등을 다루는 것은 관계에서의 회복과 영적인 영역의 성숙을 목표로 하는 것이다.

그런 개입들은 부모 양육 프로그램에서 아동의 행동수정이나 인지행동 상담을 활용한 청소년 내담자의 불안 수준 감소와 같은 증상과 관련된 목표에 초점을 두는 개입들과 다르게 보인다. 이는 영적 개입의 활용이 증상 개선을 의도하지 않는다는 의미는 아니다. 그럼에도 불구하고, 영적 개입이 증상 개선을 돕는 기제는 내담자의 정신건강 증상의 개선을 돕는 과정에서 영적 건강을 촉진하는 2차적 경로를 통하여 개선될 수 있다는 점이다. 아직은 이 주장을 확립할 만한 충분한 경험적 연구가 부족하지만, 이러한 개입의 효과를 보여 주는 사례 연구들이 이뤄지고 있다.

이 책의 다른 영역에서와 같이 영적 개입에서 이러한 범주를 적용한 성과 연구를 통해서 보다 활발하게 효과 검증이 이뤄질 필요가 있다. 15년간에 걸쳐 수행한 Everett Worthington Jr.와 동료들의 연구에서는 이러한 효과성에 대한 증거 기반의 연구결과를 제공했다. 1990년 이전에는 용서의 상담적 활용에 대한 연구가 거의 이뤄지지 않았다. Worthington과 DiBlasio(1990)는 상담에서 용서의 활용과 관련한 의미 있는 초기 연구들을 진행하였으며, 이 연구결과는 Donald F. Walker에 의해 수행된 최근의 PsycINFO 조사 연구에 의하면, 용서라는 용어를 사용한 연구에서 11,000건이나 인용된 것으로 나타났다. 이러한 연구들이 발전적으로 이뤄지면서 Worthington(2006)의 REACH 용서 모델 또한 정신건강의 증진과 내담자들의 용서 작업에 효과적으로 활용될 수 있음을 보여 주는 연구가 풍부하게 이뤄졌다(10장). 각 장에서 언급된 영적 개입과 관련해서 특정 이론적 배경에 국한되지 않으면서, 다양한 이론적 관점에서 아동 내담자들을 대상으로 하는 발달 맥락을 고려한 연구들이 계속 수행될 수 있기를 기대한다.

결 론

다소 아이러니하게도, 아동심리학의 상담장면에서 영성과 종교 관련 적용을 돕는 다양한 접근을 소개하면서 이 한 권의 책을 어떻게 끝맺어야 할지는 쉽지 않다. 종교적인 아동, 청소년과 부모 상담에서 종교와 영성을 심리학에 통합하여 적용할 때 문제 행동의 해결에 효과적이라는 연구결과들이 꾸준히 나오면서 새로운 관심 분야로 떠오르고 있다. 이 책을 통하여 상담에서의 영적 개입을 아동 상담에서 적용할 때는 발달단계 특성을 고려할 필요가 있음을 언급하였다.

아동 임상심리학자로서, 이 책의 앞부분에서 언급된 거북이와 토끼 이야기가 실려 있는 이솝 우화로 결론을 맺으려 한다. 이솝 우화의 거북이처럼 우리는 심리학에서 여러 영역들이 매우 빠르게 발전해 왔음을 보아 왔다. 아동심리학 분야에서 다양한 아동기 발달장애와 관련한 상담 성과 연구에 많은 지원금을 투자받으며 그동안 수많은 경험적 연구가 수행되어 왔다. 비슷하게 괄목할 만한 정도는 아니더라도, 종교와 영성의 심리학 연구로 지난 15년간 종교와 정신건강 관련 연구들도 꾸준하게 증가하고 있다. 아동심리학과 영적·종교적 개입의 통합적 적용과 관련한 관심은 최근에서야 비로소 시작 단계에 있다. 이솝 우화에서 거북이가 지속적인 인내심을 발휘해서 결국은 경주에서 이겼던 것과 같이, 우리는 영적 개입의 효과성에 내한 인식과 더불어 이 책에서 설명된 임상 사례들을 통한 경험적 지지를 기반으로 다양한 영적 개입에 대한 임상적 적용의 시도뿐만 아니라 사례개념화와 평가와 관련된 후속적 임상 연구들이 계속되기를 기대한다.

참고문헌

Hathaway, W. L. (2003). Clinically significant religious impairment. *Mental Health, Religion & Culture, 6,* 113-129.

Hathaway, W. L., & Barkley, R. (2003). Self-regulation, ADHD, and child religiousness. *Journal of Psychology and Christianity, 22,* 101-114.

Marker, C., Weeks, M., & Kraegel, I. (2007). Integrating faith and treatment for children with high functioning autism spectrum disorders. *Journal of Psychology and Christianity, 26,* 112-121.

Raiya, H. A., Pargament, K. I., & Magyar-Russell, G. (2010). When religion goes awry: Religious risk factors for poorer health and well-being. In P. J. Verhagen, H. M. van Praag, J. J. Lopez-Ibor Jr., & J. L. Cox (Eds.), *Religion and psychiatry: Beyond boundaries* (pp. 389-411). Chichester, England: Wiley.

Richards, P. S., & Bergin, A. E. (2005). *A spiritual strategy for counseling and psychotherapy* (2nd ed.). Washington, DC: American Psychological Association. doi:10.1037/11214-000

Walker, D. F., Reese, J., Hughes, J., & Troskie, M. (2010). Addressing religious and spiritual issues in trauma-focused cognitive behavior therapy. *Professional Psychology: Research and Practice, 41,* 174-180. doi:10.1037/a0017782

Worthington, E. L., Jr. (2006). *Forgiveness and reconciliation: Theory and application.* New York, NY: Routledge.

Worthington, E. L., Jr., & DiBlasio, F. (1990). Promoting mutual forgiveness within the fractured relationship. *Psychotherapy: Theory, Research, Practice, Training, 27,* 219-223. doi:10.1037/0033-3204.257.2.219

찾아보기

◆ 인 명 ◆

◆ 내 용 ◆

 저자 소개

Donald F. Walker, PhD

아동학대 피해자 회복과 생존자 치료에서 종교적 신념의 역할을 이해하고 상담에서의 영적 주제와 관련된 전문가 훈련을 실시하면서 Child Trauma Institute에서 감독자로 있다. Walker 교수는 Regent 대학교 임상심리학과 박사과정 프로그램에서 가르치고 있고, 아동 임상심리학과 트라우마 강좌들을 맡아 강의하면서 대학원생에게 수준별 슈퍼비전을 제공하고 있다. 미국심리학회의 영성과 종교 심리학회, 아동과 가족 상담학회, 트라우마 심리학회(APA 36 · 37 · 56 분과) 회원으로 활동하고 있다. 아동 임상심리학자로서 버지니아 햄프턴의 Genesis Counseling Center에서 아동과 청소년, 가족을 대상으로 개인상담을 꾸준히 지속해 오고 있다.

William L. Hathaway, PhD

Regent 대학교 심리학과 상담 전공 교수이며 학장으로 재직 중이다. Massachusetts 대학교 메디컬센터에서 Russell Barkley와 함께 아동 임상심리학으로 박사후 과정 연구를 수행하였으며, 군인과 민간인 아동 전문 클리닉에서 일해 왔다. 그의 박사 논문은 심리학에서 종교적 대처에 초점을 둔 것이었으며, 미국심리학회에서 영성과 종교 심리학회장(APA 36분과)을 포함하여 여러 주요 직책을 맡아 왔다. 주로 주의력결핍 과잉행동장애(ADHD), 임상심리학에서의 종교 및 영성과 자기조절 관련 임상 훈련 주제에 대한 연구와 저서들을 집필해 왔다.

 **역자 소개**

주영아(Ju, Young A)

현재 한국상담대학원대학교에서 교수로 재직하고 있으며, 동 대학 부설 마음지음상담센터장
을 맡고 있다. 한국상담심리학회장을 역임하였으며, 한국심리학회 부회장 등 상담 관련 학회
의 여러 주요 직책을 맡아 왔다. 관심 있는 연구주제는 학교부적응 청소년, 단기 및 위기 상
담, 슈퍼비전과 상담 프로그램 개발로, 관련 연구를 꾸준히 진행하고 있다. 이화여자대학교
교육심리학과를 졸업하고, 동 대학원 교육심리학 석사와 계명대학교 대학원 교육학 박사 학
위를 취득하였다. 주요 경력으로는 한국교육개발원 연구원, 한국청소년상담원 상담교수, 이
화여자대학교 학생상담센터 특임교수 등을 역임하였다.

안현미(An, Hyun Mi)

현재 서울여자대학교 학생상담센터 특임교수로 재직하고 있으며, 상담수련과정 슈퍼바이저
로 활동 중이다. 박사 논문 주제는 상담자 전문성 발달에 영성이 갖는 의미에 초점을 둔 것이
었으며, 한국상담심리학회에서 이 주제와 관련된 기획 심포지엄 논문 발표 및 관련 연구에 꾸
준한 관심을 기울여 오고 있다. 이화여자대학교 교육심리학과를 졸업하고, 동 대학원 심리학
과 상담심리 전공으로 석 · 박사 학위를 취득하였다. 서울교육대학교와 이화여자대학교 학생
상담센터 전임연구원으로 근무하였으며, 베트남 호찌민 시 한국학교에서 아동과 청소년을
대상으로 하는 상담교사로 재직하였다.

아동·청소년 상담에서의 영적 개입

Spiritual Interventions in Child and Adolescent Psychotherapy

2017년 8월 10일 1판 1쇄 인쇄
2017년 8월 20일 1판 1쇄 발행

지은이 • Donald F. Walker · William L. Hathaway
옮긴이 • 주영아 · 안현미
펴낸이 • 김진환
펴낸곳 • ㈜ **학지사**

04031 서울특별시 마포구 양화로 15길 20 마인드월드빌딩
대표전화 • 02)330-5114   팩스 • 02)324-2345
등록번호 • 제313-2006-000265호

홈페이지 • http://www.hakjisa.co.kr
페이스북 • https://www.facebook.com/hakjisabook

ISBN 978-89-997-1103-9 93180

정가 19,000원

이 도서의 국립중앙도서관 출판시도서목록(CIP)은 서지정보유통지
원시스템 홈페이지(http://seoji.nl.go.kr)와 국가자료공동목록시스템
(http://www.nl.go.kr/kolisnet)에서 이용하실 수 있습니다.
(CIP 제어번호: CIP2017017732)

교육문화출판미디어그룹 **학지사**

심리검사연구소 **인싸이트** www.inpsyt.co.kr
원격교육연수원 **카운피아** www.counpia.com
학술논문서비스 **뉴논문** www.newnonmun.com